HE
JIE
WAN
JIA

和解万家

——『枫桥经验』市南版

◎主　编／姜岱勇　　韩　亮
◎副主编／张元德　　任丽平

中国海洋大学出版社
·青岛·

编 委 会

主　编　姜岱勇　韩　亮

副主编　张元德　任丽平

编　委　臧慧琳　韩竹青　代学东

　　　　王　超　高俊飞　冯兴华

前　言

　　党的十八大以来，青岛市市南区坚持以人民为中心，着眼增强人民群众的获得感、幸福感、安全感，始终以强烈的责任意识、创新意识、前列意识，深入开展人民调解工作，积极创建以"家庭和美、邻里和睦、社会和谐"为目标的"和解万家"调解品牌，打造"枫桥经验"人民调解升级版，推动了新时代人民调解工作的跨越发展，有力地维护了社会的和谐稳定。人民调解工作的经验，先后四次在全市召开的现场观摩会上发言介绍，物业纠纷"三级调解模式"被青岛市以现场观摩会形式予以推广；4人先后被司法部表彰为"全国模范司法所所长""全国模范调解员"；7人被省、市表彰为"全省优秀人民调解员""省级人民调解能手""全市优秀人民调解员"；20人被评为全区"十大金牌调解员"；4个司法所被评为"省级规范化司法所"；5个公共法律服务站、20个司法行政工作室被市评为示范站（室）；3份经验被司法部《人民调解》杂志刊发，先后被《法制日报》、长安网等各类媒体宣传报道40余次，2次应邀参加青岛广播电视台专题访谈节目。

为加强对人民调解工作的科学指导，褒扬人民调解工作的先进事迹，推广人民调解工作的方法艺术，记录全区人民调解工作的实践历程，值此纪念"枫桥经验"55周年之际，市南区司法局编撰了《和解万家——"枫桥经验"市南版》一书。全书共分政策制度、经验交流、先进事迹、典型案例四部分，真实反映了市南区司法局的艰辛探索，深刻总结了坚持发展"枫桥经验"的成功做法，特别是该书收录的典型案例都是来自基层调解一线，发生在群众身边的真实事例，涉及邻里纠纷、婚姻家庭、合同纠纷、生产经营、损害赔偿、道路交通事故、物业纠纷、消费纠纷、劳动争议等矛盾纠纷。案例文字凝练、逻辑清晰、评析深刻，具有务实性、专业性和针对性的特点。该书不仅为规范人民调解工作确立了标准，而且也为广大人民群众学法用法提供了有益读本。

目 录

CONTENTS

和解万家

第一部分

政策制度

关于坚持发展"枫桥经验"提升新时代
人民调解工作三年计划

为贯彻落实习近平总书记关于坚持发展"枫桥经验"的重要指示精神，充分发挥人民调解维护社会和谐稳定"第一道防线"作用，切实把矛盾纠纷化解在基层，努力实现矛盾不上交，打造市南区新时代人民调解工作升级版，根据中央和省市关于加强人民调解工作的决策部署，制定2019-2021三年计划。

一、总体要求

（一）指导思想

全面贯彻落实党的十九大和十九届二中、三中全会精神，坚持以习近平新时代中国特色社会主义思想为指导，深化依法治国实践，深入贯彻实施《人民调解法》，认真贯彻中央六部委《关于加强人民调解员队伍建设的意见》，以及司法部、山东省关于加强人民调解工作的决策部署，坚持"经济社会发展到哪里，人民调解组织就建设到哪里，化解矛盾纠纷就跟进到哪里"，依法及时化解矛盾纠纷，提高人民调解工作社会化、法治化、智能化、专业化水平，实现矛盾不上交，保障人民群众合法权益，促进社会公平正义，维护社会和谐稳定，为建设时尚幸福的现代化国际城区做出贡献。

（二）基本原则

——坚持党的领导。认真贯彻落实中央关于加强人民调解工作的决策部署，把党的领导贯彻到人民调解工作的全过程、各方面，紧紧围绕党委政府的中心工作开展人民调解，确保人民调解工作的正确方向。

——坚持以人民为中心。依法维护人民群众的合法权益,解决好人民群众最关心最直接最现实的利益问题,不断满足人民群众对美好生活的向往,切实增强人民群众的获得感、幸福感和安全感。

——坚持依法分类实施。贯彻落实人民调解法、民事诉讼法等法律规定,大力加强人民调解组织建设、队伍建设、制度建设、业务建设。坚持依法调解,实现公平正义,不断提高人民调解工作规范化、法治化水平。

——坚持自治德治并举。坚持人民调解的群众性、自治性、民间性属性,实现人民群众自我教育、自我管理、自我服务。注重在调解过程中弘扬社会公德、职业道德、家庭美德、个人品德,提升全社会道德水平。

——坚持资源合成联动。充分发挥律师、公证、基层法律服务、法律援助、司法鉴定的作用,积极引导社会组织、社会力量参与矛盾纠纷化解,完善人民调解、行政调解、司法调解衔接联动工作机制,形成化解矛盾纠纷的工作合力。

（三）总体目标

自 2019-2021 年,通过持续的三年建设,基层社会矛盾纠纷基本实现小事不出社区,大事不出街道,企事业单位矛盾纠纷本单位内化解,行业、专业矛盾纠纷本领域内解决,重大疑难复杂矛盾纠纷不出区,基本实现矛盾就地化解,不上交、不激化。

具体要求是:

2019 年:健全社区、街道人民调解委员会,实现全覆盖,企事业单位人民调解委员会应建尽建。在金融消费、医患、交通事故、劳资、物业、环保等经济社会民生重点领域,建立行业性、专业性人民调解委员会,访调、诉调、警调等派驻的人民调解组织建成率达到 50%,每个街道及行业性、专业性调委会建成一个品牌人民调解室;专职人民调解员队伍比例达到 30%;智慧民调系统的建成使用率达到 50%,开通市南"调解吧"微信公众号;全面推广"1+1+N"矛盾纠纷排查调处机制,以小区或网格为单位，构建横到边、纵到底的矛盾纠纷排查网络，做到矛盾纠纷排查常态化，积极推动人民调解工作与综治网格无缝衔接，矛盾纠纷就地化解率达到90%。

2020年：在健全完善社区、街道、企事业单位人民调解组织的基础上，跟进市南区经济社会发展，及时建立新兴领域行业性、专业性人民调解委员会，访调、诉调、警调等派驻的人民调解组织建成率达到80%，品牌人民调解室建设覆盖面达到30%；专职人民调解员队伍比例达到35%，人民调解志愿者队伍进一步壮大；智慧民调系统的建成使用率达到80%；矛盾纠纷就地化解率达到95%。

2021年：在巩固社区、街道、企事业单位人民调解组织的基础上，行业性、专业性人民调解委员会应建尽建，访调、诉调、警调等派驻的人民调解组织建成率达到100%，品牌人民调解室建设覆盖面达到50%；专职人民调解员队伍比例达到40%，建立起完备的人民调解志愿者队伍；智慧民调系统的建成使用率达到100%；各项工作制度健全完善，探索形成矛盾纠纷闭环调处机制；矛盾纠纷就地化解率达到100%。

二、主要任务

（一）健全人民调解组织网络

1. 加强基层人民调解组织建设。在实现社区、街道人民调解委员会全覆盖的基础上，进一步充实调解人员，完善排查调处工作制度，发挥社区人民调解组织的主力军作用以及社区法律顾问的专业优势，积极排查化解矛盾纠纷。对社区调解不了的疑难复杂纠纷和跨社区、跨单位的矛盾纠纷，街道人民调解委员会要及时介入，就地化解。

责任单位：区司法局、各街道办事处（加粗的为牵头部门，下同）

2. 加强企事业单位人民调解组织建设。对规模较大、职工较多、纠纷多发的企事业单位，积极推动建立企事业单位人民调解委员会，排查调处单位内部发生的矛盾纠纷。对不具备条件的中小微企业，可以依托各类商会建立商会人民调解组织，调解会员企业内部发生的矛盾纠纷。

责任单位：区司法局、区总工会、区工商联等相关部门

3. 推进行业性专业性调解组织建设。认真贯彻青岛市委《关于加强行业性、专业性人民调解组织建设意见》（青厅字〔2015〕39号）的要求，行业主管部门应加强对矛盾纠纷易发多发的金融消费、劳动争议、旅游、物业、医患、环保等领域的调解组织建设，做到依法规范其设立单位、人员组成、名称标识、工作制度等。行业性、专业性人民调解组织负责排查调处本行业、专业领域内的矛盾纠纷，要坚持独立性和中立性，自觉接受司法行政部门、本行业主管部门的指导。

责任单位：区司法局、区人力资源社会保障局、区城市管理局、区商务局、区文化和旅游局、区卫生健康局、青岛市生态环境局市南分局、区妇联等相关部门、各街道办事处

4. 加强派驻人民调解组织建设。根据需要可以在法院、检察院和公安、信访等行政部门设立派驻人民调解工作室或人民调解委员会，受理党委、政府和有关部门委托移交调解的各类矛盾纠纷。

责任单位：区司法局、区人民法院、区人民检察院、公安市南分局、区信访局等相关部门

（二）发挥人民调解职能作用

5. 加强矛盾纠纷排查。坚持排查在先、关口前移，要把排查作为常态性工作来抓，发挥居民楼组长、网格员的作用，帮助排查发现矛盾纠纷线索隐患。要聚焦重点人群、重点地区、重点行业、重点时段，有针对性开展矛盾纠纷排查，做到排查无死角、无盲区、无边界，杜绝矛盾纠纷漏网失控。对排查出的矛盾纠纷苗头隐患分类梳理，建立工作台帐，采取有效措施，防患于未然。

责任单位：各街道办事处、各相关部门

6. 积极化解矛盾纠纷。坚持应调尽调、就地化解、不留缝隙。对一般

矛盾纠纷，立足抓早抓小抓苗头，灵活采取多种方法，依法及时就地化解，防止矛盾纠纷交织叠加、激化升级；对重大疑难复杂矛盾纠纷，统筹系统资源，组织专门力量，会同有关部门合力攻坚化解。对不适合人民调解或调解不成的矛盾纠纷，引导当事人通过仲裁、行政复议、行政裁决、诉讼等其他合法途径解决，防止越级上访、进京上访、群体性上访事件的发生。

责任单位：各街道办事处、区人力资源社会保障局、区人民法院等相关部门

7.加强矛盾纠纷预警。对排查发现可能引起越级上访、治安案件、刑事案件、群体性事件的矛盾纠纷，以及无法解决的矛盾纠纷，要及时预警，主动报告辖区派出所和街道，以及区委、区政府，积极配合党委政府和有关部门疏导化解。

责任单位：各街道办事处、市南公安分局、区信访局等相关部门

（三）加强人民调解员队伍建设

8.扩大专职人民调解员力量。大力加强专职人民调解员队伍建设，行业性、专业性人民调解委员会配备3名以上专职人民调解员，街道人民调解委员会配备2名以上专职人民调解员，社区和企事业单位人民调解委员会配备1名以上专职人民调解员，派驻有关单位和部门的人民调解工作室配备2名以上专职人民调解员，形成专业化、职业化、规模化的人民调解员队伍。

责任单位：区司法局、区人民法院、区人民检察院、公安市南分局、区信访局、区人力资源社会保障局、区城市管理局、区商务局、区文化和旅游局、区卫生健康局、青岛市生态环境局市南分局、区总工会、区妇联、区工商联等相关部门、各街道办事处

9.优化人民调解员专业结构。积极吸纳律师、公证员、仲裁员、基层法律服务工作者、医生、教师、专家学者等社会专业人士和退休法官、检察官、民警、司法行政干警,以及信访、工会、妇联等部门退休人员担任

人民调解员，建立人民调解员持证上岗、等级评定制度。

责任单位：区司法局、各相关部门、各街道办事处

10. 加强人民调解员培训。坚持分级、分类开展培训，切实提高培训的针对性、有效性。加强人民调解员的思想政治和纪律作风教育，采取开设调解大讲堂、集中授课、交流研讨、案例评析、现场观摩、旁听庭审、实训演练等多种形式，重点开展社会形势、法律政策、专业知识和调解技能等方面的培训，不断提高人民调解员化解新形势下矛盾纠纷的能力和水平。加强精品调解案例库建设，编写《市南区人民调解案例精选集》，通过典型案例指导开展调解工作，提升人民调解工作的质量水平。

责任单位：区司法局、区人民法院、区人力资源社会保障局

11. 建立人民调解咨询专家库。根据化解矛盾工作需要，各街道可建立由律师、仲裁员、基层法律服务工作者、公证员、司法鉴定人和相关行业、专业领域的专业人员组成的人民调解咨询专家库，为化解重大复杂的矛盾纠纷提供专业咨询意见和调解建议。

责任单位：区司法局、各街道办事处

（四）建立健全调解工作机制

12. 建立矛盾纠纷导入处置机制。积极引导当事人优先选择人民调解方式解决矛盾纠纷，鼓励纠纷当事人主动向人民调解组织申请调解。对于党委政府和有关部门委托移交的矛盾纠纷，适宜调解方式解决的，应积极受理调解，调解不成的及时分流处置，并将相关情况反馈委托移交部门；对不适宜调解或调解不成的，在做好安抚稳控工作的同时，引导当事人通过其他合法途径解决。

责任单位：区委政法委、区人民法院、区人民检察院、公安市南分局、区信访局、区司法局等相关部门、各街道办事处

13. 建立矛盾纠纷联调联动机制。认真贯彻中央《关于完善矛盾纠纷多元化解机制的意见》(中办发〔2015〕60号)，按照"有机衔接、协调联动、

高效便捷"的要求，完善人民调解、仲裁、行政裁决、行政复议、诉讼等有机衔接、相互协调的多元化纠纷解决机制。加强与信访、公安、法院等部门的协调联动，定期汇总分析信访案件、治安案件、民事案件数量、类型等相关数据资料，深入研判矛盾纠纷趋势特点，做好预测预警预防。

责任单位：区委政法委、区人民法院、区人民检察院、公安市南分局、区信访局、区司法局等相关部门、各街道办事处

14. 建立矛盾纠纷信息共享机制。加强人民调解数据统计工作，建立健全信息收集统计制度。主动与相关部门沟通联络，及时掌握矛盾纠纷相关信息，做到情况互通、信息共享。注意收集排查各类矛盾纠纷苗头隐患，及时反馈党委、政府和有关部门。

责任单位：区司法局、区人民法院、区人力资源社会保障局等相关部门、各街道办事处

15. 建立"谁调解谁普法"工作机制。坚持把法律宣传贯穿调解工作全过程，通过以案释法等方式，将调解纠纷与法治宣传结合起来，大力宣传人民调解法和与人民群众生产生活密切相关的法律法规，增强群众的法治意识，引导人民群众运用法律手段解决矛盾纠纷、维护自身合法权益，形成办事依法、遇事找法、解决问题用法、化解矛盾靠法的良好氛围。

责任单位：区司法局、区人民法院、区人民检察院、公安市南分局、区信访局等相关部门、各街道办事处

（五）创新调解工作理念方法

16. 加强调解信息技术运用。积极推行人民调解网上申请、网上办理、网上服务、网上监督，实现人民调解在线咨询、查询、引导、受理。加快建设人民调解管理信息系统，推广人民调解移动终端，建立信息采集机制，实现对人民调解组织、队伍和案件信息等动态管理，积极运用大数据技术进行智能分析，科学研判社会矛盾纠纷变化发展趋势，及时预警社会矛盾风险热点，促进人民调解工作提质增效。

责任单位：区司法局、各相关部门、各街道办事处

17. 加强人民调解文化建设。加强人民调解员职业道德教育、作风纪律建设，深入开展社会主义核心价值观和社会主义法治理念教育，增强人民调解员的社会责任感和职业荣誉感。进一步丰富完善和发展市南区"和解万家"人民调解品牌的价值内涵、调解理念、工作方法，深入开展"十大金牌调解员"和"十大品牌调解室"的评比表彰，努力打造和形成一个社会广泛认同，具有市南特色的人民调解品牌。新闻宣传部门要大力宣传人民调解的先进典型。

责任单位：区司法局、各相关部门、各街道办事处

18. 积极运用全媒体开展调解。贯彻落实省司法厅《关于进一步运用全媒体开展人民调解工作的指导意见》，积极探索在线调解、视频调解等新的方式方法，推广运用手机 APP、微信公众号、智慧民调系统等，为人民群众提供便捷高效的调解服务。

责任单位：区司法局、各相关部门、各街道办事处

19. 加强人民调解品牌建设。建立完善市南区"十大金牌调解员"和"十大品牌调解室"评比表彰制度，坚持每两年评选表彰一次，充分发挥品牌的带动效应和示范引领作用。每个街道和具备条件的访调、诉调、警调组织，以及行业性、专业性调解组织，均要建立个性化品牌调解室，个人调解工作室隶属于人民调解委员会。

责任单位：区司法局、区人民法院、区人民检察院、公安市南分局、区信访局等相关部门、各街道办事处

三、保障措施

（一）加强组织领导

各级要高度重视坚持发展"枫桥经验"实现矛盾不上交，打造新时代人民调解工作升级版工作部署，切实把握新时代矛盾纠纷的规律和特点，认真研究制定本部门本单位的具体实施方案，切实抓好贯彻落实。要以矛

盾就地化解率作为衡量人民调解工作的重要指标，加大督导力度。区司法局负责指导全区人民调解工作，研究解决人民调解工作遇到的困难和问题。加强工作信息和典型案例的交流，及时总结提炼并固化好的做法，探索形成一批可复制、可借鉴、可推广的经验。

（二）落实职能责任

遵循"谁主管谁负责""谁受益谁保障""谁使用谁管理"的原则，各有关部门要明确自身职责，加强协调配合，共同做好人民调解工作。区委政法委要将人民调解工作纳入综治工作（平安建设）考核评价体系。区人民法院要通过各种形式，加强对人民调解员调解纠纷的业务指导，提高人民调解工作水平。区财政局要落实财政保障责任，会同司法局确定经费保障标准，建立动态调整机制。区民政局要对符合条件的人民调解员落实相关社会救助政策，会同区人力资源社会保障局把符合条件的人民调解员纳入社会工作专业人才培养和职业水平评价体系。各相关行业主管部门要从各方面对人民调解员开展工作提供支持和保障。

（三）加强工作保障

认真落实《财政部 司法部关于进一步加强人民调解工作经费保障的意见》《财政部 司法部关于印发＜司法行政机关财务管理办法＞的通知》等文件要求，区财政应足额保障人民调解工作指导经费、调委会补助经费、调解员补贴经费、专职人民调解员聘用经费、人民调解办案补贴、专家咨询费、培训费和信息化建设经费等。行业性、专业性人民调解委员会的设立单位和相关行业主管部门要落实保障责任，为人民调解委员会开展工作提供场所、设施等办公条件、必要的工作经费和案件补贴。加大政府购买服务力度，完善购买方式和程序，支持和培育社会组织参与人民调解工作，鼓励人民调解员协会、相关行业协会、人民调解中心等社会组织，主动承接政府购买人民调解服务。

（四）加强宣传表彰

充分运用传统媒体和网络、微信、微博等新媒体，积极宣传开展坚持发展"枫桥经验"实现矛盾不上交，打造人民调解升级版的重要意义、成功经验和工作成效，大力宣传工作中涌现出的先进人物、先进事迹和典型案例。深入开展市南区"十大金牌调解员"和"十大品牌调解室"评选活动，对表现突出的先进集体和个人给予表彰奖励，增强人民调解员的职业荣誉感和自豪感，提高人民群众的知晓度、认同度和参与度，为调解工作开展营造良好氛围。

青岛市市南区人民调解工作领导小组办公室

2019 年 5 月 15 日

关于加强物业纠纷人民调解工作的意见

为加强社会管理，有效化解物业纠纷，促进我区社会和谐稳定，根据《中华人民共和国人民调解法》、国务院《物业管理条例》等相关规定，现就加强我区物业纠纷人民调解工作提出如下意见：

一、指导思想

以党的十八大精神为指导，以法律法规为依据，坚持以人为本，坚决维护群众的根本利益，按照关于构建社会主义和谐社会总体要求，充分发挥人民调解组织作用，加大物业管理法律法规宣传力度，畅通利益诉求渠道，依法、及时、有效预防和化解物业纠纷，营造和谐良好的社会环境。

二、工作原则

物业纠纷调解应当遵循自愿、平等、依法、合情合理、有利于案结事了的原则，积极预防矛盾纠纷的激化。不得因调解而阻止当事人依法通过仲裁、行政、司法等途径维护自己的权利。

三、机构设置

建立健全区级、街道、社区三级物业纠纷调解组织体系。

区司法局和区城市管理局联合成立区级物业纠纷人民调解工作指导委员会，主要负责指导、协调、监督检查全区物业纠纷人民调解工作，分析研究物业纠纷动态，制定开展物业纠纷人民调解工作相关制度措施，对全区物业纠纷调解情况进行调研，指导疑难纠纷调解，参与重大疑难案件的研究和论证，组织调解人员业务培训。

各街道依托街道人民调解委员会，吸纳专业调解力量，组建物业纠纷人民调解委员会，负责调解本辖区疑难物业纠纷，指导社区物业纠纷调解组织开展调解工作。

实行物业管理的社区均应建立物业纠纷调解组织，与社区人民调解委员会联动开展工作。要设立物业纠纷调解员和信息员，以预防物业纠纷为主，宣传物业管理法规政策，调解一般性物业纠纷。

区司法局负责指导物业纠纷调解组织按照规范化标准进行建设，制定物业纠纷人民调解工作日常考核管理办法；区城市管理局负责协调住宅小区物业服务企业、业主委员会支持和配合物业管理纠纷人民调解工作，为物业纠纷人民调解委员会配备必要的办公设施和必需的工作经费。

四、调解范围

重点解决在物业管理区域内，围绕业主、业主委员会、物业使用人和物业服务企业在物业管理活动中发生的与物业管理活动有关的纠纷。

五、工作程序

（一）申请。纠纷发生后，当事人可向社区物业纠纷调委会申请，也可向街道物业纠纷调委会申请调解，调委会也可主动调解。

（二）受理。对于当事人提出的调解申请，调委会要认真审查，对符合受理条件的，应及时受理；对不予受理的，应依法向当事人解释，并告知到相关部门处理。

（三）调解。调委会受理物业纠纷后，可指定调解员或由当事人选择调解员进行调解。调解员应严格遵循调解原则，耐心听取当事人的陈述，主动告知当事人的权利和义务，深入讲解法律政策，帮助当事人理清应承担的责任和享有的权利，在平等协商、互谅互让、公平公正的基础上提出纠纷解决方案，帮助当事人自愿达成调解协议。

调解员发现纠纷有可能激化的，应采取有针对性的预防措施；对有可能引起治安案件、刑事案件的，应及时向公安机关或其他有关部门报告。

（四）签订协议。经调解达成调解协议的，可制作人民调解协议书。书面调解协议书由各方当事人签名、盖章或按指印，调解员签名并加盖调委会印章。当事人认为无需制作调解协议书的，可采取口头协议形式，口头调解协议自各方当事人达成协议之日起生效。

（五）回访。调委会应适时对当事人进行回访，对调解协议履行情况进行监督，督促当事人履行约定义务。

经调解达成书面调解协议，双方当事人认为有必要的，可以自调解协议生效之日起30日内共同向人民法院申请司法确认。当事人需要协助的，调委会应当提供协助。

六、工作制度

（一）建立逐级调解制度。社区调解简单纠纷，街道调解复杂纠纷，区级调解重大纠纷。社区调解组织调解不成功的纠纷要及时上报街道，由街道司法所组织物业纠纷调委会的专业调解员进行调处；街道调解不成的，由区级物业纠纷调委会进行调解。

（二）建立联席会议制度。区司法行政部门、区城市管理部门应健全沟通协调机制，定期召开联席会议，交流工作信息、通报工作情况、总结工作经验，研究解决和协调有关问题。各街道、社区要定期组织业主委员会或业主代表、物业管理企业参加的联席会议，了解小区物业管理情况及矛盾动态，有针对性的组织开展纠纷预防和调解工作。

（三）信息报送及统计分析制度。各街道要建立统计分析制度，对调解的物业纠纷及时统计，定期分析。各社区信息员要强化责任意识，发现矛盾纠纷及时上报；各司法所按月向区物业管理纠纷调委会报送统计信息。

七、工作要求

（一）统一思想，提高认识。各级要加强组织领导，统一思想认识，切实把物业纠纷人民调解工作作为维护社会稳定、建设和谐社会的重要措施来抓。

（二）加强宣传，主动引导。要通过多种形式宣传物业管理法律法规和相关知识，帮助广大业主、居民提高物业管理知识水平，树立正确的物业管理消费观念。要主动督促物业管理企业做好物业服务工作，不断提高物业管理服务水平。

（三）积极协调，密切配合。有关部门要密切配合，加大监督检查指导力度，组织协调相关部门和单位参与物业纠纷人民调解工作，提高工作效能。

（四）落实责任，注重实效。要结合实际，以化解物业矛盾纠纷，维护社会稳定为根本出发点，以发挥人民调解组织职能为着力点，全面开展并落实物业纠纷人民调解工作，确保取得实效。

附件：1.市南区物业纠纷人民调解工作指导委员会名单（略）

2.市南区物业纠纷人民调解委员会名单（略）

青岛市市南区司法局

青岛市市南区城市管理局

2013 年 4 月 22 日

市南区人民调解案件补贴发放办法

第一条 为进一步加强社区民间矛盾纠纷的排查调处工作，充分调动基层人民调解员工作积极性，根据《中华人民共和国人民调解法》、财政部和司法部《关于进一步加强人民调解工作经费保障的意见》，结合我区实际，制定本办法。

第二条 人民调解卷宗必须严格按照司法部关于人民调解文书格式的内容要求制作。

第三条 补贴对象：社区人民调解委员会的人民调解员、区司法局聘任的专职人民调解员。

第四条 对在人民调解工作中做出优异成绩的司法所长或司法助理，按有关规定给予奖励。

第五条 补贴分类及标准

（一）补贴分为一般纠纷和重大纠纷两类。严格区分一般纠纷和重大纠纷界限，一般纠纷是指事实认定清楚，影响较轻，争议双方当事人不超过3人或涉及标的在2万元以下的纠纷案件；重大纠纷是指在本市、本辖区有重大影响，需要经多次调查取证后才能认定，争议双方当事人在3人以上或涉及标的在2万元以上的纠纷案件。

（二）一般纠纷和重大纠纷必须制作规范的人民调解卷宗，每件分别补贴30元和60元。

第六条 补贴发放形式

（一）区司法局根据近年来各街道调解纠纷案件和上报的《人民调解卷宗》数量情况，由办公室每年7月底以前将人民调解案件补贴一次性划拨到各街道办事处（各街道案件补贴见附件一），各街道收到补贴后，及时将《山东省资金往来结算票据》送至区司法局办公室。此补贴实行专款专用，补贴数额超出部分，列入翌年使用；不足部分，由司法所写出书面申请，经核实后，报局领导批准予以追加。

（二）各社区调委会应详细填写纸制的《xx社区xx年x半年人民调解案件登记台帐》（见附件二），由调解员本人和社区调委会主任签字，连同人民调解卷宗，一并报街道司法所。司法所严格审核后，填写《xx街道xx年x半年人民调解案件补贴领取发放表》（见附件三），附上《xx社区xx年x半年人民调解案件登记台帐》，报街道分管领导复核、街道主要领导审批。

（三）人民调解案件每半年补贴一次，由司法所每年2月底和8月底以前组织发放完毕。

第七条　驻区法院人民调解室应健全完善各项规章制度，定期组织学习，认真抓好落实。区司法局聘任的专职人民调解员（系指驻区人民法院调解室2名调解员和1名专职书记员）按月发放工资；聘任的专职书记员，依据记录和制作规范的人民调解卷宗每件补贴10元；专职人民调解员（专职书记员）案件补贴，经检查或随机抽查调解卷宗合格后，每半年发放一次，由司法局基层科审核、经分管领导复核、主要领导审批后组织实施。聘任的专职人民调解员连续两个月内无人民调解案件的，取消专职聘任资格，区司法局不再发放工资。

第八条　纠纷调解有下列情形之一的，不予补贴：

（一）口头协议纠纷案件；

（二）调解不成功的纠纷案件；

（三）调解协议书内容不全、不规范、适用法律有误的；

（四）调解违背当事人真实意思表示、弄虚作假的或当事人申请调解员回避却未回避，导致当事人不愿履行协议的；

（五）涉及民事权利义务纠纷内容的，当事人未履行义务或经法院审理撤销调解协议书的。

第九条　责任追究

（一）人民调解案件补贴严格按照"专款专用"的原则，确保发放到具体办案的调解员手中，严禁弄虚作假或以任何理由挤占挪用补贴，自觉接受各级财政、审计、纪委等部门的监督检查。

（二）区司法局将不定期对人民调解案件补贴情况进行检查或抽查，发现有虚假登记，骗取案件补贴的，根据相关规定，对责任人实施查究，视情节给予通报批评或行政纪律处分。

第十条　各单位要高度重视，严格把关，精心组织，确保此项工作落到实处。

第十一条　本办法由市南区司法局负责解释，自 2013 年 1 月 1 日起施行，原《人民调解案件补贴发放办法（试行）》（南司法〔2012〕29 号）自行废止。

第十二条　区司法局聘任的专职调解员案件补贴自 2013 年 7 月 1 日起施行；驻区劳动人事仲裁院人民调解室案件补贴参照本办法执行。

附件：1. 区司法局 xx 年度划拨各街道人民调解案件补贴表

2. XX 社区 xx 年 x 半年人民调解案件登记台帐

3. XX 街道 xx 年 x 半年人民调解案件补贴领取发放表

青岛市市南区司法局

2013 年 7 月 2 日

附件1：

区司法局 xx 年度划拨各街道人民调解案件补贴表

街道名称	补贴数额（元）	备注
八大峡街道办事处		
云南路街道办事处		
中山路街道办事处		
八大关街道办事处		1. 区司法局办公室每年7月底以前将补贴一次性划拨到各街道；
湛山街道办事处		
香港中路街道办事处		2. 此补贴实行专款专用。各街道收到补贴后，及时将《资金往来结算票据》送至区司法局办公室；
八大湖街道办事处		
珠海路街道办事处		3. 此表由司法局办公室留存。
金门路街道办事处		
江苏路街道办事处		
合　计		

审批：　　　复核：　　　审核：

附件 2：

XX 社区 xx 年 x 半年人民调解案件登记台帐

序号	案件编号	申请人和被申请人姓名	性别	申请人和被申请人住址	申请人和被申请人电话	由案	调解员	结案日期	办理结果	发放补贴(元)	调解员签字	调委会主任签字
1												
2												
3												
备注	此表 1 式 3 份：社区、司法所、街道财务各 1 份备查。											

附件3:

XX 街道 xx 年 x 半年人民调解案件补贴领取发放表

序号	承办单位（社区调委会）	社区调委会承办人	案件数		办案补贴（元）	社区调委会领取人签字	备注
			一般纠纷	重大纠纷			
1							此表1式2份:司法所、街道财务各存1份。
2							
3							
4							
5							
6							
7							
8							
9							
10							

一般纠纷 件, 重大纠纷 件, 共 件。

合计: 元（￥ ）

街道主要领导: 　　　街道分管领导: 　　　司法所长:

市南区司法所规范化建设十项制度

为加强司法所规范化建设，提升司法所整体工作效能，推进司法行政工作健康发展，根据市局关于印发《青岛市市级规范化司法所建设标准》的通知（青司发〔2012〕126号）要求，制定本制度。

一、会议（例会）制度

1. 司法所长会议原则上两个月召开一次，特殊情况根据需要召开；会议应提前确定议题，并拟发会议通知，由基层科负责组织实施。

2. 会议内容主要传达上级文件或领导指示精神，学习司法行政政策法规；汇报阶段性工作完成情况，安排部署工作任务，总结讲评工作；分析研究形势，解决工作中存在的突出问题；聘请专家就某一领域的疑难问题进行专题讲解等等。

3. 司法所应当严格落实例会制度，定期组织辖区人民调解委员会主任开展政治理论和业务知识学习；及时分析、讨论疑难复杂纠纷调解方案和重点社区矫正对象、安置帮教对象管理方案，研究解决问题。

4. 与会人员会后要及时将会议精神传达到所属人员；会议应设专人做好记录，存档备查。

二、学习培训制度

1. 司法所应统一拟定年度、季度、月度学习计划，有步骤地组织实施，在保障正常工作前提下，每周至少安排半天的学习，主要包括政治学习和业务知识，并建立学习笔记，积极撰写心得体会和调研文章。

2. 坚持集体学和自学相结合，司法所应定期组织交流学习体会。注重向实践学习，搞好调查研究，经常深入社区总结工作经验。

3. 司法所人员年内参加区司法局组织的业务培训不少于40课时，集中培训不少于 3 天，通过学习新知识、拓展新业务、掌握新技能，交流新经验，全面提高政治理论和业务素质。

4. 司法所每月报送信息不少于 1 篇，重点报送工作经验和创新做法；信息内容要具体、客观、真实，具有时效性、创新性和超前性。

三、公开公示制度

1. 司法所应当建立健全业务公开公示制度，做到工作职能、工作流程、工作规则及司法所人员姓名、职务、照片、职责、联系方式公开，相关内容应上墙明示，自觉接受人民群众和社会监督。

2. 司法所人员要内强素质、外树形象，工作中挂牌服务，服饰得体，举止文明；办公场所卫生整洁，物品摆放合理有序；重要文件、资料、台帐按规定存放，不得遗漏丢失。

四、请示报告制度

1. 请示报告一般应逐级进行，无特殊情况不得越级。

2. 司法所应定期向区司法局和所在街道党委政府汇报任务完成情况、落实措施和工作打算，重大问题、重要情况应当及时请示汇报。

3. 工作中遇到疑难复杂问题、可能激化的重大矛盾纠纷、或出现严重影响社会稳定的苗头，要立即向职能部门或有关领导请示报告，并采取必要措施，严防矛盾激化和"民转刑"案件的发生。

4. 重大节假日和特殊时期，严格落实 24 小时值班、"日报告""零报告"以及外出请示报告制度。

五、登记统计制度

1. 司法所应建立健全业务登记统计制度，分类建立人民调解、社区矫正、安置帮教、法律援助、法制宣传等各项业务工作台帐，详细登记业务开展情况。

2. 坚持定期组织开展矛盾纠纷和社会不稳定因素集中排查调处工作，及时汇总、分析相关情况，按照上级要求全面、及时、准确填报各类业务统计表。

3.各类登记统计要细致规范,填报的数字和案例真实可靠,准确无误。

六、廉洁勤政制度

1.司法所人员要坚持以事实为依据,以法律为准绳,严守纪律,廉洁勤政,秉公执法,严禁利用职务之便索贿、收贿,吃拿卡要、打击报复当事人。

2.司法所人员要严格行为准则,严禁欺上瞒下,徇私舞弊,不得提供虚假证据,隐瞒重要事实,不得泄露当事人的个人隐私和商业秘密,切实维护辖区公民、法人和其他经济组织的合法权益,保障法律的正确实施。

3.司法所人员在履行职责过程中,有玩忽职守、徇私舞弊、滥用职权等违法违纪行为的,依法给予相应处分,构成犯罪的依法追究刑事责任。

七、档案管理制度

1.司法所应当建立健全档案管理制度,自觉接受区司法局和档案管理部门的业务监督和指导,分类分案(人)建立健全人民调解、社区矫正、安置帮教等各项工作和人员档案。

2.坚持规范化档案管理,内容要全面准确,装订及时规范,归档材料真实,保管安全可靠,并做好档案的借阅、使用和回收登记工作。

3.凡属"一案一补"的人民调解卷宗,司法所要严格把关,列出明细,按要求认真填写《人民调解案件补贴发放表》《人民调解案件登记台帐》,报基层科审核,局主要领导批准,每半年发放一次。

八、检查考核制度

1.检查考核坚持以高标准、高质量、高效率为原则,以服务优质、群众满意为原则,以不发生问题、不出现差错、不违规违纪为原则。

2.坚持日常和年终检查考核相结合,由局领导带队,基层科组织实施;

检查考核结果作为个人进步和年终评选先进的重要依据（具体考核评定办法待发）。

3. 连续两年检查考核列前两位的单位，区司法局给予表彰奖励（详见第九条《评比表彰制度》）。

4. 连续两年检查考核列末位的单位，司法所长要写出书面报告，说明原因，在全局会议上作检查。工作中欺上瞒下，弄虚作假，影响全局考核成绩的，视情节轻重，除在全局会议上作检查外，给予诫勉等处理。

九、评比表彰制度

1. 评比表彰以目标管理考核结果为标准，每年评比一次，围绕业务开展情况进行全面考评。

2. 人民调解工作先进集体和人民调解工作先进个人每两年表彰一次，并给予一定的物质奖励，由区司法局和区人社局联合组织实施。

3. 安置帮教、社区矫正工作先进集体和先进个人每两年表彰一次，并给予适当的物质奖励，由基层科具体组织实施。

4. 连续两年检查考核列前两位的单位，区司法局推荐为市级政法行政系统表彰的先进集体；表现突出、有显著成绩和贡献，年底被市级以上政法行政系统表彰为先进集体的单位；区司法局给予一定的物质奖励。

十、过错追究制度

1. 严格执行首问负责制，对职责范围内的事项，实行全程服务，一办到底；对能立即答复或处理的事项应随到随办，不得以任何理由推诿搪塞。对不属于业务范围内的事项，应主动做好引导，协助办理。

2. 凡出现工作严重失误、严重违纪、弄虚作假造成不良影响、未完成重点工作目标任务、查证属实的重大投诉和在上级抽查、暗访中属于责任不到位被通报批评等情形之一者，在取消单位和个人年度评选先进资格的同时，由司法局纪委严肃查究直接责任人和司法所长的责任。

3. 因违法违纪应当承担行政责任的，依照《公务员法》给予纪律处分。

对纪律处分不服的，依照《公务员法》第九十条的规定申请复核或者提出申诉。

本制度自颁发之日起施行，由市南区司法局负责解释。

青岛市市南区司法局

2014 年 2 月 17 日

关于开展基层法律服务所规范化建设
管理年活动的通知

各基层法律服务所：

　　为规范基层法律服务工作秩序，依法履行对基层法律服务的监督管理，提高基层法律服务质量，根据司法部《基层法律服务所管理办法》，经研究决定在全区基层法律服务行业中开展规范化建设管理年活动。现将有关事项通知如下：

　　一、任务目标

　　通过强化内部管理，完善各项规章制度，着重解决基层法律服务机构和执业人员服务意识不强、服务质量不高、服务态度不好、规范化程度不高、缺失诚信等问题；通过优化资源配置，政策激励引导，推动我区基层法律服务工作健康、可持续发展。

　　二、活动内容及时间安排

　　（一）组织调研（3月上旬）

　　区司法局将采取查阅卷宗、走访当事人、以及召开座谈会等形式，由分管领导带队对全区基层法律服务所进行调研，主要调研以下内容：

　　1.近几年取得主要成绩和经验做法；

　　2.存在主要问题及原因；

　　3.对司法行政机关工作的意见和建议。

　　（二）自查自纠（3中旬－4月上旬）

　　1.基层法律服务所重点查找纠正以下问题：

　　（1）无执业场所或未经核准登记变更法定代表人、执业场所，乱挂牌的；

（2）组织机构、执业人员、服务范围、办事流程、收费标准、职业道德和执业纪律、投诉电话未上墙明示的；

（3）无受案登记、重大疑难案件讨论记录、所务会议记录、学习记录等；

（4）超越业务范围、代理权限，违反业务收费管理规定，不出具发票，擅自提高收费标准，自立名目乱收费的；

（5）无专人统一保管委托合同、介绍信函、印章，接受当事人委托后，基层法律服务所是否统一签订委托合同，出具各种手续；

（6）卷宗不装订的。

2.基层法律服务工作者重点查找纠正以下问题：

冒用律师名义办案，片面追求经济利益，缺失诚信，乱收费，私自收案，私自收费，被有效投诉，以及发布违规广告、虚假承诺等问题。

（三）组织年检（3下旬－4月上旬）

严格按照市局《关于开展基层法律服务工作年度检查的通知》要求、程序和内容组织实施，发现问题，区司法局将当场下达整改通知书，限期整改；逾期整改不合格的，提出缓检意见，缓检仍不合格的，按相关规定办理注销手续。

（四）出台意见（5月份）

从基层法律服务所机构、队伍、业务、管理和基础设施建设等五个方面，制定出台《关于加强基层法律服务所规范化建设的实施意见》，强化基层法律服务工作者职业道德和执业纪律，推进基层法律服务事业规范、协调、可持续发展。

（五）改选协会（7月底前）

根据《市南区基层法律服务工作者协会章程》，拟对基层法律工作者协会进行选举换届，完善规范协会规章制度，发挥协会的职能作用，为协会会员提供良好的执业环境。

（六）总结提高（11月下旬）

基层法律服务所对每个法律服务工作者做出评定，奖优罚劣，对在执业中确实存在严重违法违纪问题的，要拿出处理意见，必要时取消其执业资格。区司法局将成立由部分法律服务所主任参加的检查组，对开展活动情况进行检查和验收，通过验收，选择1-2个先进典型单位，总结推广经验做法，或参观学习其他区市的成功经验。

四、几点要求

（一）各单位要高度重视，切实加强领导，认真部署，精心组织，确保活动取得实效。要组织全体执业人员对照本《通知》要求，逐项进行自查自纠，找出存在问题，制定整改措施，抓好工作落实。

（二）各单位要把开展好这次活动与创建省级文明法律服务所活动结合起来，本着既强化管理、严格规范，又切合实际、便于操作的原则。单位领导要亲自负责，确保这次活动有始有终、抓出成效。活动开展工作情况，请于11月20日前书面报区司法局基层科。

（三）区司法局将组织力量对活动情况进行检查，尤其是对近几年来，被投诉查实的法律服务所和法律服务工作者，将列为重点检查对象，全面掌握其服务态度、服务质量和管理职能作用发挥情况。对检查和整改发现的问题实行分类排队，对存在问题的单位和个人，责令限期整改，对严重违反规定的，依据有关规定严肃处理，决不姑息迁就。区司法局将在活动验收工作结束后通报有关情况。

青岛市市南区司法局

2014年3月1日

关于做好青岛世园会和 APEC 会议及西太海军论坛期间矛盾纠纷大排查工作方案

为切实做好青岛市 2014 世园会、APEC 会议和西太海军论坛等重大活动期间矛盾纠纷排查化解工作，根据上级部署，结合我区实际，特制定本方案。

一、指导思想

以党的十八大精神为指导，以确保各项重大活动安全顺利举办为目标，以化解矛盾纠纷为主线，按照"属地管理""分级负责"和"谁主管、谁负责"的原则，层层分解任务，层层落实责任，层层抓好落实，全面深入排查化解各类矛盾纠纷和不稳定因素，为成功举办 2014 世园会、APEC 会议和西太海军论坛等重大活动创造安定和谐的社会环境。

二、工作目标

通过扎实开展矛盾纠纷大排查活动，努力实现"三个不出"（城区发生的问题解决不出社区，街道企事业单位内发生的问题解决不出本单位，部门和系统内发生的问题解决不出本部门、本系统）、"五个不发生"（不发生到省进京滋事事件、不发生影响恶劣的政治性案件、不发生重大恶性刑事案件、不发生重大群体性事件、不发生重大安全责任事故）的工作目标。

三、阶段划分

（一）动员部署阶段（4 月 1 日 – 4 月 5 日）。各单位要切实提高思想认识，进一步增强做好这次矛盾纠纷大排查工作的责任感和紧迫感，迅速召开动员部署会议，成立领导小组，制定工作方案，推动这次大排查工作深入扎实地开展。

（二）排查摸底阶段（4月6日－4月30日）。各单位要集中力量，"拉网式"排查各类重大矛盾纠纷隐患，尤其要加强对涉军、讨薪、拆迁群体的动态掌握，认真梳理管区范围内存在的矛盾纠纷及重大隐患，逐一登记台帐（见附件），摸清纠纷底数，制定工作对策。

（三）调处化解阶段（5月1日－10月25日）。通过开展大规模的排查调处化解活动，做到定纷止争，案结事了，确保2014世园会、APEC会议和西太海军论坛等重大活动期间的社会稳定。

四、排查范围及方法

排查的重点。在全面排查各类矛盾纠纷的基础上，重点对潜在的群体性苗头，可能影响2014世园会、APEC会议和西太海军论坛等重大活动的极端行为，非法进京到省上访及重大民生诉求等问题进行排查。

排查的方法。充分发挥"12348"人民调解指挥分流平台和三级五层排查调解组织的作用，积极引导群众通过理性、合法的方式表达自己的利益诉求，心平气和地解决问题，消除分歧和隔阂；综合运用法律、政策、经济、行政等手段和教育、协商、疏导等办法化解各类矛盾纠纷；认真抓好重点区域、重点群体和重点单位的矛盾纠纷排查工作，通过走访群众、接待来访、召开群众代表会议和基层组织负责人会议等办法，逐社区、逐单位进行摸排梳理，扩大排查覆盖面，确保把已经发生和正在酝酿的矛盾纠纷一件一件搞清楚，切实把各种不安全、不稳定的矛盾和问题排查彻底。

五、工作要求

（一）加强组织领导。各单位要高度重视，精心组织，要把这次大排查活动与当前正在开展的党的群众路线教育实践活动结合起来，与建设平安市南构建和谐社会结合起来，切实加强组织领导，认真搞好宣传发动，抓紧制定工作方案，严格落实工作措施，实行领导包案责任制，加强组织协调和督导检查，抓好层层落实，切实把大排查活动真正落到实处。

（二）严格落实责任。各调解组织在排查中因工作失误而未及时发现纠纷，或发现了没有及时解决而酿成重大群体性事件、重大刑事案件或重大治安灾害事故的，以及化解措施不力造成矛盾纠纷激化，发生严重影响社会稳定的情形，将按照上级《关于发生民间纠纷激化案件对有关单位和人员的责任查究办法》，对责任人实行责任追究，对责任单位通报批评。

（三）加强信息报送。各单位在排查中要进一步建立健全预警和处置机制，对可能发生重大群体性上访事件的信息，特别是苗头性信息进行全面评估和预测，做到早发现、早报告、早控制、早解决。要充分发挥矛盾纠纷情报信息网的作用，发挥情报信息员的优势，及时捕捉各类矛盾纠纷；要坚持报告制度，做到一般纠纷按时上报、重大纠纷随时上报，防止出现迟报漏报。各单位要按时上报《青岛世园会、APEC 会议和西太海军论坛期间重大矛盾纠纷工作台帐》，并将开展情况于 10 月 25 日前专题报送区司法局基层科。

附件：《青岛世园会、APEC 会议和西太海军论坛期间重大矛盾纠纷工作台帐》（略）

青岛市市南区司法局
2014 年 4 月 1 日

关于加强基层法律服务所规范化建设实施意见

为加强基层法律服务所机构、队伍、业务、管理和基础设施规范化建设，强化基层法律服务工作者职业道德和执业纪律，推进基层法律服务事业的规范、协调、可持续发展，根据司法部《基层法律服务所管理办法》和《基层法律服务工作者管理办法》有关规定，结合我区实际，制定如下实施意见。

一、充分认清加强基层法律服务所规范化建设的重要性和紧迫感

近几年，我区基层法律服务工作坚持立足基层，服务群众，积极为党委政府、公民、法人提供法律服务，在维护社会稳定、促进社会和谐发展中发挥了积极作用，但也程度不同地存在一些突出问题：一是管理不规范。对内部人员要求不严，管理松懈，有的所或个人违反专职从业规定，个别的长期挂靠不执业；有的所规章制度不健全、执行不严格，而且不按规定上墙，内容也不公示，没有设立举报电话。二是服务不到位。对基层法律服务所的功能定位认识不清，偏离开展社区法律服务主题，存在单纯追求经济效益的现象；有的与街道司法所长期不联系，个别的断裂了服务关系，不了解不掌握居民的法律需求，"所所联动"模式形同虚设，坚持定期为社区提供法律服务不够。三是素质不够高。有的缺乏诚信，个别的违规执业，多次被有效投诉，造成不良影响，导致执业信誉度低，缺乏应有的市场竞争力，持续发展的后劲不足，普遍存在案源较少的现象。四是场所不完备。有的所违反上级有关规定要求，不经批准擅自变更场所，登记注册地与执业地不一致；有的所缺少长远发展的思想，人员安排拥挤、设施摆放混乱，应有的"硬件"设施配备不到位。这些问题严重影响制约了我区基层法律服务工作的健康发展。因此，各单位要充分认识加强基层法律

服务所规范化建设的重要意义，进一步增强做好基层法律服务工作的责任感和紧迫感，通过强化内部管理，改善执业环境，逐步理顺基层法律服务所内外关系，确保实现"制度健全、管理规范、内强素质、外树形象"的目标，使我区基层法律服务工作步入规范、有序、健康的发展轨道。

二、加强基层法律服务所规范化建设的主要内容

（一）组织机构规范化

1. 法律服务工作者达到 4 人（含 4 人）以上；学历应达到法律大专以上。

2. 优化年龄结构，45 岁以下法律服务工作者应占 60% 以上。

3. 建立吸引人才的优惠政策，制定法律服务工作者培养计划，并付诸实施。

4. 积极参加司法行政机关或协会组织的会议、培训、业务学习、经验交流、理论研讨等活动；自觉接受司法行政机关的行政管理和基层法律工作者协会的行业管理，积极完成各项工作任务。

5. 区司法局通过优化资源配置，政策激励引导，推动基层法律服务工作健康、可持续发展。基层法律工作者协会将定期组织参观学习交流等活动，适当提高个人会费标准，以适应工作开展和当前经济发展的需要，并认真解决个别法律服务者长期挂靠不执业等问题。

（二）队伍建设规范化

1. 党的组织健全，党员积极参加组织活动，模范带头作用突出。

2. 坚持政治学习制度，法律服务工作者每季度参加政治学习时间不少于 8 小时，学习有主题，有记录。

3. 严把入口关，严格基层法律服务工作者的准入制度，对新进入的执业人员，必须进行以老带新和岗位培训。

4. 定期开展职业道德和执业纪律教育，为每个法律服务工作者建立诚信档案，重点记载被当事人有效投诉，违法违纪等问题。

5. 建立职业道德、执业纪律监督制约机制，畅通举报投诉渠道。

（三）所务管理规范化

1.公示内容要完整

基层法律服务所要将下列内容准确、美观地公示在所内外显著位置，有变化时，及时更换，以方便群众、提高工作效率、接受社会监督。

（1）法律服务所规范的门牌名称（区司法局统一制作）。

（2）法律服务所的办事流程、收费标准及依据。

（3）基层法律服务工作者职业道德和执业纪律。

（4）执业法律服务工作者照片、姓名、执业证号。

（5）本所投诉电话号码。

2.规章制度要健全

（1）章程。章程内容必须符合法律和司法部《基层法律服务所管理办法》有关规定。变更章程须报司法行政机关备案登记。

（2）岗位责任制度。明确所内岗位设置、岗位人员配备、岗位职责及考核办法。

（3）学习和培训制度。包括政治学习、业务学习和继续教育，做到有计划、有安排、有检查、有落实。

（4）案件审批制度。制定案件审查受理和交办程序。保证收案的统一性和规范性。

（5）集体讨论制度。坚持对重大案件的讨论汇报以及疑难复杂案件的集体讨论制度。

（6）投诉查处和过错赔偿制度。各基层法律服务所要对被投诉的受理、核实和处理方式作出规定，凡被有效投诉的都要依据司法部《基层法律服务工作者管理办法》相关规定严肃查究，同时做好执业人员的过错赔偿工作，15个工作日内将处理结果报区司法局。

（7）财务管理和分配制度。建立健全相应的内部财务管理制度。包括会计和出纳人员的岗位职责、法律服务所的资产管理、支出管理、收入管理、结余及分配、清算、财务报告和监督制度等。

（8）办案文书立卷、归档制度。承办业务形成的文件材料应在结案或事务办结 1 个月内整理立卷。

（9）聘用人员制度。对聘用基层法律服务工作者和行政辅助人员要签订聘用协议。

（10）奖励制度。各所对被上级表彰的人员给予精神和物质奖励；区司法局对被评为"省级文明法律服务所"的单位给予物质奖励。

（11）安全管理制度。坚持以"预防为主、消除隐患"的原则，严格落实所主任负责制，定期开展自纠自查活动，发现问题及时整改，确保不发生任何事故。

（四）业务开展规范化

1. 坚持以开展基层法律服务工作为主要业务，严格落实专职从业规定，注重创新特色业务，使主要业务和特色业务均衡发展。

2. 协助所在街道司法所扎实开展人民调解、法制宣传、法律服务等基层司法行政工作，对定期服务的社区有计划、有措施，每周参与社区司法工作室接待日不少于半天，并详细记录工作开展情况。

3. 积极与所在街道司法所、企事业单位、社区居委会对接，通过开展"联谊会""法律讲堂"等多种形式，主动拓展业务，不断扩大知名度。

4. 办理业务做到"四统一"，即统一收案、统一派案、统一收费、统一归档，全面规范服务行为。

（五）基础设施规范化

1. 统一规划办公场所，符合法律服务工作者工作特点，宽敞整洁。

2. 加强网络平台建设，力争开通官方微博，扩大业务知名度。配制适应工作需要的微机、复印机、传真机等现代化办公设备。

3. 法律服务工作者在工作中主动展示执业凭证，着装整洁，统一挂牌服务，服务用语规范，实行服务承诺。

4.依法办案，刚正不阿，勤奋敬业，依法维护当事人的合法权益，维护法律的尊严。

5.设有专门档案室，档案管理规范。

三、基层法律服务执业人员应遵守的职业道德和执业纪律

（一）基层法律服务工作者的执业活动必须接受基层法律服务所的监督和管理。不得以个人名义私自接受委托，不得私自收取费用。

（二）不得承办超越自己业务范围的法律事务。应当严格按照法律规定的期限、时效以及与委托人约定的时间，及时办理委托事务。

（三）不得接受对方当事人或第三人提供的利益或向其索取或约定利益，不得与对方当事人或第三人恶意串通，侵害委托人的权益。

（四）遵守行业竞争规范，公平竞争，自觉维护行业声誉和社会形象。不应诋毁、损害其他法律服务工作者的声誉。不得冒用律师名义执业。

（五）基层法律服务工作者在诉讼、仲裁活动中应遵守的纪律：1.应自觉遵守法庭和仲裁庭纪律，尊重法官、仲裁员，按时提交法律文件，按时出庭。 2.不得向委托人宣传自己与承办案件的执法人员有特殊关系，不得利用这种关系招揽业务。 3.基层法律服务工作者应依法取证，不得伪造证据，不得唆使委托人伪造证据、提供虚假证词，不得暗示、诱导、威胁他人提供虚假证据。

四、加强基层法律服务所规范化建设的工作要求

加强基层法律服务所规范化建设工作事关基层法律服务事业的可持续发展，事关司法行政工作的健康发展。各单位要高度重视，结合自身实际，抓紧研究制定措施，加大工作落实力度，确保"硬件"和"软件"建设达到规范化水平。区司法局成立以主要领导为组长、分管领导为副组长、相关科室人员为成员的领导小组，以切实加强对此项工作的组织领导。

区基层法律服务所规范化建设工作领导小组将借年检之机对所有基层法律服务所逐一进行检查，对基础建设好、规范化管理能力强和服务层

次质量高的单位，及时总结推广经验，以点带面，推动基层法律服务所规范化建设向纵深发展。对基础建设较差、管理混乱的单位，在帮其找问题、查原因、定措施的同时，及时下达《整改通知书》，限 20 日整改到位；逾期整改不合格的，提出缓检意见，缓检仍不合格的，按相关规定办理注销。对决定暂缓年检的法律服务所，将封存执业证书、公章和财务印章等，确保缓检期间不发生新的业务。区司法局将制定《市南区基层法律服务所规范化建设考核评定办法》，并严格抓好落实。

加大对法律服务工作的监督查处力度，坚持有则必查、一查到底、查实即处的原则，把法律服务质量和群众满意度作为工作的重中之重，下大气力解决个别法律服务所违规违纪办案等突出问题，不断净化基层法律服务工作队伍。对不服从管理、业务发展难、服务质量差、经常被投诉、执纪执规不力，给队伍带来不良影响的单位或个人，将严格按照有关规定严肃处理，决不姑息。如：在被投诉方面，基层法律服务所被新闻媒体曝光查实的，该所停业整顿三个月，被曝光的执业人员停业整顿半年。基层法律服务工作者年内被当事人有效投诉两次以上的，该工作者今后不得再从事基层法律服务工作，当事人恶意投诉的除外。

青岛市市南区司法局

2014 年 5 月 5 日

关于推进社区司法服务工作室建设实施方案

为进一步夯实司法行政工作基础，加强社区司法服务工作资源整合，便于司法行政部门更好地为群众服务，使人民调解、法律服务、法律援助、法制宣传、社区矫正、安置帮教等各项司法行政职能深入社区，实现阵地前移、重心下移，提高司法行政工作在社区的知晓度和影响力，市南区司法局根据市局工作要求，特制定本方案。

一、推进司法服务工作室建设的指导思想和基本原则

推进司法服务工作室建设，要深入贯彻落实党的十八大和党的十八届三中全会精神，践行党的群众路线教育实践活动精神，以更好地实现好、维护好、发展好人民群众的根本利益为出发点，以化解矛盾纠纷、维护社会稳定，夯实基层基础、满足群众多元化服务需求为重点，依托社区群众性自治组织，坚持便民利民、因地制宜和求真务实的原则。

二、司法服务工作室建设的基本模式

司法服务工作室作为司法所向社区延伸的工作平台，依靠区司法局派驻力量、社区自治组织成员、人民调解员、普法宣传员、法律服务志愿者、社区矫正（安置帮教）志愿者等，在司法所的业务指导和社区的统一协调下，协助司法所开展司法行政工作，贴近基层、服务群众，促进和谐、维护稳定。

（一）机构设置。司法服务工作室设在各社区居委会，可与人民调解室合署办公。司法服务工作室名称标牌统一设计，统一规格，均为"司法服务工作室"（统一样式由区局制定），并在工作场所悬挂。司法服务工作室可以设人民调解工作组、社区矫正（安置帮教）工作岗、普法依法治理工作组、法律服务咨询点、公证联系点、法律援助工作站等，实行"一体多元"工作模式。

（二）人员设置。司法服务工作室设主任 1 名，由社区两委成员或人民调解委员会主任担任。工作人员可由固定工作人员和非固定工作人员组成。固定工作人员一般为两委成员或专职人民调解员，负责司法服务工作室日常工作开展；非固定工作人员一般为联系社区的律师或基层法律服务工作者、离退休法官、检察官、老党员、社区矫正（安置帮教）志愿者等组成，一般通过设定接待日（提倡每周设接待日，并将接待日时间提前向社区公示），发便民联系卡，为社区百姓提供服务。

（三）工作制度。司法服务工作室要建立健全以下工作制度：1. 公示公开制度。各司法服务工作室应将工作流程、职责范围和服务内容等通过展板上墙等方式向社区居民公开（展板的尺寸：120 厘米 × 80 厘米，由区局统一制作）。2. 登记报告制度。建立人民调解、法律援助、法律服务、法律咨询、普法依法治理、社区矫正、安置帮教等工作登记制度，对工作开展情况登记造册，对排查出的社区重大纠纷隐患和群体性纠纷、"民转刑"纠纷等危险苗头，未能化解的"12348"指挥分流平台流转的人民调解案件，第一时间向司法所报告。3. 信息反馈制度。按司法所要求，及时将民间纠纷动向、法律援助工作情况、稳控对象情况和普法宣传情况等进行反馈。

（四）工作职责。在司法所的业务指导下，围绕社区的中心工作，协助司法所开展以下工作：1. 开展普法宣传和依法治理，落实全民普法任务，培训本社区法律明白人，做好"法治社区"创建工作；2. 组织、协调联系社区律师或基层法律服务工作者，承担社区法律顾问工作，为群众解答各类法律咨询，提供合同起草、修订等法律服务，协助办理公证事项；3. 主动开展矛盾纠纷排查和纠纷信息搜集，对各种方式发现的民间纠纷及时调处化解，并对重大纠纷隐患及时报告；4. 依照有关法律、法规和规章规定，协助对本社区矫正人员进行监督管理教育，协助对本社区刑满释放人员进行安置帮教；5.开展法律援助宣传，帮助社区居民申请法律援助，依法维护符合法律援助条件群众的合法权益；6.完成司法所交办的其他工作。

（五）工作保障。各社区应为司法服务工作室提供必要的工作场所（一般不少于10平方，可与人民调解委员会等群众性自治组织合用）和办公条件。区司法局、各街道要加强协调，为司法服务工作室配备社区律师或基层法律服务工作者。有条件的街道，可设立司法社工或专职人民调解员等。

三、推进司法服务工作室建设的时间安排

（一）实地学习阶段：5月15日至5月31日

区局拟在1-2个社区挂牌成立社区司法服务工作室，然后组织各街道司法所人员参观学习，推广经验做法。5月31日前，各司法所将《市南区拟建社区司法服务工作室情况统计表》和每个社区4个人的电子版照片报社区矫正科（已制作社区司法服务室展板的社区不用报）。

（二）组织实施阶段：6月1日至6月30日

各街道司法所参观学习后，区司法局将对所有的社区统一挂牌成立社区司法服务工作室和人民调解室。社区司法服务工作室的工作职责、工作流程通过展板（120厘米×80厘米）的形式上墙。

（三）检查验收阶段：7月1日至7月15日

区司法局将到各街道社区的司法服务工作室进行检查验收。

四、推进司法服务工作室建设的有关要求

（一）高度重视，加强领导。各街道要高度重视，将此项工作作为践行党的群众路线、创新社会管理建设的重点工作来抓。各街道分管领导和街道司法所要具体抓、靠上抓，要认真总结经验，不断探索，全力推进。区局将此项工作纳入年终重点工作考核目标。

（二）规范管理，完善制度。各街道要不断完善司法服务工作室各项

工作制度，加强对司法服务工作室的规范化管理，规范司法服务工作室接待日制度，充分发挥司法所在司法服务工作室建设运行中的组织协调和监督管理作用。

（三）强化措施，注重实效。各街道要按照区局统一部署，结合本辖区实际，加强推进措施落实，把司法服务工作室建设抓紧、抓好。推进过程中要注重工作实效，切实把人民调解、普法宣传、社区矫正、安置帮教、法律援助和法律服务等各项司法行政职能落到实处。

附件：市南区拟建社区司法服务工作室统计表

青岛市市南区司法局
2014 年 5 月 11 日

附件:

市南区拟建社区司法服务工作室统计表

街道名称:

社区名称	姓名	职务	分管工作	备注
XX 社区			人民调解	
			社区矫正安置帮教	
			普法宣传	
			法律援助	
XX 社区			人民调解	
			社区矫正安置帮教	
			普法宣传	
			法律援助	
XX 社区			人民调解	
			社区矫正安置帮教	
			普法宣传	
			法律援助	

注:报送 4 名电子版照片,照片与人员的名字一致

关于进一步推进社区司法服务工作室建设的通知

各街道人民调解工作委员会：

　　根据青岛市司法局《关于推进社区（村居）司法工作室建设的指导意见》（青司发〔2014〕30号）、市南区司法局《关于推进社区司法服务工作室建设的实施方案》（南司发〔2014〕22号）要求，为确保全区司法服务工作室建设在8月底前全部完成，现将有关事项通知如下：

　　一、近期，司法局将对各街道所属社区司法服务工作室统一安装《司法服务工作室组织职责网络图》，原《司法工作室组织职责网络图》即行废止，届时，请各单位积极协调确保安装到位。

　　二、《司法服务工作室组织职责网络图》中，4名工作人员的6寸照片由各单位制作。照片下方分两行，字体要统一，第一行注明"主任：xxx"或"成员：xxx"；第二行分别注明"人民调解、社区矫正安置帮教、普法依法治理、法律援助"，最后一张照片为律师，电子照片由司法局发给各单位，该照片下方第一行注明"律师：xxx"，第二行注明"电话：xxxxxxx"。

　　三、司法服务工作室可与社区人民调解室合用，工作室门牌内容统一为"社区司法服务工作室"，大小、颜色可与社区其他门牌相统一，各单位自行制作，挂于人民调解工作室上方或左侧。

　　四、此项工作请各单位务于8月30日之前全部落实到位，下一步，司法局将给每个社区司法服务工作室配置电脑，专门用于人民调解、社区矫正、安置帮教、普法依法治理、法律援助等项工作，律师、基层法律服务者也将定期进驻工作室，为居民群众做好法律服务工作。

　　五、各单位要高度重视，狠抓落实，务求实效，司法局将组织参观试点单位做法，并把此项工作作为今年考核的一项重要内容，加大组织检查力度，适时予以通报。

青岛市市南区司法局

2014 年 8 月 18 日

市南区基层法律服务所考核办法

为进一步强化对基层法律服务所的监督和管理,规范法律服务队伍执业行为,树立良好形象,确保我区法律服务工作健康、有序、和谐发展,根据司法部《基层法律服务所管理办法》有关规定,结合实际,制订《市南区基层法律服务所考核办法》。

一、考核内容

1. 思想建设（15分）

（1）按照上级要求对政治理论学习有计划、有安排、有主题;政治学习每年不少于4次,学习情况有记录。（3分）

（2）基层法律服务所团结协作,主任以身作则、能力较强,全所思想稳定,工作积极性高、正气足。（3分）

（3）党组织健全,组织生活有记录;党员积极参加区局组织的各项活动;较好地发挥党组织战斗堡垒作用,积极培养基层法律工作者加入党组织。（3分）

（4）严格遵守基层法律服务工作者职业道德和执业纪律,无有效投诉、无违纪和违反职业道德等问题,在社会上有较好形象。（6分）

2. 制度建设（25分）

（1）建立所内事务公开和统一收案审批登记制度,向社会公开承诺办案的一般程序、收费标准和监督投诉电话等内容,《收案登记簿》记录全面。（5分）

（2）基层法律服务所的主体资格合法、规范,定期召开各种会议（包括疑难纠纷讨论会议）,每年不少于4次,会议有记录。（4分）

（3）建立档案文书管理制度,卷宗、档案装订规范、整齐。承办业

务形成的文件材料在结案或事务办结 1 个月内立卷归档。（5 分）

（4）建立年度考核检查制度，对所内执业人员的服务质量、办案情况、诚信建设和参加各类活动等方面进行全面考核。（3 分）

（5）建立投诉查处和过错赔偿制度，对被投诉的受理、核实和处理方式作出规定。凡被有效投诉的，依据司法部《基层法律服务工作者管理办法》相关规定严肃查究，做好执业人员的过错赔偿工作，15 个工作日内报处理结果。（8 分）

3. 业务建设（40 分）

（1）按时参加区司法局召开的会议和各项组织活动。（5 分）

（2）办理业务做到"四统一"，即统一收案、统一派案、统一收费、统一归档，全面规范服务行为。及时、准确地上报各类业务、财务报表和投诉情况。（6 分）

（3）自觉接受所在街道司法所业务指导，协助司法所扎实开展人民调解、法制宣传、法律服务等基层司法行政工作，对定期服务的社区有计划、有措施，原则上每周四（特殊情况可与社区约定时间）参与社区司法服务工作室接待日不少于半天，并详细记录工作开展情况；区司法局将对参与接待日的法律服务工作者给予适当补贴。（8 分）

（4）积极撰写各类论文、调研文章、信息报道。（5 分）

（5）积极开展法律援助活动，认真完成法律援助中心指派的法律援助任务，落实专人负责接受中心的任务和联系援助工作。（5 分）

（6）积极配合司法行政机关依法开展投诉调查工作，对被指出的缺点、不足及已调查核实的违纪、违规行为，能及时改正、弥补。（6 分）

（7）认真负责地完成司法行政部门交办的其他任务。（5 分）

4. 自身建设（20 分）

（1）所内执业人员达到 4 人（含 4 人）以上；学历达到法律大专以上；45 岁以下法律服务工作者占 60% 以上。（3 分）

（2）组织基层法律工作者积极参加各类培训活动，每年对所属执业人员至少培训一次。（3分）。

（3）所内环境优雅整洁，注重基层法律工作者个人形象，做到举止文明。（5分）

（4）配制适应工作需要的微机、复印机、传真机等现代化办公设备，有专门的电子邮箱，定期查看电子邮件。（4分）

（5）坚持以"预防为主、消除隐患"的原则，严格落实所主任负责制，定期开展安全隐患自纠自查活动，发现问题及时整改，确保不发生任何事故。（5分）

二、附加分值（10分）

1. 被评为省级文明所的加2分。

2. 所内有获得省级以上部门授予荣誉的执业者加2分。

3. 理论实务研讨获奖文章在省级理论实务研讨中获奖的加2分。在市级组织的活动中名列前茅的加1分；

4. 在各类正式出版发行的出版物上发表论文的，省级以上出版物每文加2分，市级出版物每文加1分。

三、考评办法

1. 考评分优秀、合格、不合格三个档次。

2. 按百分制计，考评总分90分以上（含90分）的为优秀，70分以上（含70分）为合格，70分以下为不合格。

3. 在年终总结的基础上，各所先自评，区司法局（街道司法所）再组织对各所进行考评。

四、奖惩措施

考核结果作为年终评先依据，区司法局对被评为"省级文明法律服务所"的单位给予奖励。凡当年所内出现违反基层法律工作者职业道德、执业纪律受到惩戒处理的，取消三年内各类评优资格。凡当年出现所或所内人员被投诉，经查实后，不能在一个月内息访，造成重大影响的，取消年内各类评优资格，视情进行通报批评；考评为不合格的或综合总分位列最后一位的，须于次年度年检注册前完成整改。经验收后仍不合格者，建议上级部门责令停业整顿。

各街道司法所要对基层法律服务所协助街道开展人民调解、法制宣传、法律服务以及参与社区司法服务室开展工作情况做出年度鉴定意见，填入《基层法律服务所年检登记表》。

青岛市市南区司法局

2014 年 9 月 10 日

市南区司法所业务建设考核评定办法

第一章　总则

第一条 为贯彻落实关于《青岛市市级规范化司法所建设标准》的通知（青司发〔2012〕126号）要求，进一步推进市南区司法行政工作发展，制定本办法。

第二条 司法所业务建设考核评定工作，坚持公正、公平、公开的原则，按照统一的标准和程序组织实施。

第三条 本办法适用于市南区司法所。

第二章　考核评定方式

第四条 司法所业务建设评定实行120分制（含加分项目20分）。优秀所100分以上；达标所70-100分；低于70分的为不合格所。

第五条 考核评定制度实行年度考核和两年一次的评定。考评先由各街道司法所进行自评并形成自评报告，与考评涉及的相关材料，一并报局基层科。

第六条 考核由局领导带队，基层科组织实施，考评一般安排在当年底至次年初。

第七条 考核结果征求所在街道意见，综合评出优秀、达标和不合格三个档次，报司法局党委审批。

第三章　考核内容及标准

第八条 基层工作（35分）

1.依法严格按程序组织社区调委会换届选举工作，实行人民调解组织全覆盖；人民调解工作年度有计划、有部署、有总结，街道、社区每季度至少召开一次调解工作会议，《人民调解工作会议记录》内容全面；组织网络健全，领导小组及调解工作流程图上墙显示。工作程序、文书格式规范统一。（6分）

2. 落实人民调解员准入制度、等级评定制度和首席调解员聘任制度，坚持调委会例会制度、人民调解员培训制度。落实市中级法院、市司法局《关于组织人民调解员旁听民事案件庭审的实施办法》，积极推动人民调解与民事审判相衔接。（3分）

3. "12348"人民调解指挥分流平台流转信息处理及时；司法行政基层工作信息管理平台录入信息准确、全面，按时上报相关表格，并与人民调解卷宗或人民调解协议书相一致。（3分）

4. 完善矛盾纠纷预警防范、排查调处、联动联调、应急处置机制；矛盾纠纷排查调处制度健全，定期（社区每半月、街每月）组织开展排查调处活动，调解率达到100%，调解成功率和调解协议履约率分别达到97%、98%以上，并认真填写《人民调解案件登记簿》。扎实开展重大节日期间和敏感时期矛盾纠纷排查调处活动，有方案、有台帐、有总结，报送相关情况及时；每季度至少上报1个典型案例或工作信息。（5分）

5. 《人民调解卷宗》制作规范，达成书面调解协议的案件立卷归档率达到100%，案卷合格率达到95%以上；落实追踪回访制度；"一案一补"发放及时到位，无漏报、瞒报、弄虚作假等现象。（5分）

6. 完善人民调解和行政调解联动工作机制，落实与公安派出所"所所联动"工作制度，实现人民调解与行政调解衔接联动常态化、制度化。（3分）

7. 加强司法服务工作室建设，配置的电脑等硬件设备由专人保管，不得截留、调换或挪作他用；各项制度、登记等软件建设参照《青岛市社区司法工作室建设标准》执行，确保各项工作在社区司法服务工作室得到全面落实，真正发挥司法服务工作室接地气、便民利民的服务作用。

（10分）

第九条　社区矫正工作（25分）

1.进一步完善社区矫正工作网络，领导小组及社区矫正组织健全；年初有计划、年底有总结。（2分）

2.建立社区矫正人员管理台帐并实行动态管理，"全国社区矫正信息管理系统"信息录入及时、完整、准确。（3分）

3.社区服刑人员定位手机使用正常，作用发挥好，将重点社区服刑人员全部纳入监控范围。（2分）

4.认真贯彻学习新颁布的《青岛市社区矫正调查评估量化办法（试行）》、《山东省社区矫正调查评估工作规范（暂行）》（本办法自2015年1月1日起施行）。社区矫正调查评估及时、公正，评估意见书制作符合规定，调查证据材料保存完整、详细。（2分）

5.社区矫正人员报到、入（解）矫宣告、外出审批、居住地变更、禁止令执行、司法奖惩、解除矫正等执法环节标准明确、程序规范。（3分）

6.社区矫正人身危险评估、阶段矫正效果评估和总体矫正质量评估科学、准确，相关材料齐备。（2分）

7.保外就医或因病被决定暂予监外执行的社区服刑人员，每三个月一次病情材料及相关材料齐全。（2分）

8.社区服刑人员报到、走访排查、个别谈话及时，监管措施有效，防止脱管、漏管，再犯罪率控制在2%以内。（2分）

9.建立健全社区矫正应急处置方案，保障措施到位。（1分）

10.集中教育活动和社区服务开展有力，教育、社区服务时间符合相关规定。（2分）

11.争取低保、临时性救助等帮扶措施落实到位。（1分）

12.社区矫正人员工作档案符合省市有关规定。（2分）

13.完善社区矫正专职工作队伍，社区矫正政法专项编制落实到位，

无占用或转移编制现象。(1分)

第十条 安置帮教工作（15分）

1.建立刑释解教人员管理台账,刑释人员工作档案健全,安置帮教工作记录有序,实行动态管理,有效地组织对刑释人员的跟踪考察。（3分）

2.对刑释解教人员实行分类管理,加强对重点人员排查控制,建立重点帮教对象登记簿和工作记录,建立重新犯罪人员花名册。（2分）

3.刑释解教人员信息管理系统网络运行良好,服刑在教人员基本信息调查核实及时,调查核实率和核实成功率分别达到100%和95%以上;预释放人员信息反馈准确及时,回执率达到100%。（2分）

4.提高"青岛市安置帮教一体化工程"系统使用率,对监狱发布服刑人员基本情况调查及时,并做好帮教协议签订、帮教书信回复工作,帮教协议签订率达到100%,服刑人员帮教书信回复率达到100%,做好长期无亲属会见服刑人员家属情况调查反馈工作。（3分）

5.认真做好刑释人员的衔接工作,重点和一般帮教对象衔接率分别达到100%和95%以上,并及时签订帮教协议,签订率到达100%。（2分）

6.积极开展教育帮扶和就业服务工作,已衔接人员帮教率达到100%,就业安置率达到96%以上;积极开展帮扶和对服刑人员困难家庭未成年子女的走访救助工作,并有完整的帮扶活动资料。（2分）

7.刑满释解教人员重新违法犯罪率低于2%。（1分）

第十一条 普法依法治理工作（15分）

1.制定普法依法治理年度工作计划,按计划组织实施,积极配合有关部门开展法制宣传活动。（3分）

2.落实"六五"普法规划,深化"法律六进"活动,有组织网络,有活动记录。（3分）

3.有固定法制宣传阵地及普法场所,定期开展群众喜闻乐见的法制宣传教育活动,有活动记录及图片、视频等资料。（3分）

4.积极参与社会治安综合治理,主动为党委、政府依法行政、建章立制和行政执法提供法律咨询和建议。(3分)

5.年内开展普法依法治理活动信息不少于5篇,有总结材料。辖区居民有较强的法律意识、法律素养,能自觉运用法律知识解决矛盾和问题。(3分)

第十二条 法律服务工作(10分)

1.了解辖区群众的法律需求种类和特点,掌握区域内涉法信访的主要情况,指导基层法律服务所参与化解各类矛盾纠纷。(2分)

2.建立法律服务资料文库,为党委、政府出台政策提供法律依据,为群众提供法律咨询。(1分)

3.辖区内基层法律服务业务开展活跃,基本能够满足群众法律服务需求。(1分)

4.督导结对的基层法律服务所严格落实社区坐班制度,认真登记《社区法律服务工作日志》。(2分)

5.严格遵守职业道德和执业纪律,按时保质保量办结法律援助案件。(2分)

6.执业机构和执业人员近两年内无违规违纪和被投诉现象。(2分)

第四章 考评结果使用

第十三条 考评结果作为评选表彰先进司法所以及确定司法所长考核等次的主要依据。

第十四条 连续两年考核为优秀司法所的表彰为先进司法所,并给予一定奖励。

第十五条 年度考核为不合格的司法所,限期整改;连续两年考核不合格的司法所,由司法所长做出书面检查。

第十六条 有下列情形之一的,不得评为先进司法所,所长考核等次不得评为优秀:

1.因工作失职或管理、监督不力，致使本单位发生重特大事故、事件、案件，或在较短时间内连续发生事故、事件、案件，造成重大损失或严重影响的；

2.因违法行政或行政不作为被相对人投诉并经查证属实、造成严重影响，或引发群体性事件及其他重大事件的；

3.发生其他足以影响评为先进单位的事项或情形的。

第五章 加分项目

第十七条 有下列情形之一的予以额外加分。（共20分）

1.业务有突出的创新亮点、工作经验被青岛市政府以上推广学习。（5分）

2.积极参与党委政府的中心工作，司法所受到地方党委政府的表彰。（2分）

3.迎接区、市级以上单位的检查以及外地来参观见学的。最高不超过3分。（3分）

4.完成具有深度调研或工作经验分析总结文章，积极撰写工作信息，被司法部采用1篇加6分，省厅采用1篇加3分，市局采用1篇加1分。累计加分不超过10分。（10分）

第六章 附则

第十八条 本办法自公布之日起施行。

第十九条 本办法由市南区司法局负责解释。

青岛市市南区司法局

2014年11月27日

关于做好社区人民调解委员会换届改选工作意见

为切实做好社区人民调解委员会换届改选工作，进一步加强人民调解组织建设，根据《中华人民共和国城市居民委员会组织法》和《中华人民共和国人民调解法》有关规定，结合我区实际，制定本意见。

一、充分认清做好换届改选工作的重要意义

人民调解工作在化解矛盾纠纷中发挥着基础性作用，是维护社会稳定的第一道防线。社区人民调解委员会是具体承担人民调解工作的主体，是化解基层矛盾纠纷、维护社会和谐稳定、实现群众民主自治的一支重要力量，对于巩固党的执政根基、落实执政为民宗旨、建设平安市南具有重要意义。各级要切实做好人民调解委员会换届改选工作，选好配强人民调解委员会，严格落实人民调解制度，为预防和化解民间纠纷，减少和消除不稳定因素，为维护社会和谐稳定提供坚强的组织保证。

二、准确把握换届改选工作基本原则和时间要求

（一）基本原则。坚持依法、公开、公正的原则，严格规范改选程序，依法规范人民调解组织的设立主体和人员组成，把符合新时期群众工作需要的公道正派、群众威信高、热心人民调解工作，具有一定文化水平、政策水平和法律知识的人改选进社区人民调解委员会，建立一支高素质、专兼职结合的人民调解队伍。

（二）时间要求。社区人民调解委员会换届改选应在新一届社区居民委员会换届改选后 15 个工作日内完成，街道人民调委会的充实调整工作应在新一届社区人民调委会换届改选后 15 个工作日内完成。

三、认真做好换届改选前期准备工作

（一）成立工作机构。区人民调解指导委员会加强对换届改选工作的组织领导、统筹协调和督促检查；各街道要成立改选工作领导小组，具体负责对社区人民调解委员会的换届改选工作。

（二）搞好宣传发动。认真组织开展《人民调解法》等有关法律政策学习宣传，切实增强干部群众法制观念。利用广播、报纸、宣传画、黑板报、标语等多种媒介，广泛宣传设立社区人民调解委员会及委员改选的目的、意义、方法和步骤，坚持正面宣传与典型教育、一般性宣传与疑难解答相结合，将宣传发动贯穿于改选工作全过程，充分调动广大群众参与改选的积极性。

（三）搞好骨干培训。各街道要采取举办培训班、以会代训等多种方式开展培训，使参与改选工作人员熟悉法律、法规和政策规定，掌握换届改选方法、程序、要求和重点，切实提高依法换届改选的能力和水平。司法所要重点加强对新任人民调解员的岗前培训，使其尽快进入角色，适应新时期人民调解工作的要求。

四、严格依法组织开展换届改选工作

（一）社区人民调解委员会换届改选

1. 确定数量及构成。按照法律规定，人民调解委员会由委员3至9人组成，设主任1人、副主任若干人，应当有妇女成员。各街道要及时组织各社区委员会召开会议，研究并公示人民调解委员会委员改选条件和范围〔社区委员会组成人员兼任人民调解委员会委员的除外〕。

2. 提名候选人。候选人可由社区委员会提名，也可由居民个人自荐或多人推荐。依据候选人条件和构成，经社区委员会会议审查后，确定正式候选人，按照姓氏笔画顺序公布正式候选人名单。

3. 组织改选。召开社区居民会议或居民代表会议改选产生社区人民调解委员会委员。改选要公开进行，投票改选的，应集中公开唱票、计票；

举手表决改选的，应逐个表决。要书面记载改选过程和结果，当场宣布改选结果。居民委员会应在改选后3日内张贴公告发布改选名单。

4.搞好工作交接。上一届社区人民调解委员会应当在改选结果公布后5日内向新一届人民调解委员会移交印章、办公场所、办公用具、工作档案及相关工作，以确保新一届社区人民调解委员会尽快开展工作。移交工作由居民委员会主持，街道办事处监督。

（二）充实调整街道人民调解工作委员会

辖区内所有社区人民调解委员会完成换届改选后，街道办事处应按照有关规定及时充实调整街道人民调解工作委员会，并将充实调整的正式文件报区司法局基层科备案。

（三）人民调解员聘任和备案

新一届社区人民调解委员会产生后，各有关部门要认真做好人民调解员聘任工作。聘期已满的，要及时进行考核，考核合格的给予续聘；聘期未满的，要加强考核，从严管理。要注重从离退休法官、检察官、公安民警、司法行政工作人员和不同行业、部门离退休基层工作者以及具有法律专业知识的人员中聘任人民调解员。各街道要将设立人民调解委员会和聘任人民调解员情况，统一汇总报送区司法局，区司法局应在30日内备案并将人民调解委员会人员组成和调整情况及时通报区人民法院。

五、切实加强对换届改选工作的组织领导

（一）突出工作重点。各街道要将人民调解组织的建立健全纳入基层组织建设总体规划，将人民调解工作纳入加强和创新社会管理的总体部署，切实解决经费、人员、办公设施等工作保障问题，全面加强人民调解组织、队伍、业务、制度和基础设施规范化建设，推进行业协会、社会团体以及其他组织依法组建行业性、专业性人民调解委员会，进一步健全人民调解组织网络体系。

（二）落实工作责任。各街道主要负责人是本次换届改选工作第一责任人，分管领导和司法所所长是直接责任人。要结合本地实际，制定实施方案，细化工作责任，加强统筹协调，及时研究解决换届改选中的困难和问题。区司法局要加强指导，确保换届改选工作顺利进行。

（三）严肃工作纪律。改选工作结束后，区人民调解指导委员会将进行检查验收，重点对候选人推荐提名、组织改选等环节是否依法进行，改选工作有无违法违纪现象，人民调解员的聘任和备案是否完善，人民调解委员会规范化建设有无安排等进行检查。对发现的问题要及时责令整改，对不依法进行改选而造成不良后果的，要严格追究有关人员责任。

各街道要认真总结本次社区人民调解委员会换届改选工作，并于换届改选结束后 15 日内将《xx 街道换届改选人民调解组织名录》电子版报区司法局备案。

附件：《xx 街道换届改选人民调解组织名录》

青岛市市南区司法局

2014 年 12 月 10 日

附件:

xx 街道换届改选人民调解组织名录

街道或社区 调解组织名称	办公地址	办公电话	调解组织成员 职务及联系方式	

关于深化预立案制度加强诉前人民调解
工作实施意见

为贯彻落实党的十八届三中、四中全会精神，深化诉前人民调解工作，有效化解矛盾纠纷，维护社会和谐稳定，节约诉讼成本，根据《中华人民共和国民事诉讼法》《中华人民共和国人民调解法》、最高人民法院《关于人民法院登记立案若干问题的规定》、最高人民法院《关于建立健全诉讼与非诉讼相衔接的矛盾纠纷解决机制的若干意见》以及青岛市中级人民法院、青岛市司法局《关于深化人民调解与民事审判衔接联动工作意见（试行）》等规定，结合我区实际，制定本意见。

第一章　总　则

第一条　预立案是在正式立案前，通过最大限度地发挥起诉审查程序的作用，指导当事人正确行使诉讼权利，过滤部分不符合起诉条件的案件，同时通过前置调解程序解决部分案件。

第二条　区人民法院与区司法局联合成立市南区驻人民法院诉前人民调解委员会，实现诉讼与非诉讼纠纷解决机制的有机衔接，最大限度地将矛盾纠纷化解在诉前，减轻法院审判压力，节约诉讼成本。

第三条　预立案及人民调解工作的原则：

调解优先原则。要将人民调解作为化解矛盾纠纷的第一选择，努力使矛盾纠纷解决在诉前。

合力化解原则。应当充分调动全区各级人民调解组织的力量，有效整合社会资源，共同化解矛盾纠纷。

司法支持原则。区人民法院依申请对诉前调解达成的调解协议及时进行司法确认，充分发挥对人民调解的司法保障作用。

依法审查原则。区人民法院对诉前调解协议依法进行司法审查，确保人民调解质量，防止违法调解，切实维护各方当事人的合法权益。

第二章　机构与职责

第四条 区人民法院与区司法局联合成立市南区驻人民法院诉前人民调解委员会，派驻在区人民法院诉讼服务中心，聘任五名专职人民调解员，设主任、副主任各一名。区司法局按照《中华人民共和国人民调解法》第十四条规定的条件选聘人民调解员，负责对其进行考核、培训和行政指导；区人民法院负责业务指导。

原市南区人民调解委员会驻法院人民调解工作室撤销。

第五条　市南区驻人民法院诉前人民调解委员会工作职责：

（一）承办法院转交的预立案纠纷，与相应的法官对接做好案件材料登记接收工作。

（二）负责对预立案的纠纷统一对外分流，可以由相应的街道人民调解委员会或社区人民调解委员会进行诉前调解，也可向专业性、行业性人民调解组织分流。

（三）对于事实证据清楚、案情简单的纠纷，可以由市南区驻人民法院诉前人民调解委员会调解，调解期限为一个月。

（四）对诉前调解案件进行流程跟踪和建档管理。

（五）及时将调解结果（成功与否）反馈给人民法院；调解不成功的，注明原因。

（六）需要进行司法确认或由法院制作调解协议书的，与相应的法官对接。

第三章　诉前人民调解的范围

第六条　下列案件，人民法院预立案之后，可以依职权或经当事人申请，转由市南区驻人民法院诉前人民调解委员会进行调解。

（一）婚姻家庭纠纷；

（二）继承纠纷；

（三）物权保护纠纷中的排除妨害、消除危险、财产损害赔偿纠纷；

（四）所有权纠纷中的相邻关系纠纷、共有纠纷；

（五）合同纠纷中的供热、借款、租赁合同纠纷；

（六）物业管理纠纷；

（七）其他适宜人民调解的民事案件。

第四章　工作流程

第七条　在法院立案环节建立"可调性审查机制"，凡属于本意见第六条规定的纠纷，先实行预立案登记，在保证当事人诉讼权利的前提下，暂不予以正式立案，将案件分流进行人民调解。人民法院（法庭）应向当事人发放《诉讼风险及预立案告知书》，释明人民调解的功能及优点，引导当事人通过人民调解途径解决。

第八条　对符合条件的案件进行预立案之后，由区人民法院立案一庭分至相关业务庭室，业务庭室指定具体法官为预立案过程中的指导法官。调解成功的，该指导法官负责对调解协议进行司法确认；在规定期限内调解不成的，转正式立案，该指导法官即为该案承办法官。

第九条　指导法官收到预立案卷宗后，应于三日内将卷宗资料及《预立案委托调解交接单》转至市南区驻人民法院诉前人民调解委员会。

第十条　市南区驻人民法院诉前人民调解委员会承接预立案案件后，应当即行确定人民调解员承办案件，在三个工作日内与当事人取得联系并开展调解工作。

第十一条　市南区驻人民法院诉前人民调解委员会接收人民法院告知调解后，应于一个月内完成调解程序。逾期不能完成的，经双方当事人同意，可延长七个工作日。

第十二条　市南区驻人民法院诉前人民调解委员会进行调解，应当依照相关规定制作调解笔录，当事人达成调解协议的，应当制作人民调解协议书送达双方当事人。

第十三条 市南区驻人民法院诉前人民调解委员会认为需要向街道和社区人民调解委员会分流或向行业性、专业性人民调解组织分流的案件，可以进行分流。

第十四条 市南区驻人民法院诉前人民调解委员会应当通过《预立案委托调解交接单》，及时将调解结果（成功与否）反馈给区人民法院。调解不成功的，将案件退回区人民法院，并在《预立案委托调解交接单》中注明调解不成功的原因。

第十五条 市南区驻人民法院诉前人民调解委员会在一个月内不能成功调解并达成调解协议的，及时移送区人民法院。

第十六条 经市南区驻人民法院诉前人民调解委员会调解，达成调解协议的，人民调解员应当告知当事人可以向区人民法院申请司法确认，区人民法院依法做出确认决定后，一方当事人拒绝履行或未全部履行的，对方当事人可以向区人民法院申请强制执行。

第十七条 当事人可以就调解协议申请人民法院制作民事调解书，人民法院依据有关规定减半收取案件受理费。

第五章 场所和经费保障

第十八条 区人民法院在适当位置悬挂"市南区驻人民法院诉前人民调解委员会"牌。

第十九条 区人民法院负责市南区驻人民法院诉前人民调解委员会办公场所、办公设备等硬件设施的配置，并为人民调解员提供工作和生活便利。

第二十条 市南区驻人民法院诉前人民调解委员会调解员的补贴经费由区人民法院统一支出，区司法局核实发放。

第六章 考核奖惩制度

第二十一条 区司法局成立人民调解员绩效考核小组，负责管理考核的组织领导和业务指导，区人民法院适当提出建议。

第二十二条 本《意见》自 2015 年 5 月 1 日起施行，由区人民法院和区司法局负责解释。与《中华人民共和国民事诉讼法》《中华人民共和国人民调解法》规定不一致的，以法律为准。

附件：1. 市南区人民法院诉讼风险提示及预立案告知书

2. 市南区人民法院预立案委托调解交接单

3. 市南区诉前人民调解委员会考核奖惩办法

青岛市市南区人民法院

青岛市市南区司法局

2015 年 4 月 27 日

附件1:

市南区人民法院诉讼风险提示及预立案告知书

一、诉讼风险提示

为方便人民群众诉讼,帮助当事人避免常见的诉讼风险,减少不必要的损失,根据《中华人民共和国民法通则》《中华人民共和国民事诉讼法》以及最高人民法院《关于民事诉讼证据的若干规定》等法律和司法解释的规定,现将常见的民事诉讼风险提示如下:

(一)起诉不符合条件

当事人起诉不符合法律规定条件的,人民法院不会受理,即使受理也会驳回起诉。

当事人起诉不符合管辖规定的,人民法院不会受理,即使受理案件将会被移送到有权管辖的人民法院审理。

(二)诉讼请求不适当

当事人提出的诉讼请求应明确、具体、完整,对未提出的诉讼请求人民法院不会审理。

当事人提出的诉讼请求要适当,不要随意扩大诉讼请求范围;无根据的诉讼请求,除得不到人民法院支持外,当事人还要负担相应的诉讼费用。

(三)逾期改变诉讼请求

当事人增加、变更诉讼请求或者提出反诉,超过人民法院许可或者指定期限的,可能不被审理。

(四)超过诉讼时效

当事人请求人民法院保护民事权利的期间一般为二年。原告向人民法院起诉后,被告提出原告的起诉已超过法律保护期间的,如果原告没有对超过法律保护期间的事实提供证据证明,其诉讼请求不会得到人民法院的支持。

（五）授权不明

当事人委托诉讼代理人代为承认、放弃、变更诉讼请求，进行和解，提起反诉或者上诉等事项的，应在授权委托书中特别注明。没有在授权委托书中明确、具体记明特别授权事项的，诉讼代理人就上述特别授权事项发表的意见不具有法律效力。

（六）不按时交纳诉讼费用

当事人起诉或者上诉，不按时预交诉讼费用，或者提出缓交、减交、免交诉讼费用申请未获批准仍不交纳诉讼费用的，人民法院将会裁定按自动撤回起诉、上诉处理。

当事人提出反诉，不按规定预交相应的案件受理费的，人民法院将不会审理。

（七）申请财产保全不符合规定

当事人申请财产保全，应当按规定交纳保全费用而没有交纳的，人民法院不会对申请保全的财产采取保全措施。

当事人提出财产保全申请，未按人民法院要求提供相应财产担保的，人民法院将依法驳回其申请。

申请人申请财产保全有错误的，将要赔偿被申请人因财产保全所受到的损失。

（八）不提供或者不充分提供证据

除法律和司法解释规定不需要提供证据证明外，当事人提出诉讼请求或者反驳对方的诉讼请求，应提供证据证明。不能提供相应的证据或者提供的证据证明不了有关事实的，可能面临不利的裁判后果。

（九）超过举证时限提供证据

当事人向人民法院提交的证据，应当在当事人协商一致并经人民法院认可或者人民法院指定的期限内完成。超过上述期限提交的，人民法院可能视其放弃了举证的权利，但属于法律和司法解释规定的新的证据除外。

（十）不提供原始证据

当事人向人民法院提供证据，应当提供原件或者原物，特殊情况下也可以提供经人民法院核对无异的复制件或者复制品。提供的证据不符合上述条件的，可能影响证据的证明力，甚至可能不被采信。

（十一）证人不出庭作证

除属于法律和司法解释规定的证人确有困难不能出庭的特殊情况外，当事人提供证人证言的，证人应当出庭作证并接受质询。如果证人不出庭作证，可能影响该证人证言的证据效力，甚至不被采信。

（十二）不按规定申请审计、评估、鉴定

当事人申请审计、评估、鉴定，未在人民法院指定期限内提出申请或者不预交审计、评估、鉴定费用，或者不提供相关材料，致使争议的事实无法通过审计、评估、鉴定结论予以认定的，可能对申请人产生不利的裁判后果。

（十三）不按时出庭或者中途退出法庭

原告经传票传唤，无正当理由拒不到庭，或者未经法庭许可中途退出法庭的，人民法院将按自动撤回起诉处理；被告反诉的，人民法院将对反诉的内容缺席审判。

被告经传票传唤，无正当理由拒不到庭，或者未经法庭许可中途退出法庭的，人民法院将缺席判决。

（十四）不准确提供送达地址

适用简易程序审理的案件，人民法院按照当事人自己提供的送达地址送达诉讼文书时，因当事人提供的己方送达地址不准确，或者送达地址变更未及时告知人民法院，致使人民法院无法送达，造成诉讼文书被退回的，诉讼文书也视为送达。

（十五）超过期限申请强制执行

向人民法院申请强制执行的期限为两年。期限自生效法律文书确定的履行义务期限届满之日起算。超过上述期限申请的，人民法院不予受理。

（十六）无财产或者无足够财产可供执行

被执行人没有财产或者没有足够财产履行生效法律文书确定义务的，人民法院可能对未履行的部分裁定中止执行，申请执行人的财产权益将可能暂时无法实现或者不能完全实现。

（十七）不履行生效法律文书确定义务

被执行人未按生效法律文书指定期间履行给付金钱义务的，将要支付迟延履行期间的双倍债务利息。

被执行人未按生效法律文书指定期间履行其他义务的，将要支付迟延履行金。

二、预立案告知

为方便人民群众诉讼，节省当事人时间，降低诉讼成本，根据《中华人民共和国民事诉讼法》等相关法律和司法解释的规定，结合我院实际，特实施预立案制度。

（一）预立案及其目的

"预立案"是在正式立案前，通过最大限度地发挥起诉审查程序的作用，指导当事人正确行使诉讼权利，过滤部分不符合起诉条件的案件，同时通过前置调解程序解决部分案件。

预立案主要目的是为了提高起诉质量，预防因起诉材料不全、证据收集存在重大瑕疵、鉴定时间过长等问题导致的当事人诉累，方便当事人进行有效诉讼，提高诉讼效率。

（二）预立案的法律依据

根据《中华人民共和国民事诉讼法》《中华人民共和国调解法》、最高人民法院《关于适用＜中华人民共和国民事诉讼法＞若干问题的意见》以及最高人民法院《关于人民法院立案工作的暂行规定》的有关规定，预立案，是诉讼与人民调解、行政调解等非诉调解相衔接的矛盾纠纷解决机制，通过对案件实行先"调"后"立"，实现调解、速裁、审判的有机衔接。

(三) 预立案的范围、任务

1. 预立案的范围主要包括传统民事案件、商事案件。

2. 审查当事人提供的起诉材料是否齐全。包括诉状、身份证明或工商营业执照、授权委托书及必要的证据。审查是否属于人民法院受案管辖的范围。

3. 指导当事人对缺失的起诉材料和证据进行补充。

4. 对预立案案件依法进行调解。

(四) 预立案流程

1. 经立案庭及各业务庭审查，起诉材料齐全、证据符合要求的案件，应当编案号，按程序审批，向当事人发出"预立案通知书"。预立案统一编立"（ ）南民预字第 号或（ ）南商预字第 号"。

2. 经立案庭及各业务庭审查，起诉材料不全、证据缺失或者需要鉴定的，法院将及时通知并指导当事人补充，直到补充齐全。

3. 案件经过预立案后，由业务庭法官进行调解，或由业务庭委托市南区人民调解委员会等其他调解组织进行调解。调解期间，当事人之间达成调解协议的，由各业务庭以出具调解书、司法确认等形式予以结案。经调解，当事人决定不起诉的，将起诉材料退还当事人，预立案案件以自动撤诉方式结案。若发现不属于本院管辖的案件，由业务庭或立案庭告知原告到有管辖权法院起诉。

4. 预立案期间如案件需评估、鉴定等，由法院或相关部门按照规定依法进行并收取相关费用。

5. 预立案期间，原告要如实提供被告身份信息或工商营业执照信息，保证被告的名称、联系方式、地址等信息准确，避免因信息不完整、不准确无法送达被告从而导致诉讼时间的拖延。

6.预立案案件调解期间，当事人须明确其诉讼主张，固定其诉讼证据。

7.预立案案件经调解两次后，双方仍无法达成一致的，当事人可申请正式立案，进入正常诉讼审理程序。

以上条款已阅读。　　当事人签字：

附件 2：

市南区人民法院预立案委托调解交接单

案件基本情况	案由：
	案号：
	办案人（电话）：
人民调解情况	案件交接时间：
	调解负责人（电话）：
	通知当事人时间：
	调解时间：1.　　　2.　　　3.
	调解组织组成人员：
调解结果	
未达成调解原因	
交回时间	

附件3:

市南区诉前人民调解委员会考核奖惩办法

第一条　区司法局成立人民调解员绩效考核小组,负责管理考核的组织领导和业务指导。考核小组由分管领导和基层科工作人员组成,办公室设在基层科。

第二条　每半年对人民调解员考核一次,考核项目与调解员补贴挂钩,实行人民调解"一事一案、一案一补"和"日常考核"双考评办法。

第三条　诉前人民调解委员会将调解的文书档案(包括自行调处和分流调处两部分)和《"一事一案、一案一补"登记表》报区司法局基层科,基层科按考核标准要求对案件的数量、质量、等次进行确认,作为补贴发放依据。

第四条　日常工作考核采取百分制,评分标准如下:

(一)遵守法律法规和相关政策,尊重领导,团结同事,维护当事人合法权益。(20分)

(二)受理区人民法院转交的纠纷案件后,及时调解或分流,调解结果(成功与否、不成功的主要原因)及时反馈区人民法院。(20分)

(三)依法公正调解,规范制作调解文书,调解协议五要素齐全。(20分)

(四)调处成功率(不包括分流的案件)达80%以上。(20分)

(五)按时参加区人民法院、区司法局组织的会议、培训等活动,认真负责地完成工作任务。(20分)

第五条　日常工作考核成绩分为三个档次:90分以上评为优秀,70-89分评为合格,69分以下评为不合格。考核结果作为人民调解员先进评比、续聘的主要依据。对工作不称职、考评不合格的调解员,由区司法局按照相关规定予以辞退或解聘。

关于 2015 年度司法所规范化建设
检查考核情况的通报

各街道司法所、机关各科、处（室）、法律援助中心：

根据区综治（平安建设）考核工作要求，区司法局依据《市南区司法所规范化建设考核评定办法》，本着公平、公开、公开的原则，采取实地察看、当面点评、现场打分、事后通报的方法，对各街道司法所 2015 年度工作任务完成情况进行了检查和考核，现将情况通报如下：

一、工作中取得的主要进步

一是业务建设水平不断提高。司法所业务建设与去年相比有明显提高。人民调解登记统计内容准确全面、档案卷宗材料规范，积极组织人民调解员参加民事案庭审，80% 的街道完成了辖区人民调解员轮训；认真落实区司法局《严格社区矫正执法十项纪律》，加强对社区服刑人员的管理教育，没有发生脱漏管和再犯罪现象；严格落实刑满释放人员衔接管理制度，无刑释解教人员重新违法犯罪。二是基础设施建设明显改善。各单位认真落实《山东省司法所管理办法》，按照区司法局"基层基础建设提升工程"的要求，积极改善司法所业务用房条件，目前，80% 的司法所实现了独立办公，其中，湛山街道完成了市司法局提出的"明星司法所"建设任务。各司法所又分别打造了 1 个标杆式社区司法服务工作室，基层司法行政服务的条件进一步改善。三是服务群众效率持续增长。重视提升居民法律素质，多数单位按照年度制定的普法依法治理工作规划，定期开展群众喜闻乐见的法制宣传教育活动；重视发挥社区司法服务工作室的作用，积极指导社区调委会开展工作，各司法所分别打造出 1 个品牌调解室，先后成功调解了 178 起案件，较好地维护了社区的和谐稳定。

从重点任务完成情况和考核结果来看，大多数单位对上级赋予的重点任务态度积极，执行坚决，完成出色。比较好的单位有：湛山街道司法所、金门路街道司法所、八大关街道司法所、江苏路街道司法所。

二、工作中存在的重点问题

一是档案资料不规范。有的单位普法依法治理组织网络调整不及时；《人民调解卷宗》内容简单，调解协议没有加盖公章；部分服刑人员工作档案缺少照片，《调查评估意见书》与安置帮教工作档案制作不够规范，安置帮教日常网络工作处理的不够及时。二是内部设置不整齐。有的单位办公室物品放置不整齐、卫生不整洁，有的工作制度没有上墙，个别所无独立办公用房；《法律服务工作日志》登记有漏项。三是重点工作不平衡。按照《青岛市市级规范化司法所建设标准》规定的司法所业务用房面积不低于 50 平方米的要求，实现全部达标的任务非常艰巨；个别单位标杆式社区司法服务工作室、"品牌调解室"建设水平不高。

各单位要针对问题，采取措施，加以整改，确保落实到位。要进一步完善各项规章制度，大力加强司法所规范化建设，以高效、务实、严谨的工作作风和饱满的工作热情，扎扎实实做好本职工作，为促进我局司法行政工作再上新台阶做出积极的贡献。

青岛市市南区司法局

2015 年 11 月 30 日

关于加强人民调解委员会规范化建设意见

为加强人民调解委员会规范化建设，有效化解矛盾纠纷，根据《中华人民共和国人民调解法》和山东省司法厅《关于印发＜山东省人民调解委员会规范化建设标准＞的通知》（鲁司〔2014〕141号）以及中共青岛市委办公厅、青岛市人民政府办公厅《关于加强行业性、专业性人民调解组织建设的意见》（青厅字〔2015〕39号）要求，结合我区人民调解工作实际，制定本意见。

一、充分认识加强人民调解委员会规范化建设的重要性

人民调解委员会是调解民间纠纷的群众性组织，是化解社会矛盾的中坚力量，对预防和化解矛盾、维护社会稳定具有不可替代作用。依法加强人民调解委员会规范化建设，是贯彻落实《人民调解法》的重要内容，是加强和创新社会治理的重要举措。要充分认识人民调解委员会规范化建设的重要性，通过加强人民调解委员会规范化建设，进一步夯实人民调解工作基础，进一步规范人民调解工作标准和流程，进一步提高人民调解工作队伍素质，进一步提高人民调解工作水平，强化人民调解员责任意识，调动人民调解员工作积极性，切实做好矛盾纠纷的排查预防化解工作，为促进社会和谐、维护社会稳定做出积极贡献。

二、加强人民调解委员会规范化建设的内容

（一）组织设立

1. 人民调解委员会依法设立，设立主体为居民委员会、街道、企事业单位、社会团体或其他组织。即：居民委员会人民调解委员会、街道人民调解委员会、企业事业单位人民调解委员会以及行业性、专业性人民调解委员会。

2. 人民调解委员会使用规范全称。如：居民委员会人民调解委员会名称为"XX 街道 XX 居民委员会人民调解委员会"。人民调解委员会在特定场所设立的人民调解工作室，名称为"XX 人民调解委员会驻 XX（派驻单位名称）人民调解工作室"。

3. 人民调解委员会正门左侧悬挂横式标牌（铜制，黄底黑字，规格为长 60 厘米、宽 40 厘米，标牌文字内容为调委会规范全称，分两行排列，"人民调解委员会"居下列，字体为"新魏碑体"，自左至右直形，其他文字内容居上列，字体为"宋体"，自左至右环形）。

4. 人民调解委员会印章为圆形，直径 4.2 厘米，文字内容为调委会规范全称，中央刊印五角星，五角星下刊"人民调解委员会"，自左至右直形；五角星外刊其他文字内容，自左至右环形。

5. 人民调解委员会独立开展人民调解工作，互相之间没有隶属关系。

（二）队伍建设

6. 人民调解委员会由 3 至 9 人组成，设主任 1 人，有妇女成员，多民族居住地区有人数较少民族的成员。

7. 人民调解委员会委员依法推选产生。如：居委会人民调解委员会委员由居委会会议或者居民代表会议推选产生；企业事业单位人民调解委员会委员由职工大会、职工代表大会或者工会组织推选产生；行业性、专业性人民调解委员会委员由有关社会团体或其他组织推选产生；街道人民调解委员会委员由辖区内居民委员会和企业事业单位人民调解委员会主任、司法所长、司法助理及懂法律、有专长、热心人民调解工作的社会志愿者担任。

8. 居民委员会人民调解委员会至少配备 1 名专职人民调解员；街道人民调解委员会至少配备 2 名专职人民调解员；行业性、专业性人民调解委员会至少配备 3 名专职人民调解员。

9. 行业性、专业性人民调解委员会配备一定比例具有相关行业、专业知识和工作经验的人民调解员，并建立由相关领域专家组成的专家库。

10. 人民调解员按要求完成司法行政机关下达的培训任务，年度培训时间不少于 10 天，其中，初任人民调解员必须参加岗前培训，培训时间不少于 7 天。培训形式可采取专家授课、以会代训、研讨交流、实地考察、现场观摩和法庭旁听等方式进行，注重培训效果。

11. 人民调解员调解纠纷应持证上岗，并佩戴人民调解员徽章。

12. 人民调解员应严格遵守调解纪律，不发生偏袒一方当事人，侮辱当事人，索取、收受财物或牟取其他不正当利益，泄露当事人个人隐私和商业秘密等行为。

（三）制度规范

13. 科学制定岗位职责和工作目标，建立健全例会、学习、考评及案件受理、登记、排查、调处、回访、统计分析、档案管理等制度，做到职责任务具体明确、工作开展有章可循。

14. 规范完善考核奖惩办法，坚持日常考核和年终考核相结合，客观评定考核结果，落实奖惩措施。

15. 公开公示人民调解委员会组成人员、调解原则、受案范围、工作纪律、当事人权利和义务等内容，方便群众办事，接受群众监督和评议。

（四）业务开展

16. 人民调解委员会依法及时受理调解矛盾纠纷。书面申请调解的，由当事人填写《人民调解申请书》；口头申请和人民调解委员会主动受理的，由人民调解委员会填写《人民调解受理登记表》；党委政府交办或有关部门移送、委托的，有交办、移送、委托通知书。

17. 调解矛盾纠纷，按照纠纷受理—制定（选择）调解员—走访调查—进行调解—达成协议—制作协议书—回访—归档等流程依法进行。

18. 规范制作人民调解协议，做到内容合法，格式规范；达成口头协议的，应对协议内容进行记录。

19.严格落实人民调解协议司法确认制度，双方当事人申请司法确认的人民调解协议，被人民法院确认为有效的达95%以上。

20.人民调解工作档案完备，按照司法部统一格式要求制作，一案一卷；调解过程简单或达成口头协议的，可多案一卷，定期集中归档。

21.建有矛盾纠纷排查、受理、调处等基础台账，记录齐全；人民调解统计数据真实、准确，报送及时。

22.推行人民调解网格化管理，网格划分科学合理，职能任务落实到位，纠纷调解率达100%，调解成功率、协议履约率达98%以上。

23.严格遵循人民调解基本原则，没有因调处不当或不及时而引发"民转刑"案件、非正常死亡、群体性事件和集体上访事件。

（五）人员管理

24.人民调解员是指经群众推选或者接受聘任，在人民调解委员会领导下从事民间纠纷调解工作的人员。专职人民调解员是指由人民调解委员会聘任、政府出资购买其劳动服务、专门从事人民调解工作的人员。

25.人民调解员应具备下列条件：

（1）公道正派、热心人民调解工作；

（2）具有一定政策水平和法律知识；

（3）具有一定文化水平。其中，专职人民调解员应当具备高中以上学历，行业性、专业性人民调解委员会调解员一般应具有相关行业、专业知识和工作经验；

（4）专职人民调解员年龄不超过65周岁；兼职人民调解员年龄不超过70周岁；

（5）未被开除过公职，未受过刑事处罚；

（6）具有完全民事行为能力，身体健康。

26.人民调解员实行推选和聘任相结合制度，任期3年，可以连选连任或者续聘。其中，专职人民调解员的聘期可视情确定。

27. 社区人民调解员由所在街道社区管理；行业性、专业性调解组织聘任的调解员由行业主管部门或使用单位管理。

28. 人民调解员选聘工作应坚持"公开、公平、公正、择优"原则。人民调解员在任期内，因身体等原因不能继续履行职务时，应予以解聘。空缺由原选聘单位及时补选、补聘。

29. 人民调解员负责承担以下职责任务：

（1）调解民间纠纷，防止矛盾纠纷激化；

（2）开展矛盾纠纷定期排查、集中排查和专项治理排查活动，及时调处矛盾纠纷；

（3）宣传法律、法规、规章和政策，教育公民遵纪守法，弘扬社会公德，预防矛盾纠纷发生；

（4）向人民调解委员会和所在单位反映矛盾纠纷和调解工作情况。

30. 人民调解员调解民间纠纷，应遵循以下原则：

（1）在当事人自愿、平等的基础上进行调解；

（2）不违背法律、法规和国家政策；

（3）尊重当事人权利，不得因调解而阻止当事人依法通过仲裁、行政、司法等途径维护自己的权利。

31. 人民调解员调解民间纠纷，不收取任何费用。

32. 人民调解员依法履行职务受到非法干涉、打击报复的，应当给予保护，依法维护其权益。

33. 人民调解员从事调解工作，按照"一事一案、以案定补"的原则发放；企事业单位人民调解员的误工补贴，由企事业单位自行解决。

34. 从事人民调解工作致伤致残的人民调解员，应报请政府提供必要的医疗、生活救助；对在人民调解工作岗位上牺牲的人民调解员，其配偶、子女按国家规定享受抚恤和优待。

35. 人民调解员的考核与表彰：

（1）人民调解委员会负责对人民调解员的业绩考核；

（2）对成绩显著、贡献突出的人民调解员，应当定期或者适时给予表彰奖励；

（3）表彰奖励分为模范人民调解员、优秀人民调解员和先进人民调解员三个等次；对表现特别突出的，可根据实际情况报请"人民调解能手"等称号；

（4）表彰奖励坚持实事求是、突出实绩，严禁弄虚作假。申报上一级荣誉称号，一般应受到过下一级的表彰。对有特殊贡献的人民调解员，可随时申报表彰奖励。

36.人民调解员在调解工作中有下列行为之一的，由其所在的人民调解委员会给予批评教育、责令改正，情节严重的，由推选或者聘任单位予以罢免或者解聘：

（1）偏袒一方当事人的；

（2）侮辱当事人的；

（3）索取、收受财物或者谋取其他不正当利益的；

（4）泄露当事人的个人隐私、商业秘密的。

（六）证件管理

37.申领人民调解员证应提交下列材料：

（1）人民调解员登记表；

（2）居民身份证复印件；

（3）所在人民调解委员会出具的相关证明。

38.审核合格者颁发《人民调解员证》；初任人民调解员申领人民调解员证，应参加岗前培训并考核合格。

39.人民调解员任期届满或因其他原因不再担任人民调解员的，收回《人民调解员证》。

40.人民调解员实行登记管理制度。根据业务水平和工作业绩，将人民调解员分为首席和一级、二级、三级四个等级。届中评定一次，实行动态管理。

41. 人民调解员证实行验证制度，每年验证一次。未经审验的《人民调解员证》无效。验证时，应对人民调解员本年度工作实绩及遵守调解纪律情况进行综合考查，依法履责、完成规定工作任务的，在人民调解员证"验证"栏内加盖审验单位印章；不能完成规定工作任务的，暂缓验证；不称职或严重违反调解纪律的，予以注销。

42. 人民调解员证只限持证人使用，应妥善保管，不得出借、转让、涂改和毁损。

43. 对不再从事人民调解工作的人员，收回其人民调解员证。

44. 具有下列情形之一的，持证人可以提出书面申请，更换人民调解员证：

（1）所在人民调解委员会变更或更名的；

（2）到其他人民调解委员会任职的；

（3）人民调解员证非故意损毁的；

（4）需要更换人民调解员证的其他情形。

45. 人民调解员证遗失的，持证人应当在报纸上声明作废。同时，提交书面说明，经所在人民调解委员会同意，申请补发。

46. 对人民调解员证的发放、验证、收缴、注销等实行动态管理，完善电子档案，并及时向区司法局报送有关情况。

（七）基础保障

47. 人民调解委员会办公场所独立，内设调解室。其中街道和行业性、专业性人民调解组织调解室面积在 15 平方米以上，其他人民调解委员会调解室面积在 10 平方米以上。其中，行业性、专业性人民调解组织办公场所由行业主管部门或使用单位解决。

48. 调解室整洁美观、庄重大方，在醒目位置悬挂司法部统一样式的人民调解标识。

49.人民调解委员会配备电脑、电话、打印机、复印机、照相机等必要办公设施。其中，行业性、专业性人民调解组织办公设施由行业主管部门或使用单位解决。

50.社区人民调解员补贴经费由区司法局根据财政预算实施拨付。设立行业性、专业性人民调解组织的单位、团体或组织，应为其开展工作提供必要的工作经费。

三、加强对人民调解委员会规范化建设的组织领导

加强人民调解委员会规范化建设是夯实人民调解工作基础、提高人民调解工作质量和水平的重要举措。各单位要把加强人民调解委员会规范化建设工作摆上重要位置，切实加强组织领导。要按照本《意见》要求，对所属人民调解委员会规范化建设情况进行全面检查，做到底数清、情况明。一是检查人民调解委员会的设立情况。对人民调解委员会的名称、地址、调委会委员、聘任的调解员进行登记造册。二是检查名称、标牌、标识、公示内容的规范化情况。指导、督促、规范人民调解委员会名称、标牌、标识、人民调解员徽章，以及上墙公开的内容。三是检查办公场所及办公设备的配备情况。对人民调解委员会的办公场所和设施的保障情况进行摸底，对无场所、无设备的人民调解组织，协调督促设立单位履行职责，切实解决办公场所和设施问题，为人民调解工作的开展提供必要的物质保障。四是加强检查考核指导。此项工作将纳入司法所规范化建设考核内容，要严格按照本《意见》标准和要求切实抓好落实，确保辖区内人民调解委员会规范化建设各项工作取得实效。

青岛市市南区司法局

2016年3月1日

关于加强司法所队伍建设的意见

为建设一支忠诚、干净、担当的司法所队伍，坚持以司法部、山东省司法厅关于加强司法所建设的意见为指导，围绕强化司法所队伍"敬业、精业、立业"的意识，提高司法所队伍建设整体水平，积极服务于建设时尚幸福的现代化国际城区，根据市南区司法所队伍建设的实际，制定如下意见。

一、进一步强化敬业精神，打牢履职尽责的思想基础

1.认清司法所地位作用。司法所是司法行政机关服务大局、服务群众、服务社会的前沿阵地，担负着具体组织实施基层司法行政各项业务工作，直接影响法治社会建设的进程；司法所是推进全面依法治国战略的基础力量，承担着本辖区普法工作的组织和实施，为推进依法治街，依法决策、依法行政，发挥参谋助手作用。

司法所是维护基层社会稳定的重要防线，具体指导人民调解工作，化解人民内部矛盾，对社区服刑人员、刑满释放人员进行监管教育改造；司法所建设存在不少问题和困难，队伍整体素质还不够高，基础设施、内部管理不够规范，人员不能保证专职专用，职能作用发挥不够好。加强司法所队伍建设是开创司法行政工作新局面的根基所在、重点所在、希望所在。

2.加强思想政治建设。深入学习贯彻党的十八以来和习近平总书记系列重要讲话精神，学习党章、党规和党史，严守政治纪律和政治规矩，筑牢信仰之基、补足精神之钙、把稳思想之舵，不断增强"四个意识"。强化社会主义核心价值观，牢固树立宗旨意识，做到扎根基层，爱岗敬业，严格执法，热情服务。

加强社会主义法治理念教育，认真学习相关法律、法规，掌握应知应会的政治理论常识、法律常识和基层司法行政业务工作常识，不断强化依法治国的新理念、新思想、新战略。进一步规范司法所人员职业行为，提升职业道德水平。认真遵守市南区司法局《严格社区矫正执法十项纪律》，确保工作中不触底线、不踩红线，杜绝违法违纪现象发生。

3. 巩固稳定司法所队伍。认真落实中央政法委关于加强基层政法队伍建设的要求，坚持做到司法所队伍只能加强不能削弱，巩固稳定司法所队伍，强化爱岗敬业精神，扎根基层建功立业。努力稳定和巩固司法所，保机构、保编制、保队伍，力争得到进一步的充实和加强。司法所由 2 名以上在编在岗人员组成，并根据工作需要，积极组建社会工作者和志愿者队伍。

坚持用于司法所的政法专项编制落实到位，无被挤占、挪用和空编现象。对每年新考入司法所的人员，五年内不得转岗、交流、调出，保证专职专用和队伍稳定。有 3 名以上中共党员的司法所，应建立党支部，不具备条件的，可与法律服务所建立联合支部，按规定开展组织活动。加强对司法助理员和司法所工作人员的管理和监督，严把进人关，严格工作监督，对越权违纪案件严肃查处，对不适宜从事司法所工作的人员要及时清退。政治处、基层工作科要积极研究解决司法所队伍建设中存在的困难和问题。

二、进一步强化精业意识，提高履职尽责的能力素质

4. 重视提高能力素质。深入贯彻习近平总书记系列重要讲话精神，把握正确的提升司法所队伍素质的培训方向。坚持服务大局。围绕司法行政工作全局，坚持把上级重大战略部署，以及司法行政工作改革和发展的重要举措作为教育培训的重点内容，在大局中定位，在服务中发展。注重质量效果。以能力建设为着眼点，积极适应司法行政队伍建设的实际需要，遵循人才成长规律，立足当前，着眼长远，坚持干什么、学什么，缺什么、补什么，增强教育培训的针对性和实效性。探索创新方式。树立现代素质理念，适应形势任务要求，不断探索教育培训的新思路、新途径和新措施，增强教育培训工作的生机与活力，为做好基层司法行政工作提供可靠的组织保证。

5.创新业务训练方式。积极创新模式、内容、方法和机制，采取以会代训，以考促学，以比强能方法，有计划、有步骤、有重点地开展业务训练。新任司法所长和新录用的工作人员，必须参加业务上级组织的岗前培训，经考试合格后持证上岗。举办学习培训班。每年举办培训班6期，每双月第二周的周四下午举办培训。重点培训成员为基层司法所所长、司法助理、机关业务科室有关成员。同时，按要求选派人员参加省、市等单位组织的培训班学习。组织业务交流会。定期组织开展基层司法行政工作经验体会交流，采取一次一个主题，安排重点人员发言，交流工作中的创新经验和亮点工作，达到互相学习借鉴、互相学习提高的目的。开展比才竞能活动。坚持以基层司法行政业务知识为主要内容，采取书面答题、典型案例研判、突发情况处置等，每年组织1次司法所人员比武活动。依托监狱换岗锻炼。建立与青岛监狱的培训协作关系，每年组织司法所人员到青岛监狱受训一周，强化警风警纪意识，提高管教犯人的能力。司法所工作人员（包括司法所长）每年参加业务培训不少于40课时，能够独立撰写常用公文和法律文书，并熟练掌握计算机操作技能和网络基本知识。

6.加强帮带指导。加强对司法所工作的指导，要进一步转变工作作风，深入司法所调查研究，不断总结新经验，解决新问题。善于总结运用先进典型指导司法所工作，通过对个案的解剖、棘手问题的研究，实际困难的解决，重大任务的推进等，进行手把手地教，一点一滴地传。认真贯彻落实司法部、山东省司法厅关于司法所建设的意见要求，加大督促检查力度，指导司法所依法、全面、正确履行各项工作职能。进一步拓宽培训渠道，拓展培训空间，广泛利用社会教育培训资源，选聘一批理论水平高、研究能力强、专业造诣深、实践经验丰富的干部和专家学者授课，不断提高司法所干部的执行力、创新力、落实力，培养和造就一支适应新形势需要的高素质的基层司法所队伍，推动基层司法行政工作发展。

三、进一步强化立业观念，创造履职尽责的一流政绩

7.认真履行司法所职能。认真履行好司法所的九项职能，突出做好三项主要工作：①重点加强社区矫正工作。建有社区服刑人员管理台帐，为每名社区服刑人员建立矫正小组，制定矫正方案。社区服刑人员报到、入矫宣告、外出审批、居住地变更、司法奖惩、解除矫正等执法环节程序规范。组织社区服刑人员参加教育学习、社区服务等改造，建立一处社区服务基地。档案规范完备，执行档案副本完整留存。严格定期报告、排查、走访、手机（腕带）定位等监管措施，防止发生严重脱管、漏管和再犯罪现象。②做好人民调解工作。建立健全矛盾纠纷预警防范、排查调处、联动联调、应急处置机制，定期组织开展矛盾纠纷排查，积极参与重大疑难矛盾纠纷化解。防止发生"民转刑"案件、群体性事件和集体上访事件。③开展普法依法治理工作。协助街道制定并组织实施法治宣传教育规划和年度工作计划，定期开展法治宣传教育活动。积极参与社会治安综合治理，主动为街道依法行政、建章立制和行政执法提供法律咨询和建议。

8.严格落实各项制度。进一步加强和完善制度建设工作，提高司法所队伍管理的规范化、制度化水平。建立健全政治业务学习、公开公示、执法监督、过错追究、请示报告、廉洁勤政、档案管理、统计上报等各项规章制度，管理有章可循，运转灵活有序。严格落实市南区司法局《关于加强司法所规范化建设十项制度》；进一步规范完善考核奖惩办法，不断完善《司法所规范化建设考核办法》，坚持日常考核、半年考核和年终考核相结合，客观评定考核结果，认真落实奖惩措施。

9.树立正面典型引导。积极支持司法所人员履职尽责，重视培养和宣传爱岗敬业、守职精业、建功立业的典型，引导司法所队伍建设健康发展。大力倡导扎根基层、热爱本职、埋头苦干的风气，树立认真负责、一丝不苟、精耕细作的标准，弘扬敢于担当、创先争优、追求一流的精神。建立

正面典型激励机制和通报表彰制度，坚持对工作得力、成效显著的司法所和个人进行通报表扬。对连续三年考核优秀的司法所和个人，可树为基层先进典型，在干部调整和实行职务职级并行政策时，可优先向组织推荐干部、优先报请上级给予表彰奖励、优先安排参加上级组织的学习培训等，努力培养一支过硬的司法所队伍，助力和服务于建设时尚幸福的现代化国际城区。

青岛市市南区司法局

2017 年 7 月 19 日

关于加快推进公共法律服务体系建设的意见

认真贯彻落实中央、司法部和省、市关于加快推进公共法律服务体系建设的部署要求，切实满足广大人民群众日益增长的法律服务需求，推进基本公共法律服务均等化、便民化，现结合我区实际，就加快推进公共法律服务体系建设提出如下意见。

一、总体要求

（一）指导思想

深入贯彻落实党的十八大和十八届三中、四中全会精神，以及党的十九大和习近平总书记系列重要讲话、重要批示精神，坚持服务民生、维护稳定的工作总基调，以扩大服务领域、提高质量水平为重点，坚持以改革的精神，整合运用各类资源，加快构建符合实际、覆盖区域、惠及全民的公共法律服务平台。坚持优化公共法律服务项目，明确服务内容和标准，健全工作制度机制，切实提升公共法律服务质量，为广大人民群众提供公益性、均等性、便利性的公共法律服务，为建设时尚幸福的现代化国际城区提供优质高效的法律服务保障。

（二）基本原则

1. 坚持服务民生，务求实效。着眼提高公共法律服务的供给能力和服务水平，使公共法律服务资源均衡布局、合理配置、科学组合，逐步实现公共法律服务均等化。增强服务的可及性、便利性和高效性，形成半小时公共法律服务圈，保障好人民群众的合法权益，打造具有鲜明市南印记新符号。

2. 坚持示范标准，规范统一。严格按照省级示范的标准，立足现实，着眼长远，坚持功能设计超前、基础设施领先、人员机构饱满的要求，突出公共法律服务机构设施和能力建设，将公共法律服务场所和项目的建设标准、服务标准、管理标准等落到实处。积极整合公共法律服务资源，建成覆盖街道、社区的公共法律服务实体平台，服务标准化、规范化、专业化水平明显提高。

3.坚持创新发展，突出特色。丰富服务内容，创新服务方式，优化服务流程，规范服务行为，建立具有市南特色的公共法律服务供给模式，建立完善政策扶持保障、管理运行和体现公益性机制。加强公共法律服务质量监管，建立科学合理的公共法律服务需求调查、工作反馈、服务评价、质量监督和失信惩戒机制。

二、目标任务

按照省、市的统一部署，到 2017 年底，基本建成管理规范、运行高效、保障有力、覆盖全区的公共法律服务体系，其中，街道公共法律服务工作站全部达到省级示范标准。

（一）建立公共法律服务平台

1.加强实体平台建设。一是建立区公共法律服务中心。突出法律服务的公益性、专业性、便民性，建立区公共法律服务中心，设立人民调解参与化解社会矛盾工作室和法律咨询、法律援助、综合服务等业务窗口，发挥对辖区内公共法律服务的指挥协调功能。二是建立街道公共法律服务工作站。采取窗口化、综合性的服务模式，充实配好法律服务工作站人员，其中社工岗位不少于 2 人，努力打造出更加专业、更加规范、更加高效的公共法律服务机构。三是建立社区公共法律服务工作室。严格落实律师、基层法律服务工作者对口联系社区法律服务 AB 角制度，方便群众就近获得优质高效的公共法律服务。

2.加强网络平台建设。推进网上公共法律服务大厅建设，积极为广大人民群众提供普法宣传、网上调解、法律咨询、法律援助受理、公证业务咨询、聘请律师和基层法律服务工作者引导、申请司 法鉴定引导、查询服务信息等综合性法律服务。充分利用区普法网、法治好声音公众号等媒体，提供法律服务在线宣传、咨询、矛盾纠纷网上化解等服务。

3.加强热线平台建设。依托市"12348"呼叫系统，建立具备开展法律咨询、宣传法律知识、疏导群众情绪、进行舆情分析、提供法律援助等多功能于一体的公共法律服务专线。加强与市公共法律援助服务中心工作的衔接沟通，建立定期协调、联动处置机制，提高公共法律服务的综合性。

（二）优化公共法律服务项目

1.实施公共法律服务便民工程。以政府购买为基础，落实"一社区一顾问"，在区党政机关、街道、中小学校及行业性、专业性人民调解组织中普遍建立法律顾问制度，运用政策引导、政府购买、经济补贴等多种形式，鼓励支持法律服务人员积极参与信访、群体性案（事）件处置和社区工作。

2.实施法律援助惠民工程。认真贯彻《中共中央办公厅、国务院办公厅印发〈关于完善法律援助制度的意见〉的通知》（中办发〔2015〕37号），取消法律援助事项范围限制，逐步降低援助门槛，努力将更多低收入群体纳入法律援助范围。完善公证、司法鉴定、法律援助工作相关制度，积极为交通事故、保险理赔、医疗损害、职工工伤、房屋拆迁等争议解决提供公益性服务，维护社会公平正义。

3.实施矛盾调处安民工程。完善矛盾纠纷多元化解机制，健全人民调解、行政调解、司法调解联动工作体系，构建以人民调解为基础的"大调解"工作格局。突出抓好行业性、专业性调解组织建设，完善人民调解协议的司法确认和执行制度，着力提高人民调解社会公信力和执行力。

4.实施法治宣传育民工程。落实"谁执法谁普法、谁主管谁负责、谁用工谁普法"的普法责任制，健全领导干部学法用法述法考法制度，提高领导干部运用法治思维和法治方式解决问题的能力和水平。完善青少年学法制度，培育青少年的尊法意识和法治信仰。深入开展法治城区、法治街道、民主法治示范社区等法治创建活动。

（三）提升公共法律服务质量

1.推进公共法律服务标准落地。立足现实，着眼长远，各方挖潜，依据《青岛市公共法律服务实体平台建设指导标准》和《青岛市公共法律服务标准化规程》，将公共法律服务场所和项目的建设标准、服务标准、管理标准等落到实处。

2.加强公共法律服务质量监管。建立科学合理的公共法律服务需求调查、工作反馈、服务评价、质量监督和失信惩戒机制，推行岗位责任、服务承诺、首问负责、限时办结、服务公开等工作制度，积极开展案卷质量评查，建立执业诚信档案，进行质量跟踪检查等，确保公共法律服务项目质量。

3.强化公共法律服务的规范化、标准化。丰富服务内容，创新服务方式，优化服务流程，规范服务行为，提升服务水平，切实增强公共法律服务的可及性、便利性和高效性，突出市南区公共法律服务特色。

三、保障措施

（一）加强组织领导。健全完善党委领导、政府主导、部门协同、社会参与的体制机制，形成齐抓共管、协作配合的工作格局。坚持把公共法律服务体系建设纳入经济社会发展、纳入基本公共服务发展总体规划，纳入法治政府建设规划，充分发挥考核的导向、激励、监督、约束作用。推进公共法律服务体系建设，区全民普法依法治理工作领导小组负责指导、调度、检查，各街道办事处按照标准具体负责组织实施街道公共法律服务工作站、社区公共法律服务工作室建设。

（二）加强队伍建设。加快建立一支以社会律师、公职律师等为主体的公共法律服务骨干队伍，发挥法律服务各行业协会作用，加大对高素质法律服务人才的培养和引进力度，提升法律服务业的社会影响力。结合街道社区管理体制改革,推动公共法律服务力量下沉,统筹调配人员力量,严格分类规范管理,形成专兼结合的公共法律服务力量。利用政府购买服务的政策,通过项目服务、招聘社工等形式,为各工作站配备1至2名社工。广泛吸收法官、检察官、警察、教师、社区工作者等作为法律服务志愿者,努力形成专兼结合的公共法律服务力量。

(三)加强经费保障。加大财政保障力度,将公共法律服务体系建设所需要的基础设施、信息系统建设以及工作人员经费等列入区财政预算。建立完善政府购买公共法律服务机制,以群众需求为导向,制定政府购买公共法律服务项目目录,依据政府购买服务的项目、服务工作量和责任大小等因素,明确公共法律服务项目的保障标准和服务内容。加强对公共法律服务资金管理使用情况的监督和审计,确保经费专款专用、合理合法使用。

中共青岛市市南区委办公室

青岛市市南区人民政府办公室

2017年11月29日

关于开展"一社区一法律顾问"工作的实施意见

为贯彻落实省委办公厅、省政府办公厅印发的《关于开展"一村（社区）一法律顾问"工作的实施意见》（鲁厅字〔2016〕52号）和《关于印发〈关于开展"一村（社区）一法律顾问"工作的实施意见〉的通知》（青司发〔2017〕62号）的文件精神，加快推进市南区公共法律服务体系建设，提升基层社会治理法治化水平，推进基本公共法律服务均等化，夯实依法治区基础，现就深入开展"一社区一法律顾问"工作提出如下意见。

一、指导思想

深入贯彻落实党的十八大和十八届三中、四中、五中、六中全会及十九大精神，认真学习贯彻习近平总书记系列重要讲话精神，坚持"政府主导、社会参与，促进法治、服务民生"的原则，充分发挥法律专业人才优势，推进"一社区一法律顾问"工作，依托社区司法行政工作室开展法律服务进社区，满足群众对法律知识和法律服务的基本需求，维护群众合法权益，切实增强广大基层干部群众的法治意识，将法治思维和法治方式融入基层治理的各个方面，为建设时尚幸福的现代化国际城区提供优质法律服务保障。

二、工作目标

（一）实现社区法律服务全覆盖。群众不出社区即可享受法律服务，困难群体能够及时得到法律援助，不断增强基层群众法治建设方面的获得感。

（二）增强社区干部群众法治意识。逐步养成知法守法、依法办事的良好习惯，自觉通过合法途径反映利益诉求、解决纠纷，维护自身合法权益。

（三）提升社区治理法治化水平。基本形成运用法治思维和法治方式管理社区公共事务、化解基层矛盾纠纷、保障社区居民合法权益、维护社会和谐稳定的新格局。

三、人员聘任

1. 聘任条件。社区法律顾问由律师、基层法律服务工作者担任。担任社区法律顾问人员，应遵守宪法和法律，拥护党的路线、方针、政策，具有良好的职业操守和道德修养；具备大学专科以上学历，具有较高的法学理论知识和较强的业务工作能力，熟悉社情民意和政府工作原则，擅长纠纷调处；热心公益事业，社会服务意识和工作责任心强；身体健康，有充足的时间和精力履行法律顾问职责；遵守有关法律顾问管理制度。

2. 聘任方式。区司法局负责向各社区提供市南区律师事务所、基层法律服务所人员名录及基本信息，社区与律师、基层法律服务工作者进行双向选择。原则上要从青岛市法律顾问库且在市南区纳税的律师事务所、基层法律服务所中以及市南区法律顾问库中选择法律顾问。对没有和律师、基层法律工作者达成服务协议的社区，由司法局负责指派。法律顾问聘期为一年，期限届满后，由社区与法律顾问协商是否续聘，另行聘用的，须按本次专题会确定的聘任条件、聘任方式和聘任程序进行，并重新签订合同。

3. 聘任程序。法律顾问确定后，由社区居民委员会与其所在的法律服务机构签订书面聘任合同，社区法律顾问单位负责指派律师或基层法律服务工作者到社区提供法律服务，各街道负责对社区法律顾问单位的工作服务质量进行监督，指导社区开展法律顾问考核评估工作，区司法局负责对社区法律顾问业务工作进行指导。

四、职责任务

1. 为社区治理提供法律意见。协助社区党委和居民委员会（以下简称"两委"）起草、审核、修订社区的自治组织章程、居民公约和其他管理规定等；为社区重要经济合同签订、安置补偿等重大决策提供法律意见；

协助有关部门依法做好社区"两委"领导班子换届选举工作。

2. 为群众提供法律咨询和法律援助。解答群众日常法律咨询，提供法律意见，引导当事人以合法方式解决矛盾纠纷，维护自身合法权益；协助符合法律援助条件的群众到当地法律援助机构办理法律援助申请手续；接受社区群众委托代为起草、修改有关法律文书和参与诉讼活动，应酌情减免服务费用。

3. 开展法治宣传。定期举办法治讲座，提供法律咨询，进行释法解疑，增强社区干部群众的法律意识，帮助其树立正确的权利义务观，切实做到依法办事、依法维权。

4. 参与人民调解工作。应人民调解委员会邀请，为调处社区各类矛盾纠纷提供法律意见，引导当事人通过合法途径解决问题。对于法律咨询中出现的可能影响社会稳定或涉及社区、群众重大利益等相关事宜，应及时向所在街道和区司法局报告，并到场或通过其他方式提出法律意见。

5. 参与平安市南、法治市南和法治街道、民主法治示范社区等法治创建活动，推动基层民主法治建设。

6. 法律顾问应定期进社区开展服务，每周到社区开展服务 4 小时以上，每季度至少举办 1 次法治讲座，具体的服务内容和活动时间由各街道予以公示。法律顾问所在律师事务所、基层法律服务所每年至少组织 1 次大型法律服务进社区活动。

五、建立机制

（一）建立工作规范。区司法局要指导各街道按照工作实际建立社区法律顾问行为规范、工作日志、工作台账和服务标准，制定社区法律顾问开展矛盾纠纷调解、参与处置群体性敏感性案件和社区"两委"换届选举等工作指引。印制《法律服务工作日志》，法律顾问开展工作应及时记入工作台账，居委会主任签字确认。社区司法行政工作室设置公示栏和便民信箱，公布法律顾问的姓名、职责、联系方式、驻点时间等信息。

（二）建立培训制度。区司法局要通过集中培训、分散培训、网络培训等不同形式，组织社区法律顾问开展国家政策、社情民意和相关法律业务的培训，增强社区法律顾问的大局意识、责任意识、服务意识，提高工作水平。每年组织集中培训不少于1次，将社区法律顾问参加培训情况作为是否继续聘用的依据。

（三）建立评估机制。区司法局负责制定工作考核评估指引，各街道参照考核评估指引结合实际制定考核评估制度，并加强对社区法律顾问考核评估工作。通过检查工作台账、听取社区"两委"班子和群众意见等形式评估社区法律顾问的工作情况，对于工作成绩突出的社区法律顾问单位，经区政府研究后可给予一定奖励。

（四）完善互联网＋社区法律顾问工作平台。区司法局要完善社区法律顾问线上平台，社区法律顾问要利用公共法律服务网络平台，建立微信群或QQ群等，搭建向社区群众提供法律咨询、开展法治宣传、疏导群众情绪、指导群众依法维权的综合平台。

六、保障措施

（一）加强组织领导。健全完善党委领导、政府主导、部门协同、社会参与的机制，形成对"一社区一法律顾问"工作齐抓共管、协作配合的合力。"一社区一法律顾问"工作在区委、区政府的统一领导下，由全民普法依法治理工作领导小组统筹指导，区司法局和各街道具体组织实施。建立"一社区一法律顾问"工作会议制度，及时研究推进工作。

（二）落实经费保障。社区法律顾问经费按照每个法律顾问每年8000元的标准补助，全区聘用社区法律顾问经费共40万元，列入社区公共服务经费预算。各社区按照法律顾问合同约定及考核评估结果核发。要规范经费使用，依法接受财政、审计部门的监督，确保专款专用，合理合法使用。

（三）加强督导检查。将"一社区一法律顾问"工作推进情况纳入法治建设工作考核。区司法局与民政局、财政局等相关部门配合，每年对律师事务所、律师和基层法律服务所、基层法律服务工作者参与"一社区一法律顾问"工作开展监督检查，及时发现解决工作中的问题，积极推进"一社区一法律顾问"开展。

中共青岛市市南区委组织部　市南区民政局
市南区财政局　市南区司法局
2017 年 12 月 29 日

关于开展矛盾纠纷大排查大调处
专项行动的工作方案

　　为贯彻落实区综治委《关于开展社会治安突出问题专项治理行动的实施方案》，切实维护我区安全、和谐、稳定的社会环境，以确保2018年重大活动安全顺利举办为目标，充分发挥人民调解维护稳定"第一道防线"作用，全面开展我区矛盾纠纷大排查大调处专项行动，结合我区实际，特制定本方案。

　　一、正确把握排查调处的原则目标

　　坚持以习近平新时代中国特色社会主义思想为指导，牢固树立责任意识、法治意识、协同意识以及履责意识，以化解矛盾纠纷为主线，按照"属地管理"、"分级负责"、"谁主管、谁负责"的原则，全面深入排查化解各类矛盾纠纷和不稳定因素。

　　通过扎实开展矛盾纠纷大排查大调处活动，及时消除问题隐患，努力做到把问题解决在基层、纠纷化解在当地、隐患消除在萌芽状态，确保不上交、不爆发，努力实现"三个不出"（城区发生的问题解决不出社区、街道企事业单位内发生的问题解决不出本单位、部门和系统内发生的问题解决不出本部门、本系统）；"五个不发生"（不发生进京到省滋事事件、不发生影响恶劣的政治性案件、不发生重大恶性刑事案件、不发生重大群体性事件、不发生重大安全责任事故）的工作目标。

　　二、加强对重大矛盾纠纷的排查化解

　　充分发挥人民调解"1+1+N"（1个司法行政工作室、1名律师或基层法律服务工作者和N个排查调解小组）纠纷排查化解机制的作用。积极调动各类调解组织以及专兼职人民调解员力量，参与矛盾纠纷多元化解。

按照全覆盖、无遗漏的要求，"拉网式"排查各类重大矛盾纠纷隐患，实现矛盾纠纷即发即排、排查率达到100%。尤其要加强对涉军、非法集资、房屋拆迁、物业服务管理、企业改制、环境保护、涉法涉诉、恶意欠薪等领域的动态掌握，认真梳理管区范围内存在的矛盾纠纷及重大隐患，逐一登记台帐（见附件），摸清纠纷底数，制定工作对策。

加强对易激化的婚姻家庭、邻里关系、经济活动等民事纠纷的排查调处，实现矛盾纠纷即排即调，矛盾纠纷化解率达98%以上，坚决防止发生有影响的重大矛盾纠纷，坚决防止"民转刑"案件发生。对排查化解矛盾纠纷情况进行梳理，查找问题，跟进抓好整改落实。坚持边排查边化解，对较为复杂的、短期内难以完全化解的矛盾纠纷，要逐级、及时上报，逐一落实领导包案稳控政策，坚决防止发生影响社会安全稳定的案（事）件。重大、疑难纠纷或群体性、突发性事件，要及时启动应急处置预案，防止矛盾纠纷进一步扩大和激化。

三、开展矛盾纠纷排查调处工作要求

要从思想上高度重视，切实加强组织领导，严格落实工作措施，实行领导包案责任制，加强组织协调和督导检查，抓好层层落实。严格落实工作责任制，各调解组织在排查中因工作失误而未及时发现纠纷，或发现了没有及时解决而酿成重大群体性事件、重大刑事案件或重大治安灾害事故的，以及化解措施不力造成矛盾纠纷激化，发生严重影响社会稳定的情形，将按照有关规定，对责任人实行责任追究，对责任单位通报批评。

要加强信息的及时报送。各司法所要健全预警和处置机制，对可能发生重大群体性上访事件的信息，特别是苗头性信息进行全面评估和预测，充分发挥矛盾纠纷情报信息网的作用，及时捕捉各类矛盾纠纷，做到早发现、早报告、早控制、早解决。要坚持报告制度，做到一般纠纷按时上报、重大纠纷随时上报，无重大矛盾纠纷的，实行零报告制度。每月2日前报送矛盾纠纷大排查大调处专项行动台账（见附件）。

附件：《矛盾纠纷大排查大调处专项行动台账》

市南区司法局

2018 年 3 月 15 日

附件：

矛盾纠纷大排查大调处专项行动台账

填报单位：   日期：

序号	矛盾纠纷类型	当事人姓名或涉及群体及人数	矛盾纠纷基本情况	责任单位及包案领导	化解措施	进展情况

关于成立人民调解员专家库的通知

各司法所、各人民调解委员会：

按照山东省司法厅、山东省人民调解员协会《关于建立人民调解员专家库制度的通知》（鲁司〔2017〕6号）要求，市南区司法局印发了《关于推荐市南区人民调解员专家库成员的通知》，经前期各街道和调解员所在的人民调解委员会层层推荐，区司法局综合审查，决定聘用张翠英等16名同志组成市南区人民调解员专家库。名单如下：

张翠英　青岛市道路运输纠纷调解中心主任、山东汉通律师事务所主任

李燕滨　市南区劳动人事争议人民调解委员会主任、青岛市市南区人力资源和社会保障局劳动人事争议仲裁院院长

卜秀芳　青岛市金融消费纠纷人民调解委员会主任、青岛市金融消费权益保护协会秘书长

肖珍凤　青岛市金融消费纠纷人民调解委员会副主任、青岛市金融消费权益保护协会常务副秘书长

王青华　市南区婚姻家庭纠纷人民调解委员会委员、青岛市南维信法律服务所主任

邢玉航　市南区公共法律服务中心专职调解员

谭秋华　市南区八大峡街道团岛社区人民调解委员会主任

周国牛　市南区云南路街道寿张路社区人民调解委员会主任

王文积　市南区中山路街道观海山社区人民调解委员会调解员

高玉秀　市南区江苏路街道龙江路社区人民调解委员会主任

初文超　市南区八大关街道金口路社区人民调解委员会调解员

王淑伟　市南区湛山街道仰口路社区人民调解委员会调解员

于庆娟　市南区香港中路街道江西路社区人民调解委员会主任

王英姿　市南区八大湖街道泰州路社区人民调解委员会主任

张秀珍　市南区金门路街道人民调解委员会张秀珍人民调解室主任

孙　岚　市南区珠海路街道海口路社区人民调解委员会调解员

青岛市市南区司法局

2018 年 9 月 18 日

和解万家

第二部分

经验交流

◎ **经验做法篇**

坚持发展"枫桥经验"打造人民调解升级版
推进市南区新时代人民调解工作发展

姜岱勇

（2019 年 5 月）

同志们，今天，我们在这里召开全区人民调解工作大会，任务是总结"枫桥经验"市南样本，命名表彰第二届"十大金牌调解员"和"十大品牌调解室"，打造市南人民调解工作升级版，推进新时代人民调解工作发展。刚才，6 个单位或个人代表分别介绍了经验，宣读了命名第二届"双十"通报，他们的经验可圈可点、他们的事迹可信可学、他们的贡献可书可表，值此，向被命名表彰的个人和单位，以及辛苦工作在一线的广大人民调解员，表示最崇高的敬意和衷心的感谢！

20 世纪 60 年代初，浙江省诸暨市枫桥镇干部群众创造了"发动和依靠群众，坚持矛盾不上交，就地解决。实现捕人少，治安好"的枫桥经验，为此，1963 年毛泽东同志就曾亲笔批示"要各地仿效，经过试点，推广去做"。"枫桥经验"由此成为全国政法战线的一面旗帜。2013 年，习近平同志就坚持和发展"枫桥经验"做出重要指示，各级党委和政府要充分认识"枫桥经验"的重大意义，发扬优良作风，适应时代要求，创新群众工作方法，善于运用法治思维和法治方式解决涉及群众切身利益的矛盾和问题，把"枫桥经验"坚持好、发展好，把党的群众路线坚持好、贯彻好。

2018 年是"枫桥经验"55 周年，年初，中央深改委第一次会议研究了人民调解工作，中央政法委等六部委联合下发了《关于加强人民调解员队伍建设的意见》之后，司法部召开了全国坚持发展"枫桥经验"工作大会，制定了《关于坚持发展"枫桥经验"，实现矛盾不上交三年行动方案》，之后，山东省司法厅、市司法局也相继召开了大会，为认真贯彻落实上级的一系列会议精神，下面，我就全区的人民调解工作情况，讲三个方面的问题。

第一个问题，五年来的人民调解工作基本经验

党的十八大以来，市南区司法局认真贯彻落实中央、省市的一系列指示精神，在市南区委、区政府的正确领导下，在市司法局的有力指导下，始终坚持以人民为中心，依据《人民调解法》《山东省多元化解纠纷促进条例》，积极推进新时代的人民调解工作，坚持从创新衔接联动调解机制，提升人民调解员专业水平，培育市南人民调解品牌入手，大力推动"枫桥经验"在市南传承发展，逐步形成了具有市南特色的人民调解样本，有效发挥了人民调解在维护社会和谐稳定中的"第一道防线"作用。

一、坚持向矛盾多发领域延伸，建立了"三调联动"机制体系。为贯彻落实党的十八大和十八届三、四中全会提出的完善人民调解、行政调解、司法调解联动机制体系的要求，我们积极构建矛盾纠纷多元化解工作格局，建立了9个覆盖重点行业领域的人民调解组织。建立了与行政调解衔接联动机制。针对劳动人事、交通事故、物业管理、婚姻家庭等领域矛盾纠纷逐年增多的趋势，司法局与人社局、城管局、交警大队、妇联等部门，在全市率先设立了劳动争议纠纷人民调解室，成立了区、街、居三级劳动争议调解组织体系，出台了《关于进一步深化劳动人事争议调解与人民调解衔接联动的工作意见》《劳动人事争议人民调解工作室规程》等；在全市率先建立了区、街、居三级物业纠纷调解组织，出台了《关于加强市南区物业纠纷人民调解工作的意见》，组成了物业纠纷调解律师团，复杂疑难的物业纠纷存量明显下降。市司法局召开全市现场观摩会进行推广。区司法局还与区妇联出台了《关于加强婚姻家庭纠纷人民调解工作的实施方案》，汉通律师事务所还设立了交通运输纠纷调解中心等。实现了与司法调解衔接联动机制。为有效应对立案登记制度改革带来的案件井喷现象，成立了青岛市首家诉前人民调解委员会，出台了《关于深化预立案制度加强诉前人民调解工作的实施意见》，对承办法院转交的预立案民间纠纷，引导当事人通过人民调解途径解决。为扩展人民调解的范围，增加了人身伤害、交通事故、物业纠纷、房屋租赁等调解事项，使收案范围由 13 种扩展到 19 种，明显地缓解了法官的案件压力，同时，也较好地节约了司法资源。据统计，自 2016 年 1 月以来，市南区诉前人民调解委员会接收调解案件 6143 件，达成调解协议的有 1840 件。推动了行业性专业性调解组织建设。为及时化解金融消费领域的矛盾纠纷，完善社会矛盾多元化解机制，成立了青岛市金融消费纠纷人民调解委员会。建立了一支由 30 名来自监管机构、高校、律师事务所、金融机构等行业的专家组成的调解员队伍，调委会开放了多种调解受理通道，包括"12363"热线电话、中国金融消费纠纷调解网、现场接访、人民法院和消费者权益保护组织委托等，并根据当事人需求提供现场调解、电话调解、上门调解等多种方式，而且首创了网络调解的新形式。市金融消费纠纷人民调解委员会已调解案件 31 件，成功 28 件，涉案金额 200 余万元，有利于减少小额纠纷、简易纠纷对司法资源的占用，促进金融体系稳定、高效、健康运行。成立了青岛市首家商会调解组织，青岛市浙江商会人民调解委员会参与调解案件 37 件，成功 11 件，涉案金额 3000 万元，较好地维护了商家的合法利益。

二、搭建分级分类人民调解平台，实现了基础建设历史性突破。贯彻落实"枫桥经验"的要义，司法局提出了"小矛盾不出楼院，大矛盾不出社区，重大矛盾不出街道，疑难复杂案件移送区调解中心"的工作要求，建立了区、街、居三级人民调解平台，对矛盾纠纷实行分层包干，就地化解。一是建立区人民调解中心。2016 年 3 月 24 日，市南区多元化矛盾纠纷调解中心正式运行。为保证调解工作的质量，选聘了 3 名政法系统退休人员从事专职人民调解员，重点调处疑难复杂纠纷案件，依托 12348 法律服务热线，根据案件的大小、轻重缓急，按照属地调解原则分级流转，就地调解。二是建立街道人民调解室。贯彻落实区两办出台的《关于推进公共法律服务体系建设的意见》，通过加强街道公共法律服务站建设，突出了人民调解的功能设置，设置了人民调解窗口和独立的调解室。目前，八个街道已建成。司法所移交过来时，除金门所独立办公外，其他所都是和其他科室混合办公，平均不足 10 平方米。这几年，从解决独立办公开始，在全部解决了混合所之后，开始按省级规范化标准建设，特别是自去年搭上街道公共法律服务站建设的快车，司法所基础建设发生了根本性变化，实现历史性突破。其中，八大关、香港中路、金门路司法所被评为"省级规范化司法所"；香港中路、云南路、中山路、金门路和湛山街道公共法律服务站被评为"青岛市公共法律服务示范站"。三是建立社区人民调解室。按照市的统一部署，社区全部设立司法行政工作室，整合了人民调解委员会、社区警务室、律师会客厅等资源，通过派驻律师、基层法律服务者，参与社区矛盾纠纷的排查化解。投资了 30 余万元给每个工作室配置电脑，统一印制了《法律服务工作日志》。金门路街道仙游路社区司法行政工作室等 20 个工作室被评为"青岛市公共法律服务示范工作室"。现在每一个调解组织都是一道防火墙，每一个调解平台都是一道拦洪坝。据统计，五年来，区街居三级人民调解组织，共成功调解矛盾纠纷 7428 件。

三、聚焦优质法律服务产品供给，推动了调解员素质结构转型。紧紧围绕人民群众对优质法律服务产品的需求，不断加强人民调解员队伍能力建设，打造一支"一专多能"的调解员队伍，目前共有人民调解员 619 名，其中专职调解员 30 名。一是改善调解队伍结构。针对调解员队伍存在的兼职多专职的少，老人多年轻的少，阅历多高学历的少的状况，着眼改善调解员专业知识结构，在保持社区人民调解员队伍稳定的基础上，一方面，从政法系统退休干部、律师、基层法律工作者、仲裁员中聘请兼职调解员；另一方面，聘请从事医疗卫生、劳动人事、物业管理等有专业特长的人员加入，今年，司法局还面向社会招聘了一批经过法律专门学习、岗位特别训练的年轻司法协理员，充实到了专职人民调解员队伍，目前，已经形成了一支既懂法律又懂专业，既有调解经验又有干事活力的队伍。还建立了由16人组成的市南区人民调解咨询专家库，负责向人民调解委员会提供专家咨询意见和调解建议。去年，市南区劳动人事争议人民调解委员会主任李燕滨、湛山街道仰口路社区人民调解委员会主任王淑伟被评为"全省优秀人民调解员"，今年王淑伟又被司法部授予"全国人民调解工作先进个人"称号。二是实行定向性业务培训。定期组织人民调解员开展业务培训，邀请区人民法院业务庭法官讲解法律知识、资深人民调解员传授调解方法与技巧；定期召开座谈会，总结经验、查找问题，不断丰富充实调解形式和内涵；适时组织调解员参加案件旁听，进行现场观摩，提高调解员的业务能力和水平；与市南区人社局联合，每年举办一期劳动人事争议调解员、基层人民调解员专题培训班；积极组织人民调解员代表参加律师事务所举办的法律实务讲座，收看司法部人民调解大讲堂视频会议。三是坚持内涵式良性调解。就是着眼实现双方当事人握手言和，运用法治思维和法治方式，启发当事人的道德自省意识，达到案了情在的良性结果。建立了逐级调解制度、联席会议制度、特色调解制度。如八大峡创建的"温情调解1+1"调解工作法、云南路的"四坚持"调解工作法、中山路的"加减乘除"调解工作法、湛山的"三字经"调解工作法、八大湖的"四老"调解工作法等，改进了原有的人民调解工作模式，提高了调解质量和效率。案件调解成功率达到98%以上，有力地维护了社会稳定。全区广大人民调解员牢记使命、扎根基层、无私奉献，积极开展矛盾纠纷排查调解工作，切实把矛盾纠纷化解在基层，消除在萌芽状态，为维护社会和谐稳定、服务保障和改善民生做出了积极贡献。

四、加强人民调解工作品牌建设，促进了机制制度的创新发展。积极应对矛盾凸显期的形势需要，不断创新人民调解工作模式，大力加强人民调解品牌建设，提升了人民调解工作水平。一是坚持问题导向。习总书记反复强调要坚持问题导向。回顾这几年的工作，我们都是瞄着问题展开实施的，始终没有偏离抓"问题"这个主线。树立起发现问题是水平，解决问题是成绩的观念，练就一双发现问题的慧眼，知道工作中的主要问题在哪里，解决问题的主要方法是什么，树立起"功成不必在我"的胸怀，扑下身子抓各项工作落实。坚持一步一个脚印，一年变一个样子，持续发力，久久为功，积小成为大成，使各项工作走上了一个健康发展的轨道。如在2014年实地考察了"枫桥经验"发源地后，在给区里的报告中提到的建立区人民调解中心，招聘司法协理员，包括今天召开的全区人民调解工作大会等，至今已经全部完成。二是坚持创新驱动。工作中本着既有高地也要高峰标准，树立弯道超车的意识，强化创新思维。多出工作亮点，努力走在全市的前列，打造具有市南符号的特色工作。我们有两项人民调解工作被区评为创新工作；一次经验被市局召开现场会推广；三份人民调解工作经验被司法部刊发。制定出台了《关于加强人民调解委员会规范化建设的意见》，进一步规范人民调解工作标准和流程。三是坚持品牌引领。重视加强人民调解品牌建设，不断强化品牌价值意识，努力打造具有市南特色的调解工作品牌。经过长期的总结探索，确立了以"和解万家"为主题，以"家庭和美、邻里和睦、社会和谐"为目标，践行"以情为重、以法为教、以和为贵"的理念，积极开展"十大金牌调解员"和"十大品牌调解室"创建活动，重点培育了一批"社会影响力大、群众认可度高、调解特色鲜明、工作实绩突出"的"老字号"调解员，收到了非常好的社会效果。为最大限度地共享人民调解优势资源，还制作印发了43000本《市南区司法行政工作服务指南》，将金牌调解员的联系方式向社会公布，形成了"开门理案，挂牌调解"的模式。据统计，自建立推行"十大金牌调解员"和"十大品牌调解室"制度以来，他们共参与调解矛盾纠纷1655件，其中疑难复杂案件 148 起，调解成功率达到 100%，截至目前，由金牌调解员调处的矛盾纠纷，无一起民转刑案件、无一起群体性上访案件，为维护社区和谐稳定、邻里和睦、家庭和美做出了积极贡献。

第二个问题，讲一讲人民调解工作存在的问题

一、专业性行业性调解组织覆盖面不够宽。人民调解与司法调解、行政调解在衔接程序、机制建设等，还未完全形成一个衔接流畅、运转高效的联动格局，部门间的协作配合有待于进一步加强。按照实现调解工作大格局的要求，目前，物流、城建、经贸、消协、商会等领域，还没有建立相应的人民调解组织，成为人民调解工作的空白地带，人民调解工作的覆盖面需进一步拓宽。

二、专职和专家型调解员队伍不够壮大。从我区人民调解员队伍看，既懂法律又懂专业的调解员少。如，我们街道、社区调委会的调解员，绝大多数没经过系统的法律学习，普遍存在凭经验、凭威望、凭常识调解矛盾纠纷的现象；专职人民调解员队伍比较弱小，没有形成规模化的专业型、专家型人民调解员队伍，由于培训工作不给力，对现代调解艺术、调解技巧、调解理念掌握不够，不能正确运用法治思维、法治方式，进行依法依规调解。有时遇到疑难复杂的矛盾纠纷，难以实现和保证良性的调解效果。

三、人民调解信息化建设水平不够高。比如，利用中国法律服务网，没有推行人民调解网上申请、网上办理、网上服务、网上监督，没有实现人民调解在线咨询、查询、引导、受理。没有建立人民调解管理信息系统，没有实现对人民调解组织、队伍和案件信息的动态管理，尤其是运用大数据技术进行智能分析，科学研判社会矛盾纠纷变化发展趋势，及时预警社会矛盾风险热点不够。云南路街道办事处探索的公共法律服务"三零"方式值得借鉴。

第三个问题，讲一讲下步的人民调解工作意见

人民调解是在继承和发扬我国民间调解优良传统基础上发展起来的

一项具有中国特色的法律制度，在矛盾纠纷多元化解机制中发挥着基础性作用。认真落实党的十九大精神，深入贯彻党的十八届四中全会关于人民调解工作的决策部署，全面贯彻落实司法部、山东省人民调解三年行动方案，以及市南区推进新时代人民调解工作升级三年计划，进一步坚持发展"枫桥经验"，推进人民调解工作发展，讲三点意见。

一、加强人民调解员队伍建设。要努力建设一支政治合格、熟悉业务、热心公益、公道正派、秉持中立的人民调解员队伍。大力发展专职人民调解员队伍。行业性、专业性人民调解委员会应有3名以上专职人民调解员，街道人民调解委员会应有2名以上专职人民调解员，居委会和企事业单位人民调解委员会应有1名以上专职人民调解员，派驻有关单位和部门的人民调解工作室应有2名以上专职人民调解员。加强人民调解员业务培训。区司法局负责辖区内人民调解委员会主任、骨干调解员的岗前培训和年度培训，司法所培训辖区内人民调解员。要根据本地和行业、专业领域矛盾纠纷特点设置培训课程，采取案例评析、实地考察、旁听庭审、实训演练等形式，增强培训的针对性、有效性。加强对人民调解员的管理。建立健全人民调解员聘用、考评、投诉、奖惩、退出等管理制度，建立岗位责任和绩效评价制度，完善评价指标体系。

二、加强人民调解组织建设。按照"有机衔接、协调联动、高效便捷"的矛盾多元化解机制总要求，进一步完善人民调解、行政调解、司法调解的衔接联动，完善工作联系机制和协调配合机制，完善人民调解协议司法确认制度，提升人民调解的确定力、执行力。指导行业协会或其他社会组织，依法设立行业性、专业性人民调解组织，进一步扩大人民调解工作覆盖面。坚持以社会需求为导向，在已建立道路交通、劳动人事争议、物业、金融行业等人民调解组织的基础上，将行业性、专业性人民调解组织向矛盾多发频发行业和领域延伸。行业性、专业性人民调解组织要坚持独立性和中立性，自觉接受司法行政部门、本行业主管部门的指导。

三、加强人民调解文化建设。加强人民调解员职业道德教育、纪律作风建设，深入开展社会主义核心价值观和社会主义法治理念教育，增强人民调解员的社会责任感和职业荣誉感。进一步完善人民调解员行为规范，教育人民调解员严格遵守和执行职业道德和工作纪律，树立廉洁自律良好形象，培养优良作风。加强人民调解品牌建设，丰富发展"和解万家"调解品牌的价值内涵、调解理念、工作方法，切实形成一个社会广泛认同的市南调解品牌。大力培育和宣传人民调解员典型，总结推广先进的人民调解经验，坚持每两年表彰命名一次"十大金牌调解员"和"十大品牌调解室"，进一步突出个性化品牌调解室建设，充分发挥品牌的带动效应和示范引领作用，推动全区人民调解室向规范化、特色化、品牌化发展。

四、加强人民调解保障机制建设。加强人民调解工作经费保障，建立健全经费动态增长机制。人民调解员补贴经费的安排和发放应考虑调解员调解纠纷的数量、质量、难易程度、社会影响大小以及调解的规范化程度。明令禁止兼职取酬的人员，不得领取人民调解员补贴。人民调解委员会设立单位和相关行业主管部门应依法为人民调解员开展工作提供场所、设施等办公条件和必要的工作经费。探索多种资金渠道为在调解工作中因工作原因死亡、伤残的人民调解员或其亲属提供帮扶。探索建立人民调解员人身保障机制，鼓励人民调解委员会设立单位和人民调解员协会等为人民调解员购买人身意外伤害保险等。

（注：在市南区坚持发展"枫桥经验"打造人民调解升级版工作会议上的主题报告。）

顺应加强和创新社会管理新形势
积极探索物业纠纷人民调解路径

张正宾

（2013 年 9 月）

市南区位于青岛市南部滨海一线，是政治、经济、文化中心城区，辖区面积为 30.01 平方公里，户籍人口约 54.85 万，流动人口 10 万，下辖 10 个街道办事处，65 个社区居委会。全区共有物业管理项目 351 个，其中住宅小区 200 个，大厦 151 个。我区坚持以加强和创新社会管理为主线，积极在全区构建起以人民调解为基础的物业纠纷预防和化解新格局，取得了明显成效。今年以来，市南区已建物业纠纷调委会 44 个，调处物业纠纷 136 件，调解成功 129 件，成功率达 95%，防止因物业纠纷引起的群体上访 8 起 300 余人次，有力地维护了社会稳定。

一、聚焦社会热点，切实把准物业纠纷频发的特点及成因

近年来，物业纠纷频繁大量发生，并呈现出波及面广、对抗激烈、难以调处的态势，增大了社会管理压力。通过深入调研分析发现物业纠纷具有三个突出特点：

一是发生的普遍性。据统计，去年我区共办理涉及物业管理的区长公开电话 104 件，受理来话来访咨询和投诉 802 件。市南区共发生各类物业纠纷 600 余起，平均每个物业小区发生 2 起物业纠纷。凡是实行物业管理的小区、楼宇，都曾经发生过或现存着物业纠纷，物业纠纷具有一定的普遍性。分析产生物业纠纷的原因，既有物业的也有业主的，重点是物业依法经营和管理的意识淡薄，对业主尊重不够，不善于与业主沟通，缺少"一切为了业主"的现代服务理念。

二是成因的复杂性。物业纠纷的实质是利益关系问题，有的是历史遗留问题带来的，有的涉及的法律关系多、人群广，跟不上不断加快的社会发展进程。由于一些物业纠纷的成因复杂，解决起来非常棘手。从业主角度讲，片面强调业主所享有的各种权益，单方面要求物业不断提升，却忽视了作为业主应担的责任和应尽的义务。而物业的管理服务水平，满足不了业主日益提升的对高品质服务的诉求，少数物业公司对业主的主体地位确认不够，摆不正物业与业主之间的关系。

三是结果的破坏性。由于物业纠纷频繁发生，甚至是久拖不决，造成物业与业主之间的关系恶化。有的业主用拖欠物业费来表达和宣泄对物业服务的不满情绪；有的业主委员会形同虚设，不能积极主动地发挥作用，甚至刻意回避物业与业主之间的矛盾和纠纷，加剧物业与业主之间关系的恶性循环，出现物业不能正常运行，业主正常生活被打乱。去年，因物业纠纷引发的群体性上访事件多达 20 余起，影响了社会的和谐稳定。

二、落实有力措施，全面推进物业纠纷人民调解工作开展

着眼及时有效地化解物业纠纷，避免"小问题拖大，大问题拖炸"，针对物业纠纷发生的特点及成因，采取有力措施，加以推进物业纠纷调解工作。

一是在文件上规范。司法局会同城市管理局出台了《关于加强市南区物业纠纷人民调解工作的意见》。明确区级物业纠纷调解指导委员会，负责指导、协调、督查全区物业纠纷调解工作，制定相关制度措施，指导疑难纠纷调解，组织调解人员业务培训等；街道物业纠纷调委会，指导社区物业纠纷调解组织开展工作，负责调解辖区疑难物业纠纷；实行物业管理的社区建立的调解组织，与社区调委会联动开展工作，宣传物业管理法规政策，调解一般性物业纠纷等。

二是在试点上先行。着眼为全区推广物业纠纷调解工作积累经验做法，选取物业纠纷相对集中的香港中路街道作为试点单位，建立健全规范的工作机构，率先成立了街道层面的物业纠纷人民调解机构，开始了物业纠纷人民调解工作的探索和实践。4月25日，在香港中街道先行试点的基础上，召开了全区物业纠纷人民调解工作现场观摩会，对建立区、街、居三级物业纠纷调解组织进行了具体部署，要求凡是实行物业管理的小区和高层商务楼宇，均要成立物业纠纷调解组织。

三是在督导上跟进。为确保物业纠纷调解工作有序推进，进一步加强了对这项工作进程的督导。组织人员专门对各街道、社区的物业纠纷调解组织建设和开展工作情况进行检查。各街道、社区，结合实际，精心谋划，着力推进，认真筹建物业纠纷调解工作机构，积极落实调解员办公场所，配备必要的办公设备，按照统一要求规范上墙公示内容和工作台账。目前，街道级的物业纠纷调解组织均已成立，52%的社区已经建立，运行情况良好。

三、搭建支持平台，确保物业纠纷人民调解工作持续发展

我们注重加强物业纠纷调解工作的平台建设，坚持从实际实效出发创新工作方式，不断打牢深化物业纠纷人民调解工作的基础。

一是搭建组织平台。区政府以购买服务方式，选聘3名具有物业管理知识背景的人民调解员，专门从事接待来访咨询和物业纠纷调解工作。区物业办牵头，在全区挑选10名优秀律师，成立了物业纠纷调解工作律师团，对全区有重大影响的疑难复杂案件，联合会诊，制定方案，专人调解。6月份，组织了全区物业纠纷人民调解工作培训班，为公正、高效、妥善地处理物业纠纷案件奠定了基础。如，八大关街道组建了一支由社区综合服务队员、网格队员及社区志愿者等参加的350名调解信息员队伍，充分发挥其对物业管理熟悉的特点，积极引导当事人依法依规解决纠纷。

二是搭建机构平台。工作启动以来，全区各街道、社区普遍重视，结合实际，认真谋划，着力推进，认真筹建物业纠纷调解工作机构，按照统一要求规范上墙公示内容和工作台账，开局良好。如，香港中路街道搭建政府支持、物业引导、业主交流"三个平台"，全方位开展物业纠纷调解工作，该辖区共有物业管理小区 67 个，占辖区居民小区总数的 75%。他们按照"组织、制度、工作、报酬"四落实原则，组建了 6 个由居委会调解主任、社区民警、司法干部组成的物业纠纷调解小组，实现调解人员专职化、工作规范化。

三是搭建创新平台。物业纠纷调解工作全面推开后，各街道、社区积极探索高效的化解模式。如，珠海路街道海口路社区建立了社区、物业、楼组长、片警、业主委员会五方联动联调模式，预测和科学评估辖区物业纠纷，对重大疑难案件集体研究，实现了物业纠纷排查调解全覆盖。如，湛山街道建立物业、业委会、业主三方对话机制，推行小区和事佬协会、社区调解组织和街道调委会"三级调解"模式，并成功化解一起拖了多年的物业纠纷。位于湛山街道天林花园小区的居民入住已有 10 年，由于东海路严禁挖路，管道无法接入，供热问题一直没有解决。今年以来业主情绪激动，开始到街区上访。经区物业办、街道、社区、物业公司等单位联合办公协调，使居民的供热问题得以解决。

四、注重制度建设，建立物业纠纷人民调解工作长效机制

针对市南区面临的物业纠纷现状，坚持把工作重心放在街道社区，建立以人民调解为基础的物业纠纷预防和化解机制，注重从源头上减少物业纠纷发生，以降低信访量，节约司法资源。

一是建立工作运行制度。重点建立了三项制度：第一，逐级调解制度。社区调解简单纠纷，街道调解复杂纠纷，区级调解重大纠纷。对社区、街道调解不成的物业纠纷，要及时逐级报上一级调解组织调解。第二，联席会议制度。各街道、社区定期组织业主委员会或业主代表、物业管理企业参加的联席会议，了解小区物业管理情况及矛盾动态，有针对性的组织开展纠纷排查预防和调处工作。第三，信息报送制度。街道、社区对调解的物业纠纷案件，定期统计，按时上报。对重大、群体性物业纠纷，区司法局和城市管理局及时通报情况，随时掌握事态发展。

二是建立经费保障制度。今年，区司法局出台了《市南区人民调解案件补贴发放办法》，对聘任的物业纠纷专职调解员除每月发放1000元的工作补助外，还对调解员办案实行"一案一补"，一般纠纷补贴30元，重大纠纷补贴60元。区城市管理局对物业纠纷调委会所需的办公设施，给予必要的工作经费保障，同时协调住宅小区物业服务企业、业主委员会支持和配合物业纠纷人民调解工作。

三是建立质量考核制度。研究出台了《司法所业务建设考核办法》，突出了人民调解工作的考核比重。下一步，区司法局拟制定物业纠纷人民调解工作考核管理办法，定期对办案程序、案件质量进行检查，指导物业纠纷调解组织规范化标准化建设。从当前的统计情况看，与去年相比，物业纠纷调解成功率上升了10个百分点，因物业纠纷引起的上访问题大幅度降低。

（注：在青岛市物业纠纷（市南）现场观摩会上的发言。）

坚持"枫桥经验" 实现"三个聚焦"
积极推进人民调解工作向纵深发展

韩 亮

（2018 年 10 月）

近年来，市南区深刻理解和把握"枫桥经验"的核心要义，将为了群众，依靠群众作为人民调解工作的根本遵循和根本目标，从构建联动调解机制，加强调解员队伍建设，打造特色调解品牌入手，推动新时代"枫桥经验"在市南传承发展，有效发挥了人民调解在维护社会和谐稳定中的"第一道防线"作用，共有 3 份经验被司法部《人民调解》杂志刊发，19 个单位和个人被司法部、省市表彰。

一、聚焦矛盾纠纷多发领域，构建"多维度"的联调机制

坚持将人民调解的触角向重点行业领域、矛盾纠纷多发地带延伸，大力推进行业性、专业性人民调解组织建设。目前，全区已建立 9 个行业性、专业性人民调解组织。

一是建立裁调衔接联动机制。针对劳动人事纠纷逐年增多的趋势，在区劳动争议仲裁院设立了全市首家劳动人事争议纠纷人民调解室，研究出台了《关于进一步深化劳动人事争议调解与人民调解衔接联动工作意见》《劳动人事争议人民调解工作室规程》，对区、街、居三级劳动争议调解组织体系，劳动争议纠纷调委会受案范围、工作职责和组织保障，以及调解员的选任培训和队伍建设等，分别做了具体的明确和严格的规范。同时，又进一步规范了三种调解方式，即裁前调解式、裁内委托式和裁中协助式，还建立了纠纷联调机制、质量考评机制和法律援助衔接机制，实现了有机衔接和高效联动。经验做法被司法部《人民调解》杂志刊发。

二是建立物业纠纷调解机制。针对我区物业化管理度高，物业矛盾纠纷频发的态势，我区出台了《关于加强市南区物业纠纷人民调解工作的意见》，成立了区、街、居三级物业纠纷调解组织。建立了逐级调解制度、联席会议制度和信息报送制度，明确要求凡是实行物业管理的小区和高层商务楼宇均要成立物业纠纷调解组织。区成立了物业纠纷调解律师团，对全区重大影响的疑难复杂案件，进行联合会诊，交由专家调解。各街道、社区也积极探索有效的化解模式，比如，珠海路街道的海口路社区建立了社区、物业、楼组长、片警、业主委员会五方联动联调模式；湛山街道建立了物业、业委会、业主三方对话机制，推行小区和事佬协会、社区和街道调委会"三级联调"模式，成功化解多起久拖不决的物业纠纷。2013年4月，市局在我区召开物业纠纷人民调解工作现场观摩会，推广了市南区的经验做法。

三是建立金融纠纷调解机制。针对金融消费纠纷不断增多，且情况复杂、专业性强的特点，积极发挥人民调解工作的优势，在市局的指导下成立了全市首家金融消费纠纷人民调解委员会。建立了一支由30名来自监管机构、高校、律师事务所、金融机构等行业的专家组成的专业调解员队伍，并开放热线电话、电子邮箱、中国金融消费纠纷调解网等多种调解受理通道，为当事人提供现场调解、电话调解、上门调解、网络调解等多种纠纷解决方式。先后制定了《金融消费纠纷调解中心工作规则》《调解员聘任及考核管理办法》等制度，做到了调解文档管理的规范化，程序标准化，调解专业化。目前，市金融消费纠纷人民调解委员会已调解案件31件，成功28件，涉案金额200余万元。有关经验做法被《青岛日报》刊登。

二、聚焦优质法律产品供给，建设"多面手"调解员队伍

围绕人民群众对优质法律服务产品的需求，不断加强人民调解员队伍建设，致力打造一支"一专多能"的调解员队伍，目前，全区共有人民调解员443名，其中专职调解员30名。

一是优化调解员队伍结构。针对调解员队伍存在的兼职多专职少，老人多年轻人少，阅历多高学历少的状况，认真贯彻落实六部委联合印发的《关于加强人民调解员队伍建设的意见》，一方面，从政法系统退休干部、律师、基层法律工作者、仲裁员中聘请兼职调解员；另一方面，聘请从事医疗卫生、劳动人事、物业管理等有专业特长的人员加入。今年，面向社会招聘了一批经过法律专门学习、岗位特别训练的年轻司法协理员，充实到了专职人民调解员队伍，还建立了市南区人民调解咨询专家库。目前，建成了一支既懂法律又懂专业，既有调解经验又有干事活力的队伍，较好地改善了调解员的专业知识和年龄结构。

二是强化调解员专业培训。既要把懂行的人吸收到调委会，也要把选进来的人培训成懂调解的人。坚持不断完善人民调解员分级分类培训体系，结合街道和社区调委会换届，定期组织人民调解员业务培训，落实岗前培训和年度培训制度。与市南区人社局联合，每年举办一期劳动人事争议调解专题培训班，实现持"双证上岗"，调解员不仅懂民间纠纷调解，而且会调解劳动人事纠纷；邀请区人民法院业务庭法官授课，适时组织调解员参加庭审旁听；积极组织人民调解员参加律师事务所举办的法律实务讲座，收看司法部人民调解大讲堂视频会议等。坚持开门培训，走出去学习，专门组织司法所长赴"枫桥经验"发祥地浙江诸暨参观学习。今年以来，全区共组织调解培训15场，培训调解员500余人次。

三是深化调解员工作创新。坚持走内涵式调解的路子，即通过外部调解力量的介入，使双方当事人内增法治观念，实现真正的握手言和，达到"案了情在"的良性结果。为此，我们结合"一社区一法律顾问"制度的建立，充分发挥律师的专业特长和职业优势，引导他们参与人民调解，将法治宣传融入到人民调解全过程，通过以案释法，引导群众合理合法解决矛盾纠纷。积极鼓励开展创新，基本上是街街有亮点。如，云南路街道的"四坚持"调解法、中山路街道的"加减乘除"调解法、湛山街道的"三字经"调解法等，改进了原有的人民调解工作模式，大大提高了调解的质量和效率。2017 年以来，全区共调处各类矛盾纠纷 3533 件，调解成功 3531 件，成功率达到 98% 以上，有力地维护了社会的和谐稳定。

三、聚焦提升人民调解影响力，打造"多样化"的调解品牌

着眼依靠群众就地化解矛盾的新追求，大力加强人民调解品牌建设，形成了"一街一品牌，一所一特色"的人民调解新格局。

一是强化品牌价值。积极应对新时代人民调解工作的新需求，本着体现时代特色、彰显核心价值、群众广泛认同的原则，经过长期的实践探索、总结完善、创新发展，确立了以"家庭和美、邻里和睦、社会和谐"为目标，践行"以情为重、以法为教、以和为贵"的调解理念，和"热心、公心、诚心、耐心"的工作方法，打造出了具有市南区特色的"和解万家"工作品牌，收到了良好的社会效果。

二是提高品牌质量。为推广"和解万家"品牌，市南区制定了《关于加强人民调解委员会规范化建设的意见》，进一步规范人民调解工作标准和流程，积极开展"十大品牌调解室和十大金牌调解员"创建活动。首批表彰命名的"双十"调解员中，均是社会知名度高、调解艺术水平高、群众认可度高的"老字号"调解员，收到了非常好的社会效果。据统计，市南区建立推行"十大品牌调解室和十大金牌调解员"制度以来，共参与调解矛盾纠纷 1655 件，其中疑难复杂案件 148 起，调解成功率达到 100%，截至目前，由金牌调解员调处的矛盾纠纷，无一起民转刑案件、无一起群体性上访案件。

三是发挥品牌效应。为最大限度地共享人民调解优势资源，发挥"十大品牌调解室和十大金牌调解员"的影响力，我们制作印发了 43000 本《市南区司法行政工作服务指南》，将金牌调解员和品牌调解室的联系方式向社会公布，形成了"开门理案，挂牌调解"的模式，不仅使所在社区的居民随时能找到金牌调解员，其他街道、社区的居民也可以到这些品牌调解室申请调解，逐步形成了一个跨社区、跨街道矛盾纠纷调解格局。

（注：在青岛市打造"枫桥经验"升级版（城阳）现场会上的发言。）

在全市人民调解工作会议上的发言

韩 亮

（2013 年 4 月）

一、当前人民调解工作的现状

去年以来，我区人民调解工作，在区委、区政府的正确领导下，在市局业务部门的具体指导下，以维护社会稳定为第一责任，以化解矛盾纠纷为主线，狠抓规范化建设，推出新举措，打造新亮点，建立专业化调解组织，构建了多元化调解格局，为维护社会稳定做出了积极贡献。

（一）组织状况。全区共有街道调委会 10 个、社区调委会 65 个，在法院、检察院、环保、医疗、劳动、交通等部门分别成立了人民调解组织。全区形成了以兼职调解员为主，专职调解为辅的人民调解员队伍，其中，专职调解员 19 人，兼职调解员 838 人。

（二）制度状况。建立健全人民调解工作制度，共研究出台 8 份相关文件。进一步完善了区、街、片、居、楼院三级五层调解体系，整合"四位一体"机制平台，人民调解的整体效能得到充分发挥。

（三）业务状况。2012 年，全区共受理各类民间纠纷 1970 件，成功调解 1957 件，调解成功率 99.3 %，防止集体上访 2971 人，防止"民转刑"案件 70 人，防止群体性械斗 13 人。

（四）经费状况。2012 年度我区人民调解指导工作经费共计 20 万，其中，用于调解卷宗"一案一补"3 万；补贴 5 名专职调解员 10 万元；表彰先进人民调解组织和优秀人民调解员 7000 元；用于基础建设"六统一"6 万元。

二、人民调解工作的主要做法

（一）深化大调解机制建设。一个是深化人民调解与行政调解衔接联动，与区人社局联合出台了《关于深化劳动争议调解与人民调解衔接联动工作意见》，举办劳动争议调解员专题培训，75 人获得了调解员证书，并在各街道社区设立劳动争议调解室。第二个是深化人民调解与法院诉讼调解衔接联动，2012 年共办理委托案件 323 件，为当事人节省诉讼费 15 万元，挽回经济损失 800 万元，办理司法确认 33 件。第三个是深化人民调解与刑事和解衔接联动，加强与区检察院的密切配合，调解刑事和解案件 23 件，社会效果良好。第四个是深化人民调解与交通事故调解衔接联动，成功调解交通事故案件 156 件。

（二）推进专业化调解组织建设。为有效化解医患矛盾，成立了医疗纠纷调委会，为解决医患矛盾提供了一条便捷的渠道，2012 年共接待来访 100 余人次，解答咨询 30 余人次。与市南环保分局联合成立了青岛首家"环保纠纷调委会"，聘请 17 名热心调解事业，具有较强专业知识和较高调解技能的退休政法干部、律师及环保部门专业人员组成，接待群众来访 20 人次，进一步提升了专业化调解水平。

（三）加强人民调解规范化建设。扎实开展调解协议质量评查活动，对全区调解组织制作的 500 件调解文书进行了检查，进一步提高了文书质量；落实调解经费，积极推进一案一补工作；开展调解员等级评定，101 人被评为首席调解员；大力开展争先创优活动，对 16 个人民调解先进集体和 32 名人民调解先进个人进行了表彰，2 人被评为省级调解能手，1 人被评为全国调解能手。加强调解网络平台管理，对网络运行情况及时进行通报，做到了录入准确、及时，共录入纠纷 1393 条。扎实开展民转刑案件专项治理活动，全年未发生民转刑案件。

（四）开展矛盾纠纷排查调处活动。建立矛盾纠纷排查调处和研判机制，充分发挥人民调解贴近基层、熟悉和了解社情民意的优势，及时准确掌握基层矛盾纠纷动态和特点。每年组织开展两次以上的矛盾纠纷集中排查调处活动，做到早发现、早调处、早解决，变事后调处为事先预防，变被动调解为主动调解，努力将纠纷消除在萌芽状态。全区重点围绕敏感时期、重大节日，以矛盾纠纷大排查、大调解专项活动为抓手，认真组织开展了元旦、春节、三级两会、五一、十一、十八大期间的矛盾纠纷排查活动，有效地化解了各类矛盾纠纷。

三、人民调解工作面临的问题

面对新形势和新任务，我区人民调解工作在人员素质、工作机制、覆盖面等方面尚有不足，在一定程度上影响和制约了人民调解工作的有效开展。主要表现为"四个不够"：

一是队伍素质还不够高。我区调解队伍中，多数人没经过全面系统的法律专业学习，特别是社区调委会的成员，工作中，凭经验、凭威信调解纠纷，不能完全做到依法调解。另外，专业型、专家型的调解人员相对较少，遇到疑难复杂的纠纷，往往是缺办法少方法，调解工作的效果难以得到保证。

二是工作机制不够完善。人民调解与司法调解、行政调解在衔接程序、机制建设等，还未完全形成一个衔接流畅、运转高效的联动格局，部门间的协作配合有待于进一步加强。尤其是行政调解工作比较薄弱，行政部门的调解意识不强，开展调解工作不是很积极。

三是覆盖面还不够宽广。按照实现调解工作大格局的要求，目前，物流、城建、经贸、消协、互联网等领域，还没有建立相应的调解组织，成为调解工作的空白地带，调解工作的覆盖面还需进一步拓宽。

四是品牌培育不够有力。无论经验的总结推广，或是典型的宣传培树，其工作力度跟不上形势任务的要求，缺少更多的在省市乃至全国有影响的品牌调解组织或个人。目前，我区全国级的调解能手有一人，省级的有两人，以个人命名的调解工作室两个，难以满足群众对"金牌调解"的需求。

四、下步重点推进的几项工作

随着改革开放的不断深入，利益格局的调整变化，矛盾纠纷呈现出复杂化、调处难、易激化等新特点，对人民调解工作提出了新的挑战。根据市局2013年的基层工作要点精神，结合我们的实际，重点抓好"四个一"建设。

一是成立一个中心。为增强矛盾纠纷化解的合力和实效，坚持以化解矛盾纠纷为主线，以调解民间纠纷为重点，以人民调解为基础，建立区级"人民调解中心"，实现复杂和疑难矛盾纠纷分级分类分流调解。建立居、街、区三级人民调解制，区级调解为终极人民调解，对达不成协议的纠纷，进行分类分流，走民事诉讼或行政诉讼程序。

二是完善一个体系。探索建立人民调解与行政调解、司法调解相衔接联动机制，构建矛盾纠纷多元化调解体系。针对我区物业化管理程度高，物业矛盾纠纷突出的实际，本周四在香港中街道召开物业纠纷调解工作现场观摩会，组建区、街、社区三级物业纠纷调解组织，扩大人民调解工作覆盖面，构建矛盾纠纷调解工作大格局。

三是选聘一批骨干。完善调解员选任、聘任制度，不断优化调解员队伍。面向社会选聘一批专业化水平高的调解员，重点聘请律师、基层法律服务工作者担任专职调解员，增加专业和专职人民调解员的比重。有计划地分批分类对调解员进行培训。

四是培育一批品牌。注重培养和总结一批长期从事人民调解工作，工作经验丰富，成绩突出，在群众中有较大影响力，而且认可度高的调解员、调解组织，在大力表彰的基础上，进行命名一批，授牌一批，宣传一批，以提升人民调解工作的影响力和社会效益。

在全市基层工作会议上的发言

韩 亮

（2013 年 7 月）

今年全市的基层工作，感觉特点鲜明和突出，一个是年度筹划重点明确。专门下发《基层工作要点》，规定了 15 项重点工作，这让下面做到了心中有数；第二个是阶段推进督导有力。比如，适时召开人民调解工作推进会，组织黄岛法律援助与劳动仲裁现场会，以及深入基层调研督查等，不仅工作抓得实、抓得有力，而且节奏感比较强；第三个是工作创新亮点不断。比如，建立了"12348"人民调解指挥分流平台，加强全市物业纠纷调解组织建设，总结推广先进经验等（如法制日报对胶州经验的报道），这都为今年的基层工作增色不少。市南区在市局的具体指导下，紧紧围绕年度工作部署，各项工作有序地展开，积极推进。下面，根据通知要求，我做个简要汇报。

一、关于"12348"人民调解指挥分流平台情况

随着人民调解功能作用的日益彰显，市"12348"人民调解指挥分流平台的建立，为实现调解案件的快速流转，矛盾纠纷的高效化解，从物质技术层面提供了有力保障。

根据市局下发的《关于运行"12348"人民调解工作指挥分流平台的通知》，我们对这项工作进行了部署，安排专人负责此项工作，按要求建立案件流转台帐，确保此项工作在规定的时间内完成。从目前平台运行的情况看，两个月来，市"12348"专线分流平台共流转 284 件，需分流街道调解案件的 6 起，调解成功案件 5 起，1 起正在调解之中，其他隐患已上报区综治办。

二、关于基层法律服务行业集中整顿情况

根据市局 6 月 7 日下发的《关于在基层法律服务行业开展集中整顿活动的通知》，着眼增强整顿的质量效果，严格按照文件规定的动作，专门下发文件部署此次整顿工作，各法律服务所学习文件精神，进行动员教育，统一思想认识，端正整顿态度，增强了法律服务工作者参与整顿的自觉性、主动性。

重点围绕"三个突出"展开。一是突出解决问题。各所正确处理工作与整顿的关系，坚持不回避矛盾、不掩盖问题，重点围绕解决基层法律工作者服务意识不强、服务质量不高、服务态度不好、诚信缺失、自身规范化程度不高等问题展开整顿。二是突出自查整改。整顿中，各所严格对照"基层法律服务所 10 个问题和基层法律服务工作者 6 个问题"，逐项进行自查自纠，认真制定整改措施。还查处了李玉召在中顾网和纵横网上以律师名义作宣传违犯执业纪律的问题，对其进行了处分并通报全区。三是突出建章立制。为确保基层法律服务工作健康有序发展，针对整顿中查出的突出问题，从健全和完善各项规章制度入手，进一步加强基层法律服务所内部管理。目前，各项建设比较规范的所是北极所、振强所、东海所、钧一所、维信所。

下一步，我们将抓好验收阶段各项工作的落实，确保整顿任务的圆满完成。在深化和巩固整顿成果的基础上，进一步规范内部管理，形成用制度管理、按章办事的良好氛围；进一步强化职业道德，提高法律工作者依法执业，秉公办案的自觉性；进一步强化服务意识，切实纠正存在的重效益、轻服务的不良倾向。

三、关于专业性、行业性人民调解组织建设推进情况

今年，市局确定建立物业纠纷调解组织，直指当前社会矛盾纠纷的多发地带，使调解工作向物业纠纷领域延伸，完全切合市南区物业纠纷多的实际。从市南区的情况看，全区共有 460 个小区，其中实行物业管理的小

区 244 个，另外，现有高层商务楼宇 120 余座，全都实行了物业化管理。因物业管理引起的纠纷频繁发生，据统计，去年市南区共发生各类物业纠纷 600 余起，平均每个物业小区发生 2.5 起物业纠纷，极大地影响了社会的和谐稳定。为贯彻落实好市局的工作部署和曹局长的指示要求，我们正积极主动，稳妥有序地推进这项工作。

一是组建领导机构。为加强对物业纠纷调解工作的指导，使建立的物业纠纷调解组织，真正成为物业与业主良性互动的渠道，双向沟通的桥梁，我们在充分调研的基础上，于 4 月 22 日，联合区城管局下发了《关于加强市南区物业纠纷人民调解工作的意见》，分别成立了区物业纠纷人民调解工作指导委员会和区物业纠纷人民调解委员会。从目前的情况看，这两个组织机构的工作运行有序，推进有力。

二是建立工作制度。为增强物业纠纷调解工作的规范性，确保物业纠纷调解工作开展，发挥改善和密切物业和业主之间关系的纽带，我们重点建立了三项工作制度：一个是物业纠纷逐级调解制度，坚持简单的纠纷社区调，复杂的纠纷街道调，重大的纠纷区里调。第二个是物业纠纷联席会议制度，区司法局、城管局定期召开联席会议，分析物业纠纷的特点，交流工作信息，研究解决突出问题。第三个是信息报送统计制度。主要是通过对上报信息的分析，发现物业纠纷发生的特点和规律，进一步增强工作指导的针对性和有效性。

三是全面推进落实。4 月 25 日上午，我们在香港中路街道召开了全区物业纠纷调解工作现场观摩会，对建立区、街、居三级物业纠纷调解组织进行了部署，要求凡是实行物业管理的小区，高层商务楼宇，都要成立物业纠纷调解组织。为使这项工作落到实处，近期，我和基层科负责这项工作的张元德同志，分别对三个街道的八个社区的物业纠纷调解工作情况进行了督查，街道级的物业纠纷调解组织均已成立，社区在逐步推进中。

截至目前，全区已调解物业纠纷 23 起，成功 22 起。总之，物业纠纷调解组织正发挥着应有的作用。下一步，根据市局的工作安排，正在全力准备"全市物业纠纷工作现场观摩会"，确保此次现场观摩会圆满成功。

四、关于社区司法工作室和司法所建设情况

根据《2013年全市司法行政工作要点》提出的规范化司法所创建重点目标，重点抓了司法所基层基础工作建设。目前看，司法所各项业务工作，基本上规范达标、组织有序。力争年内达到省级规范化司法所60%以上、市级规范化司法所80%以上目标。此外，我们还重点抓了以下几下工作。1. 抓制度规范。在理顺司法所体制的基础上，对机构名称、徽章悬挂、标牌文书等进行了统一。制定下发了《司法所规范化建设十项制度》和《市南区司法所建设考核评定办法》，提升司法所整体工作效能。社区司法工作室达到半数以上。 2. 抓业务建设。重视抓好队伍建设，今年新招录了5名公务员充实司法所队伍。围绕提高业务水平，坚持以会代训，两个月召开一次司法所长工作例会，每次都突出一个专题，学习相关法规文件，研究解决重点问题。增强社区矫正工作的规范化，严格程序的合法性，建立了社区矫正人员电子定位系统，对79名社区矫正人员免费发放了定位手机。3. 抓工作创新。在全市率先建立特殊人群管理服务体系，制定下发了《市南区关于建立特殊人群管理服务体系的意见》；在全市率先成立三级物业纠纷调解组织。

根据市局《关于对规范化司法所创建工作进行检查的通知》，我们突出抓了以下几项工作。

一是加强组织指导。我们把这次集中对照检查，当成检验司法所建设水平的重要举措。从区局到街道分管领导，及各司法所，做到思想上高度重视，责任上区分明确，工作上部署到位，落实上精心组织，确保了检查工作顺利进行。

二是严格方法步骤。突出抓好自查整改，严格对照省、市级规范化司法所建设标准和检查内容，重点检查省市两级《规范化司法所建设标准》

以及《2013年全市司法行政工作要点》所列规范化司法所创建目标的贯彻落实情况。坚持逐项逐条对照自查，对自查中发现的差距和问题，一一提出改进措施，并列出时间表。

三是坚持检创并举。坚持以检查促创建，边检查边创建，把检查的过程当成创建的过程。对前期规范化司法所创建中积累下来的问题，力争借助检查的契机加以解决。下一步，区局将采取跟踪督导等方式，对司法所的规范化建设进行全面检查指导，帮助司法所确定适度的创建目标，协调解决创建中的问题。司法工作室正在推进中，力争年内多建几处。

总之，希望通过潘处长这次带队有力的检查督导，使我们的基层工作有一个大的促进，力争能再上一个台阶，再提一个档次。

向区人大调研人民调解工作的汇报

韩 亮

（2013 年 10 月）

尊敬的各位领导、各位代表：

自《人民调解法》施行以来，我们积极从市南区的实际出发，组织开展人民调解工作，在维护社会和谐稳定中发挥了应有的作用。为更好地推进人民调解工作，区人大党组书记、副主任韩连德同志率人大调研组，对我区三年来的人民调解工作进行视察，实地察看了金门路街道司法所、张秀珍调解工作室、珠海路街道海口路社区物业纠纷调解室、驻法院人民调解室的工作情况。我们相信，通过这次深入细致的实地视察，必将有力地促进我区的人民调解工作开展。下面，我把近年来的人民调解工作情况向大家做个汇报。

一、关于人民调解工作的基本情况

我区的人民调解工作，在区委、区政府的正确领导下，在市局业务部门的具体指导下，以维护社会稳定为第一责任，以化解矛盾纠纷为主线，为维护社会稳定做出了积极贡献。

一是组织建设情况。全区共有街道调委会 10 个、社区调委会 65 个，在法院、检察院、环保、医疗、劳动、交通等部门分别成立了人民调解组织。全区形成了以兼职调解员为主，专职调解为辅的人民调解员队伍，其中，专职调解员 19 人，兼职调解员 838 人。

二是制度建设情况。建立健全人民调解工作制度，共研究出台 8 份相关文件。进一步完善了区、街、片、居、楼院三级五层调解体系，整合"四位一体"机制平台，人民调解的整体效能得到充分发挥。在全市率先推行了物业纠纷调解组织建设。

三是业务发展情况。2012年，全区共受理各类民间纠纷1970件，成功调解1957件，调解成功率99.3%，防止集体上访2971人，防止"民转刑"案件70人，防止群体性械斗13人。

二、关于人民调解工作的主要做法

近年来，我区人民调解工作，坚持以化解矛盾纠纷为主线，狠抓规范化建设，推出新举措，打造新亮点，构建多元化大调解格局。

一是深化大调解机制建设。一个是深化人民调解与行政调解衔接联动，与区人社局联合出台了《关于深化劳动争议调解与人民调解衔接联动工作意见》，举办劳动争议调解员专题培训，75人获得了调解员证书，并在各街道社区设立劳动争议调解室。第二个是深化人民调解与法院诉讼调解衔接联动，2012年共办理委托案件323件，为当事人节省诉讼费15万元，挽回经济损失800万元，办理司法确认33件。第三个是深化人民调解与刑事和解衔接联动，加强与区检察院的密切配合，调解刑事和解案件23件，社会效果良好。第四个是深化人民调解与交通事故调解衔接联动，成功调解交通事故案件156件。

二是推进专业化调解组织建设。为有效化解医患矛盾，成立了区医疗纠纷调委会，为解决医患矛盾提供了一条便捷的渠道，2012年共接待来访100余人次，解答咨询30余人次。与市南环保分局联合成立了青岛首家"环保纠纷调委会"，由聘请的17名热心调解事业，具有较强专业知识和较高调解技能的退休政法干部、律师及环保部门专业人员组成，接待群众来访20人次，进一步提升了专业化调解水平。

三是加强人民调解规范化建设。扎实开展调解协议质量评查活动，对全区调解组织制作的500件调解文书进行了检查，进一步提高了文书质量；落实调解经费，积极推进一案一补工作；开展调解员等级评定，101人被评为首席调解员；大力开展争先创优活动，对16个人民调解先进集体和 32 名人民调解先进个人进行了表彰，2 人被评为省级调解能手，1 人被评为全国调解能手。加强调解网络平台管理，对网络运行情况及时进行通报，做到了录入准确、及时，共录入纠纷 1393 条。扎实开展民转刑案件专项治理活动，全年未发生民转刑案件。

四是开展矛盾纠纷排查调处活动。建立矛盾纠纷排查调处和研判机制，充分发挥人民调解贴近基层、熟悉和了解社情民意的优势，及时准确掌握基层矛盾纠纷动态和特点。每年组织开展两次以上的矛盾纠纷集中排查调处活动，做到早发现、早调处、早解决，变事后调处为事先预防，变被动调解为主动调解，努力将纠纷消除在萌芽状态。全区重点围绕敏感时期、重大节日，以矛盾纠纷大排查、大调解专项活动为抓手，认真组织开展了元旦、春节、三级两会、五一、十一、十八大期间的矛盾纠纷排查活动，有效地化解了各类矛盾纠纷。

五是着力构建大调解工作格局。积极探索以人民调解为基础，司法调解、行政调解有机结合的大调解格局，提高了人民调解综合调处能力。一是成立物业纠纷调解组织。会同区城市管理局联合印发了《关于加强市南区物业纠纷人民调解工作的意见》，在全市率先建立区街居三级物业纠纷调解组织体系，实现了全区物业纠纷调解工作全覆盖，市将在我区召开物业纠纷调解工作现场观摩会，推广经验做法。据统计，今年全区共受理物业纠纷来话来访和投诉 520 件，调处物业纠纷 136 件，调解成功 129 件，防止因物业纠纷引起的群体上访 8 起 300 余人次。二是在区法院建立调解工作室。拿出专项经费聘请 3 名专职调解员，开展诉前、委托、协助调解，减轻了当事人讼累，缓解了法院审判压力，实现了定纷止争，案结事了的良性互动。三是与区人力资源和社会保障局联合出台《关于进一步深化劳动人事争议调解与人民调解衔接联动工作意见》，围绕及时有效地化解各类劳动人事纠纷，助推和谐劳动关系的建立，其经验在全市人民调解与劳动人事争议调解联动现场会上做了推广。2012 年 4 月至今，劳动人事争议人民调解员共调解案件 156 起，接待当事人 300 人次，为劳动者追回损失 113271 元。2012 年，区司法局发放劳动人事争议调解员办案补贴 4490 元。

三、关于人民调解工作存在的问题

随着改革开放的不断深入，利益格局的调整变化，人民内部矛盾日益凸显，矛盾纠纷呈现出复杂化、调处难、易激化等新特点。面对新的形势任务带来的挑战，人民调解工作存有许多不足。

一是队伍整体素质不高。我区调解队伍中，多数人没有经过全面系统的法律专业学习，对人民调解有关的法律法规学得不深、理解得不透，掌握得不专，法律素质和政策水平存有差距。工作中，凭经验、凭威信调解纠纷，调解手段单一，技巧不高，方式方法简单陈旧，不能做到依法调解。另外，专业型、专家型的调解人员相对较少，遇到疑难复杂纠纷，往往束手无策，调解工作的效果难以得到保证。

二是工作机制不够完善。人民调解与司法调解、行政调解在衔接程序、机制建设尚有不足，还未完全形成一个衔接流畅、运转高效的格局，部门间的协作配合有待于进一步加强；基层调解组织排查方法和手段不多，矛盾纠纷的超前预警预测的意识和能力有待于进一步提高；人民调解管理系统网上预警、网上督办等运转程序有待于进一步完善。

三是有影响力的典型少。《人民调解法》颁布实施以来，我们区涌现出一批人民调解工作的先进典型和个人，全国级的调解能手一人，省级的两人，以个人命名的调解工作室两个。由此看，在省市乃至全国有影响的品牌调解组织或个人不多，难以满足广大群众对"金牌调解"的需求。所以，无论经验的总结推广，或是典型的宣传培树，都还需要进一步加大力度。

四、关于人民调解工作的下步打算

今后工作，我们将认真落实好韩主任指示精神，围绕化解矛盾这一重点任务，充分发挥好人民调解工作在维护社会稳定中的基础性作用，努力实现人民调解工作的创新发展。

一是加大培训力度，打造专业化调解员队伍。一方面，不断完善人民调解员选任、聘任制度，整合社会资源，采取多种形式，吸收具有法律专长的人员及热心调解工作的社会志愿者参与人民调解工作，不断优化、充实、壮大人民调解员队伍。采取以政府购买服务的方式，聘请律师、基层法律服务工作者担任专职调解员，增加专业和专职人民调解员的比重，逐步实现队伍结构的年轻化和职业化。另一方面，建立培训机制，加强岗前、在职培训力度，采取集中授课、旁听案件、担任人民陪审员等多种方式，不断提高调解人员的业务水平和工作技能，建立起一支适应形势发展和需要的高素质调解员队伍。

二是完善工作机制，构建多元化大调解格局。建立统一协调、良性互动、功能互补、程序衔接，多元高效的纠纷解决机制，推进大调解工作，着力构建人民调解、行政调解、司法调解相互配合的多元化矛盾纠纷化解体系。此外，严格落实定期排查、登记报告、一调四联、挂牌销号、责任查究等工作制度，建立健全超前预警机制、源头化解机制、信息研判机制，提高预警预测水平，确保矛盾纠纷第一时间发现，第一时间化解。

三是重视典型的培育，推出一批影响力品牌。注重培养和总结一批长期从事人民调解工作，工作经验丰富，成绩突出，在群众中有较大影响力，而且认可度高的调解员、调解组织，在大力表彰的基础上，进行命名一批，授牌一批，宣传一批，以提升人民调解工作的影响力和社会效益。

向合肥市庐阳区政法委考察组的汇报

韩 亮

（2014 年 10 月）

市南区是青岛市的中心城区，也是物业化程度较高的城区。目前，全区共有物业管理项目 351 个，其中住宅小区 200 个，大厦 151 个。2013 以来，围绕加强和创新社会管理，积极探索物业纠纷的预防和化解办法，现已建立物业纠纷调委会 44 个，调处物业纠纷 154 件，调解成功 149 件，成功率达 96%，防止因物业纠纷引起的群体上访 9 起 312 人次，有力地维护了社会的和谐稳定。下面，向各位领导作个简要汇报。

一、市南区物业纠纷发生的特点

近几年，市南区物业纠纷频繁发生，并呈现出波及面广、对抗激烈、难以调处的态势，增大了社会管理压力。通过深入细致地调研，总结归纳为三个突出特点：

一是发生的普遍性。据统计，2012 年我区共办理涉及物业管理的区长公开电话 104 件，受理来话来访咨询和投诉 802 件。市南区共发生各类物业纠纷 600 余起，平均每个物业小区发生 2 起物业纠纷。凡是实行物业管理的小区、楼宇，都曾经发生过或现存着物业纠纷，物业纠纷具有一定的普遍性。分析产生物业纠纷的原因，既有物业的也有业主的，重点是物业依法经营和管理的意识淡薄，对业主尊重不够，不善于与业主沟通，缺少"一切为了业主"的现代服务理念。

二是成因的复杂性。物业纠纷的实质是利益关系问题，有的是历史遗留问题带来的，有的涉及的法律关系多、人群广，跟不上不断加快的社会发展进程。由于一些物业纠纷的成因复杂，解决起来非常棘手。从业主角度讲，片面强调业主所享有的各种权益，单方面要求物业不断提升，却忽视了作为业主应担的责任和应尽的义务。而物业的管理服务水平，满足不了业主日益提升的对高品质服务的诉求，少数物业公司对业主的主体地位确认不够，摆不正物业与业主之间的关系。

三是结果的破坏性。由于物业纠纷频繁发生，甚至是久拖不决，造成物业与业主之间的关系恶化，矛盾激化。有的业主用拖欠物业费来表达和宣泄对物业服务的不满情绪；有的业主委员会形同虚设，不能积极主动地发挥作用，甚至刻意回避物业与业主之间的矛盾和纠纷，加剧物业与业主之间关系的恶性循环，出现物业不能正常运行，业主正常生活被打乱。去年，因物业纠纷引发的群体性上访事件多达 20 余起，影响了社会的和谐稳定。

二、推进物业纠纷调解工作的措施

着眼及时有效地化解物业纠纷，避免"小问题拖大，大问题拖炸"，针对物业纠纷发生的特点及成因，我们重点采取以下三条措施推进物业纠纷调解工作。

措施一，出台政策规定。司法局会同城市管理局出台了《关于加强市南区物业纠纷人民调解工作的意见》。明确，区级物业纠纷调解指导委员会，负责指导、协调、督查全区物业纠纷调解工作，制定相关制度措施，指导疑难纠纷调解，组织调解人员业务培训等；街道物业纠纷调委会，指导社区物业纠纷调解组织开展工作，负责调解辖区疑难物业纠纷；实行物业管理的社区建立的调解组织，与社区调委会联动开展工作，宣传物业管理法规政策，调解一般性物业纠纷等。

我们还制定了经费补贴规定，出台了《市南区人民调解案件补贴发放办法》，对聘任的物业纠纷专职调解员除每月发放 1000 元的工作补助外，还对调解员办案实行"一案一补"，一般纠纷补贴 30 元，重大纠纷补贴 60 元。区城市管理局对物业纠纷调委会所需的办公设施，给予必要的工作经费保障，同时协调住宅小区物业服务企业、业主委员会支持和配合物业管理纠纷人民调解工作。

措施二，成立组织机构。首先，我们成立了市南区物业纠纷调解指导委员会，办公机构设在了香港中路街道办事处（主要考虑这里物业化程度高，发生物业纠纷相对较多）。区政府以购买服务方式，选聘 3 名具有物业管理知识背景的人民调解员，专门从事接待来访咨询和物业纠纷调解工作。由我们区物业办牵头，在全区挑选 10 名优秀律师，成立了物业纠纷调解工作律师团，对全区有重大影响的疑难复杂案件，联合会诊，制定方案，专人调解。我们明确规定，凡是实行物业管理的小区和高层商务楼宇，均要成立物业纠纷调解组织，目前，已建立起了区、街、居三级物业纠纷调解组织。为提高物业纠纷调解水平，去年 4 月份，我们还专门办了一期全区物业纠纷人民调解工作培训班。

比如，珠海路街道海口路社区建立了社区、物业、楼组长、片警、业主委员会五方联动联调模式，预测和科学评估辖区物业纠纷，对重大疑难案件集体研究，实现了物业纠纷排查调解全覆盖。

比如，湛山街道建立物业、业委会、业主三方对话机制，推行小区和事佬协会、社区调解组织和街道调委会"三级调解"模式，并成功化解一起拖了 10 年的物业纠纷。

措施三，建立制度保障。注重从源头上减少物业纠纷发生，以降低信访量，节约司法资源，建立了物业纠纷预防和化解机制。重点建立了四项制度：第一，逐级调解制度。社区调解简单纠纷，街道调解复杂纠纷，区级调解重大纠纷。对社区、街道调解不成的物业纠纷，要及时逐级报上一级调解组织调解。第二，联席会议制度。各街道、社区定期组织业主委员会或业主代表、物业管理企业参加的联席会议，了解小区物业管理情况及矛盾动态，有针对性的组织开展纠纷排查预防和调处工作。第三，信息报送制度。街道、社区对调解的物业纠纷案件，定期统计，按时上报。对重大、群体性物业纠纷，区司法局和城市管理局及时通报情况，随时掌握事态发展。第四，质量考核制度。研究出台了《司法所业务建设考核办法》，突出了人民调解工作的考核比重。从当前的统计情况看，与去年相比，物业纠纷调解成功率上升了10个百分点，因物业纠纷引起的上访问题大幅度降低。

三、物业纠纷调解中存在的问题

一是先天性的物业纠纷棘手难调处。比如，随着城市建设速度的加快，因开发商带来的物业纠纷不断发生，这种从源头上产生的物业纠纷处理起来比较难。

二是政策性短缺致物业纠纷难调处。比如，房屋公共维修资金使用，尤其是一些写字楼因产权不清，造成的电梯老化维修资金等问题，都需要从政策上支持化解。

三是利益性博弈使物业纠纷难调处。物业管理市场竞争激烈；业主与物业争夺小区管理权等，涉及的都是组织群体之间的矛盾，因利益之争带来的物业纠纷更为复杂化。

建立诉调有效衔接　化解金融消费纠纷

青岛市金融消费纠纷人民调解委员会

在市司法局、市南司法局、中国人民银行青岛市中心支行的推动和支持下，青岛市金融消费纠纷人民调解委员会（以下简称"金调委"）依托中国人民银行挂牌成立。为帮助社会公众正确认识金融消费纠纷调解工作，提升人民调解的社会影响力，金调委充分利用媒体力量，先后在青岛日报、青岛晚报、青岛新闻网等媒体刊登《诉调裁有效衔接 解金融消费纠纷》《青岛市金融消费纠纷调解中心简介》等稿件 16 篇。与青岛市广播电视台建立良好的协作机制，组织拍摄短剧、微视频 6 期，宣讲金融知识，在电视台和网络播放，浏览量达到 45.6 万次。

一、坚持规范建设，依法调解金融消费纠纷

党的十九大将"以人民为中心"确立为新时代坚持和发展中国特色社会主义的基本方略之一，金融消费纠纷调解工作事关老百姓最直接、最现实的利益，是贯彻"以人民为中心"的发展思想的前沿窗口。金调委将处理人民银行职责范围的金融消费纠纷调解作为主要职责，同时开展金融消费者教育及普惠金融知识等相关工作，始终坚持履职为民，扎实做好金融消费纠纷调解工作。为规范金融消费纠纷调解工作，金调委相继制定了《人民调解工作规则》《调解员聘任及考核管理办法》，做到调解文档管理规范化、程序标准化、调解专业化。根据市南区司法局《关于加强人民调解委员会规范化建设的意见》，为调解工作室制作了规范的标牌、印章、调解员职责、人民调解工作流程图、当事人权利和义务等内容，接受群众监督和评议。今年以来成功调解纠纷 31 起，累计为消费者挽回损失 209

万元。从全国看，作为地市级金调委，调解量仅次于上海市和广东省；从全省看，今年1-10月的调解量占到全省的三分之一，遥遥领先于省内其他地市。金调委在接到调解案件后，会迅速投入工作，从接到案件到调解完成平均用时4天，其中1起银行卡盗刷案件从盗刷到消费者与金融机构签订调解协议书仅用了44小时，还有4起案件全部在1天内完成调解。依托中国人民银行与青岛市中级人民法院建立了金融消费纠纷诉调对接机制，对20起案件进行了司法确认，保障了调解公信力和人民调解协议强制执行力。金调委高效、经济、专业的优势，受到纠纷双方的一致认可，共收到锦旗6面，感谢信17封。金调委还受邀在全省金融消保协会工作座谈会上做经验交流，中国人民银行领导和人民银行济南分行对金调委的工作给予充分肯定。

二、坚持创新方式，畅通金融消费者维权渠道

金调委在调解方式上，除现场调解外，本着便利当事人的原则，积极创新多种调解方式。创新采用微信视频和电话调解，已成功调解3起。金调委还在全国率先实现了网上调解。网上调解系统由中国人民银行总行建设，金调会是全国首批运用该系统的8家机构之一。消费者可以使用电脑或手机，打破时空限制，随时随地登录网上调解系统申请调解，在线完成申请、举证、调解、协议生成的全过程，极大提高了调解效率。今年在网上成功调解了1起潍坊消费者与青岛金融机构的纠纷。金调委还配合中国人民银行开展"3.15金融消费者权益日""普及金融知识 守住钱袋子"和"金融知识普及月"活动。联合市银监局、证监局、保监局、网络办、团市委、市教育工委、市反电信网络诈骗中心、市消保委等部门，积极开展金融知识进社区、农村、老年大学、地铁工地等宣传活动19次，共计1.5万人次。承办了全市大学生金融知识竞赛，共有15所大学2000余名学生参加，在青岛市广播电视台现场播出。组织指导金融机构营业网点与112家社区结对子一对一普及金融知识，开展金融知识进校园、军营、企业等活动上万次。通过多种形式普及金融知识，提高了金融消费者的知识水平，强化了风险责任意识。

三、坚持专业支撑，建设高素质调解员队伍

目前，金调委拥有专业调解员 30 名，主要来自中国人民银行、法院、律师事务所、大学、消保协会和金融机构，具备丰富的金融、法律、心理学知识和良好的沟通技巧。为不断提升调解员综合素质，确保胜任调解工作，金调委每年举办两次调解培训，邀请全国金融消费纠纷做得最优秀的上海市金融消费纠纷调解中心主任、上海市浦东新区法院金融庭副庭长、建设银行山东省分行专门负责纠纷调解的资深人员、心理咨询师等各类专家进行授课。金调委还多次参加市司法局举办的"人民调解大讲堂"视频培训，学习全国模范人民调解员在长期的调解实践中摸索出的独特的调解技巧，提升了调解员的综合素质。金调委成立以来，先后 12 次与市中级人民法院以及市南、崂山、李沧等基层人民法院金融庭庭长座谈，利用 4 个月时间，对 27 家银行 1607 个网点的 2100 余名员工进行了培训，目前，超过三分之一的案件都是法院主动委托，中国银行、农业银行、工商银行、交通银行、光大银行、恒丰银行、青岛银行等也都主动向金调委申请金融消费纠纷调解。

成绩已成过去，工作任重道远。青岛市金融消费纠纷人民调解委员会将不忘初心，继承发展"枫桥经验"，切实维护金融消费者合法权益，攻坚克难，主动作为，为维护我市和谐稳定的金融消费环境贡献力量。

着眼交通事故多发特点
积极做好纠纷调解工作

青岛市道路运输纠纷调解中心

随着我国经济和交通运输业快速发展，机动车数量迅速增加，道路交通事故日益递增，由此引起的各种民商事纠纷也逐渐增多。为实现调解组织专业化和社会化的目标，2007年8月，在青岛市道路运输协会和市南区司法局的大力支持下，依托山东汉通律师事务所成立了青岛市道路运输纠纷调解中心。

一、加强道路交通调解机制建设，确保工作有效开展

建立健全道路运输纠纷调解机制，依法保障当事人合法权益。为有利于道路交通纠纷的和谐解决，充分发挥调解组织的作用，调解中心接受人民法院委托调解案件，在业务上受区司法局指导，分设调解组和专家组，调解组建立健全纠纷登记和调解归档等工作制度，定期进行业务学习和研讨，按照调解程序依法进行调解。专家组负责为调处工作提供政策、专业支持；为重大疑难纠纷进行论证，提供可行性方案；对调解人员进行业务培训等。除此之外，定期召开理论研讨会和专业调解经验交流会，针对工作过程中出现的新情况、新特点、法律适用难点进行探讨。在运输纠纷调解中，难免会与保险公司打交道，为提高保险公司对调解协议的认可度，调解中心积极加强和保险公司沟通，探寻调解的新理念，有助于该类纠纷调解工作有效进行。通过积极努力，调解中心自成立以来已成功调解纠纷138起；调解中心累计接待交通行业和社会各界群众咨询两千余人次；参加道路运输协会、司法局等上级部门组织的宣传活动三十余次；立足行

业，为道路运输协会会员单位提供专题讲座近百起，2018 年调解中心的服务宣传工作与市南区的 24 个社区法律顾问工作相结合，积极宣传开展咨询工作。

二、努力做到"四个及时"，确保妥善处理争执

为塑造高水平的调解队伍，调解中心不断提出更高的要求，加强业务学习和交流，在调解过程中，依托专业技能，努力做到"四个及时"，即：及时引导当事人了解调解程序；及时向当事人厘清法律关系；及时妥善处理争执双方的矛盾；及时准确地友好协商解决问题。

每当调解员受理纠纷后，都会向当事人讲明调解程序，使当事人了解整个调解的过程，积极配合调解。首先，厘清法律关系，明确责任主体。只有正确把握好当事人主体资格，才能确保调解顺利进行。其次，释明计算依据，说服被侵权人放弃不合理主张。在一次调解中，由于被侵权人受主观情绪支配，随意"要价"，未充分考虑对方的实际履行能力，而侵权人在事故中也受到了财产或人身上的损失，肇事车辆是侵权人的主要财产，是其家庭的唯一生活来源，诉讼双方争议较大，难以达成协议。面对这种情况，调解员耐心细致地向双方当事人释明赔偿数额的计算依据和方法，无论是直接损害赔偿还是精神抚慰金，都让被侵权人依法主张合理请求，而不是漫天要价，经过多次调解，双方各让一步，最后达成和解。有一次在调解一个外来务工人员的赔偿纠纷中，就赔偿标准双方各持己见，调解员认为从当前国情来看，大量的农民工从农村进入城镇打工或定居，已成为城镇居民中的一个特殊群体，也存在部分地区农村居民实际年均收入甚至高于城镇居民年均收入的情况。所以在赔偿数额的计算上如果忽视以上客观实际存在，仅仅因为被侵权人为农村户籍就一律按农村居民标准进行赔偿，有悖公平。调解员在确认被侵权人的身份时，除应以户籍登记主义为原则，还考虑到经常居住地的例外情况。对于被侵权人虽为农村户籍，但如果确有证据证实其在发生交通事故时已在城镇居住一年以上、且其固定收入不低于城镇居民年均可支配收入的，可适用目的解释和扩张解释的方法，在计算赔偿数额时将其按城镇居民的标准来对待，实行"同城待遇"，更好的体现"法律面前人人平等"的原则。

三、把握调解尺度及技巧，确保有效化解矛盾

做好调解工作，既要做被侵权人情绪平复工作，使其冷静、理智地对待调解，又要对侵权人进行释法析理工作，使其明清法律责任，主动履行法律义务。通过调解员调解，缩小双方争议，努力让双方相互谅解、达成协议、化解矛盾，实现案结事了。

一是面对面的换位思考法。引导双方进行"假如你伤害了别人或被别人伤害了"的换位思考，因势利导地缩小乃至消除当事人之间的距离和矛盾。这样再难的案件也就能顺利结案了。二是背靠背的耐心调解法。在面对面的调解陷入僵局时，可采取分别会见当事人的方法，通过单独会谈这种背靠背式的方法，调解员与当事人就相关方案进行讨论，从中获得其他信息，更多地了解当事人的真正目的，引导他们逐步缩小选择范围，达成共识。在合理自愿的基础上努力寻求有利于各方的利益平衡点，力求"双重平衡"，追求多方共赢。三是实打实的依规硬算法。有的当事人伤情并不很重，但总是狮子大开口，胡搅蛮缠，提出的要求太不靠谱。面对这样的当事人，调解员既要循循善诱、善于做耐心细致的说服劝导工作，又要做好充分的准备，按照有关的法律法规一项一项地计算和解释清楚，从而促使当事人打消要求过高的念头。四是心贴心的真诚打动法。俗话说"心诚则灵"。首先调解员心要诚，真心实意地为当事人排忧解难，设身处地为当事人着想，用真心实意来打动双方。其次双方当事人要静下心来，去掉怒气和怨气，在和谐友好的氛围中摆事实、看证据、讲道理、算细账，引导他们主动地伸出友谊之手，奉承谦让之心。

强化平台建设　　注重协作联动
以调解新方法化解劳动人事争议

市南区劳动人事争议人民调解中心

随着社会经济的发展，劳动关系纠纷呈多发、专业、复杂的态势。自 2008 年以来，经市南区劳动人事争议人民调解中心调解的案件年均在 1000 件以上，并呈现上升趋势。针对劳动人事争议出现的新情况、新问题，调解中心及时调整工作思路，将工作重心由"以调为主"向"以防为主"逐渐转变，通过加强调解基础平台建设、创新调解工作方法、建立联动工作机制，有效化解了辖区内劳动人事争议，及时维护了当事人的合法权益。

一、强化平台建设，构建调解组织网络

一是建立一站式维权大厅。我区人社局设置维权大厅，突出一站式服务窗口，实行劳动人事争议案件"五统一"机制，即统一接待、统一受理、统一分流、统一调度、统一跟踪。维权大厅整合了劳动人事争议仲裁、法律援助、劳动保障监察三方面力量，劳动者不必跑多个部门，立案、分流、送达一站式搞定。维权大厅成立以来，共受理案件万余件，分流劳动人事争议调解仲裁立案 8583 件，庭前调解案件 600 余起，涉及金额 490 余万元。法律援助窗口共接待劳动者咨询 5600 余人次，代理案件 728 起。二是建立街道人民调解中心。在 10 个街道成立了由人社、司法、街道办事处工作人员组成的调解中心，实现了组织名称、工作职责、调解程序、调解员行为规范和持证上岗"五统一"。2017 年，街道受理分流案件 36 起，调解成功 28 起，涉及资金 60 余万元。2017 年之前，每年投入 10 余万元用于购买复印机、照相机、录音笔等办公设备，逐步推广调解机构实时监控

和同步录像。目前，市南区共有街道劳动人事争议调解室 10 个，社区调解室 50 个，行业性调解室 6 个，区域性调解室 8 个。全区基本建成纵向贯穿区、街道、社区、企业四级，横向覆盖各部门劳动人事纠纷调解组织网络。三是建立企业调解委员会。我区共有企业 2.2 万家，调解中心发动街道、社区力量，通过普法宣传、深入走访等形式，积极促进企业调解组织成立。截至目前，已建立企业调委会 1.8 万余家，建成率 81%，调解员 1.7 万余人，涉及职工近 18 万人。企业调委会的成立有助于将劳资纠纷化解在萌芽中。四是建立高素质调解队伍。近年来定期举办调解员培训班，对调解员进行培训、考试、发证、上岗。建立随庭观摩培训制度，街居调解员分批次随庭观摩，提高现场调处能力，已有 200 余人进行了随庭观摩。截至目前，已举办调解员培训班 12 次，培训调解员 1642 人。

二、创建调解品牌，创新调解工作方法

创建"绿色港湾"调解品牌。调解中心着眼于提升团队的凝聚力，在街道层面，根据辖区工作重点和不同群体需求，建立了"绿色港湾"等 9 个街道维权服务品牌，形成以"一街一特色、一街一品牌"为支撑的大调解工作格局。创立"小巷总理"调解室。在 50 个社区建立"小巷总理"调解工作室，由社区调解员以"小巷总理"的亲民身份，对本管辖区内发生的简易劳资纠纷进行现场调解，力争做到小纠纷不移交、不上访，让社区成为维护劳动者权益、促进社区和谐稳定的第一道防线。创新调解工作新方法。调解中心着眼于提升基层调处案件的水平和技巧，结合各街道实际，提炼推行了 9 个基层调解工作法。如：八大峡街道残疾人较多，调解中心以温情加强沟通，对残疾劳动者做到主动、耐心、专业，对企业做到早预防、早引导、多鼓励，提炼出"温情调解 1+1"工作法，积极引导企业合法用工，鼓励企业吸纳更多残疾人。再如中山路街道属于"百年老街"，辖区内新老企业汇聚、商业物流较发达，为此，该街道提炼出基层调解"加减乘除"工作法。

三、建立联动机制 确保案前调解成功率

联合区司法局建立了法律援助联动机制。在维权大厅设立法援窗口，截至目前，共为5600余名劳动者提供了法律援助咨询，义务代理劳动者案件728起。联合法院建立了诉裁衔接工作机制。为不服仲裁裁决的当事人主持诉前调解。在全市首创委托查证制度，截至目前，共通过委托查证处理案件102起，涉案金额200余万元。在传统法律宣传途径的基础上，结合区域企业特点，提炼形成了《劳动人事争议调解指导手册暨情景案例分析汇编》，涉及百余起案例，为企业和劳动者提供准确的参考依据，目前已向各类用人单位发放6300余册，深受广大企事业单位的欢迎。调解中心在10个街道建立派出庭，去年派出庭共开庭21次，涉及申请人89人，街道派出庭的建立不仅提高了办案效率，而且对辖区居民普法宣传也起到了重要作用。街道调解员现已全部考取了调解员证，由专职仲裁员进行业务指导，他们对本辖区企业情况更熟悉，案前调解成功率普遍提高。

经过几年探索，调解中心在劳动人事争议人民调解工作中取得了一定成效，初步实现了"两提升、一下降、一缓解"，即群众满意度得到提升，调撤率得到提升，裁后起诉率得到下降，信访压力得到缓解。下一步，调解中心将不断完善专业性调解组织，加大工作力度，为提高劳动人事争议人民调解公信力，维护劳资关系和谐做出积极贡献。

创新人民调解 助力和谐市南

市南区诉前人民调解委员会

近年来，市南区人民法院以党的十九大精神和习近平新时代中国特色社会主义思想为指导，积极组织开展人民调解工作，改进完善诉调衔接和多元化纠纷解决机制，为维护社会和谐稳定起到了积极的促进作用。

一、人民调解委员会概况

2015年5月，市南区法院在预立案制度和已有的市南区司法局驻法院人民调解室的基础上，经多次论证调研，与市南区司法局联合成立"市南区诉前人民调解委员会"。目前，人民调解委员会配备6名专职调解员，在征得当事人同意的前提下，对婚姻家庭、继承、物业管理等纠纷案件进行诉前调解。调解成功的可以根据当事人意愿，分别出具人民调解协议书或给予司法确认，未能调解成功的即转正式立案程序。

立案前委托调解案件范围：离婚纠纷、抚养权纠纷、继承纠纷、侵权纠纷、物业纠纷、房屋租赁合同纠纷、买卖合同纠纷、机动车交通事故责任纠纷、生命权、健康权、身体权纠纷。自2016年1月至今，市南区诉前人民调解委员会累计调解案件6143件，调撤结案1840件。

二、人民调解委员会主要工作做法

(一)建章立制，规范运行，有序开展人民调解工作

市南区法院联合市南区司法局制定了《关于深化预立案制度 加强诉前人民调解工作的实施意见》，设置了规范的运行机制，建立了人民调解委员会调解员名册，确保各项工作有序开展。人民调解委员会还不断总结在纠纷解决机制改革中的成功经验，将改革实践成果制度化，形成长效机制；同时寻求地方政府支持，积极争取本辖区因地制宜出台相关地方性法

规、地方政府规章，从而推动国家层面相关法律的立法进程，促进人民调解纠纷解决机制改革在法治轨道上健康发展。

2018 年，市南区法院在立案一庭设立了速裁中心，特别编制了《青岛市市南区人民法院速裁中心团队人民调解工作操作规程（草案）》，进一步规范了人民调解工作流程，确保诉前人民调解委员会规范运转。

（二）体系联动，多元推进，促进调解方式多元化

在法院领导支持和司法机关直接推动下，主动挖掘社会资源，充分调动法院、检察院、司法、公安、市场监管、税务、人民调解组织、消协等行业协会和律师、法律服务志愿者等群体的积极性，构建多元联动司法调解体系，妥善解决和处理好当前的纠纷和矛盾。同时，拓宽调解渠道、丰富调解方式，增强调解的及时性、便捷性、互动性、高效性。一方面，充分利用"互联网+"的技术优势，开展线上、线下双向互动的纠纷调解。比如，当事人通过相关的微信平台、手机平台、网络平台等渠道申请调解后，只需要轻轻点击就可以阅读各调解组织的简介，方便快捷地在线自选调解组织，确定线上或线下的调解方式并预约时间后就可以进行调解。另一方面，强化纠纷解决机制的衔接，提高人民调解纠纷解决机制的实际效果。加强对非诉讼纠纷解决机制的支持和衔接，不断探索与诉讼途径相补充、相衔接、相配合的纠纷解决渠道，实现对纠纷的法律调控与非法律调控、诉讼调解与诉外调解的联动与协调。

（三）加强培训，加大宣传，不断提升调解质效

为使人民调解员胜任调解工作，提高当事人满意度，市南区法院定期对全体调解员开展业务培训，从数量和质量两方面着手提升案件调解结案率。坚持以个体能力提升带动集体效率提高的原则，归纳概括出"要素化""案例化"调解法，形成集体培训长效机制，进一步规范调解方法，优化调解流程，确保调解工作便捷高效。积极利用大众传媒和新媒体、小区公告栏等媒介加强宣传，对人民调解纠纷解决机制的优越性、先进性予

以普及，提高社会各界对其知晓度。进一步采用语言通俗易懂、形式灵活多样、群众喜闻乐见的方式进行宣传，注重宣传效果，提高社会各界对其认可度，带动了"和为贵"的家风、市风的形成。比如与电视台专栏合作，选取典型案例进行普法教育；根据小区居民需求，开展"小区居民订制"普法宣传；编制普法曲艺作品，在社区之间巡回演出；录制微博、微信小视频，创作漫画作品等在线上线下传播。

(四)分解任务，增强协作，强化专业性调解

一方面，加强与行业协会、法学院、律师事务所的沟通合作，建立专业化调解组织，使调解跳出传统的民事领域，满足多元化纠纷调解的需要。另一方面，防患于未然，由财政拨款支持律师事务所包靠社区，根据律师事务所规模和辖区地域范围等因素划分网格，律师事务所定点包靠相应社区，以更好地开展普法咨询活动，将矛盾纠纷化解在萌芽状态，密切律师事务所与基层之间的联系，优化调解效果。

在开展具体案例调解时，人民调解员首先对案件摸底筛查，做出预判，再将预判情况与审判团队进行沟通，根据调解方案各自分头展开调解。人民调解员负责组织原被告双方参与调解，征集双方调解意向；办案法官负责在了解案情、归纳争议焦点和调解分歧点后，根据法律法规提出专业指导意见，总体把关调解工作，确保调解工作合法、合理、合情。

市南区诉前人民调解委员会作为人民调解委员会的一员，将继续在市南区法院和市南区司法局的指导帮助下，坚持和发展"枫桥经验"、努力提升调解水平，不断推进新时代人民调解工作创新升级，为和谐市南贡献一份力量。

坚持发展"枫桥经验"
创新人民调解网格化长效机制

金门路街道人民调解委员会

金门路街道人民调解委员会认真研究新形势下矛盾纠纷新特点、新规律、新趋势，以化解矛盾为主线，坚持发展"枫桥经验"，遵循"发动和依靠群众，坚持矛盾不上交，就地化解矛盾"这一核心要义，积极探索推进人民调解"网格化"管理新模式，建立完善矛盾纠纷排查调处长效机制，为维护群众合法权益、促进社会和谐稳定做出了积极贡献。

一、完善"三级网格"，健全人民调解组织网络

为加强对人民调解工作的组织领导，畅通人民调解渠道，提高人民调解工作效率，金门路街道成立了人民调解网格化工作领导小组，探索人民调解网格化管理机制，研究制定了《金门路街道推进人民调解"网格化"建设实施意见》及《金门路街道关于推进人民调解"网格化"管理方案》，进一步规范了人民调解网格化管理工作标准和流程，建立了管理更规范、保障更到位、服务更高效的三级调解网格化管理体系。

（一）依托街道公共法律服务站设立一级责任网格。积极完善街道调委会规范化建设，建立以街道司法所、相关科室负责人为主要成员的人民调解工作一级网格，明确责任和职能，统筹指导街道人民调解工作，并对辖区重大、疑难、复杂的矛盾纠纷实施调解，确保重大矛盾纠纷及时化解，避免重大矛盾纠纷激化升级。

（二）依托司法行政工作室设立二级责任网格。建立了以社区主任、法律顾问、民警、网格长为成员的二级责任网格，对社区发生的一般性矛盾纠纷实施调解。同时，由于社区法律顾问的直接参与，矛盾纠纷在调处化解的合法性、合理性、有效性上得到了充分保障。

（三）依托社区楼院设立三级责任网络。目前，社区楼院基层网格共62个，网格信息员186名，主要由网格管理员、楼院组长、热心人民调解工作的居民组成三级责任网格，对发生在邻里之间的简单纠纷进行及时化解，并负责矛盾纠纷隐患排查、信息上报工作。

实行人民调解网格化以来，各级网格分工明确、责任到位、信息共享、渠道畅通，构建起多层次、宽领域、全覆盖的人民调解组织网络。截至到目前，通过信息情报网络的协调运转，共发现矛盾纠纷51起，调解成功50起，调解成功率达98%。特别是上合青岛峰会敏感期间，又依托社区调解网格发现和化解疑难邻里、家庭纠纷10余起，有力地维护了重大活动期间的安全稳定。

二、完善保障措施，促进人民调解服务升级

网格化机制建立以后，街道党工委加大人力物力投入，从软硬件建设入手，全方位多角度提供支持和保障，确保了这个机制的有效运转。

（一）打造公共法律服务站实体平台。今年年初，在区司法局和街道党工委的共同努力下，投资10万余元，在仙游路3号建成了100余平方米的金门路街道公共法律服务站。公共法律服务站设有综合服务大厅，人民调解、社区矫正、法治宣传、法律服务及法律援助等功能室，配备了2名司法行政工作人员、一名司法协理员、一名专职调解员和一名法律顾问（AB角），负责法律服务及矛盾纠纷受理等工作，提升了街道公共法律服务效能。

（二）落实"一社区一法律顾问"制度。出资5万元为每个社区聘请法律顾问，实现了6个社区法律顾问全覆盖，构建了"片区为块、社区为点，街道负责、司法指导"的社区法律服务模式。社区法律顾问发挥职能优势，依托社区司法行政工作室，每周到社区服务4小时，为社区提供法律咨询、法律宣传、人民调解等各项法律服务，引导人民群众依法表达个人诉求，让人民群众真正感受到法律在身边的实惠。

（三）加强特色调解室建设。积极开展品牌调解室和金牌调解员创建活动，注重人民调解工作品牌打造，使其成为调解组织的标杆，不断总结人民调解工作经验，并加以推广，彰显了人民调解工作的影响力。在街道层面，打造了"有事找张姐"的张秀珍调解工作室；在大尧社区，打造了服务群众，"人和大尧"的于林娜调解工作室。张秀珍、于林娜也被市南区评为"十大金牌调解员"。

三、完善运行机制，提升人民调解工作效能

（一）建立完善矛盾纠纷分级负责机制。在建立矛盾纠纷排查调处"三级网格"之后，街道党工委为了实现矛盾纠纷调处的全流程管理，在辖区逐步形成以街道调委会为主导、社区调委会为依托、楼院网格为基础，逐级划分责任闭环式管理机制。各级网格责任人将本级调解的纠纷案件通过调解网络平台进行整理上报，达成书面调解协议的做好人民调解卷宗，存档备案。形成有人排查、有人报告、有人负责、有人解决、有人督查的"五有"工作机制。

（二）建立完善"1+1+N"矛盾纠查调处机制。在"三级网格"机制的基础上，依托社区司法行政工作室，推行"1+1+N"调解工作模式，即在每个社区建立"一个司法行政工作室 + 一名社区法律顾问（AB 角）+N 个人民调解小组"共同做好矛盾纠纷排查调处工作。发挥社区调委会牵头指导、法律顾问提供专业法律服务、各调解小组积极配合的联动作用，将矛盾纠纷化解在基层，真正实现"小事不出社区，大事不出街道，矛盾不上交"。

（三）建立完善"以奖代补"激励机制。完善人民调解优秀案件"以奖代补"政策，组织开展矛盾纠纷优秀案例评选活动，综合案件人数、权利义务关系、涉案金额、社会影响、档案材料等因素发放金额不等的奖补资金及调解员补贴，激发基层调解组织和人民调解员的积极性。

各位领导、同志们，金门路街道人民调解工作虽然取得了一定成绩，但与新时代、新形势对人民调解工作的新要求相比，与兄弟街道的先进经验做法相比，仍然存在一定差距。在今后的工作中，我们将在整合现有资源的基础上，进一步创新人民调解方式方法，提升基层人民调解质量和水平，切实解决居民遇到的实际问题，努力营造和谐安定的社会环境。

路长心诚 "珠" 路和谐

珠海路街道人民调解委员会

珠海路街道人民调解委员会坚持发展"枫桥经验",以"左邻右舍,邻里之情"为依托,认真贯彻《人民调解法》,不断创新调解方法,提升调解水平。今年共调处纠纷案件 97 件,调处率 100%,成功率 96%,有效维护了"珍珠海岸"的和谐与稳定。

一、优化队伍,完善制度,巩固人民调解工作基础

一是优化一支过硬的调解员队伍。珠海路街道人民调解委员会目前拥有 13 名人民调解员和 75 名人民调解纠纷信息员。人民调解工作的开展离不开一支有能力的人民调解员队伍和一个遍布社区的纠纷信息员网格。为了优化一支"作风硬、懂法律、精业务、顾大局、有信心、热心肠"的调解员队伍,司法所积极组织调解员进行培训,参加市区人民调解工作培训班。积极推进"一社区一法律顾问"制度的落实,除了聘请法律顾问参与到人民调解工作中,为调解员调解纠纷提供法律支持外,还积极协调律师、公证处工作人员等法律专业人士在社区内开展讲座、培训,有效地提升了调解员和信息员的法律素养。同时,定期召开人民调解例会,组织调解员互相交流学习调解方式、方法经验。

二是建立健全人民调解委员会各项规章制度。调委会细化了人民调解例会、纠纷排查、纠纷移交和回访等规章制度。整合公安、综治、司法、社区等调解力量,设立了大调解工作平台,进一步完善信息网络,建立健全矛盾纠纷化解工作机制,及时发现并处理各种影响社会稳定的问题,做好防范措施,防止矛盾纠纷扩大化,切实做到"小矛盾不出社区、大矛盾不出街道"。

二、建立平台，创新方法，有效调解行业性纠纷

一是建立行业性调解委员会，高效解决行业性纠纷。珠海路街道成立了医疗纠纷调解委员会和物业纠纷调解委员会。物业纠纷调解委员会旨在依法、及时、有效的化解物业纠纷，维护社区居民和物业公司的合法权益。医疗纠纷调解委员会则在医患双方之间搭起了一座信息对等、平等沟通、和谐对话的桥梁，将医疗纠纷从医院内转移到医院外调处，有效地维护了医院正常的医疗秩序和患方的合法权益，有利于改善医患关系，构建安定的就医环境，维护社会和谐稳定。

二是建立"六方联动联调"模式，聚力解决物业纠纷。物业纠纷由于牵扯民事主体众多、关系错综复杂，一直是调解工作的重点和难点。"六方联动联调"模式，集街道、社区、楼组长、物业、片警、业委会等多方力量，统筹协调，合力解决物业纠纷。辛家庄社区高层 A、B 座共 432 户居民长达两年的电梯故障问题的解决，正是得益于此联调模式。街道调委会在接到社区居民群众的反映后，立即启动联动联调模式，共商解决方案。在经历了居民代表会议讨论、推进小组加班入户宣传电梯收费政策和电梯厂家竞标及结果公示过程后，在"六方"的共同努力下，小区电梯成功更换，电梯收费工作也顺利完成，纠纷得到了圆满解决。

三、注重技巧，落实回访，夯实调解协议保障

一是加强调解员调解技巧培训。在调解过程中，当事人双方之间本就气氛紧张，而调解员一句无意却不恰当的话语很可能会加深双方的冲突，甚至有可能使当事人对调委会丧失信任。因此，对调解员进行培训，使其能够在不同情况下选择恰当的话语进行沟通，达到事半功倍的调解效果。2013 年 8 月，珠海路街道调委会接到了一位老人的反映：楼内一对年轻夫妇经常晚归声响很大且养狗不注意清理狗的便溺，给楼内居民的生活起居带来了严重影响，希望他们能够从租住的房内搬离。调委会认为依据《中华人民共和国环境噪声污染防治条例》和《青岛市市容和环境卫生管理条

例》，老人有权维护自身的合法权益。但经过调委会的走访发现这家年轻的妻子已有身孕，此时要他们搬家，对孕妇和胎儿都不利。调委会结合实际情况，选择了温和的说话方式，利用人们的同理心，将老人的担忧婉转地告诉这对夫妻："咱们家都有老人，如果他们休息不好，大家心里都会不好受的，影响心理和身体健康"。面对如此善意的规劝，夫妻俩深受触动，承诺以后一定多加注意。

二是落实调解回访制度。调解协议的达成并不是调解工作的终结，只有当矛盾双方当事人实际履行了调解协议，才算达到调解工作的完美结点，实现定纷止争的效果。为使调解工作发挥实效，珠海路街道调委会十分注重调解后的回访，及时掌握纠纷调解的效果和当事人履行协议的进度，督促当事人履行调解协议。对于调解过程相对曲折的案例，调委会积极协调当事人做好司法确认，以司法确认深化调解协议的效力，防止执行过程中进一步矛盾激化。

传递"枫桥经验"薪火
建设时尚"百年江苏"

江苏路街道人民调解委员会

近年来，江苏路街道人民调解委员会充分发挥人民调解"矛盾排查、纠纷化解"的职能作用，以"依靠群众就地化解矛盾"的"枫桥精神"为指导，着眼健全矛盾纠纷预防机制、提高矛盾纠纷调处水平、强化寓教于调的普法实效，筑牢人民调解"第一道防线"，为建设时尚幸福的江苏路街区提供了坚实保障。

一、注重预防，健全矛盾纠纷排查机制

江苏路街道调委会把排查作为治理矛盾的基础，畅通四条渠道，依靠群众坚持常态化管理、常规化运作，做到"小事不出社区，大事不出街道，矛盾不上交"。调委会的调解员大多来自社区群众，对本社区人、事、物耳熟能详，了如指掌，一旦发现矛盾能及时介入，快速有效地化解矛盾纠纷。调委会定期组织调解员深入到居民家中走访摸排线索，对发现的一般纠纷隐患，即排即调。对于重大疑难纠纷，由街道调委会牵头，与涉及单位组成专门工作组共同调处。对于多次调解仍不能达成调解协议的矛盾纠纷，采取合理引导、服务跟进的办法；通过街道法律顾问做好释法解疑工作，指导和帮助当事人通过仲裁、行政复议、行政裁决、诉讼等合法途径主张权利。龙江路社区有两户居民因房屋维修搭建铁架产生口角，争吵逐渐升级为肢体冲突，调解员得知后迅速赶到现场，利用自己丰富的经验对双方进行劝解，很快双方各让一步，重归于好。

二、抓住重点，提高矛盾纠纷调处水平

江苏路街道管区内房屋老旧、学区集中，房屋产权的矛盾纠纷已成为滋生矛盾纠纷的主要源头。尤其是近年地铁建设,有多片房屋列入征收区域,但受资金、土地等因素制约,征收工作进展缓慢,因该问题导致的不稳定因素日渐突出,前来街道调委会求助的群众也日益增多。今年街道和社区完成了调委会换届工作,选聘了 20 名群众认可度高、热心调解工作的法律专业人员和退休人员作为调解员。对调解员实施统一备案,落实"以案定补,以人定补"制度,调动了调解人员工作积极性,提高了调解效率。调委会换届以来,街道及社区调解委员会共调处 194 件矛盾纠纷,调处成功 190 件,其中涉及房屋产权、征收事项的矛盾 50 件,调处成功率 98%,群众满意度 100%。街道经常举办调解业务培训,邀请优秀调解员、资深律师及司法系统工作人员讲解法律法规、传授经验,让调解员更加熟练地运用调解技巧,不断提高调解成功率。

三、以案释法,增强寓教于调的普法实效

调解员坚持事前讲法、事中明法、事后析法,让矛盾双方不仅通过调解化解了纠纷,还在调解过程中进一步学法、知法,进而在工作生活中做到守法,实现"在调解中普法、在普法中调解"。这样不仅解决了居民矛盾,而且普法形式更加灵活。因为与居民利益切身相关,居民对调解员讲解的法律知识印象更加深刻,达到"调解一件教育一片"的效果,逐步形成"办事依法、遇事找法,解决问题用法,化解矛盾靠法"的良好氛围。2018 年 6 月,江苏路街道调委会受理了一起特殊的继承纠纷,当事双方各持有被继承人的遗嘱,双方均认为自己应得到老人的房产,进而发生激烈的争吵。为避免矛盾激化,当事人通过楼组长找到了江苏路街道调解委员会申请调解。调委会受理案件后,立即指派经验丰富的调解员对纠纷进行梳理,发现一份遗嘱为时间较早的公证遗嘱,而另一份为时间较晚的自书遗嘱。根据我国《继承法》第二十条"遗嘱人可以撤销、变更自己所立的遗嘱。立有数份遗嘱内容相抵触的,以最后的遗嘱为准。自书、代书、录音、口头遗嘱,不得撤销、变更公证遗嘱"之规定,本案中持有公证遗嘱的一方应取得房屋的继承权，但调解员认为不能让房屋带来的金钱利益割断双方亲情纽带，他们采取"背对背式"的调解方式，通过释明相关法律法规，动之以情，晓之以理，最终使双方握手言和。

强基础　谋创新　抓特色

扎实推进人民调解工作提档升级

云南路街道人民调解委员会

"枫桥经验"是全国政法综治战线的一面旗帜，在开展"枫桥经验"学习推广工作 55 周年纪念之际，为贯彻落实习近平总书记关于坚持和发展"枫桥经验"重要指示精神，总结人民调解工作成功经验，探索新时代坚持发展"枫桥经验"的新思路、新做法，固化优势、查找不足，发挥人民调解在群防群治、预防纠纷、化解矛盾方面"第一道防线"作用，云南路街道人民调解委员会总结以往在开展人民调解工作中经验做法，与共同战斗在人民调解一线的各位同仁交流学习。

一、强基础建设，重队伍素质

云南路街道党工委高度重视人民调解工作，建立街居两级调解组织联动机制，充分发挥群众性、自治性、民间性的特点，实现人民群众自我教育、自我管理、自我服务，实现依法调解、保障公平。一是在街居两委换届后，及时调整街居两级人民调解委员会组成人员，保证人民调解工作连续性。二是建立街居两级上下联动的人民调解工作机制，对社区人民调解委员会不能有效调处的疑难复杂纠纷或者跨地域纠纷，由街道调委会及时介入，参与调解，提高工作效能。三是加强街居人民调解委员会设施建设，在街道公共法律服务站建立规范化人民调解工作室，在社区依托司法行政工作室开展人民调解工作，在寿张路社区调委会建立周国牛品牌调解室，人民调解组织规范化水平不断提高。

云南路街道调解委员会在加强联调联动工作的基础上，注重发挥金牌效应和专家效应，不断提高调解员业务技能。一是组织人民调解员参与各类培训和法律知识讲座，旁听法院庭审，学习相关法律法规、调解经验技巧和人民调解协议制作规范，引导人民调解员依法调解，客观公正参与纠纷处理。二是推荐优秀调解员参与市南区十大金牌调解员、青岛市最美调解员评选，组织市南区首批金牌调解员、人民调解员专家库成员周国牛主任讲解调解工作经验，发挥优秀调解员引领示范作用。三是鼓励律师参与人民调解工作，充分发挥"一社区一法律顾问"专家优势，充实人民调解专业力量。

二、谋工作创新，推广"三零"模式

云南路街道确定了"凝聚力量，完善体系，分步实施，形成合力"基层公共法律服务体系提升建设工作思路，把公共法律服务体系的建立和完善作为造福群众、服务民生、维护稳定的一项重要工作来抓，坚持服务民生、务求实效，坚持示范标准、规范统一，坚持创新发展、突出特色的原则，建立推广"零距离、零门槛、零费用"公共法律服务模式。人民调解作为公共法律服务的重要组成部分，事关能否维护好人民群众合法权益，事关能否实现矛盾不上交。一是建立矛盾纠纷日常排查机制，及时发现处理矛盾纠纷隐患。在重大节点特别是上合组织青岛峰会期间，采取普遍排查与重点排查相结合、定期排查与每日动态排查相结合的方式，聚焦重点人群、重点领域，加大排查力度，及时汇总上报矛盾纠纷摸排情况。随着扫黑除恶专项斗争的深入开展，街居人民调解组织扎实开展涉黑涉恶专项摸排活动，对各类矛盾纠纷隐患和涉黑涉恶线索做到早发现、早分流、早处理，防患于未然。2018年以来，街居人民调解组织共调处各类矛盾纠纷107起，解答群众咨询310人次，及时处理4起"12348"法律服务平台流转的人民调解案件。二是建立由人民调解员、法律顾问、网格员、志愿者组成的调解工作微信群，一般咨询线上处理，其他矛盾纠纷可以线上反映，再返回线下处理，微信群在矛盾纠纷预警和处理方面发挥了积极作用。三是开设"法律微课堂"，分别在半岛都市报社、法制与新闻客户端、微信公众号上宣传人民调解工作成功案例，邀请律师点评，形成可复制、可借鉴、可推广的典型案例，供人民调解员学习借鉴。

三、参与化解信访矛盾，探索诉调对接机制

云南路街道按照"1＋1＋N"矛盾纠纷调处新机制要求，在信访矛盾化解和诉调对接司法确认等方面开展了新尝试。一是积极参与化解信访案件。云南路街道地处西部老城区，因拆迁置换房屋导致矛盾较多，辖区人口老龄化严重，老年人占比大（70岁以上的老年人占常住人口数的17.4%），居民文化素质较低，法治观念淡薄，依法维权意识不够，"遇到问题不找法，解决问题不靠法，信访不信诉"现象普遍存在。2018年，街道平均每个工作日至少有一起信访来访案件，街道调委会积极参与疑难复杂和群体性信访案件的化解，先后奔赴北京、济南等地帮助化解多起群众反映强烈的信访案件。二是加快司法确认绿色通道建设。逐步探索"人民调解＋司法确认"机制，提高人民调解公信力和执行力。云南路街道与市南区人民法院对接，共建司法确认衔接联动机构"社区维权服务中心"，在公共法律服务站设立司法确认窗口，对接人民调解协议司法确认程序，使司法确认更便利、更快捷，确保了调解协议的执行效果。

坚持"四三二一"工作法
实现矛盾就地解决不上交

八大湖街道天台路社区人民调解委员会

天台路社区人民调解委员会充分发挥基层调解组织作用，坚持发展"枫桥经验"，坚持"四三二一"工作法，努力把矛盾纠纷化解在社区。三年来，共受理矛盾纠纷 87 起，成功调解 85 起，成功率 98%，实现"无积案、无自杀和非正常死亡、无群体性械斗、无群体性上访"目标。社区也因此获得了全国先进基层党组织、全国科普示范社区、山东省先进基层党组织、省级文明社区、青岛市先进基层党组织、青岛市"十佳"社区、青岛市"文明社区标兵"等多项荣誉称号。

一、坚持"四抓"，做好纠纷化解"信息员"

天台路社区调委会坚持"防调结合，以防为主"工作方针，坚持"四抓"，即"抓早、抓小、抓苗头、抓防范"，做到早预防、早控制、早报告、早化解，建立健全预警预测机制，变被动调解为主动出击，变事后调处为事先预防，注重从源头上化解矛盾纠纷，消除隐患。借助信息员、楼组长熟悉环境、邻里关系密切的优势，让居民楼院成为发现矛盾的"预警站"，信息员、楼组长成为预防矛盾的"前哨兵"，工作中注意观察纠纷当事人思想和行为变化特点，抓住带倾向性问题，分析变化现状及原因，及时提出化解对策，把纠纷解决在萌芽状态。天台二路某号楼防盗门铃损坏，每家都交钱用于维修，但有一户居民拒不交钱，其他居民认为该户居民影响了整栋楼安全，纷纷指责他。信息员发现后，及时向社区调委会报告情况，社区调解员主动找到该户主谈心交流，动之以情，晓之以理，经反复做工作，该户主终于被说服，同意交钱，将矛盾消灭于无形。信息员在走访排查中发现，新昌路某号 502 户装修噪音很大，由于清理不及时，建筑垃圾堆满楼道，严重影响居民生活，周边居民反映强烈。社区调解员了解情况后主动找该户主耐心做工作，最终户主答应装修时要特别注意，尽快清运装修垃圾，保证楼道畅通，还居民一个安全干净的环境。

二、坚持"三心"，做好纠纷化解"消防员"

天台路社区调委会积极履行调解职责，经过调解无一例上访或转诉案件。一是带着信心调解。由于案件发生时间长短和当事人对案件的认知情况不同，许多案件在调解时呈现出事情经过曲折化和矛盾多元化的特点，无论事情多难，调解员始终保持必须完成调解任务的信心。二是带着诚心调解。调解员每次接到调解案件，都详细了解掌握案情和双方当事人的诉求，注重保护当事人的隐私，维护其合法权益，主动沟通协调，使当事人从心理上理解认同调解方案，切实感受到调解员为他们化解矛盾的诚心，三是带着关心调解。很多调解案件的失败往往是由于方法简单粗暴造成的。调解中调解员善于观察当事人心理变化，时刻注重一言一行，像对待亲人一样耐心倾听当事人诉说，让他们感受到调解员对他们的关心，引导其理性思考，合理解决纠纷。2017 年 6 月 23 日，新昌路上有两车发生碰撞，双方当事人争得面红耳赤，对赔偿问题都不肯让步。此时，恰巧一名社区调解员途经此地，看到马路被堵得水泄不通，随即上前劝说："你们这样僵持下去不会解决任何问题，还会浪费大家时间，反正都有损失，不如各退让一步，相互把对方的车修好就是了。" 经过调解员的劝说，双方还真的达成了共识，握手言和，因这一交通事故长时间引发的道路拥堵很快得到疏散。

三、坚持"两要"，做好纠纷化解"裁判员"

一要公平公正。首先，在调解中调解员认真听取双方当事人的陈述。纠纷中往往是一方当事人先反映纠纷情况，此时不应轻易表态，要通过深入调查，掌握第一手资料和纠纷真实情况。只有找准问题症结，有的放矢，才能最终达成调解协议，顺利解决纠纷。其次，严格遵守调解员行为规范，不做影响公平公正的事情，比如接受一方当事人吃请、收受一方当事人财物或者谋取其他不正当利益。不论是弱势一方还是强势一方，都做到一视同仁，不偏袒任何一方。天台二路某号102户钱某打电话反映：楼上渗水把自家家具和墙面都泡坏了，给她造成了经济损失。调解人员联系到楼上202户的周某进行交涉，但双方因赔偿金额相差太大互不相让，周某气愤地说对方是在讹人。经调解员出面联系双方答应坐下来沟通，刚开始情绪都非常激动，各说各的，不听劝说，周某说只赔偿1000元，而钱某坚持要5000元。经过调解员耐心做工作，两人逐渐恢复了平静。调解员给周某展示了钱某家中损坏情况，让周某明白1000元确实无法赔偿钱某损失，再说邻里低头不见抬头见，关系不要弄得太僵，经过协商双方终于达成一致，周某共赔偿2000元，他还答应马上找人彻底维修水管，避免此类问题再次发生。二要依法合理。过去做调解工作讲的是"情、理、法"，情字当头，法律则摆在次要位置，许多调解协议是通过调解组织的公共舆论对当事人心理强制达成的，因此，在一定程度上达成的协议显失公平。现在做调解工作讲的是"法、理、情"，把法摆在第一位。调解员在查清事实、分清责任的基础上，严格依据法律法规和政策进行，不能无原则地调和，更不能片面追求调解率。否则可能留下隐患，引发新的矛盾纠纷。

四、坚持"一访"，做好纠纷化解"观察员"

为及时了解双方当事人调解协议履行情况，有效预防矛盾升级恶化，提高矛盾调解成功率，天台路社区调委会严格落实"一案一回访"制度，督促当事人按照规定时限履行《人民调解协议》。一是调解人员对已调解的纠纷，特别是较复杂或可能出现反复的纠纷，在协议履行期间或调解后一周时间内，根据实际情况及时进行回访。二是在回访过程中，认真听取当事人和群众建议，及时掌握调解协议履行情况，回访结束后严格实行"一案一登记"制度。三是发现当事人不按约履行协议，进一步查明情况，分析原因，做好不履行一方当事人的说服工作，督促当事人按约履行。发现因其他原因妨碍协议履行的，及时采取有效措施认真予以解决，如属于调解不当造成的问题，实事求是主动予以纠正。四是对当事人拒不履行协议的，及时告知另一方当事人可以向法院起诉，维护自身合法权益。因一方当事人拒不履行协议，另一方当事人向法院起诉的，及时掌握审判结果，并记录在册。五是定期统计分析回访调解协议履行情况，认真总结经验教训，弥补调解中问题和不足。回访工作中注意发现有无新的纠纷苗头，对容易激化的群体性纠纷案件再排查、再走访，跟踪做好"重点人员"思想工作，及时研究化解措施，重大险情及时上报。

提高政治站位 顺应时代要求
筑牢人民调解 "第一道防线"

湛山街道人民调解委员会

湛山街道具有 "四多" 特点：一是重点项目多，二是重点单位多，三是居民成分复杂，四是重大活动频繁。湛山街道人民调解委员会围绕基层社会治理和法治建设，引导辖区群众依法表达诉求、维护权益、化解矛盾；牢固树立 "平安是最大的民生" 理念，深入开展预防和减少 "民转刑" 案件和群体性事件主题创建活动，发挥人民调解在化解矛盾纠纷、满足人民日益增长的美好生活需要中的重要作用。湛山街道办事处 2012 年被评为 "青岛市首批国际安全社区"，2013 年被评为 "山东省信访工作先进集体"，2015 年湛山社区被评为 "国家民主法治示范社区"。

一、信息摸排 "细"，苗头早发现

信息是人民调解工作的源头动态和珍贵资源。湛山街道人民调解委员会始终把工作的主动权建立在掌握信息、预测预防上。

一是建立信息感应网络。建立了由片长、楼组长、网格员和志愿者组成的 350 多人的信息员队伍，结合开展群众工作，赋予他们 "眼观六路、耳听八方" 的职责，把管区居民的各种情绪、困难、矛盾发现在苗头阶段、化解在萌芽状态、报告在第一时间。二是建立矛盾监控网络。实行党员包楼、组长包院、支部书记包片责任制，一旦发生突发性矛盾纠纷隐患，第一时间报情况、第一时间到现场、第一时间做工作。三是建立隐患排查网络。街道干部每人联系一个片区、结对一个楼组、公开一份承诺、参加一个单位的组织生活、组织一次主题实践活动、解决一批实际问题。建立矛盾反馈微信群和法律咨询服务群，及时反馈排查矛盾隐患；通过开展 "进百家门、认百家人、问百家事"活动，了解居民的大情小事，细致排查矛盾隐患，做到了底子清、情况明。

二、分析研判"准"，问题早处置

湛山街道人民调解委员会对辖区矛盾突出点及时进行梳理，做到精准研判、有的放矢。

一是突出"重点人员"。建立健全特殊人群台账，逐人分类落实稳控措施，对可能发生的重大矛盾问题做到早发现、早控制早解决。加强未成年人的教育管理，实施"红黄绿"三级预警，有效预防未成年的违法犯罪行为，成立山东省首家"阳光学校"社会义工矫正工作站，对未成年罪犯进行社区矫治；与市南区检察院签订《关于共同建立未成年人帮教基地的工作意见》，通过资源共享，对失足青少年进行思想教育和心理疏导。二是突出"重点区域"。联合派出所、城管执法中队等职能部门，对辖区内330家"九小场所"、废旧收购站、公共复杂场所等部位的安全防范情况进行拉网式检查，检查率达100%。定期与辖区学校召开联席会议研究部署学校安全保卫工作。在街道层面联合派出所，试点成立社会治理联动中心，采取"统一受理、归口办理、中心督办、限期反馈"工作模式，协调处置矛盾调解、综治维稳、应急处置、流动人口管理等事宜，全面提升社会治理水平；成立警调联动工作室，集约资源、就地化解，减少用警成本，实现矛盾纠纷萌芽即消灭、落地即解决。在社区层面整合资源，成立社区综治工作室、社区警务室、民警值班室，实现了人民调解工作重心下移、关口前移，群众安全感持续增强。三是突出"重要节点"。在重大会议和重要节点等刑事案件高发期，加大排查力度，不断提升防范意识。2012年以来，成功做好了湛山寺佛诞节浴佛法会、APEC会议、上合组织青岛峰会等安保维稳工作，实现了人民调解在重要时期围绕中心、服务大局、维护稳定上新作为，顺应了人民调解工作新时代要求，实现治安保障最有力、安全监管最到位、社会大局最平稳的工作目标。

三、联动机制"实"，矛盾不上交

湛山街道人民调解委员会全面激发居民群众和社会组织参与人民调解的主动性，凝聚起人民调解的强大合力，坚持发动和依靠群众，坚持矛盾不上交就地化解。

一是培育草根人民调解品牌。形成坚实有力的基层人民调解组织，坚持以群众工作统领稳定，培育"和事佬协会""杨桂芝调解室""爱国工作室""仰光调解工作室"等草根人民调解品牌，努力将各类矛盾纠纷化解在萌芽状态。坚持政策不明靠理服人，依据不硬靠情调解，资源不多靠爱感化。凭着这份韧劲、钻劲、巧劲，多年疑难杂症得到了有效化解。创新建立人民调解员培训"两会两课"制度，即定期召开纠纷线索研判会、疑难纠纷协调会和优秀案例公开课、行业专家拓展课。多年来成绩斐然："杨桂芝调解室"被命名为市南区"十大品牌调解室"；仰口社区人民调解委员会原主任、"仰光调解室"负责人王淑伟被评为山东省优秀人民调解员、全国人民调解工作先进个人。二是发挥基层党组织作用。针对管区商务楼宇多的特点，创建商务楼宇"红色驿家"，牵头成立楼宇物业联盟，把33家楼宇物业近500余名保安纳入人民调解信息员队伍，每月召开信息员会议，定期培训、加强指导。针对辖区存在的湛山农工商公司改制、华润公司现场放炮导致某干休所房屋裂缝、地铁二号线施工导致海信慧园二期房屋裂缝、山东路8号征收拆迁等影响社会稳定的重大矛盾纠纷，基层党组织牵头分门别类地建立了六个专业调解小组，确保纠纷及时有效得到调解控制。三是立体化整合社会资源。在各个社区配备法律顾问，通过律师参与和指导的形式，运用法治思维和法治方式化解矛盾，社区律师和法律志愿者参与化解矛盾纠纷累计1500余小时；组织管区25家大企业、大单位、大机关，成立湛山管区和谐发展促进会，健全和完善"矛盾联调、治安联防、问题联管、平安联创"工作机制，实现矛盾化解全方位；引进心理调解组织，强化了法、理、情在基层人民调解中的有机运用。四是利用新媒体通畅化解途径。推进"互联网＋人民调解"工作模式，让调解变得更加方便快捷。依托湛山街道"微湛山""微湛山红色驿家"微信公众号、社区微信号、社区律师普法微信群等新媒体，优化群众反映矛盾纠纷途径，手指一点，纠纷线索即可上传，街道和社区调委会可随时处理，及时排查化解。

今年是毛泽东同志批示"枫桥经验"55周年，也是习近平总书记指示坚持和发展"枫桥经验"15周年，湛山街道人民调解委员会将继续依靠街道党工委，围绕政府中心工作，进一步凸显人民调解工作重要价值，努力实现矛盾不上交、就地化解矛盾，努力在新时代培育"枫桥经验"本地亮点上实现新作为。

坚持人民调解"三个一"
助力打造"平安八大关"

八大关街道人民调解委员会

八大关街道人民调解委员会坚持和发展"枫桥经验",深入扎实地开展人民调解工作,及时有效地化解各类矛盾纠纷,探索出"建设一支队伍""构建一个平台""总结一套经验"的"三个一"做法,全力助推人民调解这朵"东方之花"在八大关的土地上绽放。两年来,八大关人民调解组织共成功调解各类纠纷近200件,为"平安八大关"做出了重要贡献。

一、建设一支懂法律、有经验、高素质的队伍

工欲善其事,必先利其器。对调解工作而言,人民调解员队伍就是断纠纷调矛盾的一把"利刃"。近年来,八大关街道十分重视调解员队伍建设,"十年磨一剑"。

一是重视调解员培训工作,不断提高人民调解员法律水平和专业素质。人民调解员扎根基层,了解群众需求,调处经验丰富,群众乐于接受,但法律水平有限。八大关街道人民调解委员会定期邀请区法院法官、律师事务所律师、法律援助中心和公证处的工作人员等法律专业人士,为社区调解员开展培训,就调解工作中遇到的重点难点问题,进行系统性的专业知识讲授,从而提高社区调解员的法律水平,补足短板。二是重视专业调解员的聘任工作,让一批专业人才加入调解队伍。为更好补足基层调解工作短板,面对新形势下多元化、多样化的矛盾纠纷,八大关街道人民调解委员会积极聘任专业调解员,充分发挥他们专业和经验方面的特长。截至目前,已聘任5名律师作为社区法律顾问,发挥其法律专长;聘任乔帅民作为"乔帅民军地调解站"站长,发挥其老兵经验,调处涉军矛盾;聘任

郑桂芸作为公共法律服务站工作人员，发挥其人民陪审员的法律专长及作为女性的耐心细心，主要调处婚姻家庭及邻里纠纷。其中，乔帅民被评为市南区首届金牌调解员，郑桂芸受到省妇联主席张惠表扬称赞。

二、构建一个多层级、多维度、全方位的平台

独木不成林，分散的资源不被整合，就会"1+1小于2"。近年来，八大关重视人民调解平台构建工作，整合调解资源，做到"1+1大于2"。

一是建立街、居两级调解平台。在街道建立公共法律服务站，选聘退休机关干部、优秀基层干部等担任专职调解员，聘请专业律师作为街道法律顾问定期值班、参与调解。在社区建立司法行政工作室，推行社区公共法律服务"1+1+N"制度，每个社区与律所签订法律顾问合同，为群众解决问题。2018年10月，矿泉花园的业委会在换届选举中发生纠纷，街、居两级调解平台联动，社区法律顾问协助，最终妥善解决问题。打通街、居两级调解通道，小事社区调，大事街、居一起调，做到矛盾不出街道。二是建立摸排调处一体化平台。以网格为最小单位，以网格员为基本负责人员，进行摸排调处一体化作业。网格员既是摸排人员，又是调解人员。摸排发现问题，小事自主调，大事上报调，化被动调解为主动调解，及时将矛盾消弭于萌芽。三是建立线上线下立体化平台。八大关街道人民调解委员会除进行线下值班、摸排、调处外，积极拥抱新媒体，通过微信群、QQ群等方式，开展线上调处。群里有街道、社区工作人员，有专门调解员和律师，群众只需要敲敲键盘，就能够解决问题，遇到疑难复杂情况，可以线上约好时间线下调解，做到小事线上调，大事线下调，提高效率，便利群众。

三、总结一套更实用、更方便、能复制的经验

理论与实践相辅相成。八大关街道人民调解委员会做到调解理论从实践中来，调解理论到实践中去。通过撰写调解心得、调解案例等形式，积累了一套可复制供借鉴的经验成果。

一是善用"望闻问切",从细节中发现事实。调解工作也要遵循"以事实为根据"的原则,因此查明事实是调解工作开展的基础。调解人员应当善于"望闻问切",不放过任何蛛丝马迹,让证据说话,才能防止"葫芦僧判葫芦案"的发生,让当事人心服口服。八大关街道人民调解委员会重视"调解诊所"案例,将带有典型性的案例作为人民调解员学习的范本;将调解申请人和被申请人分别作为研究对象,区分两者不同工作方式,熟练掌握不同程序,遇到特殊情况制定不同方案;科学评估使用调解程序,建立心理、律师、警察等专家库,从而提高调解成功率。二是善抓法律这个"牛鼻子",依法、以理服人。调解员做调解工作,本质上是为了一个"和"字,但"和"必须建立在"对"的基础上,这个"对"的准绳就是法律法规。依据法律法规判断是非对错、判断责任归属之后,才能在此基础上分析利弊、言明利害,为成功调解打下了基础。为了提升调解员的法律知识水平,八大关街道人民调解委员会对调解员制定了一套完整培训学习计划:人手一本法律知识大全;人人观摩一次法院庭审;定期参加一次系统知识培训;参加一次法律知识考试等,再加之专业律师的参与,务必做到依法调解,用法得当。三是善于将心比心,用真挚的感情打动当事人。每个人都有同理心,都能在一定程度上理解他人,当纠纷发生时,这种矛盾冲突遮蔽了同理心。调解员要善于平息当事人情绪,引导纠纷双方的同理心,当双方可以从内心互相理解时,调解工作就接近成功了。2015年3月,在给一名军人家庭调解时,乔帅民作为一名老党员、老战士,以自己的经历现身说法,让当事人既感到亲切,又认识到自身存在的问题,最终小两口重归于好。为了增强语言和情绪的掌握能力,更好地打动人心,八大关街道人民调解委员会定期将经典调解案例以散文故事等方式整理发给各社区调解员;推荐调解员观看全国省市优秀调解员的典型发言、调解视频,学习调解语言包括肢体语言,积极推荐调解员参加宣讲会,用正能量不断充实自己。

构建"1234"人民调解格局
推动"枫桥经验"落地生根

中山路街道人民调解委员会

中山路街道人民调解委员会紧紧围绕区委"一个率先、四个走在前列"总体目标，坚持人民调解为人民工作理念，积极探索构建"1234"工作新格局，助力"枫桥经验"在基层落地生根，开花结果。

一、明确工作目标，坚持实战检验

坚持以人民为中心的服务理念，明确"矛盾纠纷不上交、不激化、不形成舆论炒作焦点"工作目标，进一步梳理完善源头预防—多元化解—依法处置—后期稳控的矛盾排查化解工作流程，充分整合现有的人民调解组织、公共法律服务站、人民调解室、司法服务工作室等力量资源，依托街道网格化治理，结合"上合组织青岛峰会"等重大安保任务，坚持在实战中学习、在实战中检验、在实战中提升，不断增强驾驭人民调解工作的本领。今年以来，中山路街道人民调解委员会共开展矛盾纠纷排查活动21次，组织扫黑除恶专项排查活动18次，发现涉黑涉恶线索1起，调解矛盾纠纷50余件，调解成功率98%以上，矛盾纠纷化解成效显著，有力维护了社会和谐稳定。

二、筑牢两个支撑，夯实基层基础

一是筑牢"多元专业"的调解队伍支撑。发挥党员示范作用，引导辖区各党支部尝试成立"群众调解先锋队"党建品牌，明确了急难险重案件由党员调解员负责调解原则。引入志愿服务理念，效仿和借鉴市南区公共文明引导志愿服务队伍及其他兄弟省区市工作经验，探索人民调解志愿者的招募，依靠和发动群众进一步深化"枫桥经验"内涵。组建调解专家团队，不断扩大和优化公益法律服务团，充分发挥律师专业和职业优势，以人民调解员、调解专家等身份参与人民调解工作，为化解法律关系复杂、专业性强的矛盾纠纷提供强有力的支持。目前，中山路街道人民调解委员会共招募 10 名具备一定专业素养、热心公益的党员和群众参与到人民调解志愿服务工作中去，参与调解纠纷 21 次，人民调解队伍从质量到数量上得到大幅度提升。二是筑牢"全网辐射"信息化平台支撑。践行"互联网 +"工作理念，在充分利用区级 12348 人民调解信息管理平台的基础上，开发相关微信程序，实现调解案卷语音录入，实现咨询、评估、调解、仲裁等功能在网上平台化运行、网下实体化运作。

三、把握三个衔接，发挥调解优势

在矛盾纠纷排查和调处工作中，本着"人民调解为主导、司法调解为后盾、慎用行政调解"的工作思路，充分发挥三种调解的优势，做到优势互补，切实搞好三种调解方式的衔接和转化，不断完善人民调解、行政调解、司法调解对接联动工作机制，提高调解的法律效力和履约率，使调解的优势得到充分发挥，促进社会和谐稳定。一是抓好人民调解与司法调解的衔接，充分调动人民调解优势，发挥司法调解的后盾作用。二是抓好人民调解与行政调解的衔接，发挥人民调解的亲和力优势，发挥行政力保障。三是抓好行政调解与司法调解的衔接，建立行政调解与司法调解的沟通机制，切实发挥调解的效力。近年来，中山路街道充分发挥综治办的领导、协调作用，以街道公共法律服务中心建设为平台，整合法庭、公安、信访等部门力量，切实做好矛盾纠纷排查调处工作。对跨区域、跨行业的重大矛盾纠纷，由综治办牵头，协调有关部门共同参与调处。通过探索建立"三调联动"机制，不仅能够提高化解矛盾纠纷的效率，还可以减弱当事人之间、当事人与司法机关的对立情绪和对抗状态，从而大大节省行政和司法资源。中山路街道调委会调解过一起有关遗产分配的案件，案件当事人五兄妹因已故父亲的房产面临征收，因遗产分配产生纠纷专门找到街道调委会申请调解。在充分审查当事人身份和纠纷事项的前提下，调委会充分发挥人民调解和行政调解的优势，在相互谅解和平等协商的基础上，最终当事人达成统一意见，并由职业律师拟定调解协议。该调解协议的签订是人民调解与行政调解良好衔接的体现，避免了当事人耗时耗力走法院诉讼途径解决纠纷，在一定程度上提升了行政机关的办事效率。

四、构建四种模式，推动多元化解

一是构建实体平台全方位统筹调度模式。聚焦辖区拆迁、教育等群众关心关注的民生领域，在四个社区改选人民调解委员会，实现矛盾纠纷在本行业本领域化解不上交。积极探索建立街道调解中心与街道综治办合署办公，与法院、信访办、法制办、妇联等部门建立工作联动机制，与全区9个街道建立协作关系，通过调度辖区人民调解资源，构建起多调联动的实战平台，在辖区重大疑难纠纷调解中发挥越来越重要的作用。二是构建政府购买服务动员社会参与模式。尝试探索以"政府购买服务"方式委托有关律师事务所、老年维权服务中心开展调解、咨询、培训、宣传等业务，组成专业团队力量，调解和疏导本地区重大疑难矛盾纠纷。三是构建多点开花品牌调解建设模式。坚持以"社会知名度高、调解能力强、调解业绩突出、人民群众认可"为标准，在辖区推进品牌调解工作室建设，目前已培育扶植3个品牌调解室，累计调处各类矛盾纠纷68起。四是构建人民调解与法治宣传深度融合模式。近年来，街道人民调解委员会始终贯彻"调防结合，以防为主"工作方针，坚持在调解中普法、在普法中调解，打好法治宣传与人民调解的"组合拳"。坚持将街道、社区两级人民调解委员会作为普法宣传"前沿阵地"，明确基层人民调解员担任普法宣传员，负责向群众进行普法宣传工作，增强调解组织的战斗力，提升调解员化解矛盾能力。今年以来，中山路街道人民调解委员会共组织普法讲堂活动8次，参与群众达300余人，组织调解员业务培训3次，法律咨询达400人次，收到了良好的法律效果和社会效果。

坚持矛盾不上交　自主化解烦心事

八大峡街道西镇社区人民调解委员会

西镇社区人民调解委员会围绕坚持和发展"枫桥经验"，认真贯彻落实《人民调解法》，把握枫桥经验的核心内涵，深入开展人民调解工作，在化解矛盾纠纷、维护社会和谐稳定方面发挥了积极作用。

一、建立健全调解网络，打牢社区调解组织基础

西镇社区人民调解委员会结合现有社会资源，针对管区人民调解工作，推行网格化精细管理，建立横向到边、纵向到底、上下联动、左右互通、依托社区、多方参与的调解组织网格，进一步打牢社区调解组织基础。网格采取纵横结合的管理服务模式，纵向网格由包网格领导、网格长、网格员（志愿者）组成，包网格领导由社区工作站站长、副书记、副站长和居委会主任、副主任担任，负责网格内矛盾纠纷化解及重大隐患等问题的协调处理；网格长由社区调解员担任，负责网格日常全面工作；网格员由社区16位安全自防队员担任，负责各自片区矛盾纠纷及重大隐患等问题的排查调处。横向网格由党支部书记、楼组长、志愿者组成。纵横结合的调解组织网格，实现了调解工作的"六到位"即"组织到位、职责到位、制度到位、队伍到位、预警到位、调解到位"，推动人民调解工作向制度化规范化发展。

社区人民调解委员会充分发挥调解网络的积极作用，三年来共接待居民来访402人次，化解群体性上访4起60人次，成功调解各类纠纷300余起，成功率98%，实现了小纠纷不出楼院，一般纠纷不出社区，有效地预防了群体性事件，维护了社区和谐稳定。

二、强化居民参与意识，自主解决邻里纠纷

西镇社区人民调解委员会充分发挥居民自治职能，立足社情民意，依托调解工作室、司法行政工作室、社区法律顾问等专业优势资源，组织居民成立居民议事会，坚持"矛盾纠纷不上交，自主化解烦心事"的工作宗旨，强化居民参与社区事务管理意识，自主协商解决多起邻里纠纷。居民议事会采取社区共建联席会议的方式，将居民的事交给居民议，将居民纠纷交给居民自己解决，有效地调动了居民参与社区事务的积极性。居民是最了解管区风土民情、社情民意的群体。日常频繁的生活交往，使得居民之间彼此了解熟悉，也产生了一定的感情。在调解矛盾纠纷的过程，这些因素往往能够发挥积极的促进作用。居民议事会则能够成功地调动这些因素。通过居民议事会的深入运行，管区内许多"老大难"矛盾，在社区居委会都不好解决的问题，反而通过居民之间自主协商解决了。

西镇社区人民调解委员会在原有功能的基础上不断丰富居民议事会内涵，积极吸纳专业律师、心理医生、社区干部、社会志愿者等社会力量参与到居民议事会当中，他们在为居民自主协商处理社区事务的同时，提供纠纷调解、心理疏导、法治教育、法律咨询、法律援助等"一站式"公共服务，更好地满足老百姓多元化诉求，为打造更加和谐稳定的社区做出贡献。

三、坚持谁调解谁普法，将法治宣传贯穿调解全过程

矛盾纠纷的产生，很多情况下是由于当事人一方或者双方法律知识的缺失导致的。为彻底解决这一问题，西镇社区人民调解委员会坚持"谁调解谁普法"工作方针，落实责任制，推动"调解＋普法"模式，以学促防、以调明法、以案释法、法调并进，打好矛盾调解和法治宣传的"组合拳"，将法治宣传贯穿调解全过程。

"以学促防"，增强居民的法律意识，丰富法律知识，引导居民懂法、守法、依法办事，能够有效地预防矛盾纠纷的发生。一是邀请专业律师定

期举办法制讲座；二是在社区宣传栏张贴以人民调解为主的法制宣传内容。三是聘请社区法律顾问每周到社区坐班提供法律咨询服务。"以调明法"，对已经发生的矛盾纠纷，社区调解委员会始终坚持依法调解，让整个调解过程有理有据，做到调解一案、普法一场。"以案释法"，对调解成功的纠纷，调解员在回访时从法律角度为当事人分析产生纠纷的原因、应该吸取怎样的教训以及如何避免再次发生此类纠纷。"法调并进"，将法治宣传与人民调解有机地结合在一起，让调解工作更有权威、更加信服，让法治宣传更具有针对性，更容易让居民消化吸收，可谓是事半功倍，相得益彰。

西镇社区人民调解委员会作为服务管区居民群众最基层的调解组织，将坚持"为民办实事、办好事"工作理念，积极主动地化解矛盾纠纷，维护居民切身利益，促进社区和谐发展，使人民群众获得感、幸福感、安全感更加充实、更有保障，努力打造"红色西镇、活力西镇、温馨西镇、平安西镇"这一喊得出、叫得响的明星品牌，为加快建设时尚幸福的现代化国际城区发挥更加积极的作用。

◎宣传报道篇

构建"四三"工作模式
实现裁调高效衔接联动

韩　亮　　张元德

　　林某系青岛某鞋业有限公
司职工，2012 年 5 月 3 日，林
某在上班途中发生交通事故，
后认定为工伤并经鉴定构成十
级伤残。为维护自身合法权益，
林某提起劳动仲裁。由于就赔
偿金问题达不成一致意见，后
经双方同意转入并委托人民调

司法部《人民调解》杂志 2014 年 3 月

解。经过耐心细致的调解，最终达成赔偿协议，由青岛某鞋业有限公司向
林某支付各类费用共计 44986 元。2012 年 4 月，针对劳动人事纠纷逐年
增多的趋势，市南区司法局在区劳动争议仲裁院设立了人民调解室，承接
由仲裁院委托人民调解的案件，有效地促进了案件的快捷化解。据统计，
自调解室成立以来，共调解案件 203 起，涉案标的 233 万元，为劳动者追
回损失 113292 元，有力地助推了和谐劳动关系的建立和社会和谐稳定的
维护。

一、强化三个规范，夯实衔接联动工作基础

　　坚持以严格的工作规范促求联动的效果。一是规范组织机构。在区层
面成立劳动争议人民调解委员会，依托区劳动争议仲裁院成立调解工作

室，选派 3 名调解员常驻，在街道依托劳动保障服务中心成立劳动争议调解室，在社区设立劳动争议调解窗口，建立了区街居三级劳动争议调解组织体系。二是规范工作程序。与区人力资源和社会保障局联合出台《关于进一步深化劳动人事争议调解与人民调解衔接联动工作意见》《劳动人事争议人民调解工作室规程》，对劳动人事争议调解室受案范围、工作职责和组织保障等内容进行了明确；进一步细化工作流程，制定了《委托人民调解委员会调解案件意见书》《委托人民调解委员会调解案件移送函》等8 种文书样式，对案卷移送交接、组织实施调解等程序和环节进行规范，确保了工作有序开展。三是规范队伍建设。我区司法局与区人社局共同培训，相互聘任，严格按照规定选任劳动人事争议人民调解员，把好队伍入口关。2012 年以来，先后两次对各街道司法所长、65 个社区及部分企业劳动争议调解员等 165 名劳动人事争议人民调解员，进行了为期 3 天的专场培训，参培人员全部考试合格，取得了青岛市劳动人事争议调解员资格证书，区司法局还对 20 名街保中心的劳动人事争议调解员颁发了人民调解员聘书，建立了一支专职调解员队伍。

二、建立三种方式，实现衔接联动工作无缝隙

坚持把人民调解工作贯彻劳动争议仲裁的全程，确保人民调解和仲裁衔接联动无缝隙。一是裁前调解式。当事人到劳动仲裁部门申请解决劳动争议的，仲裁部门告之人民调解方便快捷特点，引导其采取人民调解方式解决纷争。当事人同意的，由劳动仲裁院将《委托人民调解移送函》及有关证据材料一并移送调解室，经调解达成协议的，出具人民调解协议书；当事人不同意的，由仲裁委员会审查立案。二是裁内委托式。案件进入仲裁程序后，仲裁委对于有可能通过人民调解解决的，经审查认为符合委托调解条件，征得当事人双方同意，委托人民调解组织进行调解。经调解达成协议的，如当事人要求劳动仲裁部门出具仲裁协议书的，劳动仲裁部门予以审查，对符合条件要求的，出具仲裁部门裁决书。如当事人需要人民法院司法确认决定书的，人民调解委员会代为申请法院进行司法确认。对委托调解不成的案件，人民调解委员会将《委托人民调解反馈函》连同相关证据材料移送仲裁委。三是裁中协助式。仲裁委在仲裁过程中需要人民调解组织协助调解的，调解员接受委托后，会在第一时间介入调解，给当事人以及时到位的帮助，通过有效的调解来维护当事人权益。

三、实现三个优化，提升衔接联动工作效益

坚持把维护社会稳定作为重要任务，注重在提升衔接联动效益上下功夫。一是优化工作流程。我们把方便当事人作为开展调解的出发点，尽力简化工作流程，提高服务水平。在调解室推行"直通车"工作模式，实现了劳动案件的来访、调解和结案"一条龙"服务，畅通了渠道，方便了群众，解决了许多棘手问题，为维护社会稳定发挥了积极作用。二是优化资源调配。通过有效整合各方调解资源，实施衔接联动，打破了各部门封闭运作、各自为战的调解壁垒，确保了不同部门职责在统一规范的平台上有序运转。工作中，发挥人民调解独特的第三方地位以及不收费的优势，在缓解当事人对立情绪的同时，促使争议双方达成合意，将大量的劳动争议解决在仲裁前，实现了调解资源的成本最小化，效率最大化。三是优化功能作用。在解决劳动争议的过程中，通过加强劳动法制宣传，增强了用人单位、劳动者的法制观念和依法办事的自觉性，降低了劳动关系风险，防止形成争议。既减轻了当事人的对立情绪，又有利于防止矛盾激化，发挥了维护社会稳定的"第一道防线"作用。

四、创新三项机制，促进衔接联动有效运行

坚持将机制创新体现在劳动人事争议人民调解工作中。一是建立纠纷联调机制。对重大、疑难、复杂劳动争议纠纷，劳动仲裁院与人民调解委员会实行联合会诊，共同研究，确定工作方案。在定期交流的基础上加强沟通，全面做好预防工作，随时掌握事态发展。二是建立质量考评机制。区司法局和人社局定期对调解室的办案程序、案件质量进行检查，并对发现的问题及时指正，促进了工作规范发展。注重总结推广工作品牌，创建了"真情倾听工作法"，八大关劳动人事争议调解中心创建"李君工作法"，和调解员的"四和"理念（和善待人、和睦共事、和衷共济、和谐发展），形成推动工作持续发展的文化力量。三是建立法律援助机制。对符合法律援助的案子，坚持有一个援一个。区法律援助中心在仲裁院设立便民服务窗口，派驻 11 名专职律师轮流值班；对符合法律援助的当事人，优化案件审批程序，建立电子工作日志，依托网络传输格式文书，实施"当事人现场申请——援助中心网上审批并下达指派——窗口律师直接承办"的工作模式，大大减少了中间环节，显著提高了工作效率。至今，驻区仲裁院法律援助便民窗口共解答咨询 8000 人次，受理案件 307 件，调解结案 52 件，挽回经济损失 264221 元。2012 年，在高某等 15 人和尚某等 43 人向用人单位追索劳动报酬的两起案件中，由于用工关系复杂，短时间内难以取得有效证据，当事人情绪激动，现场几乎失控。区司法局组织援助律师及时介入，从法理、情理等多角度帮助其分析阐释案情，并积极进行调查取证工作，引导他们通过诉讼方式解决纷争，使案件顺利地走上法律途径，及时地平息了矛盾纠纷。

（注：在青岛市劳动人事争议（黄岛）现场观摩会上的发言）

温暖老百姓　和解千万家

——市南区提高人民调解工作规范化

韩　亮　张元德

　　近几年，市南区司法局认真贯彻《人民调解法》，积极组织开展人民调解工作，打造出"和解万家"工作品牌，在维护社会和谐稳定中发挥了重要作用。三年来，全区共受理各类民间纠纷 4665 件，成功调解 4607 件，调解成功率 98.7 %，防止集体上访 2971 人，防止"民转刑"案件 70 人，防止群体性械斗 13 人。先后有 2 人被评为省级调解能手，1 人被评为全国调解能手，1 人被评为全国模范调解员。人民调解与劳动仲裁联调的经验被司法部

《青岛日报》2014 年 12 月 11 日第 13 版

《人民调解》杂志刊发，使人民调解这枝"东方之花"绽放得更加绚丽。

一、规范人民调解组织建设。

　　根据《人民调解法》的规定要求，建立健全了区、街道、社区三级人民调解组织，加强对人民 调解工作的指导，组织开展人民调解工作。目前，全区共有街道调委会 10 个、社区调委会 65 个，确保了人民调解工作的有效开展。坚持向矛盾纠纷多行业和领域延伸人民调解工作，先后在法院、检察院、环保、劳动、物业、交通等部门分别成立了人民调解组织。注重加强人民调解员队伍建设，坚持每年组织一次培训，推广业务素质，实现持证上岗。目前，全区形成了以兼职调解员为主，专职调解为辅的人民调

解员队伍，其中，专职调解员 19 人，兼职调解员 838 人。开展调解员等级评定和争先创优活动，先后有 101 人被评为首席调解员，表彰了 16 个人民调解先进集体和 32 名人民调解先进个人。为变事后调处为事先预防，变被动调解为主动调解，做到早发现、早调处、早解决，坚持深入开展矛盾纠纷排查调处活动，每年组织开展两次以上的矛盾纠纷集中排查调处活动，努力将纠纷消除在萌芽状态，较好地维护了重点敏感时期、重大节日期间的社会稳定。

二、规范大调解机制建设。

积极探索以人民调解为基础，司法调解、行政调解有机结合的大调解格局，不断增强人民调解工作的覆盖面和渗透力，进一步提高了人民调解工作水平。第一，建立人民调解与劳动仲裁调解联动机制，与区人社局联合出台了《关于深化劳动争议调解与人民调解衔接联动工作意见》，举办劳动争议调解员专题培训，121 人获得了调解员证书，并在各街道社区设立劳动争议调解室。第二，建立人民调解与诉讼调解联动机制，今年成功调解案件 350 起，其中司法确认 258 件，法律咨询 145 起。第三，建立人民调解与刑事和解联动机制，加强与区检察院的密切配合，调解刑事和解案件 23 件，社会效果良好。第四，建立人民调解与交通事故调解联动机制，成功调解交通事故案件 20 件。第五，建立人民调解与物业联动机制，会同区城市管理局联合印发了《关于加强市南区物业纠纷人民调解工作的意见》，在全市率先建立区街居三级物业纠纷调解组织体系，实现了全区物业纠纷调解工作全覆盖，青岛市将在我区召开物业纠纷调解工作现场观摩会，推广经验做法。据统计，今年全区共受理物业纠纷来话来访和投诉 510 件，调处物业纠纷 131 件，调解成功 122 件。

三、规范调解工作平台建设。

为满足群众的需求，提高人民调解的效益，注重加强人民调解工作平台建设，先后在 65 个社区分别成立了司法服务工作室，并投资 30 余万元给每个工作室配置了电脑。还为每个司法服务工作室配备了一名律师、一名基层法律服务者，参与社区矛盾纠纷排查化解等法律服务工作。他们坚持每周半天"坐班"制度，热情接待前来咨询和请求帮助的群众，还对居民公开自己的电话、电子邮箱、QQ 等，做到随时收看，随问随答。坚持每季度为社区居民举办一次法制讲座，每半年对社区人民调解员进行一次法律知识培训。为方便居民群众之间的矛盾化解，建立了区、街、居一体化的"12348"矛盾化解指挥平台，实现网上快速办理流转居民上报的矛盾纠纷。司法局基层科坚持逐一登记、逐个督查、逐件上报，确保每一件落到实处。目前，共录入纠纷 1393 条，流转调解成功 340 起案件。为加强人民调解与行政调解、司法调解的高效联动，市南区还成立了派驻市南法院人民调解室，派驻市南交警大队交通事故人民调解室，派驻劳动仲裁人民调解室，奠定了基层社会矛盾纠纷化解的基础设施和技术平台。

市南区打造诉前人民调解新平台

韩 亮 张元德 刘品莹

司法部《人民调解》杂志 2016 年 6 月

　　山东省青岛市市南区香港中路街道江西路社区的陈某某与陈某于 2013 年 5 月 21 日登记结婚，婚后初期感情尚好，育有一女，后因家庭琐事经常发生争吵，直至感情破裂，2015 年 11 月 2 日，陈某某向市南区法院提起离婚诉讼。市南区诉前人民调解委员会驻法院人民调解室受区法院委托对这一起离婚案件进行调解。接到本案后，调解员随即联系陈某了解情况，得知陈某因突发脑出血刚做完开颅手术，已丧失行动能力，为此决定主动上门调解。2015 年 12 月 17 日，调解员与法官一起来到陈某家中，看到陈某与父母同住一室，生活十分困难，加上这次重病使这个家庭雪上加霜。为此调解员选准突破口反复做陈某某的工作，最终双方同意"离婚不离家"，孩子由陈某某抚养，陈某可随时探视孩子，陈某某还同意在陈某养病期间照顾陈某的饮食起居。

这起纠纷能在短时间内顺利化解，得益于人民调解与司法调解的高效衔接机制的建立。2015年5月，为有效应对人民法院立案登记制度改革带来的新情况新挑战，青岛市市南区司法局未雨绸缪、积极准备，在推行立案受理制度改革的同时，在市南区人民法院配套成立诉前人民调解委员会，充分发挥人民调解的特色优势，深化人民调解与司法调解的高效衔接，既促进了纠纷分流，保证了立案登记制改革顺利进行，又化解了矛盾，真正实现了定分止争，收到较好的社会效果。短短几个月，就成功调处各类矛盾纠纷219件，防止群体性上访4起50人次，解答法律咨询448人次。

一、健全机制流程，确保诉前人民调解有序运行

一是建立运行程序。出台《关于深化预立案制度加强诉前人民调解工作的实施意见（试行）》，明确诉前调解委员会工作职能、原则、目标和要求，建立案件通报、联席会、信息反馈等可操作性强的工作运行机制，制定诉前调解工作流程，进一步规范申请书、被申请人同意调解意见书、权利义务告知书、调解登记以及交接登记、移送函、调解笔录、调解协议书、退卷函、意见反馈等文书样式，确保了各项工作顺畅运行，为调解工作开展打下了良好基础。

二是健全调解规则。诉前调解委员会遵循调解优先、合力化解、司法支持、依法审查的原则，对承办法院转交的预立案纠纷，引导当事人通过人民调解途径解决，由诉前人民调解委员会具体调解或分流到各街道、各社区人民调解委员会调解。诉前调解委员会主动与法院立案庭、速裁庭、民一庭、民二庭对接，并增加"人身伤害""交通事故""物业"等纠纷调解，使收案范围由13种扩展到19种。

三是落实保障措施。为保证调解工作质量，从政法系统退休人员中选聘 3 名专职调解员，从机关、劳动仲裁等行业中选聘 2 名专家型调解员，组成 5 人专职调解员队伍；从具有法律专长、热心调解工作的青年志愿者中选聘 3 名志愿者，构建起以专职为主、志愿者为补充、专家为后盾的高素质调解员队伍，为开展调解工作提供了坚强的人才保障。区人民法院积极争取财政拨款，落实工作经费和办公场所。区司法局对每起案件给予 60 元调解补贴，有效地调动了人民调解员履职积极性。

二、突出诉前调解，最大限度释放人民调解能量

一是注重立前调解。当事人到法院立案时，法庭先给予分流，由驻法院调解室进行调解，调解成功的出具人民调解协议书，调解不成的则正式立案进入诉讼程序，通过这种方式解决的纠纷占立案总数的 10%。基于双方当事人意愿，先调解达成调解协议，随后立案完善相关程序，再由法院出具调解文书，给予法律上的认定。目前，已办理司法确认 27 件。

二是拓展上门调解。对于一些事实不清、证据不全需要调查核实的，调解员到当事人家中调查取证，现场进行调解。同时，针对一些身体残疾、行动不便的弱势群体，主动上门调解，使一些无法诉讼或通过诉讼可能无法取得良好社会效果的纠纷得以圆满解决。

三是强化规范调解。将 5 名专职人民调解员简历、专业、特长、纪律要求及工作流程上墙公示，落实由当事人点调制度，设立圆桌式调解室，实行人性化调解，大力塑造调解场所文化形象。落实调解员聘任、信息上报、档案管理等制度，采取各种调解形式，提高工作效能。迄今为止，调解室办理的案件当事人履行率达到 98%，且无一例强制执行及上访，真正做到案结事了。

三、发挥调解优势，扩大矛盾纠纷调处社会效益

一是延伸法律服务。针对前来诉讼、咨询和寻求法律帮助人员较多的实际，将诉前调委会设在法院立案大厅，调解员紧紧抓住当事人来访的有利时机，在为当事人提供法律咨询服务的同时，注重做好矛盾纠纷化解工作，及时消除当事人不满，为后续民事审判或调解工作做实铺垫。该做法使 80% 的纠纷当事人在经咨询后减轻了内心积怨，平缓了情绪和心态，赢得了当事人一致好评。

二是强化技能培训。将诉前人民调解员培训纳入全区人民调解整体培训计划，安排区人民法院业务庭法官讲解法律知识，邀请资深人民调解员传授调解经验，就调解技能、卷宗制作、归档管理等内容每半年开展一次培训。组织参加法律开放日活动，免费赠阅法制报刊等学习资料。定期组织召开座谈会，总结经验，查找问题，不断丰富充实调解形式和内涵。适时组织调解员参加案件旁听，进行现场观摩，增强了调解员的业务能力和水平。

三是跟进监督指导。区司法局负责对调解员的考核、培训和行政指导，定期回访调解案件，了解掌握工作效果、协议履行情况、当事人满意程度及意见建议等；区法院负责具体业务指导，保证了诉前人民调解工作的顺利开展。

四、打造载体品牌，谱写人民调解工作新篇章

一是打造群众心中"社区法庭"。驻法院调解室调解员坚持公开公正，把依法、依理、依情调解有机结合，坚持用"四心"（热心、爱心、耐心、公心）工作法化解矛盾纠纷，平息争端。工作中秉承人性化、理性化，想群众所想，急群众所急，千方百计帮助协调解决纠纷，使当事人携着怨气来，带着和气走，赢得了群众信任，被群众誉为"社区法庭"。

二是打造群众信赖"法制讲堂"。驻法院调解室不仅担负着调解疑难纠纷职能，还承担着普法宣传任务。有的纠纷当事人闹得不可开交，甚至大打出手。在调解过程中，调解员坚持以案说法，以事明理，趁热打铁，及时跟进，达到了标本兼治目的，通过法制宣传教育，大多数当事人化解了怨气，理顺了情绪，消除了隔阂，调解室成为社区群众的"法制讲堂"。

三是打造服务社区"法律阵地"。驻法院调解室调解员坚持工作重心下移，实行流动调解，以社区司法服务工作室为载体分别建立 10 个调解阵地，健全组织，培养骨干，每周用 2 天时间深入社区，了解社情民意，排查矛盾纠纷，对疑难复杂纠纷，实行集中会诊、定期复诊，协助社区做好纠纷化解工作。同时有针对性地开展法制宣传和法律服务，将触角延伸到居民楼院，使邻里纠纷在倾心攀谈中得以化解，反目成仇的邻居在悉心调解中握手言和，濒临崩溃的家庭在循循善诱中重归于好，调解室成为名副其实的"法律阵地"。

领悟"枫桥经验"深刻意蕴
念好"和、说、断"调解真经

韩　亮　任丽平

近几年，市南区司法局坚持人民调解为人民的理念，深入学习借鉴"枫桥经验"，积极总结探索新时代人民调解工作方法，挖掘提炼出"和、说、断"三字真经，在全区调解组织中广泛推广应用，有力地提升了人民调解工作水平。

一、坚持正确取向，调准"和"之弦

人民调解这朵"东方之花"根在"和"文化的滋养。始终把牢维护社会和谐稳定的价值取向，坚持将"和"的理念贯穿调解全程，在"四和"上下功夫。

（一）重"尚和"。"尚中贵和"既是中华文化的精髓，也是人民调解工作的本质要求。市南区司法局大力倡导"尚和"的调解理念，努力让每一起案件实现和解。倾力打造"和解万家"调解品牌，从制定调解工作规范化标准，到每年一次的调解员业务培训，再到开展优秀调解员评比活动等，都突出"和"的主题，传授"和"的艺术。每两年一次评比表彰的市南区"十大金牌调解员"，他们个个都深怀"和"之技能，案件调解的成功率均为100%，当事人都是握手言和。实际工作中，人民调解的多是影响人们日常生活秩序建立和幸福指数的婚姻关系、家庭关系及邻里关系等，而这些关系的健康程度直接影响到社会的和谐程度。市南区首届"十大金牌调解员"、湛山社区片区书记杨桂芝老人，始终把"和合"作为调解的最高价值追求，每当遇到夫妻闹离婚的案件，她都是反复约见当事人，苦口婆心地劝合，做到双方不达和解不罢休。目前，她已让濒临破裂的9

对夫妻和好如初，并成了远近闻名的婚姻关系修复专家。实践中认识到，面对日益复杂的矛盾和纷争，人民调解工作要综合考虑法律、人性、经济、道德等因素，着眼深度修复人际关系，建立正常生活秩序，必须坚持在"和"上下功夫，努力避免民转刑案件发生，维护社会和谐稳定。

（二）讲"亲和"。就是用一种亲切和蔼的态度，营造出平等、公正、信赖的调解情境，有温度地安抚双方当事人和解。人民调解程序开启之初，遇到的突出问题是双方都在气头上，甚至是剑拔弩张，很难坐下来平心静气地说话。此时，调解员要做的基础工作就是与当事人"套近乎"，以赢得双方当事人对调解员的信任，从而帮助矛盾双方正视各自的问题，并相信通过调解可以消除矛盾。实践证明，只有当事人放下对调解方式和调解员的抗拒，才会自觉自愿、心平气和地坐下来接受调解。当事人往往是喊破嗓子，但没有"撕破脸皮"，坚守心底那一份情谊，也为成功调解奠定了基础。原盐城路社区调委会主任明纪美，受理了一起楼上漏水的纠纷调解，楼下独居老人提出大笔赔偿，而且态度强硬拒不接受调解，要求诉诸法院。为让老人和楼上邻居当面沟通一下，明纪美就到老人家照料日常生活，陪他聊天给予精神慰藉。几次之后，老人被她的真情打动，主动提出与楼上邻居协商解决。

（三）会"调和"。原金门路司法所所长臧慧琳在自己的《调解日记》中写道："调解员要会采取立场折中、利益稀释的方法，在求大同存小异中消弭争端，使双方由对立对抗转向妥协退让，最终让双方当事人达成和解。"臧慧琳曾经被评为全国"模范人民调解员"、全国"模范司法所所长"，每年经手调解的案子30余起，但没有一起发生反复的。她的经验来自一线，且经过了实践的检验。比如，面对家庭、邻里之间的矛盾纠纷，尤其在主次责任分歧较大，彼此互不相让的情形下，如何坚持具体问题具体分析的方法，从社会、经济、亲情、司法等维度考量，提出多个思路供当事人选择等；如何在调解的关键环节，懂取舍、知进退，以求得双方利益或心理的平衡，实现真正意义上的和解等；如何引导双方为自己预设妥协空间，对不同的权利救济方式可协商选择，赔偿数额可"讨价还价"等。2014年，李女士出首付帮助儿子王先生购买婚房，现在儿子儿媳感情不和要协商离婚，儿媳要求分割房产和对孩子抚养权。臧慧琳在调查了解中发现，李女士的孙女还是婴儿比较亲儿媳，该房产属于婚内房产且没有办理房产证。于是，臧慧琳制定出调解方案：①孙女尽可能随儿媳生活，儿子每月按照实际工资的一定比例支付抚养费；②房产按照市场评估价计算，扣除李女士的首付，剩余房产对半分配；③谁要房子谁给对方经济补偿。在臧慧琳的说和下，双方围绕"好合好散"达成一致意见。

（四）懂"迭和"。在现实的人民调解工作中，有时会出现多名调解员参与场面激烈或情况复杂的矛盾纠纷化解，要确保参与调解的人员，一个口径和腔调，做到互相呼应、互相唱和。例如，在处理一起老年人遗产继承纠纷时，由于老人没有遗嘱，五个子女对老人的遗产继承产生矛盾，子女们为此闹得不可开交。针对子女中有的愿意调解，有的选择诉讼的意见，市南区人民调解中心受理此案后，负责调解的两名专职调解员，研究决定主打亲情牌的调子，在具体调解环节时，一个讲解继承法知识、调解和诉讼的区别，列举"打了官司，丢了亲情"，一纸判决书，从此陌路人的案例；一个列举老人生前，兄弟姐妹相互关心爱护的往事等。由于两名调解员一唱一和的"煽情"，子女们最终同意通过调解来解决问题。我们从这个案例中体会到：任何情况下，调解员都要在综合分析各种利弊的基础上，努力说服双方产生和解的意愿。另外，主动申请调解的一方求和心态明显，调解员应把重点放在被申请人一方。同时，应充分了解另一方是否有和解的愿望，以及和解的程度有多大。对此，只有做出正确的判断，才能促进矛盾纠纷的化解。

二、坚持言辞得体，学会"说"之技

在案件调解中，调解员与当事人之间的语言沟通，对有效化解矛盾纠纷十分重要。从市南区的人民调解工作实践看，应注意运用好四种语言技巧。

（一）通"俗语"。民间纠纷属于人民内部矛盾的范畴，调解对象也都是普通的百姓，矛盾纠纷的焦点多为人际关系冲突或经济利益纠纷，许多都是些"鸡毛蒜皮"的事。调解员在调解案件中，要多讲"接地气"的语言，善于引用口语化、大众化、通俗化的"俗语"调解，有利于拉近和当事人的距离，也容易被当事人理解和接受。市南区人大代表、区首届金牌调解员、寿张路社区调委会主任周国牛，围绕如何根据当事人的关系、纠纷的性质、诉求的目的、现场的情境等，总结出一套运用"俗语"的诀窍：针对家庭、邻里关系，要以"情谊"为主，如"打虎亲兄弟、上阵父子兵""一日夫妻百日恩""远亲不如近邻"等；针对"不蒸馒头争口气"的诉求，要以"宽让"为主，如"忍一时之气，免得百日之忧""退一步海阔天空""得饶人处且饶人"等；针对复杂的利益纠纷，要以"疏导"为主，如"欠债还钱天经地义""人义值千金，金钱如粪土"，"钱是身外之物，生带不来，死带不去"等。在市南区调解员业务培训班上，周国牛深有体会地说，俗语都是老祖宗留下的饱含深刻道理的话，"不听老人言，吃亏在眼前"。实践表明，俗语易于内化为当事人的认知，运用恰当可起到"画龙点睛"作用，有利于营造良好的调解情境，有助于解决矛盾纠纷。

（二）懂"论语"。"论语"就是含有法理性、哲理性的语言。市南区司法局基层科原科长、现任八大湖司法所所长张元德总结认为：做好人民调解工作，一定要着眼受教育水平的提高、法律知识的普及，权益意识的增强，实现从传统的重情重义式，向"情、理、法"三者融合转型，坚持"情"的基调、突出"理"的开导、强化"法"的约束。司法局推广了张元德所长的体会，要求调解员多读一些法律书籍，多看一些政治著作、多学一些人文知识。针对矛盾纠纷的利益性特点，善于运用"论语"直面问题、触及实质，力戒空洞化、高高在上，正确引导当事人认识到自己应该履行、承担的责任。一句话，不在外围打转，要点到穴位，切中要害。比如，针对当事人复杂的心理活动，善于运用"论语"圈定范围、划定底线，避免双方纷争升级、乱法失和。做到及早制止一些不切实际的诉求，约束那些想占便宜、信口开河、胡搅蛮缠的当事人。说到底，就是明确解决问题的方向，在设定的框架内发表意见。2017年冬天，亢家庄社区发生一起因楼上水管爆裂引发的邻里纠纷，针对楼上"肇事者"蛮横无理、推卸责任、指责楼下，吵闹得调解无法进行。张元德所长瞅准时机，运用法律严正地告诫当事人，促使其很快冷静下来审视自己的行为，不仅认识到自己的错误，主动地赔礼道歉，而且还赔偿了一定的经济损失。

（三）说"好语"。如何应对情绪激烈的场面，考量着一个调解员的功底。实际工作中，由于受调解现场情境的感染，有时会因言辞不当而"火上加油"，增加了平息事态、化解纠纷的难度。所以，针对矛盾纠纷的复杂性、当事人心理的复杂性，要达到"一笑泯恩仇"的效果，调解员的言辞至关重要。俗话说："好言好语暖人心"。在纠纷调解的过程中，为了打破僵持局面活跃现场气氛，缓和当事人之间的心理冲突，可以适当使用一些幽默性的用语，有的在说笑之间就把问题解决了。对此，荣获全国人民调解工作先进个人、仰口路社区调解员王淑伟，根据自己的工作实践，归纳了三点体会：第一点，要持身中正。控制好自己的情绪，不偏不倚，语言得体有温度，不说过激的话，不讲难听的词，要"春风化雨"不当"冷面判官"。第二点，要态度中肯。不管哪方当事人有错，要明确指出错误，但不要严厉指责，尤其不能尖酸刻薄。有时，需要顺着当事人的话说，与其保持相同的站位。第三点，要鼓励纠错。对有些当事人能反省、自责的，调解员要积极给予安慰和鼓励，帮助其认识问题、承担责任、改正错误。实践表明，在调解家庭矛盾、婚姻纠纷中，好言好语调解尤为重要，因为家庭生活还要继续，首要的是修复关系。好言好语激发的是当事人的内心体验，是在争取当事人自我调解的自觉，内化的自觉会取得更好的调解效果。

（四）会"外语"。在各种调解案件中会遇到不同的人，他们的年龄、职业、民族、语言、文化程度、社会地位、风俗习惯、宗教信仰等，千差万别，如何使调解有针对性，对症下药，就要求调解员会讲"外语"。"外语"在此处是一个庞大的范围，既包括外国语言、各地方言，也包括文化差异宗教信仰等等。调解员既要懂"外语"，也要灵活运用"外语"。青岛作为一个开放度大的城市，越来越多的外国人、外地人到青工作、定居，融入城市的同时也避免不了成为矛盾纠纷的当事人。将心比心，在语言、文化陌生的地方产生纠纷，"外语"可以迅速拉近距离，消除警惕放下戒备。近几年，市南区司法局，积极适应矛盾纠纷"外籍化"的倾向，着力培训建立一支通晓"外语"的人民调解员队伍。同时，针对外籍人员居住集中的社区，要求社区调委会要配备一名懂"外语"的调解员。吸收会外语、有文化、懂宗教的义工，加入人民调解队伍，澳门路社区还引入外籍人员参与矛盾纠纷化解。东海路9号是青岛市外国人居住最集中的地方，住有10多个国家近160多人，为取得他们对"上合青岛峰会"有关工作的配合，减少不必要的矛盾纠纷发生，湛山街道挑选3名英语水平高的调解员，详细解答他们提出的问题，达到了预期的工作效果。

三、坚持据实而论，掌握"断"之法

调解员在"定纷止争"过程中，要做到善"断"是非曲直，明"断"黑白对错。正确判断矛盾纠纷应做到"四不"。

（一）不武断。调解员由于受社会阅历、人生经历的影响，容易犯经验主义的错误，对案件轻率地拍胸脯表态，致使一些简单的案件变得复杂。面对矛盾纠纷，调解员要充分了解事实和双方诉求，理顺双方情绪、分清主次责任、弄明因果关系，实现调解员与当事人同频共振、求取共识、和谐共生。一定要摒弃那种生硬的、强制的、居高临下的姿态，做到讲道理有的放矢，解疙瘩对症下药。调解员在刚开始接触当事人时，要耐心听取当事人陈述，不要急于表态，更不要随意批评，可用一些模糊性语言表达出对当事人的关心态度和公正处理的决心即可。因为，在调解员不了解矛盾纠纷详情时，所作出的表态与事实不符，那么，不仅解决不了问题，反而会把现场气氛弄糟糕。所以，调解员要加强与当事人沟通，一方面可以给自己赢得调查和思考分析的时间，避免马上下判断、作评价的不客观性，另一方面也传达了调解员调解纠纷的严谨态度，赢得当事人的信任，缓解当事人的情绪。驻法院调解室调解员邢玉航，顺利化解一起邻里纠纷。起因是合租的两家人因公用空间的使用发生争执，退休独居的路某扔东西砸伤了四十余岁蔡某（女）的鼻骨，蔡某强烈要求走诉讼渠道。由于事件发生后双方当事人情绪都很激动，邢玉航没有匆忙展开调解，而是给予一定时间的冷处理，等蔡某减轻了因伤害所带来生理痛苦的心理影响，路某也有了一定的悔过心理后，邢玉航又请来路某的妹妹一起帮助调解，最终使这起纠纷在诉前得以成功化解。

（二）不臆断。主观臆断是指对案件不做深入调查研究，不听取双方当事人的客观陈述，或道听途说，或凭感觉及个人好恶等，对矛盾纠纷"冒然"评判推断。有的调解员在分析判断案情时，往往会陷入"先入为主"的误区，如，遇到用人单位与劳动者之间的纠纷，就会认为用人单位是过错方；遇到老人与子女之间的纠纷，就会认为问题出在年轻人身上；遇到患者与医院之间的纠纷，就会认为医院应承担主要责任等。主观臆断的做法，易脱离群众，会让群众对调解公信力失望。克服调解工作中的主观主义，调解员一定要避免主观臆断，避免自以为是、自作主张地去调解。有时候，矛盾纠纷起源于一点小误会，双方谁都不愿意让步，"不争馒头争口气"，主要诉求是道歉，而不是赔偿；而有的纠纷当中，当事人主要诉求是赔偿，谈好引起纠纷的经济问题才能让冲突得以化解。山东省人民调解能手、金门路街道专职人民调解员张秀珍，成功化解了一起赡养纠纷。案由：70岁老人指责儿子儿媳欠钱不还，并且不尽赡养义务。经张秀珍了解，情况却与老人所说差异很大，矛盾起因是有亲戚找了一位自称懂针灸，但没有行医资格的大夫给老人治病，儿子儿媳担心老人被骗，劝阻不成而暂缓还款。老人便住到亲戚家里并向四邻宣扬儿子儿媳不孝，双方之间就此产生了矛盾。张秀珍在了解了事情来龙去脉的基础上，对双方进行了善意温和的劝解，最终老人被儿子儿媳接回家中，并前往医院接受正规治疗。

（三）不片断。历史地、全面地分析矛盾纠纷，有助于从根上化解复杂案件。现实生活中的家庭邻里纠纷，可能是长期积累的总暴发，不仅要查明引发冲突的直接原因，也要了解双方当事人以前的过往，看彼此是否结下疙瘩、积下怨气、埋下仇恨。坚持用完整的而不是零碎的，联系的而不是孤立的方法分析矛盾，才能有效地避免调解走向死循环。太平路社区发生一起家庭纠纷，姐姐一家与妹妹一家因为赡养老人发生冲突，致使妹夫受伤住院，而姐姐拒绝支付妹夫的医疗费，使调解局面一度陷入僵局。山东省人民调解能手、中山路司法所所长陈琳了解到，原来关系很好的两家人本是轮流照顾老人，后来妹妹家开了个小饭馆，因生意忙顾不上照看老人，姐姐就埋怨妹妹不尽赡养义务，妹妹指责姐姐侵占老人的退休金等。此时，陈琳就从老人的赡养问题入手，给当事人充分诉说的时间，让其消极情绪得到充分的释放和宣泄，同时，引导当事人说出纠纷的起因经过，以及历史上发生的过节等，从中找到一个突破口。为最大限度地了解事实的全貌，陈琳耐心倾听双方当事人的诉说，排除当事人陈述中的主观取舍，必须充分倾听双方当事人的陈述，甚至向相关知情人了解情况。

（四）不盲断。调解员要保持清晰的头脑，坚持客观、公正地判断案情，使调解的每起案子都能经得起时间的检验，经得起当事人的评说，从而规避"葫芦僧乱判葫芦案"的现象。在调解矛盾纠纷时，对矛盾纠纷的全部事实，要充分的分析研究，理清基本脉络，提出解决的方法，提前把课备足备好,尤其要充分考量当事人的动机和需求。调解员要阐述自己对矛盾纠纷的客观看法,切合实际,不要浮于表面泛泛而谈,在直抒胸臆的过程中要秉持客观公正的态度,所说之事一定要有事实和法律的依据。在调解过程中,对于法律有明确规定的,调解员必须明辨是非,对当事人的观点和主张进行评析,厘清哪些观点是正确的或者有哪些是正确的方面,哪些观点是不正确的或是有偏差的,哪些诉求是合理的或是有哪些合理的成分,哪些诉求是不合理的。调解员公正客观,当事人才能真正信服。林某,系青岛某公司职工,2012 年 5 月 3 日,林某在上班途中发生交通事故,后认定为工伤并经鉴定构成十级伤残。为维护自身合法权益,林某提起了劳动仲裁。因赔偿金额问题一直未能达成协议,后转到区劳动争议仲裁院人民调解室进行调解。经过调解员耐心细致的调解,最终达成赔偿协议,由青岛某公司向林某支付各类费用共计 44986 元。

推进司法行政工作向社区延伸
切实打通服务群众最后一公里

张元德

近年来，市南区坚持以加强和创新社会治理为主线，以"贴近群众、服务民生、促进和谐"为目标，按照《青岛市司法局关于推进社区（村居）司法工作室建设的指导意见》要求，2013年8月率先在65个社区建立了司法服务工作室（以下简称"工作室"）。据统计，工作室运行以来，全区仅调处矛盾纠纷达905件，调解成功885件，成功率达到97.8%，司法行政服务工

《法制日报》2017年4月6日第12版

作取得了新成效，实现了新跨越，有力地维护了社会和谐稳定。

一、加大投入，搭建司法行政便民服务平台

一是领导重视，形成合力。市南区司法局高度重视工作室建设，制定了推进计划及实施方案，将其列为党委工作的重点目标加以推进，区综治办也将其列入全区"六大领域"专项整治工作考核的重要内容。积极争取区委、区政府经费保障支持，投资30余万元给每个工作室配置了电脑及办公用品。同时多方协调街道、社区加大对工作室建设力度，形成合力，

为司法工作室配备办公用房，完善办公条件。

二是先行试点，扎实推进。立足我区实际，选择条件比较成熟的仙游路社区先行试点，经过一段时间运行，初现成效；去年6月份召开全区司法工作室建设现场观摩会，之后司法工作室建设在全区推开，8月底在65个社区全部设立了司法服务工作室。

三是整合资源，科学设置。全区统一制作安装《司法服务工作室组织职责网络图》，各社区结合实际，依托调委会或警务室设立司法工作室，下设人民调解、安帮矫正、普法宣传、法律援助和法律服务五个工作站，形成了区司法行政综合服务中心——街道司法所——社区司法工作室——工作站四层司法行政便民服务网络。工作室主任由社区调委会主任兼任，工作人员以人民调解员为基础，优化整合律师、法律服务工作者、公安片警、安置帮教社区矫正志愿者等共同参与。

四是树立标杆，创先争优。由司法局领导带队每半年对工作室运行情况进行一次检查，发现问题当场指正，限期整改，适时通报。年初制定树立"标杆式司法工作室"计划，在每个街道推进一个"标杆式司法工作室"，吸收优秀经验，推广实效做法，以点带面，调动争先创优的积极性，造福社区居民。

二、健全机制，提高司法工作室工作效能

一是明确职责。工作室主要职责：1. 开展普法宣传和依法治理，落实普法任务，培训社区法律明白人；2. 组织协调结对律师和法律服务工作者为群众解答法律咨询，提供合同起草、修订等法律服务，为居民群众答疑释惑；3. 主动开展矛盾纠纷排查，对发现的民间纠纷及时调处化解，对重大纠纷隐患及时报告；4. 协助对社区矫正人员进行监管教育，对刑满释放人员进行安置帮教；5. 开展法律援助宣传，帮助社区居民申请法律援助，依法维护其合法权益。

二是健全制度。1. 公示公开制度。将办公地址、联系电话和工作人员

的姓名、职务、联系方式等在展板上对外公示，将工作流程、职责范围和服务内容等向社区居民公开。2.登记报告制度。建立人民调解、普法依法治理、社区矫正、安置帮教、法律援助、法律服务等登记制度，对工作开展情况建帐造册，对排查出的重大纠纷隐患和群体性纠纷等危险苗头，第一时间向司法所报告。3.统计分析制度。每月对工作情况进行统计分析，掌握社区矛盾纠纷、不安定因素和法律服务需求的特点。区司法局统一印制《法律服务工作日志》，由律师和基层法律服务者对每周开展工作情况负责登记，居委会主任签字确认，以此作为其工作考核的依据。4.信息反馈制度。及时将民间纠纷动向、稳控对象、法律援助和普法宣传等情况向司法所反馈。

三是统一模式。在工作室全部设立"律师会客厅"，统一工作模式：1."坐班"模式。每个工作室有一名法律服务者，每周"坐班"半天，参与社区矛盾纠纷排查化解，协助起草、修改和审核居民公约规章制度，为基层决策提供法律服务，受社区委托参与或代理因经济活动涉及的非诉讼、仲裁、执行、行政复议、听证等法律事务。2."AB角"模式。每个工作室配备2名结对律师，实行"AB角"制度，为社区群众提供全方位的法律服务，接到群众法律服务需求，2个工作日内提供相应服务。对于以电话、电子邮件等形式提出的法律咨询，做到随问随答，疑难问题不超过2个工作日。每季度举办一次法制讲座，每半年对调解员进行一次法律知识培训。3."例会"模式。结对律师或法律服务者每周参加居委会例会，对管区内疑难复杂纠纷案件或重大问题参与讨论，研究解决方案。

三、发挥职能，彰显司法服务工作室作用

一是筑牢防线，增强矛盾化解能力。工作室充分发挥社区人民调解组织网格化优势，坚持每周集中排查，围绕群众关心的热点、难点问题，及时分析把握矛盾隐患，对不稳定因素做到早发现、早报告、早控制、早解决，防止矛盾累积，将纠纷消灭在萌芽状态。如：2014年12月5日，湛山街道盐城路社区就排查出一起因房屋漏水引起的矛盾冲突，结对律师于春山及时赶到，与居委会主任明纪美、调解员潘月华经过两个多小时耐心劝导，双方当事人最终达成了一致意见。恰逢市局曹仁收局长到社区检查指导工作时目睹了整个调解现场，对此给予充分肯定。

二是加强管控，预防重新违法犯罪。工作室对辖区安置帮教和社区矫正人员两类特殊人群，坚持定期走访经常见面，掌握信息，实现动态化管理。建立安置帮教和社区矫正人员档案和名册，协助司法所对两类人员谈话教育，及时了解掌握其思想状况，防止脱管漏管。目前，已对480名安置帮教对象和215名社区矫正对象落实了帮教管理措施，无重新违法犯罪现象。

三是丰富形式，普法工作扎实有效。工作室针对城市建设中较突出的征地拆迁、安置补偿等热点难点问题，广泛深入地进行法律法规和相关政策宣传，提高了居民法律意识，引导群众依法表达诉求。全区累计组织普法讲座200余场次，开展各类普法宣传活动100余次，普法教育面达95%以上，发放宪法、基本法律常识等读本2万余本，发放普法宣传环保购物袋3万多个，得到社区群众广泛认同，激发了广大居民群众学法用法积极性。

四是扩大范围，法律服务便捷高效。工作室坚持将辖区内经济困难户、残疾户等受援对象分类建档，向群众发放法律援助明白纸，为生活困难孤寡老人、残疾人、孤儿开通法律援助"绿色通道"，切实维护弱势群体合法权益。结对律师和法律服务工作者为群众提供法律咨询和无偿便捷的法律服务共计395件，深受居民欢迎。

市南区新建"三位一体"公共法律服务队伍

任丽平

为提升基层社会治理法治化水平，满足居民日益增长的法治需求，市南区创新建立"三位一体"法律服务队伍，开辟涉法"特色服务"，构建起覆盖区、街、居三级的公共法律服务平台。

"三位一体"公共法律服务队伍，即市南区司法局创新打造以政法专项编人员为主体，合同制司法协理员为辅助，大学生志愿者为补充的队伍。其中，通过公务员统考方式，招录司法所政法专项编人员20名；投入专项财政资金64.8万元，采取政府购买服务方式，招聘司法协理员13名；从青岛大学、中国海洋大学等高校招募大学生志愿者20多名，极大缓解了基层公共法律服务人员力量薄弱现状。目前，市南区司法所工作人员全部达到3名以上，其中大学本科及以上学历共27人，占总人数的90%。

该区还着力促进公共法律服务"特色业务"创新发展。云南路司法所建立"三零"特色公共法律服务模式，即法律服务"零距离、零门槛、零费用"，从提升服务质量和水平等软件方面入手，充分发挥律师、法律顾问、人民调解员、社会志愿者等作用，不断优化服务项目，延伸服务触角，为群众提供及时、精准、普惠的公共法律服务。中山路司法所指导社区法律顾问建立公共法律服务微信群，吸收社区工作站站长、社区居民委员会主任、社区工作者、法律顾问和司法所工作人员等加入，及时为辖区群众提供法律咨询、矛盾纠纷化解调处和有效法治宣传服务。

《青岛日报》2016年6月1日第7版

市南区创建九个行业性人民调解组织

任丽平

市南区积极探索将人民调解工作向重点行业领域延伸，目前，全区已建立 9 个行业性专业性人民调解组织。

构建裁调高效联动机制，在区劳动争议仲裁院设立了全市首家劳动争议纠纷人民调解室。规范三种联动调解方式，包括裁前调解式是在当事人申请仲裁时，引导当事人采取人民调解解决纷争；裁内委托式是征得已进入仲裁程序的案件当事人同意后，转而委托人民调解室进行调解达成协议；裁中协助式是在仲裁过程中由人民调解员介入协助调解，维护当事人权益。

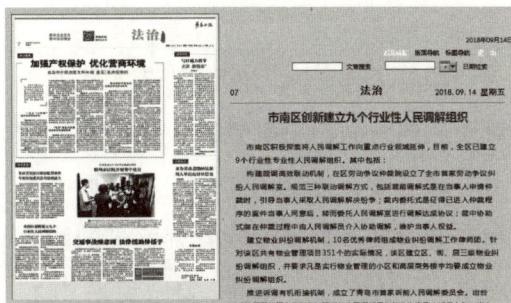

《青岛日报》2018 年 9 月 14 日第 7 版

建立物业纠纷调解机制，10 名优秀律师组成物业纠纷调解工作律师团。针对该区共有物业管理项目 351 个的实际情况，该区建立区、街、居三级物业纠纷调解组织，并要求凡是实行物业管理的小区和高层商务楼宇均要成立物业纠纷调解组织。

推进诉调有机衔接机制，成立了青岛市首家诉前人民调解委员会。出台《关于深化预立案制度加强诉前人民调解工作的实施意见（试行）》。进入预立案后的案件，调解员们需要在一个月内完成调解。自立案登记制度实施以来，市南区诉前人民调解委员会接收调解案件 2836 件，达成调解协议 1590 件。

青岛市首家金融消费纠纷人民调解委员会在市南区成立，目前已成功调解案件 28 件，涉案金额 200 余万元。

切实把握好调解中的"断"法

韩 亮 任丽平

调解工作是一门实践的艺术，能否对矛盾纠纷做出正确判断，促使双方做出合理了断，达到"定纷止争，握手言和"的效果，直接考验着调解员的能力和水平。从实践经验看，要做到善"断"是非曲直，明"断"黑白对错，巧"断"家长里短，调解员应在"断"上做到"四不"。

一、不武断。 调解工作中最忌在还没掌握纠纷的全部情况时就轻率地拍胸脯、表态度，犯经验主义错误。面对矛

司法部《人民调解》杂志 2016 年 2 月

盾纠纷，调解员一定要先耐心听取当事人陈述，不要急于表态，更不要随意批评，要在充分了解了事实和双方诉求，理清了主次责任、因果关系，实现了与当事人同频共振的基础上开始调解，从而做到讲道理有的放矢，解疙瘩对症下药。刚开始接触当事人时，调解员可以先用一些模糊性语言表达出对当事人的关心态度和公正处理的决心，这样既可以避免因为不了解矛盾纠纷详情做出与事实不符的表态，给之后的调解设置不必要的障碍；还可以为自己赢得调查和思考分析的时间，同时还能传达调解员调解纠纷的严谨态度，赢得当事人的信任，缓解当事人的情绪。在一起邻里纠纷中，合租的两家人因公用空间的使用发生争执，一方当事人还扔东西砸伤了另一方的鼻骨。事件发生后，双方的情绪都很激动，被砸伤的一方强

烈要求走诉讼渠道。面对这一情况，调解员没有匆忙展开调解，而是先选择冷处理的方式，给予双方当事人一定时间冷静下来。等被砸伤的当事人减轻了因伤害所带来生理痛苦的心理影响，伤人的一方也有了悔过心理后，再请来当事人的亲属一起帮助调解，从而为纠纷的顺利调解打下良好基础。

二、不臆断。分析判断矛盾纠纷时，最忌主观臆断，不做深入调查研究，不听取双方当事人的客观陈述，或道听途说，或凭感觉、个人好恶等"冒然"做出评判推断：遇到用人单位与劳动者之间的纠纷，就认为用人单位一定是过错方；遇到老人与子女之间的纠纷，就认为问题出在年轻人身上；遇到患者与医院之间的纠纷，就认为医院应承担主要责任等。主观臆断的做法，易脱离群众，会让群众对调解公信力失望。克服调解工作中的主观主义，调解员一定要避免主观臆断，避免自以为是、自作主张地去调解。有时候，矛盾纠纷起源于一点小误会，双方谁都不愿意让步，"不争馒头争口气"，主要诉求是道歉，而不是赔偿；而有的纠纷当中，当事人主要诉求是赔偿，谈好引起纠纷的经济问题才能让冲突得以化解。山东省人民调解能手、金门路街道专职人民调解员张秀珍，成功化解了一起赡养纠纷。案由：70岁老人指责儿子儿媳欠钱不还，并且不尽赡养义务。经张秀珍了解，情况却与老人所说差异很大，矛盾起因是有亲戚找了一位自称懂针灸，但没有行医资格的大夫给老人治病，儿子儿媳担心老人被骗，劝阻不成而暂缓还款。老人便住到亲戚家里并向四邻宣扬儿子儿媳不孝，双方之间就此产生了矛盾。张秀珍在了解了事情来龙去脉的基础上，对双方进行了善意温和的劝解，最终老人被儿子儿媳接回家中，并前往医院接受正规治疗。

三、不片断。历史地、全面地分析矛盾纠纷，有助于从根上化解复杂案件。现实生活中的家庭邻里纠纷，可能是长期积累的总暴发，不仅要查明引发冲突的直接原，也要了解双方当事人以前的过往，看彼此是否结下疙瘩、积下怨气、埋下仇恨。坚持用完整的而不是零碎的，联系的而不是孤立的方法分析矛盾，才能有效地避免调解走向死循环。太平路社区发生一起家庭纠纷。姐姐一家与妹妹一家因为赡养老人发生冲突，致使妹夫受伤住院，而姐姐拒绝支付妹夫的医疗费，使调解局面一度陷入僵局。山东省人民调解能手、中山路司法所所长陈琳了解到，原来关系很好的两家人本是轮流照顾老人，后来妹妹家开了个小饭馆，因生意忙顾不上照看老人，姐姐就埋怨妹妹不尽赡养义务，妹妹指责姐姐侵占老人的退休金等。此时，陈琳就从老人的赡养问题入手，给当事人充分诉说的时间，让其消极情绪得到充分的释放和宣泄，同时，引导当事人说出纠纷的起因经过，以及历史上发生的过节等，从中找到一个突破口。为最大限度地了解事实的全貌，陈琳耐心倾听双方当事人的诉说，排除当事人陈述中的主观取舍，必须充分倾听双方当事人的陈述，甚至向相关知情人了解情况。

四、不盲断。调解员要保持清晰的头脑，坚持客观、公正地判断案情，使调解的每起案子都能经得起时间的检验，经得起当事人的评说，从而规避"葫芦僧乱判葫芦案"的现象。在调解矛盾纠纷时，对矛盾纠纷的全部事实，要充分的分析研究，理清基本脉络，提出解决的方法，提前把课备足备好，尤其要充分考量当事人的动机和需求。调解员要阐述自己对矛盾纠纷的客观看法，切合实际，不要浮于表面泛泛而谈，在直抒胸臆的过程中要秉持客观公正的态度，所说之事一定要有事实和法律的依据。在调解过程中，对于法律有明确规定的，调解员必须明辨是非，对当事人的观点和主张进行评析，厘清哪些观点是正确的或者有哪些是正确的方面，哪些观点是不正确的或是有偏差的，哪些诉求是合理的或是有哪些合理的成分，哪些诉求是不合理的。调解员公正客观，当事人才能真正信服。林某，系青岛某公司职工，2012 年 5 月 3 日，林某在上班途中发生交通事故，后认定为工伤并经鉴定构成十级伤残。为维护自身合法权益，林某提起了劳动仲裁。因赔偿金额问题一直未能达成协议，后转到区劳动争议仲裁院人民调解室进行调解。经过调解员耐心细致的调解，最终达成赔偿协议，由青岛某公司向林某支付各类费用共计 44986 元。

调解员要掌握好调解工作中的"断"法，站在中立的角度，在充分了解事实和当事人诉求的基础上，全面、客观、理性地看待和分析问题，找到解决矛盾的切入点，就像医生判断病人的病源，这样才能够大大提高调解效率和质量。

实施"物业纠纷三级调解"
小区疑难电梯问题终化解

任丽平

针对辖区物业化管理度高，物业矛盾纠纷频发的态势，市南区成立了区、街、居三级物业纠纷调解组织。建立了逐级调解制度、联席会议制度和信息报送三项制度，明确要求凡是实行物业管理的小区和高层商

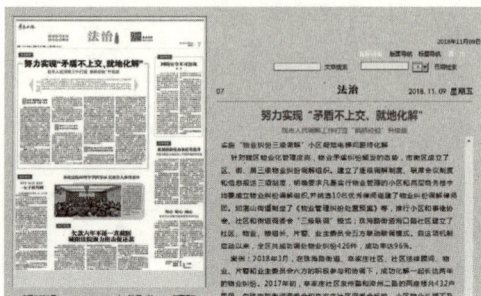

《青岛日报》2018年11月9日第7版

务楼宇均要成立物业纠纷调解组织，并挑选10名优秀律师组建了物业纠纷调解律师团。如湛山街道制定《物业管理纠纷处置预案》，推行小区和事佬协会、社区和街道调委会"三级联调"模式；珠海路街道海口路社区建立社区、物业、楼组长、片警、业主委员会五方联动联调模式。自这项机制启动以来，全区共成功调处物业纠纷426件，成功率达96%。

2018年3月，在珠海路街道、辛家庄社区、社区法律顾问、物业、片警和业主委员会六方积极参与和协调下，成功化解一起长达两年的物业纠纷。2017年初，辛家庄社区泉州路和漳州二路的两座楼共432户居民，向珠海路街道调委会和辛家庄社区调委会反映，小区物业长期不及时对电梯进行修缮，导致电梯频发停梯、落梯问题，居民多次要求更换电梯，但与物业沟通协商均无果。

街道调委会和社区调委会立即安排9名经验丰富的调解员组成专门

调解小组，认真研究相关法律及政策，主动咨询社区法律顾问，联系小区物业、片警和业主委员会进行调解。根据市南区政府可以为拆迁回迁的高层楼宇报销 70% 更换电梯费用的有关政策，调解小组立刻组织居民代表开会，在征得到场居民代表的一致支持后，调解员发动楼组长、网格员、信息员等多方力量，立即入户向居民介绍相关政策。最终，物业公司和 98% 以上的居民均同意更换电梯。2017 年 10 月，老旧电梯拆除、更新工作正式启动。调解小组将电梯公司报价、竞标及电梯更换、收费全程向居民公开。2017 年年底，所有电梯更换完毕，投入使用。

青岛市首家商会人民调解委员会在市南成立

任丽平

随着我市经济社会快速发展，民商事纠纷逐渐增多，为有效发挥商会人民调解在非公有制经济领域化解矛盾纠纷作用，1月10日，青岛市温州商会人民调解委员会在市南区正式挂牌成立，填补了市南区行业性、专业性人民调解委员会的空白，起到了一个引领示范作用。

青岛市温州商会人民调解委员会，是我市首家商会人民调解委员会，现有委员9人，主要受理涉及商会会员的各类民间纠纷，包括会

《大众日报》2019年1月16日第13版

员之间、会员企业与职工之间、会员与生产经营关联方面、会员与其他单位或人员间的纠纷，以及其他适合人民调解的民间纠纷。

近年来，市南区司法局积极推动人民调解向矛盾纠纷易发多发的重点行业领域延伸，目前，全区共有人民调解委员会72个，人民调解员619名。其中行业性、专业性调委会12个，覆盖劳动争议、道路交通、诉前、物业管理、金融消费、保险等多个领域，商会人民调解委员会是人民调解在我市非公有制经济领域的拓展延伸，在预防化解矛盾纠纷的同时，能有效维护企业的声誉、保护正常经营活动权利不受侵犯，为优化企业营商环境提供法治保障。

2019年1月4日,青岛市司法局基层工作处处长房贤智(左二)、市南区司法局基层工作科科长任丽平（左一）、市南区湛山街道仰光真情调解中心主任王淑伟（右二）应邀参加青岛广播电视台《今日会客厅——法治政府面对面》人民调解工作专题访谈节目。

和解万家

第三部分

先进事迹

关于命名首届市南区"十大金牌调解员"和"十大品牌调解室"的通知

各街道调委会，区诉前调委会、区劳动争议调委会、区物业纠纷调委会：

为提高市南区人民调解工作整体水平，积极推进人民调解工作规范化、标准化、品牌化建设，在打造市南区"和解万家"品牌的基础上，广泛开展"十大金牌调解员"和"十大品牌调解室"创建活动，培育出一批社会影响力大、群众认可度高、事迹先进性强的街道调解工作品牌，案件调解成功率达到100%，无1起民转刑案件、无1起群体性上访案件，为维护社会和谐、邻里和睦、家庭和美做出了重要贡献。为发挥典型的示范引领作用，经司法局党委研究同意，对命名的首届市南区"十大金牌调解员"和"十大品牌调解室"予以公布。

附件：1.市南区"十大金牌调解员"名单
　　　2.市南区"十大品牌调解室"名单

青岛市市南区司法局
2016 年 9 月 5 日

附件1：

市南区"十大金牌调解员"名单

谭秋华　八大峡街道团岛社区

周国牛　云南路街道寿张路社区

王文积　中山路街道黄岛路社区

李　杰　江苏路街道龙江路社区

乔帅民　八大关街道红岛路社区

杨桂芝　湛山街道湛山社区

于庆娟　香港中路街道云霄路社区

刘巧莲　八大湖街道田家花园社区

孙　岚　珠海路街道善化路社区

张秀珍　金门路街道仙游路社区

附件2:

市南区"十大品牌调解室"名单

谭秋华　品牌调解室

周国牛　品牌调解室

王文积　品牌调解室

李　杰　品牌调解室

乔帅民　品牌调解室

杨桂芝　品牌调解室

于庆娟　品牌调解室

刘巧莲　品牌调解室

孙　岚　品牌调解室

张秀珍　品牌调解室

关于命名第二届市南区"十大品牌调解室"
和"十大金牌调解员"的通知

各街道调委会，各行业性、专业性调委会：

市南区坚持以人民为中心的调解理念，坚持发展"枫桥经验"，大力加强调解文化建设，不断探索新时代人民调解工作新方法，积极推进人民调解工作规范化、标准化、品牌化建设，人民调解工作的整体水平得到了全面提升，培育出新的一批社会影响力大、群众认可度高的先进集体和先进个人。为树立榜样、激励先进，充分调动人民调解组织和人民调解员的积极性、主动性和创造性，推动市南区人民调解工作再上新台阶，经基层调解组织推荐、区司法局党委研究决定，对命名的第二届市南区"十大品牌调解室"和"十大金牌调解员"予以公布。

希望新当选的集体和个人珍惜荣誉、再接再厉，为全区的人民调解工作做出新的贡献。同时，号召全区人民调解组织和人民调解员要以先进单位和个人为榜样，继续扎实开展工作，开拓进取，不断推进市南区新时代人民调解工作创新发展。

附件：1. 第二届市南区"十大品牌调解室"名单
2. 第二届市南区"十大金牌调解员"名单

青岛市市南区司法局

2018 年 12 月 5 日

附件 1：

第二届市南区"十大品牌调解室"名单

八大关街道军地纠纷人民调解工作室

八大湖街道泰州路社区"英姿"人民调解工作室

八大峡街道西镇社区王学琴人民调解工作室

金门路街道大尧社区于林娜人民调解工作室

云南路街道寿张路社区"和谐寿张"人民调解工作室

湛山街道秀湛路社区唐万平人民调解工作室

中山路街道泰安路社区"幸福泰安"人民调解工作室

青岛市金融消费纠纷人民调解工作室

青岛市市南区劳动人事争议人民调解工作室

青岛市市南区人民法院诉前人民调解工作室

附件2：

市南区第二届"十大金牌调解员"名单

郑桂芸　八大关街道人民调解委员会调解员

王英姿　八大湖街道泰州路社区人民调解委员会主任

王学琴　八大峡街道西镇社区人民调解委员会主任

高玉秀　江苏路街道龙江路社区人民调解委员会主任

于林娜　金门路街道大尧社区人民调解委员会副主任

周国牛　云南路街道寿张路社区人民调解委员会主任

唐万平　湛山街道秀湛路社区人民调解委员会主任

刘琛琛　中山路街道泰安路社区人民调解委员会主任

孙　岚　珠海路街道海口路社区人民调解委员会副主任

肖珍凤　青岛市金融消费纠纷人民调解委员会副主任

◎首届"十大金牌调解员"

把调解当事业 积极打造品牌调解室

金门路街道人民调解委员会调解员 张秀珍

张秀珍，1960 年出生，退休前为某事业单位管理干部，具有较高的政治素质、丰富的法律专业知识。退休后，她热心人民调解工作，被街道聘为专职人民调解员，同时成立了以她个人名字命名的"张秀珍调解室"。

金牌调解员张秀珍（中）与社区片警就一起邻里矛盾对双方当事人进行调解

十年来，张秀珍同志深入基层群众之中，以廉洁公正、忘我敬业、平易近人的品质，不计得失，任劳任怨，调处矛盾纠纷 300 余件，成功率达98%，参与化解重大矛盾纠纷及信访案件 10 余起。张秀珍同志在平凡的岗位上演绎着精彩的人生，先后获得了"省级人民调解能手""青岛市优秀人民调解员"市南区"十大金牌调解员"等荣誉称号。

一、无私奉献，把调解工作当成一项事业

有人说人民调解工作就是解决一些家长里短的琐碎小事，调解员就是"和稀泥"，起不了大作用，弄不好里外得罪人。但张秀珍却说："百姓的事无小事，调解纠纷看起来是很平常的事，调解好了，可以真情解疙瘩，化干戈为玉帛，将大事化小，小事化了，使得家庭和睦，邻里团结；调解

不好，可能导致矛盾激化，甚至可能引发民转刑案件或上访事件的发生，影响社会和谐与安定。"为此，她在调解工作中，始终坚持"三心"（细心、爱心、耐心）和"两以"（以事实为依据、以法律为准绳）的工作理念。在每一起纠纷调解中，都是细心倾听当事人的陈述，边听边理清来龙去脉，找准问题的根源，对症下药。然后采取灵活多样的方式方法，对双方当事人开展耐心地说服劝导，不厌其烦地帮助当事人分清是非、消除对立情绪，以真诚的态度让当事人感受到调解员的爱心，从而达到使其知、知其信、晓其理、动之情、促其果，最终达到调解成功的目的。

十年来，张秀珍受理法律咨询、进行心理疏导等法律服务近千人次，没有一起纠纷因处理不当形成民转刑案件和上访案件。张秀珍同志以饱满的工作热情，把化解家长里短的小事，演绎成维护社会稳定的大事。她不仅把人民调解当成一份工作，并把这份工作当成一项事业来做，全身心地投入在其中，切实筑牢了街道维护社会稳定的第一道防线。

二、爱岗敬业，用心打造品牌调解室

十余年来，以她个人的工作能力和爱岗敬业的工作精神，赢得了社区居民群众和各级领导的信赖，将以她个人名字命名的人民调解室打造出了品牌效应。2016年"张秀珍调解室"被评为市南区"十大品牌调解室"，成为党和政府为民排忧解难的桥梁和纽带。

张秀珍同志深知作为一名优秀的调解员，调解经验和调解技巧固然重要，但是依法调解才能保证矛盾纠纷调处的合法性和有效性，从而提高调处矛盾纠纷的效力。为此，她认真学习《人民调解法》及相关法律知识。在调解纠纷中，通过以案说法，以事明理，使当事人受到教育，达到了标本兼治促和谐目的，让他们携着怨气来，带着和气走，从而赢得了群众的信任，把调解室打造成为群众心目中的"社区法庭"。她还将调解工作的触角延伸到社区居民楼院，有针对性地开展法治宣传和服务，使一些邻里纠纷在倾心攀谈中得以化解，反目成仇的邻居在悉心调解中握手言和，个别濒临崩溃的家庭在循循善诱中重归于好。调解室发挥了定纷止争、息事宁人的作用，以灵活的柔性协调和理性的疏导方法成为名副其实的"法律阵地"。

三、预防为主，把握调解工作主动权

张秀珍同志把调解工作的出发点和落脚点放在预防纠纷的发生上，健全纠纷预警预测机制，立足"抓早、抓小、抓苗头"，牢牢把握调解工作的主动权，最大限度地把问题解决在基层，确保矛盾不上交，小事不出社区，大事不出街道。

2016年9月，天山社区某楼301户老人到其调解室反映楼下201户家安装燃气热水器燃烧不尽，虽然前面社区已经做了工作，让201户调整过安装位置，但是煤气味还是呛得她喘不上气来，严重影响了她的正常生活，希望调解室帮她解决。接到申请后，张秀珍马上联系了社区调解员了解情况，可正当调解员在现场走访的同时，301户老人担心调解员解决不了，又将此事投诉到了青岛市市南区妇联，区妇联将投诉信转给了街道要求给予解决。为此，调解员与社区主任一起共同研究制定调解方案。在征得主人的同意后到201户详细了解了热水器的安装位置及使用情况，证实燃气热水器打开家里确实有煤气味，极有可能是热水器质量不过关导致。为此调解员耐心地与201户进行了攀谈与协商，希望她更换热水器，牌子及型号由201户决定，费用由调解员协调301户承担。201户老人碍于情面，答应与家人商量之后再决定。让调解员没有想到的是，第二天201户的儿子将此事通过两种形式反映出去，一是写了一封"邻居无理取闹，影响居民正常生活——请街道、社区公正处理！"的投诉信发到了政府网上；二是向新闻媒体进行求助，说街道社区办事不公，纵容居民无理取闹。

一个小小的"热水器事件"，若不妥善处置，更大的矛盾一触即发。调解员马上与办事处应急处置工作组的同志及时赶到现场，找到了201户的儿子与其进行了交流，并批评他在不了解情况的前提下不应该乱发表意

见和帖子。但是他情绪也很激动，质问调解员："你们没看见整个小区有多少家安装热水器的，怎么别人都没事，就她那么多事？为了她，我们家已经把燃气排气口改造过一次，家里老人收拾打扫了好几天，别以为她家出钱我们就得听她的，所以这次说什么我们也不可能再改了。"眼看问题就要打上死结，调解员把 201 户的儿子拉到了一边，进行耐心劝解，并把 301 户老人的身体和家庭情况告诉他，让他理解老人确实不是无理取闹。如果不是身体的原因，谁愿意将自己家钱给别人换热水器啊，况且热水器燃烧不净对自己家人的健康也不利，为了自己和他人的幸福安康，这种行善积德的事，希望理解支持。经过一上午耐心的说服工作，终于使 201 户的家人消除了误解，自愿达成了调解协议，热水器事件得到了圆满解决。

张秀珍同志就是这样以自己的实际行动把人民调解室打造成服务民生、化解纠纷的知名窗口，赢得了群众的尊重和信任，在平凡的人民调解工作中彰显了最美的人生价值。

奉献社会　做一名优秀的人民调解员

珠海路街道善化路社区人民调解委员会副主任　孙　岚

孙岚，今年63岁，是青岛市民政局军休五中心管理的退休干部。作为一名共产党员，他认为人生的意义在于奉献社会，服务人民。他从2006年开始做志愿者，积极参加社会公益活动。2012年在原珠海路街道办事处善化路社区建立了

金牌调解员孙岚（左）解答群众法律咨询

以他名字命名的"孙岚调解室"，主要开展心理疏导、矛盾调解、法律咨询等工作，把自己的光和热、把自己的爱献给社会，送给需要的人。10多年来，共调解各种矛盾纠纷180起，进行心理疏导、法律咨询近2000多人次，为社区居民的愉快生活，为社会的平安、和谐做出了极大的贡献。他的付出得到了社区广大居民的认可，也得到了有关媒体和政府有关部门的表彰：他曾多次被珠海路街道办事处评为"优秀人民调解员"；2011年被评为"青岛市优秀志愿者"；2015年在青岛市五部门主办的"关爱明天、普法先行——青少年普法教育活动"中被评为"先进个人"；2016年被评为"市南区十大金牌调解员"。

一、牢记宗旨、爱岗敬业是做好调解工作的基础

改革开放进入了关键时期，各种矛盾凸显。社区居民邻里之间，家庭里父母与子女之间、婆媳之间、夫妻之间、兄弟姐妹之间，物业公司与业主之间常常因为一些事情处理不当，产生那样或者这样矛盾纠纷。如果这

些矛盾纠纷得不到有效解决，必将对社会的和谐稳定和居民的正常生活秩序带来极大的影响。如果能以国家的法律、法规和社会主义道德规范为基本依据，将矛盾纠纷消灭在萌芽状态，就能为社区居民创造平安和谐的生活环境，能使社区居民的获得感和幸福感不断增强；将矛盾纠纷有效地调解，能从根本上消除当事人在精神上和情感上存在的压力和疑惑，使当事人对生活和工作充满了信心和希望。

调解工作意义重大，需要既有热心又有能力和水平的人来做。作为一名共产党员，他始终把党和人民的需要当作他的志愿，主动请战，勇于担当，急人民群众之所急，为党旗增添光彩。他从矛盾纠纷当事人脸上看到了他们对正义的渴求，从他们和解后的感谢声中，真正体会到了人民调解工作的意义。他热爱调解工作，每一次调解他都认真准备，从不懈怠。这是因为他把每次调解都当作一次法律法规的宣传，都当作一次党的方针路线政策的讲解，都当作一次中华民族优秀道德的传播。他做调解工作不为名不图利，完全是为了社区居民。尽管在调解工作中，有过谩骂和嘲笑，也遇到过这样或那样的困难，但从没有动摇过他做好调解工作的信心和决心。所以牢记宗旨，热爱调解是做好调解工作的思想基础和前提条件。

二、掌握必备的法律法规和科学知识是做好调解工作的保障

调解工作看上去是对各种矛盾纠纷进行调解，实质上是在做人的工作，就是提高当事人的思想觉悟和法治观念，就是消除当事人情感上的障碍。世上什么最难？在他看来做人的工作最难。因为人的思想是在不断变化，要把控这种变化，没有高超本领是不行的。解决问题，要消除的矛盾纠纷是多种多样的，有些相当复杂，有些还特别尖锐激烈。这就对从事调解工作的人员提出了更高的要求。按照过去的老办法、老套路是不能解决现在发生的各种矛盾纠纷的。所以他选择用先进的科学思想武装头脑，将调解工作所需的知识进行储备，为做好各种矛盾纠纷调解提供保障。

两年多来，他学完了中央党校法律函授本科的课程，系统地掌握了法学基本理论，又对经常用到的《民法总则》里邻里关系条款，《婚姻法》《继承法》《物业管理条例》等法律法规进行了重点学习研究，既能够掌握这些法律、法规的精髓，又能做到在具体调解工作的灵活运用。他还学习了心理学、社会学，特别是哲学等科学理论。通过学习，他知道了在具体调解工作中去伪存真、去粗取精、由表及里地把握矛盾纠纷的实质，也对人的性格对矛盾纠纷的产生所起的作用有了新的认识。在平时，他不忘在电视上、在报纸杂志、微信里寻找有关调解矛盾纠纷的典型案例，学习和研究他人的调解经验和方法，并做好学习笔记。学习提高了他在调解工作中分析问题和解决问题的能力。

三、提高说理艺术和化解矛盾技巧是做好调解工作的关键

有了做好调解工作的决心和信心，也有了做好调解工作的科学理论和社会常识，运用什么样的方式方法将矛盾纠纷顺利化解消除，就成为了做好调解工作的关键。他在大量的调解实践中总结出来了大量艺术和技巧。怎样向矛盾纠纷的当事人把道理讲清楚说明白，在具体的矛盾纠纷中怎样运用巧妙的方法息事宁人，都是非常关键的，千万不能小视。恰到好处的一句话，可能将矛盾纠纷化解；随口而出的一句不恰当的话，可能使矛盾纠纷激化。所以，他在整个调解过程中十分注重以理服人、以情感人、以诚帮人。经常换位思考，让他既能堂堂正正的当好"法官"和"老娘舅"，又能老老实实的做好"仆人"和"保姆"。调解中说话轻声一些，简短一点，缓和一点，温婉一点，调解中将法律与情感相结合，原则性与灵活性相结合，理性与感性相结合，这些都是他在调解过程中的妙招。

十多年来，在调解矛盾纠纷的具体案例中，他的基本做法是：一是调查了解，全面准确地掌握矛盾纠纷的真实情况。首先清楚是什么原因？是偶然还是经常？时间的长短和激化的程度。没有调查，就没有发言权。要做到心中有数，要耐心地、仔细地倾听当事人的诉说。听完甲，再听乙，必要时再听听社区领导和邻里的意见。通过听、看，基本把握当事人的性格特点、学识水平、觉悟程度等，为继续做调解工作提供第一手资料和依据。二是做到两个抓手。既抓住主要矛盾，又抓住关键人物。一般的矛盾纠纷都是日积月累形成的，"冰冻三尺非一日之寒"，激烈矛盾纠纷的起点可能仅仅是某句话或某件事。孙岚十分擅长抓住纠纷的导火索，抓主要矛盾攻坚。调解过程中只要把主要矛盾解决了，其他的"七十年谷""八十年糠"都会迎刃而解。三是做到弘扬正气。调解矛盾纠纷的过程就是提倡真、善、美，鞭挞假、恶、丑的过程，不能简单处理成矛盾双方都有错，各打五十大板。必须大力提倡社会主义道德规范，必须将法律、法规的基本要求和规定讲明白，必须将矛盾纠纷依法解决的利与弊和将要承担的后果说清楚。要说到理上，说到要害处。一般矛盾纠纷的当事人都会非常注重个人在社会上或朋友圈里的名声，孙岚充分利用了这一特点，促使矛盾纠纷的化解。最后是立好调解协议书，在协议书里明确当事人应承担的义务和不履行义务所要承担的责任，巩固调解成果，防止反复。

在人生的道路上，他选择了奉献，选择了担当起新时代的责任，选择了一生奋斗永不停步。他说过，只要身体条件允许，他就要把调解工作干到底，用他的智慧、能力和经验，通过解决矛盾纠纷为社会稳定做出新的贡献。

做一名居民满意的"调解大使"

香港中路街道江西路社区人民调解委员会主任　于庆娟

于庆娟，女，现年48岁，中共党员，现任香港中路街道江西路社区居委会主任、调委会主任。七年来，于庆娟同志耐心细致地做好人民调解工作，架起了与居民群众心灵相通的连

金牌调解员于庆娟（左二）劝解纠纷双方当事人

心桥，筑起了维护社区稳定的第一道防线。她成功调处各类矛盾纠纷上百件，在调解工作中做到了小事不出社区，上为政府分忧，下为百姓解难，将大量矛盾化解在基层。她始终不忘自己的职责，不管哪里有纠纷，不管何时发生纠纷，她都会尽心尽责地及时化解，即使像芝麻大的纠纷，她也把调解当成一件乐事。于庆娟常说，在社区许多矛盾纠纷往往是由一些鸡毛蒜皮小事引起的，如果调处不及时，就会酿成大的矛盾纠纷，甚至走向激化，因此老百姓的事情无小事。

一、耐心调解，排忧安民

江西路社区管辖区域有几十个楼座是无物业管理的开放式楼院，居民大大小小的事情都习惯到居委会反映。居民楼的上下水管道因为年久锈蚀渗漏或者租房客日常用水不注意撒漏，经常出现楼上漏水到楼下，由此产生的邻里纠纷时常发生。2018年，江西路社区邱大姐反映家中房屋出租后因租户使用不当导致漏水，引起楼下居民不满，但就漏水造成的损失赔

偿未能和楼下居民达成一致，请求社区进行调解。邱大姐倾诉家中房屋一直出租，因租户使用不当出现地面漏水，对楼下502户丛先生家造成损失。在得知502户损失情况后，邱女士表示愿意承担损失赔偿，但就赔偿方式两家协商不成。于庆娟了解情况后积极与丛先生取得联系，丛先生表示由于漏水很长时间不处理，导致自家房屋天花板多处发霉，既不美观也影响健康，对自己的日常生活影响十分严重。为了了解实际情况，于庆娟亲自上门实地查看，又与双方多次沟通面谈，了解到楼上602户并非房主本人居住，房主此前对漏水情况并不清楚，目前房主已经赔礼道歉，并且房主保证这次一定把防水问题妥善解决。602户邱女士表示，愿支付600元维修费用，让502户自行维修恢复。丛先生则表示自己独居身体不好，不能找人维修。经多次沟通并考虑两家实际情况，于庆娟同志提出社区可以帮丛先生联系合适的施工方进行施工，最终双方达成和解。邱女士委托社区向丛先生转交600元维修款，并及时维修了自家卫生间地面，杜绝漏水问题再次出现。于庆娟同志在调解中一方面做好双方的说服工作，另一方面通过社区资源使双方诉求得以达成，提高了调解效率和质量，维护了邻里关系的和谐与稳定，促进了社区的健康与文明。

二、竭尽全力，预防纷争

在大部分调解案情中，社区居民的调解诉求涉及多户居民，常常是大家各执一词、互不相让，给调解员的能力提出了更高的要求。比如：江西路89号丁五单元101户陆先生向社区反映，因所居住居民楼年久，污水管道狭窄，102户被徐女士改造房屋用作旅馆经营，楼上租房户较多在使用中也不注意，多种原因造成单元主管道极易发生堵塞，既造成生活不便，也影响邻里关系和睦，希望社区能协调各户居民共同出资维修主管道。于庆娟同志接到调解诉求后联系支部书记与楼长了解情况，该单元共10户居民，居住情况复杂，102户徐女士离异后带女儿一起生活，经营旅馆收入微薄，生活比较困难，单元污水主管道使用年久，堵塞情况难以彻底改善。于庆娟同志通过召开居民会议、单独上门沟通等方式与楼上居民、租房户和旅馆徐女士面对面进行协商，又咨询维修人员商定修整方案，前后历时半个月终于使 10 户居民就主管道更换达成一致意见。但在费用分摊问题上又出现了分歧，部分居民提出 102 户旅馆租住人多使用频繁，应提高分摊比例。于庆娟同志主动向居民说明了徐女士家中的实际困难，希望本着邻里团结互助的精神，大家平均分摊费用，减轻徐女士经济负担。经过协商挨家做工作，楼上居民统一意见，各户平均分摊，每户拿出 400 元，共计 4000 元进行污水管道更换，从而彻底解决了多点年来污水管道堵塞带来的生活不便，邻里关系也更加和睦。

三、尽职尽责，维护稳定

于庆娟同志以自己的真诚之心，不厌其烦化解纠纷，赢得了群众的信任，被居民亲切地称为"调解大使"。居民们有了不顺心的话都愿意给她说，把与其他居民的纠纷向她讲，哪家有什么困难也同她谈，她都会在第一时间赶到现场。她时刻不忘记自己是一名共产党员，以更高的标准严格要求自己，在人民调解员的岗位上履职尽责，情系人民调解工作，把人民调解作为事业来追求，在平凡工作中为社区稳定与和谐做出了积极的贡献。该同志曾被评为"优秀共产党员""优秀党务工作者"、市南区"十大金牌调解员"等称号。她思想积极向上，爱岗敬业，忠于职守，乐于奉献，在平凡的社区岗位上做着不平凡的事情，体现了一个当代共产党员的高尚情操。

用苦功精业务　用真情化纠纷

八大湖街道原田家花园社区人民调解委员会主任　刘巧莲

刘巧莲，女，58岁，汉族，中共党员，现任八大湖街道原田家花园社区居委会主任兼人民调解委员会主任，是一名在基层工作十六年的老同志，曾荣获青岛市"最美人民调解员"、青岛市"最美小巷总理"等多项荣誉称号。

金牌调解员刘巧莲（右）就一起家庭纠纷向一方当事人了解情况

一、善用苦功，提升业务技能

在多年调解工作中，她深知作为一名合格的人民调解员，必须具备一定的法律知识，否则就不能有效地化解矛盾。为此，她充分利用业余时间，下大气力潜心研究学习《人民调解法》《民法》《合同法》《婚姻法》等一系列法律法规，遇到棘手难办的纠纷，虚心向社区兼职律师赵晋请教。通过不断地学习积累，她的业务技能大幅度提升，成为一个名能熟练化解各种矛盾的行家里手。2014年10月，辖区孙某反映其丈夫张其某经常喝酒，酒后对其大打出手，夫妻双方关系非常紧张，甚至到了快离婚的地步。张其某却我行我素，认为男人因偶尔多喝点酒，引起夫妻间吵闹属于正常现象。刘巧莲却不这么认为，她多次到张其某家中向其讲解《婚姻法》相关规定，分析夫妻关系对于维护家庭稳定的重要性，严肃指出张其某的错误行为，特别是酒后伤人应负的法律责任。最终做通了张其某工作，他表示今后要尊重妻子，少喝酒，多做家务，避免了夫妻双方婚姻关系的破裂。

二、健全组织，完善调解网络

健全的矛盾纠纷排查化解队伍是及时发现矛盾，化解纠纷的保证。为保证调解工作顺利开展，社区成立以刘巧莲为主任的人民调解委员会，另有副主任两名，成员四名，兼职律师一名。此外，还组建了以片长、楼组长为主的社区信息员，他们每周不定期走访居民楼院、大街小巷，确保能在第一时间发现矛盾纠纷并及时处理。2013年5月，社区信息员在例行走访中，接到奉化路居民反映：楼院内杂草丛生，路面坑坑洼洼，有的居民私自挖地种菜，臭气熏天，居民群众怨声载道，扬言不解决要集体上访。刘巧莲掌握这一情况后，立即带领社区工作人员实地调查。情况核实准确后，她挨家挨户反复做工作，积极协调路面硬化单位，最终问题全部得到解决，避免了一起居民集体上访事件。

三、因地制宜，建立长效机制

田家花园社区总人口13012人，辖区企业300多家。刘巧莲针对辖区企业多、流动人口多、弱势群体多、上访人员多、民间纠纷多等特点，秉承"凡事都要有章可循"的原则，建立完善各项调解制度：一是岗位责任制。明确调解人员责任，确定具体任务，密切配合，形成统一整体；二是纠纷登记制度。专门设立纠纷登记簿，对当事人口头或书面申请，详细记录其姓名、性别、年龄、单位、家庭住址、联系电话、事由、登记日期等具体情况，记录人签名盖章，确保有记录可查；三是培训制度。定期邀请律师、法律服务工作者、司法助理员等法律专业人士为社区人民调解员和信息员授课，增强其法律理论水平和调解技能；四是坐班制度。聘请专业律师每周坐班半天，为居民提供专业法律服务；五是回访制度。为确保调解结果有效执行，对调解成功的案件七日内进行回访，做到调解有始有终。刘巧莲同志还经常与街道司法所、派出所沟通交流，建立互通互融、齐抓共管调解模式，提升了化解矛盾纠纷能力和水平。

四、倾心调解，维护社区和谐

刘巧莲同志深知要做好人民调解工作，就必须熟练掌握调解知识和技巧，平时多接触居民群众，只有和群众打成一片，才能随时了解情况，掌握解决矛盾的主动权。刘巧莲坚持"以情动人，以法育人"原则，她以真心、热情、宽容和耐心细致地工作，筑起了维护社区稳定的第一道防线。2013年8月，王某因赡养老人与姐妹们发生分歧要闹到法院，来社区开证明时，刘巧莲认识到问题的严重性，将王家姐妹召集到社区，从传统美德讲到法律法规，让彼此换位思考，查找自身问题，做到互相体谅。最终，王某表示不起诉了，大家会有钱出钱，有力出力，共同孝敬老人。十多年来，她调处家庭、邻里、婚姻、赡养等各类矛盾纠纷300余件，成功率达98%，将大量矛盾化解在基层，上为政府分忧，下为百姓解难。

尽管在调解工作中会受到不少委屈和埋怨，但是看到一件件矛盾通过自己努力得到圆满解决，群众生活安定，刘巧莲感到非常快乐和满足。如今在社区内发生了矛盾，老百姓会第一时间想到刘主任，他们总是说："调解纠纷，我们就相信刘主任"，老百姓的一句话，既是对田家花园社区这支活跃在基层人民调解队伍的肯定，也是对刘巧莲本人工作的信任和褒奖。

吾生也有涯　助人也无涯

湛山街道湛山社区人民调解委员会调解员　杨桂芝

杨桂芝今年 76 岁，多年来一直热心社区工作，自 2007 年以来多次被市南区授予"优秀党务工作者""平安家庭标兵户""和谐家庭"称号；2011 年荣获"山东省五好文明家庭""青岛市文明市民"称号；2013 年

金牌调解员杨桂芝（中）调解现场

获"青岛市十大最美家庭"称号；2014 年获"市南区道德模范"称号；2015 年获"青岛市基层理论宣讲先进个人"称号。

自 2011 年以来，杨桂芝被湛山街道办事处高票推选任命为"杨桂芝调解室"主任，以她的名字命名的调解室，由多位热心居民邹翠莲、薛慧芳、杨平昆、成淑美、王玉美、王德山等自发组成。杨桂芝说，调解团队最初在西南二片区 10 栋楼附近调解纠纷，后来队伍不断壮大，如今已发展到社区的 80 余个单元。他们积极参与邻里纠纷和矛盾调解，公平公正调处各类矛盾，是社区居委会的好帮手、居民群众的贴心人，架起了居民与党和政府的连心桥，她们的服务理念是"坚持爱心、关心、恒心、耐心、真心，全心全意为居民服务"，甘做人梯，将居民事装在心中，为居民排忧解难，用真情交流构筑社区调解的新篇章，以党员的先锋作用影响人、带动人、感化人。杨桂芝以实际行动，润物细无声地向你我述说：只要有一颗真心，足可以帮助身边的人获得更美好的生活。

一、立足法律，有理有据解难题

2015 年 2 月，太平角六路一户居民的卫生间污水外溢。户主李某怀疑是楼上户张某家污水管道破裂所致，要求楼上张某查看处理。但因张某家的污水管刚好被其安装的价值 3000 元的浴盆挡住，要查看必须先砸碎浴盆。在没有人承担浴盆损失的前提下，张某坚决不同意进行排查处理，两家因此发生纠纷。杨桂芝知情后及时介入，第一时间组织楼组长和物业管道维修师傅一起上门检查，确认李某家卫生间的污水外溢是楼上污水管道破裂所致。杨桂芝了解情况后，召集调解室成员对案情进行了认真的分析，认为案件的主要矛盾点在于张某卫生间浴盆破坏后的损失承担上，由此，调解室的成员在杨桂芝的带领下，对纠纷的主要矛盾点展开了细致的调解工作。杨桂芝带领调解室的成员先后多次上门，与张某进行沟通，并根据《物权法》第八十六条"不动产权利人应当为相邻权利人用水、排水提供必要的便利"向张某摆出适用的法律依据，但张某仍旧没有松口。杨桂芝见状进一步运用情感调解法，拉着张某到楼下查看情况，看到满地的污水、闻到满屋的臭味，张某的"心结"也在慢慢地解开。杨桂芝适时的劝说她要换位思考，多站在邻居家的角度上考虑问题。经过多次的上门劝说和摆道理、讲依据，最终张某同意破坏浴盆进行检查。在维修了污水管道后，困扰邻里的污水外溢纠纷最终得到了解决。

此案例不仅仅是邻里纠纷问题，而是牵扯经济利益，而且是 3000 多元的损失。在调解中，一方面要用智慧，以礼理说服当事人，更重要的是依法治处事。杨桂芝觉得，作为调解员，平日必须多学法、懂法、在法治社会中必须依法办事，用法律的武器，才能获胜，调解才有力度，大公无私，光明正大，群众才能拥护，工作开展的才顺理成章。

二、发动群众，集中力量化纠纷

2015 年 3 月，杨桂芝调解室接到反映，称东海一路 12 号某单元一户居民王某，因影响通风、采光等问题，在夜间砍伐了一棵公共区域生长

20余年的松柏树。社区居民发觉有人私伐小区树木后群情激奋，纷纷要求对当事人进行处理。杨桂芝调解室接报后第一时间联合湛山城管中队到现场取证，并安抚居民情绪。在现场了解情况后，城管中队相关负责人表示，按照相关规定，如无法提供有力证据或直接证据，很难对当事人进行依法处置和后续进行补绿工作。在经过查看、听取相关居民介绍后，杨桂芝带领调解室成员即刻召开案情分析会。会上，杨桂芝提出该案应广泛动员党员和群众力量，群策群力，寻找线索，同时积极对王某开展思想工作，希望他能主动认错、接受处罚、植树补绿。通过广泛动员，住在王某楼上的居民愿意出面，进一步做王某的思想工作，对其进行劝说。由此，杨桂芝调解室迅速开展跟进工作，一方面由调解室成员安抚居民情绪，另一方面杨桂芝与史某多次上门与王某进行沟通，说明了私自砍伐公共区域树木的严重性，宣传了《民法通则》《园林法》等相关法律法规。经过多次耐心的沟通劝导和教育，王某认识到自己错误的严重性，并表示愿意接受处罚。这起纠纷成功调解，主要是靠发动群众，依靠党组织。党的基层组织是战斗的堡垒，是一支创建和谐社会的战斗队伍。

三、坚持理念，立足实践做奉献

在多年调解工作的经验基础上，杨桂芝总结出一套独有的调解办法，即"杨桂芝调解法"——核心是"三个坚持、四个意识、用好五心、发挥一个团队的力量"。"三个坚持"是坚持弘扬社会主义核心价值观、坚持党的基本路线、坚持发扬党员先锋模范带头作用，让关系在社区的退休党员发挥余热，在家庭为儿女、孙辈带好头，在楼院处理、调解好邻里关系与矛盾，在社区解居委会后顾之忧，做居委会好帮手，做到矛盾纠纷不出片区，为居委会减轻压力，取得片区居民的信任"。"四个意识"是高度的责任意识、大局意识、法治意识、全心全意为民服务意识。用"五心（爱心、耐心、真心、热心、关心）"服务感化居民、化解矛盾、创建和谐片区。杨桂芝同志作为片区支部书记、片区长，深深懂得一个团队的力量大于一个人的力量。一根筷子很容易掰断，一捆筷子要想掰断就很困难，众人拾柴火焰高。杨桂芝同志的片区共有 9 位党小组长、楼院长，她非常注重凝聚 9 个人的力量，发挥各自特长，组成一支调解队伍，这也是"杨桂芝调解法"的魅力所在。她用她的人格魅力团结着这个团队，经常个人掏腰包举行聚会联络团队的友谊，让大家甘心情愿地聚集在这个团队里齐心努力、无私奉献，去建设片区、挥洒正能量。

老兵风姿不减　调解勇为先锋

八大关街道红岛路社区人民调解委员会调解员　乔帅民

八大关有这样一座"建筑"，来这里的居民，进来时满目愁容，离开时却笑逐颜开，这里就是乔帅民的"军地调解站"，一个为群众调解纠纷、排忧解难的"战略要地"，而乔帅民就是这个阵地的"指挥官"。

金牌调解员乔帅民（右二）就道路施工纠纷为双方当事人调解

乔帅民，男，1947 年 8 月出生，1968 年入党，籍贯为河南省南阳市，原二轻局二轻机械厂工会主席。曾获"青岛市安全生产工作者""奥运会先进志愿工作者"称号，2006 年至 2014 年均被评为八大关街道"模范党员""优秀人民调解员"。2015 年被评为市南区"十大金牌调解员"。这位在野战部队磨炼了 12 年的老干部 2000 年退休之后，将更多的光和热在社区中释放，成为社区居民的贴心人和带头兵。在红岛路社区首创的青岛市"军地调解站"，乔帅民同志担任站长一职，他每天都义务来到办公室值班，兢兢业业，从未缺勤，这一干就是十几年。据不完全统计，乔帅民调解过的纠纷有近千起，仅 2016 年就有 50 多起。在这些纠纷中，调解成功的达 98% 以上，未调解成功的，当事人也对乔帅民的工作表示感谢，并通过诉讼等合法途径解决了纠纷。在社区调解工作中，他勤于思考，积极创新，敢于谏言，有效地避免工作方向、工作思路上出现偏差，并且摸索出了一套自己的调解理论。

一、坚持学习，专业知识武装头脑

调解工作中，乔帅民同志深知提高自身素质的重要性，没有过硬的素质就无法驾驭人民调解工作，甚至会适得其反，掌握过硬的调解技术不仅是调解工作的前提，也是对人民负责的工作态度。他先后学习《人民调解法》《合同法》《婚姻法》等，了解掌握社会治安综合治理政策、法规，熟悉工作业务，努力提高自身综合素质，不断提高业务水平，为居民的调解工作打下良好的基础。他还经常向有专业法律背景的律师请教遇到的棘手难办的纠纷，这种严谨的工作态度，不仅让调解工作尽善尽美，还得到了群众的信任和爱戴。

二、因地制宜，找准思路破解难题

青岛市地处军事战略要地，北航等高级别部队家属大院都分布在红岛路社区。多年来，"拥军优属、拥政爱民"是坚守的光荣传统。乔帅民在部队工作生活了12年，有着丰富的与部队官兵及家属打交道的经验，乔帅民对这项工作得心应手。2015年，一军人家庭闹矛盾，乔帅民得知后，登门做了很多协调工作，晓之以情，动之以理，最终做通了夫妻两人的思想工作，使得小两口重归于好。自军地调解站成立以来，不断开展各种法律宣传和维权活动，为部队官兵及家属提供优质法律服务，较好地起到增进军地了解、化解军地纠纷的桥梁作用。每到重要节日，乔帅民都会和老党员、老军人一起到部队慰问官兵，跟他们一起包饺子，开军民联谊会。在军地调解站的协调下，部队和百姓一起建起了军民共建友谊林，体现了军民鱼水情深的融洽关系，开创了军地互助互惠、共建共荣的新局面。

三、心系百姓，群众的事情无小事

面对打电话和上门咨询的群众，乔站长总能耐心解答他们的疑惑，使他们满意而归。对有些必须上门进行调解的纠纷，乔帅民同志总能在最短的时间内赶到当事人面前为他们进行调解。数年来，乔帅民同志已记不清他为群众上门调解纠纷多少次了。对乔帅民同志来说，进行人民调解知识和法律知识宣讲、上门为群众做调解工作早已是他日常工作的一部分。每当社区单位碰到一些难于调解的疑难纠纷时，也总会给乔帅民同志打电话，希望他能出面调解。每接到这种电话，乔帅民同志总会放下手头的工作，在最短的时间内赶到事发现场。2014年除夕，有位居民因为邻居家小孩子太吵，多次劝说无果而寻求乔帅民的帮助。乔帅民二话不说，去到事发地为居民调解。最终这对邻居握手言和。对于群众的感谢，乔帅民却表示，这是自己作为一名党员应该做的。乔帅民说，在社区，许多矛盾纠纷往往是由一些鸡毛蒜皮的小事引发的，如果调处不及时，就会酿成大的矛盾纠纷，甚至走向激化。因此，老百姓的事无小事。在他的400余起调解记录档案中，记载调解的小纠纷就占绝大部分。把和睦送给别人，把幸福送给别人，这是他追求的目标。在调解过程中，他坚持做到不抛弃，不放弃，用真情调矛盾，努力为矛盾双方搭建平台，社区居民称赞他为"最牛"人民调解员。乔帅民认为，作为一名老党员应该退休不褪色，虽然已经从工作岗位上退下来，但共产党员的身份并没有变，依然是党组织的重要成员，应该对党的建设和各项活动充满参与的积极性，在自己力所能及的范围内，充分发挥共产党员的先锋模范带头作用，始终不放松对自己的要求，老而不倦、老而弥坚。他是这样想的，也是这样做的，他用自己的行动证明了自己的所想所思。"群众利益无小事"，社区的安宁，矛盾纠纷的及时化解，是构建和谐社区，使社区居民安居乐业的重要前提。为了使自己能尽快进入角色并更好地履行工作职责，乔帅民同志恪守人民调解员岗位道德与素质标准，以维护辖区稳定，构建和谐社区，保障人民安全为己任，不断加强对调解制度学习以提高自身素质，与同事精诚合作逐步完善社区调解网络，坚持把居民的事情放在首位，发现矛盾立即着手解决，事前下功夫了解情况，事后跟踪回访调解结果落实情况，发现一起，解决一起，未发生当事人反悔、案件反复的情况。

乔帅民同志在人民调解员的岗位上履职尽责，牢记宗旨，心系群众，把为群众办好事、办实事作为工作指南，热情为群众服务，千方百计为群众排忧解难，受到社区党员群众的拥护和称赞，在平凡工作中为社区和谐稳定做出了积极的贡献。

真情调解　情满社区

江苏路街道龙江路社区人民调解委员会副主任　李　杰

李杰，女，汉族，中共党员，曾任江苏路街道龙江路社区党委副书记、社区居委会副主任，社区调委会副主任等。李杰同志从事社区工作16年，熟悉社区事务，工作勤恳踏实，急居民之所急，想居民之所想，对自己

社区居民给金牌调解员李杰赠送锦旗

严格要求，对同事真诚友善，对居民热情至上。曾荣获市南区"十大金牌调解员"、市南区"优秀共产党员"等荣誉称号。李杰同志本着情、理、法相结合的调解理念，既能细致调查，又能以情动人。自担任人民调解员以来，共调解居民矛盾纠纷170余件，调解成功率达98%以上，获得了居民的一致好评。

一、加强学习，不断提高自身业务能力

在调解工作中，李杰发现没有过硬的法治素养就无法驾驭人民调解这项工作，所以在工作的闲暇她会静下心来学习法律法规。几年下来，她完成了《继承法》《婚姻法》《人民调解法》《物权法》等相关法律法规的学习，理论水平得到了很大提高。在实际工作中，她认真分析每一起处理过的矛盾纠纷，总结成功经验，通过多年的不断经验积累，她逐渐成了一个能够熟练化解各种矛盾的行家里手。在一起离婚纠纷案件的调解中，调解双方本已经拿到了法院的生效文书，但因事后孩子探视问题在家中发生

了激烈的争执。为避免矛盾激化，李杰将双方当事人分开进行了"背对背式"调解，并询问了双方事情的始末。原来离婚时双方积怨已久，离婚后取得孩子抚养权的一方便拒绝对方探视孩子。李杰根据《婚姻法》的相关规定对当事人进行了释明，并动之以情，晓之以理，最终双方面对面就孩子的探视时间和方式达成了协议。

二、心系民生，发挥调解前沿作用

李杰同志始终把为人民服务、帮助弱势群体作为社区工作的目标。在信号山周边改造工程中，她坚持以人为本，做好宣传动员工作，将《致居民的公开信》《建议书》发放到户。在拆除违章建筑的过程中，做耐心细致的思想动员工作，在维修改造中，先后收到居民的建议、意见70多条。为将建议和要求落实好，李杰同志深入楼院实地调查了解情况，掌握第一手资料，及时的解决和答复，或向有关部门反映，在实际施工中产生了某些矛盾，都及时地调解化解矛盾，做好居民的思想工作，使改造工作顺利地开展，将民生工程真正做到老百姓的心坎上。

三、建立队伍，完善人民调解网络

在调解工作中，健全的矛盾纠纷排查化解队伍是及时发现矛盾，化解纠纷的保证，是调解工作的重点。李杰依托社区网格化管理，让每个网格员兼任网格矛盾纠纷信息员，定期同各网格管理员联系沟通，及时了解群众生活情况。通过调解网络，确保了辖区内大事小情能够及时掌握，各类矛盾纠纷能在第一时间发现并采取处理措施。辖区内学区众多，且房屋年代久远，所以邻里纠纷、房产纠纷众多。为确保及时对矛盾纠纷进行排查，李杰经常下社区进行纠纷线索的摸排，深入群众了解已有纠纷的来龙去脉。经过多次走访，李杰共摸排线索12起，并成功调处3起。李杰走楼串户，换来的是群众人心稳定、社区各项工作有序发展的可喜成绩，从根本上维护了社区稳定。

四、服务居民，做群众满意的调解员

通过多年的人民调解工作，李杰深知：要做好人民调解工作，就必须深刻认识人民调解工作的性质和任务，掌握人民调解工作的业务知识和工作技巧，熟悉相关的法律法规。此外就是平时多和居民接触，聊聊家长里短，增进感情。只有和群众关系搞好了，干群打成一片了，调解工作才能做好。只有平时多接触、多沟通，才能随时掌握居民的心理状态，了解居民的需求，才能掌握解决居民矛盾的"主动权"。俗话说，"知己知彼，百战不殆"，深入群众和纠纷当事人中去，是提高纠纷调解成功率的重要保障。

经过多年基层工作的艰苦磨炼，她获得的不仅是自身调解业务素质的提高，更加值得肯定的是，她获得了领导的高度认可，同事的尊重敬佩和百姓的真诚爱戴。从李杰同志的身上感受到了一种力量，一种扎根于基层十余载，却仍然不急不躁、默默奉献、无怨无悔、甘做百姓解忧人的精神。

李杰同志就是这样一个立足岗位、脚踏实地、一心一意努力工作的人。多年来，无论是入冬取暖纠纷，还是邻里矛盾纠纷，李杰同志始终做到认真履行职责，坚持严格调解与灵活处理相结合，努力做到小事不扩大，大事不激化，力争给每个当事人一个公正公平的说法和交代。尽管没有高唱的赞歌，没有鲜花与掌声，没有冲锋陷阵的奋勇，也没有感人肺腑的动人事迹，但李杰同志却在这样平凡的岗位上，凭着对工作的执着，对百姓的热情，无悔奉献于基层工作，为创建和谐社区做出了重要贡献，以自己强烈的事业心和良好的精神状态，书写了人生中一首华美的乐章。

不忘初心　坚守执着

中山路街道原黄岛路社区人民调解委员会主任　王文积

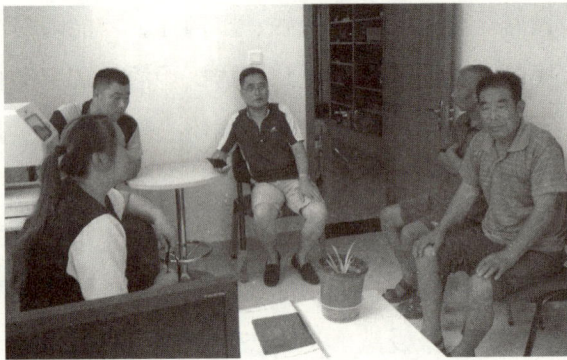

王文积同志是观海山社区热心人的典型代表。他曾是黄岛路社区的居委会主任，退休后自愿当起了专职人民调解员。从事人民调解工作十几年来，累计调解了547件矛盾纠纷，成功率达96%以上，

金牌调解员王文积（中）现场调解一起矛盾纠纷

解决了64起重大矛盾纠纷和突发性群体事件。他曾连续两届当选为市南人大代表，多次获得市南区优秀共产党员、市南区"综合治理先进个人"等称号，同时还获得第一届市南区"金牌调解员"的荣誉称号。社区的每次奉献日劳动都有他的身影，作为社区建设的志愿者，社区的治安、稳定调解等很多工作都凝聚着王文积的心血和汗水。他秉承着"真诚调解，以情感人"的调解理念，为管区的和谐稳定贡献了力量。

一、以情感人，点滴小事赢口碑

提起王文积助人为乐的事迹，观海山社区的居民有口皆碑。他时刻以乐观向上的高尚情怀笑对人生，把居民群众装在心中。天冷了，社区邻居的孩子没棉衣，他就主动为人家买棉衣；夜里听到楼下有人偷自行车的声音，他就奋不顾身地跑下楼把盗贼赶走；他两次捡到贵重皮包都想方设法找到失主并谢绝酬谢；社区贫困户戚某重病行动不便，生活困难，他经常为其送菜、送油、请医送药。去年，他所在的居民楼院有一张先生患病没

钱医治，生命垂危，生活不能自理，他不顾自己病弱的身体，多次为张先生送饭、送药。张先生爱人与张先生关系紧张，离家出走，使重病中的张先生非常无助，为此王文积多次找到他爱人做思想工作。为解决医疗费紧缺问题，他带头捐款 100 元。在他的爱心带动下，社区很多党员和群众都伸出友爱之手，解决了张先生的燃眉之急。

二、春风化雨，耐心调解亲情和

有一次管区一位老人哭着找到他，因为子女不孝敬不赡养，希望他能帮忙劝说。他二话不说把老人接到自己家中，同吃同住，照顾有加。那位老人的儿女们时间长了没了老人的动静也着急地到处打听，王文积顺势把老人的子女叫到一起，聊起来他们的成长往事，慢慢地几个儿女眼角湿润，意识到自己的不孝行为，深表惭愧。王文积紧接着给老人的几个儿女约法三章，轮流照顾老人，一家人高高兴兴地把老人接回了家。洞察民情，经验老到，他成为左邻右舍最信任的人。

三、发挥余热，将调解工作进行到底

退休后，王文积主动申请参加中山路街道房屋征收项目，为面临房屋征收的居民提供人民调解服务和政策咨询服务。中山路街道西部老城区的房屋征收工作纷繁而复杂，不仅关系到政府征收工作的顺利进行，还与被征收楼院、居民的切身利益息息相关。房屋的性质、家庭的纠纷以及因为历史遗留的问题伴随着房屋征收工作的全过程，有效地化解房屋征收中的各种矛盾问题，才能更好地维护管区的稳定，实现矛盾不上交。

今年王文积调解了一起房屋征收过程中产生的遗产纠纷。当事人刘某中年丧母，后其父亲又再娶，刘某与这位继母相处不错，念继母对其父亲照顾有加，刘某与其丈夫移居新加坡。2018 年 4 月刘某接到电话，表示其父亲身患重病希望她尽快回青，刘某回到青岛后不久其父亲去世。关于其父遗产包括房屋、存款等归属问题，刘某与继母的四个儿女产生了纠纷，相互之间无法达成一致，便请求街道人民调解委员会进行调解。王文积作为这起案子的主要调解员，他实地了解到刘某父亲的遗产包括位于中山路街道价值 120 万元的房屋，以及 30 万元的存款。刘某主张其与继母王某作为第一顺序继承人，应当平均分配父亲留下的遗产。王某的子女则认为，刘某自 2010 年移居新加坡以来并未对其父亲尽到赡养义务，刘某的父亲一直都是王某照料，所以王某应分得价值 120 万元的房屋，刘某分得 30 万元的存款。王文积会同社区工作者分别与双方当事人沟通。通过沟通了解到，刘某跟对方的纠纷不只集中在遗产问题上，刘某最为不满的就是王某的子女将自己的父亲送往养老院居住，这使刘某觉得自己的父亲并没有得到较好的照料，致使父亲因病重而过世，同时刘某认为这也证明自己移居新加坡的这八年期间，继母王某及其子女并没有尽到赡养义务。

调解之初，双方就遗产分配问题僵持不下，眼看矛盾将要升级，王文积及时介入，对双方语重心长地说："虽然你们是重组家庭，并不是亲生兄弟姐妹，但既然组成了家庭也算是一种缘分。老人生前与老伴相处一直很和睦，双方相互扶持走过了这一生。作为子女，在老人走后你们更要和睦相处。"这时，刘某表示非常感谢王某在自己无法照顾父亲时一直悉心照料父亲。而王某的子女也表示将刘某的父亲送往养老院而未及时关注其病情的做法确实欠妥。发现气氛有所缓和，王文积以理服人，将《继承法》相关规定告诉了刘某：有赡养能力和有赡养条件的继承人，不尽赡养义务的，分配遗产时，应当不分或者少分。就目前的情况看，即使上了法庭，刘某也不可能拿到一半的遗产，劝刘某也就别再坚持非要拿一半遗产了。经过王文积的积极努力，刘某最终同意留给王某较多遗产，而王某的子女也同意做出让步。就这样一场复杂的纠纷悄然化解。

王文积常说："我十分喜欢当一名调解员，一方面长期党务工作的历练，加上自学法律后掌握的法律知识和法律思维，能帮助群众维护合法权益，为化解矛盾纠纷出力；另一方面就是想为群众做点事，为社区出点力的初心，促使我决定回归社区发挥余热，服务群众。同时，我也在调解中获得了满满的幸福感。今后，只要身体条件允许，我一定会把这份初心坚守下去。"

春风化雨润物无声　履职尽责情系调解

八大峡街道团岛社区人民调解委员会主任　谭秋华

谭秋华是八大峡街道团岛社区的一名基层人民调解员。从事人民调解工作的这几年里，累计调解各类矛盾纠纷100余件，化解可能"民转刑"案件20余起，将大量矛盾化解在基层，维护了社区的稳定。有人说"人民调解工作是和稀泥，是搅拌机，是两面脸"，但她对人民调解工作有不同的理解：用亲情去调和、用事实来搅拌、用法律和道德作脸面。在社区的这些年，谭秋华扎根基层，甘于奉献，在人民调解的岗位上履职尽责，情系调解，以情感人、以理服人、以法育人，赢得社区居民的好评，为维护基层和谐稳定贡献了力量。

金牌调解员谭秋华（右）到当事人家中了解情况漏水情况

社区工作复杂琐碎，很多矛盾纠纷都落到社区干部身上。既是社区居委会主任、又是谭秋华调解工作室负责人的谭秋华同志，以她的真心宽容、耐心细致，搭建了社区与居民心灵相通的连心桥，筑起了维护社区稳定的第一道防线。谭秋华主任始终不忘自己的职责，不管哪里有纠纷，不管何时发生纠纷，只要她知道了，她都会尽心尽责地及时化解。像芝麻大的小纠纷，谭秋华从来没有烦过，相反，她把调解当成一件乐事。

一、以情感人，情系调解

在调解过程中，谭秋华同志想当事人所想，急当事人所急，设身处地为他们着想。团岛社区以老旧楼座居多，经常出现上下水堵漏的情况。今年3月份，社区的张先生和其楼下邻居王先生因管道漏水问题互有矛盾，几经争吵依然不能很好解决。王先生家卫生间无法使用，严重影响日常生活。接到居民反映情况后，谭秋华主任非常重视，马上去往现场了解情况。谭秋华主任将两家叫到一起，用诚心与双方沟通，通过耐心的劝慰和开导，终于使双方平静下来，激动的情绪得以缓解。但谭秋华主任并没有松懈，晓之以理，动之以情，帮忙联系社区内比较专业的维修下水管道师傅对漏水原因进行检查。最终双方在谭秋华主任的调解下双方握手言和，一桩困扰两家很长时间的纠葛得到圆满解决。

二、以理服人，履职尽责

多年积累的调解经验，谭秋华说人民调解工作要动之以情、晓之以理、明之以法、秉之以公。社区许多矛盾纠纷往往是由一些家长里短、鸡毛蒜皮的小事引发的，如果不能够及时调处，就会发展成重大隐患，甚至走向激化，因此看是小事实则大事。在谭秋华同志多年的调解工作中，家庭间、邻里间的小矛盾就占绝大部分。因为人民调解工作和维护稳定工作成绩突出，谭秋华同志也多次得到了上级的表彰和肯定。谭秋华同志在人民调解工作岗位上数年如一日兢兢业业，她深知肩上的责任之重，一门心思用在为民排忧解难上，不计较个人得失。公平公正的处事原则、专业专注的调解精神、耐心细心的沟通态度，赢得了居民们的爱戴，被居民亲切地称为"老百姓的知心人"。居民们有什么生活上的困扰愿意给她说，家庭关系中、邻里交往中的心结难题也同她谈。谭秋华同志在人民调解员的岗位上履职尽责，情系人民调解工作，把人民调解作为事业来追求，在平凡工作中为社区基层稳定与和谐发展做出了积极的贡献。

三、以法育人，润物无声

调解矛盾只是治标，防止纠纷发生，才是治本。谭秋华认识到只有提高社区居民群众的法律素质，才能尽可能减少矛盾纠纷。因此谭秋华主任主动做好社区法治信息宣传员,做好人民调解工作的宣传员,积极倡导"法为上、调为先、和为贵、让为贤"的调解理念,引导广大人民群众由过去的"有纠纷,先上访"变为现在的"有纠纷,找调解"。她经常向居民推荐法律相关书籍,组织开展法治宣传,联合街道邀请法律专家进社区进行法律讲座。根据社区居民实际情况,摘选与群众有关的法律法规知识,通过发放宣传资料、法律咨询、案例演说、社区宣传栏、微信公众号等多种形式,重点宣传居民常用法律、法规知识。通过此类宣传活动,提高辖区居民的法律意识,增强广大群众依法办事、依法维权的法治观念。

谭秋华说:"做社区调解工作,不能怕事,不能怕麻烦。有些小纠纷,如果不及时处理,就会引发更大矛盾。有些矛盾,积怨三年五年了,一触即发,要果断灭火,防止动刀动棍,打架伤人。有些事情,反反复复,要调解十次八次,真是跑断腿、磨破嘴。居民有纠纷找我,是对我的信任。"谭秋华每次接到诉求电话,发生矛盾纠纷的,马上到现场解决;有生活困难的,尽量牵线搭桥,帮助解决,绝不推脱。同时,通过多年的工作实践,谭秋华掌握了一些调解的技巧,她学会了解当事人的心理,针对不同当事人,能运用不同方法与他们沟通。她接手调解的社区居民纠纷大都为辖区内纠纷时间较久、问题疑难重大的矛盾纠纷,但在她的努力下,均能得到妥善解决。

作为一名共产党员,谭秋华正是凭着对人民调解工作的热心、为民解困的诚心、敏锐观察的细心,取得了一次又一次调解的成功。"调解工作有技巧,但仍然要付出大量的时间和心血,有时候当事人并不是被你的道理说服,打动他的往往是你的真诚和爱心"谭秋华说。她坚信,只要有敢于攻坚的意识,甘愿磨破嘴、跑断腿的工作韧劲,舍小家顾大家的奉献精神,就没有化解不了的矛盾纠纷。

乐于为民奉献　力建法治社区

云南路街道寿张路社区人民调解委员会主任　周国牛

　　周国牛同志是云南路街道寿张路社区居委会主任兼社区人民调解委员会主任，市南区第十七届人大代表。从青岛无线电二厂厂长退休后，一直从事社区工作和人民调解工作，热爱本职、一心为民、扎根基层、熟悉社区事务，

金牌调解员周国牛（右）与街道领导调处一起信访纠纷案件

善于化解热点难点纠纷，认认真真为群众办实事，兢兢业业为居民排解忧。曾荣获街道先进党务工作者、优秀共产党员、市南区十大金牌调解员、市南区人民调解专家库成员等多项荣誉称号。

　　多年来，周国牛同志在人民调解工作中本着"以法为尺，以情释理"的工作理念，既能细致调查，又能以情动人。自担任人民调解员以来，年均主持参与调解社区各类纠纷矛盾 50 余件，调解成功率达 98% 以上，获得了居民的一致好评。他带领其他调解员把爱与责任都倾注在社区居民身上，把满腔的热情都倾注在人民调解工作站线上。通过送政策释民惑、送温暖聚民心、送服务解民难，在平凡的岗位上做出了不平凡的工作业绩。他对如何发现问题、化解纠纷、处置矛盾有着自己的心得。

　　一、学习业务要"专心"

　　寿张路社区流动人口多、弱势群体多、民间纠纷矛盾多，民间纠纷的

内容和形势不断发生变化，对调解人员的素质要求也越来越高。周国牛同志认为，打铁还需自身硬，要为居民提供优质高效的服务，就必须练就过硬的业务本领。依法调解是开展调解工作的根本，为了更好地开展调解工作，他经常学习《人民调解法》《物权法》《合同法》《婚姻法》等相关法律知识，与居民家庭、邻里之间经常遇到的问题相关的法律法规他早已烂熟于心。他特别钟爱《法律讲堂》栏目，收听收看上千期节目，并整理分类为婚姻类、家庭类、诈骗类等，制作光盘供居民观看取阅。除了对自身严格要求，周国牛同志还常告诉社区其他调解员："人民调解员，职位轻而责任重，依法公正调解，百姓才能信服。他的言行，极大地激励、鞭策着同事们从事人民调解工作的干劲和热情。"

二、调解纠纷要"耐心"

温馨调解，努力化解矛盾，促进管区安全稳定。周国牛同志定期组织召开会议，及时做好各阶段的矛盾纠纷排查调处工作，对管区各种不稳定因素进行拉网式排查。为了当好维护管区社会稳定第一道防线的守护员，他时刻牢记"民间纠纷无小事"的原则，为民解难"尽心"、调处纠纷"耐心"、办起事来"细心"，"一碗水端平"，以诚取信。社区50岁的单身居民王某一直无业，对父母的遗产分割有异议，多次找寻其家人理论，打扰其他家庭的正常生活。周国牛同志得知情况后，联系了社区律师，第一时间赶到王某的家中进行调解。周国牛同志先让他们讲述各自的想法，情绪不太稳定的王某把心中的不快先说了出来，其他的家人也打开了心结，说了很多积攒在各自心头的不满。周国牛同志又采用单独聊天的方式逐一分析了遗产的法定分割方法，并从情理上劝说众人，从亲情的角度出发去化解大家的心结，最后王某与其家人终于达成了一致满意的处理意见。事后，王某及其亲属给社区送来了"社区送温暖，浓浓社区情"的锦旗。锦旗上简短的两句话真实地表达了王某一家的感谢之情，也表现了周国牛同志事无巨细、倾力调解的工作热情与责任心。

三、攻坚克难要有"恒心"

周国牛以维护管区稳定为己任，认真研究新形势下矛盾纠纷的特点规律，努力探索有效化解矛盾纠纷的新途径、新手段，善于针对不同类型矛盾纠纷采取有针对性的调解方法，调处化解疑难复杂矛盾纠纷方法得当、行之有效。前几年，青岛海底隧道和快速路三期等重点工程以及旧城改造所遗留下来的问题矛盾日益突出，部分居民因拆迁未安置或对拆迁过程中涉及自己的利益不满意，时常聚集，在"两会"、国庆节等重大活动期间进京、到省反映自己的诉求。周国牛勇挑重担，认真履行使命，既同这些人交流想法，防止事态升级、矛盾纠纷激化，又积极反映他们的诉求，提供妥善解决的办法，既有情与礼的交融，又有法与理的碰撞。近几年来，周国牛带领调委会协助化解了一批遗留下来疑难复杂纠纷，彰显了人民调解在矛盾纠纷调处化解综合机制中的重要作用，维护管区社会和谐稳定，他的工作得到了上级的充分肯定。

四、答疑解惑要有"爱心"

秉承满足居民实际生活需求、启迪生活智慧的理念，传播实用的法律知识，告诉居民遇到事情该怎么办、解决的途径有哪些，这些都需要爱的付出。居民来到调委会总是要寻求满意的答复，居民每询问一个法律点，就包含着利益之所在、纠纷之所在、矛盾之所在，能否在法律的框架下，因势利导、化解矛盾、驱除利害关系，关键要有爱的倾听、爱的答复。作为人民调解员，周国牛积极践行党的群众路线，传递社会正能量，以人民群众满意度为标准，解决纠纷，化解矛盾，增强人民调解在群众中的公信力和社会影响力。

周国牛同志经过多年基层艰苦磨练，不仅提高了自身业务素质，而且还通过言传身教，无私传授调解经验，影响了一大批社区人民调解员。周国牛主任和寿张路社区人民调委会已经成为群众的"知心人""排忧所"，成为邻里和谐、社区稳定的"第一道防线"。

◎首届"十大品牌调解室"

谭秋华品牌调解室

周国牛品牌调解室

王文积品牌调解室

李　杰品牌调解室

乔帅民品牌调解室

杨桂芝品牌调解室

于庆娟品牌调解室

刘巧莲品牌调解室

孙　岚品牌调解室

张秀珍品牌调解室

市南区首届"十大品牌调解室"均以金牌调解员命名，先进事迹略。

◎第二届"十大金牌调解员"

用"三心"唱好人民调解和谐歌

八大湖街道泰州路社区人民调解委员会主任　王英姿

王英姿，女，汉族，1967 年 5 月 21 出生，大专学历。现任市南区八大湖街道泰州路社区居委会主任兼社区人民调解委员会主任。从事人民调解工作以来，她扎根基层，尽职尽责，乐于奉献，共调

王英姿（左一）正在调解居民矛盾

解矛盾纠纷 100 余起。王英姿用诚心、热心、细心，为社区谱写了一曲人民调解和谐之歌。

一、诚心是和谐之歌的前奏

王英姿同志 2014 年担任泰州路社区居委会主任后，工作重点转移到全面协调和社区调解，面对全新的工作领域，从未系统学习过法律知识的她深感工作起来十分吃力。怀着一颗为民服务的诚心，王英姿同志积极克服困难，在繁忙的工作之余，努力学习法律专业知识，有不懂的问题就虚心向社区值班律师请教，由一名人民调解的门外汉逐渐成为这方面的行家里手。

有一天，家住镇江路的孙某某针对自家老人房屋遗产问题到泰州路社区寻求帮助。王英姿仔细询问了相关情况，原来镇江路的房子是她婆婆留

下的遗产，孙某某及两个小叔子本来说好三人均分，但现在两个小叔子把房子占为己有，自己的孩子因为上学想去暂住都不行，为此三家吵得不可开交。了解情况之后，王英姿多次上门与孙某某两个小叔子沟通此事，从亲情的角度以及法律层面动之以情、晓之以理进行劝解，但终因没有达到两位小叔子的要求，调解宣告失败。至此，王英姿并没有因为调解这条路走不通而甩手不管，而是为争取孙某某的合法权益而积极奔走。最后，王英姿主动帮助孙某某申请了法律援助，通过法律途径解决孙某某继承房屋遗产问题。

二、热心是和谐之歌的主题

作为社区里的"热心人"和"多面手"，王英姿是泰州路社区居民有了矛盾纠纷之后第一个想到的人。多年来，王英姿接待上门咨询的群众近千人，她总能耐心解答他们的疑惑，帮助调解矛盾，使他们满意而归。每当居民来电话表示碰到一些疑难纠纷需要上门调解时，王英姿总是立刻放下手头的工作，在最短的时间内赶到居民身边，耐心听取事情经过，并给出合理建议，帮助双方化解矛盾。

曾经有两位住在泰兴路上的老居民，由于楼上的租户使用下水不当，致使下水管道堵塞，卫生间的污水和排泄物漏到老人家中，给老人生活带来不便。王英姿得知此事后，二话没说立即赶到老人家中，看到老人家中污水肆流、臭气熏天，两个无助的老人都挤在一起，王英姿非常着急，表示这件事情我来解决，让老人放宽心。她直接找到楼上的租户，从公共道德到法律层面反复劝说，楼上合租的民工表示愿意退租，但拒绝修理下水管道。为了解决老人的燃眉之急，王英姿组织发动周围的三户居民一起凑钱打通并修复了下水道。老人家对于王英姿利用休息时间为自己来回奔波的行为十分感动，事后还特意送去了亲手书写的感谢信。

王英姿正是以她的热心肠不断融化居民之间的坚冰，维护了社区和谐稳定，践行了一个基层人民调解员"把矛盾化解在萌芽"的诺言。

三、细心是和谐之歌的旋律

问起王英姿作为调解能手的秘诀，王英姿说重点就是细心，心里要有一本活字典、活地图，对社区居民的大事小情都了如指掌，才能更好地把纠纷消灭在萌芽状态。

有一次，泰州二路的居民焦先生到社区反映，一楼网点个体户韩先生私自在居民水管上加装阀门，经常关闭阀门影响居民用水，希望王英姿出面予以调解。王英姿到一楼网点了解核实了情况后，对韩先生进行劝告，韩先生表示会与居民共同协商问题。王英姿觉得韩先生语气敷衍，担心其是否会履行承诺，于是两周后，王英姿上门回访，韩先生表示还未与楼上居民达成协议。王英姿摆事实讲道理，不厌其烦地劝说韩先生要设身处地为楼上居民着想，韩先生终于被感动，对之前给居民造成用水不便表示歉意，并将阀门去掉，消除了邻里之间的矛盾。

社区基层工作复杂琐碎，往往是"上边千条线，下边一根针"，很多矛盾纠纷都要先由社区进行化解。作为一名基层人民调解员的王英姿，以她的诚心、热心和细心，架起了与居民心灵相通的桥梁，筑起了维护社区稳定的第一道防线。经过多年基层工作艰苦磨练，她获得的不仅是自身调解业务水平的提高，更获得了领导同事的高度认可和居民的尊重。2016年，王英姿光荣地成为了一名市南区人大代表，2017年获得了市南区"三八红旗手"荣誉称号。王英姿身上有一种无形的力量，一种扎根基层、为民解难、不骄不躁、无怨无悔、默默奉献的精神。

千言万语尽 一抹笑容开

八大关街道人民调解委员会调解员 郑桂芸

郑桂芸，女，69岁，中
共党员，退休干部。2016年，
郑桂芸来到八大关街道人民
调解委员会工作，主要工作
是人民调解、普法宣传和法
律咨询。从事该工作以来，
她注重学习，深入实践，不
断探索新方法、新思路，逐

八大关街道调解员郑桂芸（左）在为群众解答法律咨询

渐在工作岗位上做出了成绩，在社区群众中间积累了口碑，在迎接领导考
察、媒体专访等活动中受到了好评。两年来，她共调处矛盾纠纷近200起，
为平安市南做出了自己的贡献。

一、不忘初心，释放温暖

郑桂芸是几十年的老党员，她退休前曾从事过行政、党务、信访工
作，积累了大量的基层工作经验。曾在法院任人民陪审员十六年，参加庭
审四千余次，目睹了法律在审判中的威严，也领略了庭审中温情的调解和
人文关怀。作为一名老党员老干部，为人民服务是她心中不变的誓言；作
为一名人民陪审员，法律是刻在她心中的准则。她怀着服务群众弘扬法治
的初心，来到八大关街道人民调解委员会，每日坐班，风雨无阻，为群众
解决困难，带来温暖。她时刻牢记调委会是群众家门口的"法律便利店"，
以服务群众、便利群众为宗旨，把群众的来访当作是送上门的群众工作，
用自己的真诚和热情接待每一位来访者，用自己的经验和智慧解决每一个

纠纷和矛盾。郑桂芸注重在工作中整理经验和技巧，注重理论和实践的结合，用更高的人民调解水平和法律素养服务每一个困难群众。

二、微笑服务，用心倾听

如春风般的微笑是郑桂芸的名片，是消除他人戒备，缩短心与心距离最好的方式。郑桂芸总是让微笑伴着一杯温水、一句关怀的问候，来温暖每一颗冰冷的心脏或安抚一颗颗燥热的心灵，使当事人能够迅速平静下来，从而取得了当事人初步信任，接下来就是用耐心的倾听走进对方的内心世界。2016年底，三十多岁的邵女士来到调委会，哭诉自己不幸的婚姻，坚决要求离婚。郑桂芸耐心倾听她的哭诉，用温柔的眼神传递对她的同情，并不时给予安慰和开导。在郑桂芸的引导下，邵女士道出事情原委。在综合分析后，郑桂芸认为问题主要出在邵女士本人身上，于是她用女性特有的温和语气为邵女士讲法律的规定，讲自己的人生经验和体会，讲这段婚姻离与不离的选择所产生的不同结果，帮助她就当下婚姻状况进行分析，鼓励她采取积极的行动来拯救自己的婚姻，使她明白婚姻生活应该看大处而非纠结细节，使她意识到离婚要慎重。一番劝解之后，邵女士对婚姻的真正内涵有了新的认识，暂时不离婚。一段时间后，邵女士与其丈夫来到调委会致谢，此时夫妻恩爱，这桩濒临破碎的婚姻，几经周折后终于步入正常的轨道。

三、真诚交流，耐心疏导

交流与沟通是调解重要的一环。郑桂芸始终认为一个优秀的调解人员，应该满怀激情将自己的爱心体现在工作之中，把每一次的交流与沟通当作心与心的碰撞，站在当事人的角度将心比心，用真诚去打开一颗颗紧锁的心，使其能以全新的思维方式审视自己遇到的问题，并重新确定生活的走向。潘女士从农村来到青岛，嫁给身体残疾的丈夫，生活的艰辛可想而知，但丈夫家人在处理公婆遗产时的不公平令她倍感委屈和愤懑。为了帮她解决心理问题，郑桂芸秉持一颗同情心，找到潘女士丈夫及丈夫家人，与之讲法律、讲情理，最终使事情得到了较为圆满的解决。最终平复了潘女士的情绪，使之心理得到安慰并最终得以释怀，她满怀深情地说："我要从心里把它放下，从遗产风波中解脱出来，去过属于自己温润平静的生活。"

四、解放思想，创新思维

时代在大踏步前进，但郑桂芸发现有的人特别是年龄较大的妇女固守传统观念，思维模式固定。于是郑桂芸一方面认真自省，加强学习，紧跟时代步伐，努力解放思想，勇做创新者，不做守旧者；另一方面积极研究老同志常见的固有思维，以更好地帮助他们破除脑中的陈腐观念，从而接受新变化新思想，使调解变得更加容易。如在解决张女士二十五年"温吞婚姻"的诉求中，郑桂芸首先向张女士阐明平等和尊重是维系婚姻的根本，而不是谁强谁就说了算，从而帮助张女士认识到了自己的问题，并表示愿意做出改变，改变自己对丈夫轻蔑的态度，进而开创幸福美好的婚姻生活。类似婚姻家事的当事人之所以苦恼，主要是来自本人思想意识落后和传统观念陈旧所致。所以郑桂芸在调解过程中注重宣传新思想新理念，帮助她们用法治的眼光和法治的思维去看待处理家庭事务，真正做到自尊自爱自立自强，以新时期妇女的新形象立足于家庭立足于社会。

五、定期回访，整理总结

为了真正消解矛盾，郑桂芸为自己定下规矩，不仅要调解，更要回访。她定期对来访人员进行电话回访，了解近况，表达关心，提供建议。用郑桂芸的话来说，调解如治病，不仅要"治好"，还要"永不复发"。她每月将调解案件以及回访情况进行整理，并将典型案例编写成文，用作工作参考。典型案例后来被胶州市、青岛市北区及外省市参观团人员带走传阅并大为赞扬。郑桂芸却把赞誉看作大家对工作提出的更高要求，激励自己在工作的道路上进一步前进。

如今郑桂芸的事迹流传在社区群众口中，刊登在《半岛都市报》上，出现在"青岛电视台"里，被许多人知晓。目前，越来越多的群众来到街道调委会寻求郑桂芸帮助。郑桂芸总是以她的笑容面对前来的群众，面对一切的难题。她的微笑都会如春风一般，温暖了许多群众的心，也将换来更多群众的微笑。

居民"贴心人" 社区"和事佬"

八大峡街道西镇社区人民调解委员会主任 王学琴

王学琴,女,45岁,汉族,中共党员,2011年来到西镇社区(原汶铁社区)担任居委会副主任,2014年经换届选举担任居委会主任兼社区党委书记,2017年连任居委会主任并兼社区党委副书记。王学琴主任从事人民调解工

西镇社区调解员王学琴(右)到观城路2号摸排矛盾隐患

作以来脚踏实地、勤于学习、爱岗敬业、关心群众、工作突出,得到了领导、同事和居民的普遍认可。在社区任职的八年时间里,王学琴主任成功调解邻里、赡养、婚姻等各类纠纷300余起,被称为居民群众的"贴心人"、西镇社区"和事佬",是名副其实的"金牌调解员"。

一、乐于奉献——"舍小家,顾大家"

西镇社区地处青岛老城区,公用设施老化、居民楼院老旧、居民高龄化严重、经济水平相对较低,矛盾纠纷较多,调解任务重。王学琴主任始终以维护社区和谐稳定为己任,积极投身到人民调解工作中。

2018年5月25日,单县路某号某单元的居民来社区反映下水道经常堵塞,要求更换管道,因部分居民不同意掏钱,白天上班无法联系等原因,希望西镇社区人民调解委员会出面帮忙解决。王学琴主任得知后,立即联系该单元楼组长,要求通知该单元所有住户召开居民议事会。为确保议事会的顺利进行,保障每家每户的知情权、参与权,针对楼组长联系不到的

居民，王学琴主任亲自查阅居民档案资料逐一电话通知。考虑到部分居民白天上班，王学琴主任以"舍小家顾大家"的奉献精神，主动牺牲下班休息的时间，开完将居民议事会时间定为晚上八点。当天王学琴主任忙碌完社区一天的工作后又继续赶到单县路某号某单元，与楼组长一起组织召开居民议事会，听取大家的意见，劝导不愿掏钱的居民，并组织签订意见征求表。居民议事会后，王学琴主任趁热打铁，第一时间帮助居民联系更换下水道的维修人员，及时解决该单元下水管道堵塞问题。既避免了邻里失和，又解决了居民的实际困难，受到了居民的一致好评。就是凭着这份对调解工作的满腔热忱，王学琴主任扎实工作、埋头苦干，做到"小事不出楼栋、大事不出社区、矛盾绝不上交"，有力地维护了西镇社区和谐稳定。

二、勇于担当——"群众事，无小事"

"群众的事情无小事"，这是王学琴主任经常说的一句话。日常中看似家长里短的小事，放在居民那就是天大的事，如果处理稍有偏差，就会影响到社区的安宁，所以居民矛盾纠纷及时化解，是构建和谐社区的重要前提。

管区居民肖女士与前夫离异多年，女儿归其抚养，离婚后肖女士与前夫在原住处各住一间屋。后因前夫在原单位申请新房，需上交该处房屋，数次联系肖女士均被拒绝，导致双方产生纠纷。2016年12月15日，其前夫带人到原住所将肖女士的家具强行搬出，矛盾进而激化。肖女士母女多次在原住所院门口和其前夫原单位门前打横幅闹访，王学琴主任均第一时间赶到现场处理。经了解，肖女士退休金低，女儿失业，无稳定住所，生活困难。且原住所内有油画、贝雕，并交过水、电、有线电视等费用，希望能够返还。王学琴主任了解情况后，第一时间与街道联系，为其送去慰问金，安抚其情绪，并积极解决其暂时居住问题。其次王学琴主任利用社区司法行政工作室的专业资源，协调专业律师为肖女士提供法律咨询，引导其按法律程序维护权益。同时，王学琴主任积极向街道反映肖女士的情况，由街道协调其前夫原单位出面，协商解决肖女士问题。在王学琴主任积极沟通协调下，多方面共同努力，最终为肖女士母女分别申请了2000元的专项信访救助金、1000元劳动保障失业金，并帮助其申请到了公租房，其前夫原单位则同意将原住所的初装费交给社区，由社区转交给肖女士。肖女士和其前夫都特别感谢王学琴主任做的调解工作，表示如果没有王学琴主任的调解，问题不会得到这么好的解决。

三、务于求实——"不务虚，勤务实"

调解工作不是绣花枕头，表面工作做得再好，解决不了矛盾都是枉然。王学琴主任在日常工作中要求社区工作人员要领会"大人不华，君子务实"的内涵，做到"不务虚，勤务实"，少说多做，知行合一。以"笃行务实"的态度，去开展调解工作，去化解矛盾纠纷。

王学琴主任介绍说要想干好调解工作，不能等着当事人主动上门申请。要勤走动、细观察、善分析，要积极主动地走访巡查，细致排查是否存在矛盾纠纷隐患。因而，王学琴主任经常叮嘱社区网格长、网格队员，在日常巡查过程中，要做好"侦查员"的本职工作，一旦发现隐患苗头要及时上报社区，做到早发现、早解决，将矛盾纠纷化解在萌芽中。2018年，社区多处楼院做外墙保温，由于种种原因，造成多处楼院屋顶漏水、空调管被拔掉等现象，直接影响到居民的正常生活。如果不能够及时处理，势必会导致矛盾纠纷的发生。针对这一问题，王学琴主任果断决定，不能在社区等居民上门反映问题，要主动出击去查找问题。于是迅速安排各片区网格长及网格队员在管区内开展施工楼院专项巡查，并要求大家巡查过程中一定要细致认真，多听多看多留意，广泛收集群众的意见，排查是否存在以上问题。最后发现贵州路40号屋顶漏水、空调管问题比较突出，有可能引发矛盾纠纷。王学琴主任及时联系楼组长统计受损居民情况，将情况反馈给施工方，协调施工方及时将问题解决，及时将矛盾化解在萌芽中。

人民调解工作往往是"上边千条线，下边一根针"，调解工作的内容牵扯到居民生活的方方面面，责任就显得非常之重。王学琴主任在从事调解工作的八年来，兢兢业业、踏踏实实，风里来雨里去，多年来调解的矛盾纠纷不胜枚举，她以满腔的热忱赢得了领导同事的认可和群众的信服。

公正调解　为民解忧

江苏路街道龙江路社区人民调解委员会主任　高玉秀

高玉秀,女,1961年出生,中共党员,从事人民调解工作近12年,现任龙江路社区居委会主任。高玉秀同志爱岗敬业,无私奉献,把学习到先进经验与自己工作紧密结合起来,勇于开拓进取,在调解工中做到"小事不出

高玉秀(右一)耐心与当事人沟通交流

社区,大事不出街道"。三年来,高玉秀同志参与调处矛盾纠纷120起,其中重大矛盾纠纷5起,调解成功率达97%,群众满意度100%。高玉秀同志所在的龙江路社区多次被评为"先进人民调解委员会"、2011年被评为青岛市"十佳社区"。高玉秀同志将大量矛盾化解在基层,为维护社区稳定,创建和谐社区起到了模范带头作用。

一、加强知识学习,夯实调解基础

高玉秀同志认真贯彻习近平新时代中国特色社会主义思想,了解掌握社会治安综合治理政策、法规,熟悉工作业务,努力提高自身综合素质,不断提高业务水平。调解工作中,高玉秀同志深知提高自身素质的重要性,没有过硬的素质就无法驾驭人民调解工作,甚至会适得其反。掌握过硬的调解技术不仅是调解工作的前提,也是对人民负责的工作态度。在工作中,她先后认真学习了《人民调解工作程序》《合同法》《婚姻法》以及人民调解的一系列法律法规,向法院的同志请教遇到的棘手难办的纠纷。

通过不断学习积累，她的业务本领有了较大提升，逐渐成为一个能够熟练化解各种矛盾的行家里手。对自己辖区内的基本情况做到了如指掌，受到居民的好评和领导的表扬。

二、建立排查队伍，完善调解网络

在调解工作中，健全的矛盾纠纷排查化解队伍是及时发现矛盾，化解纠纷的保证，是调解工作的重点。高玉秀同志组织社区班子成员选出调解经验丰富、办事公正的社区干部成立调解小组；每月定期走访各居民小区了解情况，深入了解居民工作生活情况。通过层层调解网络，确保了社区大事小情能够及时掌握，各类矛盾纠纷能在第一时间发现并采取处理措施。凡事做到有组织机构、有计划目标、有活动开展、有人员负责、有检查验收、有总结表彰。在信号山周边改造工程中，她坚持以人为本，做好宣传动员工作。派人将《致居民的公开信》、建议书发放到户。在拆除违章建筑的过程中，做耐心细致的思想动员工作，配合城管拆除违章、清除建筑垃圾30余吨，整修了31个楼座。对维修过程中出现的问题、居民的建议、意见，都及时进行解决答复。

三、情法动人心，调解架起连心桥

作为社区居委会党支部书记兼人民调委员会主任的高玉秀同志，以她的真心和宽容，以她耐心细致的调解工作，架起了党与居民心灵相通的连心桥，筑牢了基层人民调解组织的第一道防线，维护了社区的和谐稳定。一开始，群众对人民调解不理解，给她的工作造成了很大的阻碍，但她并没有被困难吓倒。她说，老百姓不理解是因为我们宣传不到位，我们要主动去找他们，让他们明白我们是为了他们好，用真心换真心，帮他们解决好了问题，他们自然会主动找我们帮他们解决问题。在调解工作中，高玉秀坚持以人民为中心的工作理念，她对待居民热心体贴，解决问题认真细致，力求帮助群众解决每一件切身相关的小事，从不慢待一件小事，以自己的真诚之心，赢得了居民们的尊重，被居民亲切地称为"调解大使"。

四、调解百家事，温暖社区聚民心

高玉秀同志在工作中不管大事小事都一丝不苟，认真对待，实实在在地为群众排忧解难。针对居民反映强烈的供暖问题，高玉秀主任连续多日到青岛各家热电公司进行协调调研，跑前跑后，把居民的实际需求情况反映上去，促使供热部门整合资源尽快解决了相关问题。她所在的龙江路社区是老城区，老旧楼房很多，一到下雨天，漏雨现象很严重，居民反映非常强烈。她带领居委会一班人将漏雨房屋逐户进行了统计，她用她特有的耐心，每家每户登门统计，上报办事处及区级相关部门，并以市南区人大代表的身份，建议有关部门尽快启动房屋维修基金，解居民燃眉之急，将问题解决在基层，居民非常满意。

五、重视预防工作，坚持调防相结合

高玉秀调解团队中的大部分成员还在社区担任自防队员的角色，他们每天在走街串巷中关注着社区发生的大事小事。高玉秀经常说："群众的事无小事，我们要及时发现，及时解决"。自防队员将走访社区得到的线索汇总，然后由高玉秀牵头研判分类，对于能够调解的纠纷及时组织相关当事人进行调解。居住在龙江路社区的宫某叔侄因房屋纠纷积怨已久，经常因此发生激烈争吵，为防止矛盾进一步激化，高玉秀主动将宫某叔侄请到了龙江路社区，但终因二人的互不相让，第一次调解没有成功。事后，高玉秀分别对叔侄二人做了细致的工作，利用下班时间找他们拉家常，历时45天终于解开了叔侄二人多年的心结。

高玉秀同志多年来始终保持积极地工作态度和良好的精神状态，扎根最基层一线十余载，在平凡的岗位上做出了不平凡的事情，她是一种力量，一种担当，一种品格，用实际行动践行了以人民为中心的工作理念，维护了社区和谐发展。

用真情化解矛盾　用真诚构筑和谐

金门路街道大尧社区人民调解委员会副主任　于林娜

于林娜，女，1963年1月出生，中共党员，现任青岛市市南区金门路街道大尧社区副主任，她曾多次获得优秀共产党员、优秀人民调解员等荣誉称号。自2010年从事人民调解工作以来，她秉承"进邻里门、知邻

大尧社区调解员于林娜（右二）会同律师对一起邻里纠纷进行调解

里情、解邻里忧、暖邻里心"的理念，始终坚守在调解第一线。作为一名人民调解员，她始终"想群众之所想、急群众之所急、解群众之所困"。三年来共成功调处各类矛盾纠纷上百余件，化解疑难纠纷20余起，调解成功率达96%以上，被群众誉为大尧社区的"知心大姐"。

一、建立品牌，全心付出为邻里

社区工作复杂琐碎，往往是"上边千条线，下边一根针"。有着丰富基层工作经验的于林娜深知，要做好基层人民调解工作，仅靠几个人单打独斗是不行的，必须要建立自己的品牌，吸引一批专兼职人员充实到调解队伍中来，齐心协力化解各类矛盾纠纷。在她的积极协调、倡导下，成立了大尧社区"于林娜调解工作室"，调解队伍由7人扩大到25人，进一步充实了调解队伍力量。多层次的调解组织结构和调解网络，使大大小小的纠纷都在第一时间得到解决。

于林娜说：在社区一些鸡毛蒜皮的小事如果处理不及时，就会造成大的矛盾纠纷，从而影响社会的和谐与安定。在她的调解记录中，邻里之间的小纠纷就占绝大部分，看似小事，但也最令人操心。大尧社区居住着一位 80 岁高龄的吴大爷，因楼上暖气管道爆裂，导致家里发了"洪水"，不一会儿就成了"水帘洞"。于林娜得知此事后，赶到了吴大爷家，又联系了楼上的王某和管道工，将爆裂的管道修好，这时天已经很晚了。后来老人找了楼上王某多次，谈赔偿问题，但王某不理不睬，最终老人找到了社区调委会。于林娜一边安慰老人，一边做楼上王某的工作，前后去了好几趟，并联系物业和邻居一起参与调解。最后楼上王某向老人道歉，由于近期个人资金状况紧张，保证尽快为老人修缮房屋并进行赔偿，一场邻里纠纷得以平息。老人感慨地说："于主任你虽然不是我闺女，但胜似亲闺女，我和老伴感谢你"。

几年来，于林娜始终坚持用热心、耐心、恒心、公心"四心"工作法化解矛盾，平息争端，化解了很多大大小小的矛盾纠纷，"于林娜调解工作室"也受到了社区群众的一致好评。

二、动情晓理，化解矛盾于萌芽

多年来，于林娜同志始终坚持"小事不扩大，大事不激化，矛盾不上交"这一工作理念，把工作的出发点和落脚点放在预防纠纷的发生上。对矛盾纠纷做到早发现、早控制、早调处、早化解，最大程度把问题解决在基层、化解在萌芽。

大尧社区常某某与刘某某既是同事又是邻居，两家平时相处较好，最近两家因相邻权问题产生矛盾，双方相互争斗，各执一词，并发动了各自亲朋好友，准备"讨个说法"，矛盾不断升级。针对双方极不冷静、互不相让这一情况，于林娜用"隔离法""冷静法"，将双方分离诉述。首先，让双方从各自的角度尽情发泄，待时机成熟后，于琳娜便分别做两家的思想工作。她认为此次矛盾的产生两家都有原因，双方试着从对方的角度思考，什么矛盾解不开？退一步海阔天空。待当事人平静后，通过耐心细致的说服教育，使双方当事人认识到自身存在的问题，自愿和解并达成协议，一场邻里纠纷得以平息。

于林娜在调解工作中，善于把"预防为主、调处结合"工作方针落到实处。她总是拿出更多的时间，及时做好社区矛盾纠纷的排查工作，出现纠纷隐患，及时跟进化解，确保矛盾不激化，不上交。

三、以法育人，真情构筑和谐路

调处矛盾纠纷，不只是治"标"，更重要的是治"本"。于林娜认为：用普法教育来提高居民学法、知法、用法、守法的自觉性是有效避免和减少各类纠纷发生的"本"。为此，大尧社区与汉通律师事务所签订了常年法律服务合同，专业律师每周半天到社区坐班，免费为居民解答生活中的问题、提供法律咨询；每月对社区人民调解员开展法律知识讲座、举办模拟法庭演示、传授人民调解技巧，提高调解员的法律素质和调解能力；每两个月对社区居民开展一次普法讲座，宣讲内容包括婚姻法、继承法等法律知识。在法律宣讲活动中，宣讲员结合群众身边的案例深入浅出地讲解，深受群众的欢迎。

在调解纠纷中，于林娜同志以法育人，以理服人，以情感人。她每周深入楼院，了解社情民意，摸排不安定因素，对疑难复杂纠纷，实行集中会诊定期复诊，通过以案说法，以事明理，使当事人受到教育，达到了标本兼治促和谐的目的。有些纠纷当事人，为琐事闹得不可开交，面红耳赤，通过法制宣传教育，加之调解员的趁热打铁和及时跟进，化解了心中的怒气，理顺了不良情绪，消除了双方的隔阂，群众的法律意识得到了普遍提高。

热心为民调解　创建和谐寿张

云南路街道寿张路社区人民调解委员会主任　周国牛

周国牛（左一）与当事人交流谈心

周国牛，男，汉族，1964年2月出生，本科学历。现任市南区云南路街道寿张路社区居委会主任、社区居委会人民调解委员会主任、"周国牛调解室"的带头人。他善于化解热点难点纠纷，认认真真为群众办实事，兢兢业业为居民排解忧。曾荣获街道先进党务工作者、优秀共产党员、市南区"十大金牌调解员"、市南区"人民调解专家库成员"等荣誉称号，任市南区第十七届人大代表。周国牛在人民调解工作中本着"以法为尺，以情释理"的工作理念，年均主持参与调解社区各类纠纷矛盾50余件，调解成功率达98%以上，在调解岗位上做出了不平凡的工作业绩。

一、做群众的知心人

寿张路社区位于西部老城区，老年人口多、弱势群体多，法治观念相对比较滞后。周国牛认为，要化解各类矛盾纠纷，关键是要准确把握易发矛盾纠纷的领域，要深入居民楼院，多听听他们的声音。周国牛走遍了寿张路社区的每个楼宇、每个单元，熟知社区的一草一木，练就了一身"万事通"的本领。

2018年初，观城路某号甲两户居民因暖气管道漏水发生纠纷找到周国牛调解室，周国牛详细了解了相关情况。调解过程中，他马上想到了发生漏水的某号楼院的管道走向情况，预判了可能是外管道堵塞引发的问题，立即找到专业人员免费处理了堵塞的管道，果然解决了漏水问题，不但化解了纠纷，还得到了当事人的连连称赞，"周主任不愧是咱们的万事通"。同时，结合群众的需求，他练就了过硬的业务本领，常用的各类法律法规，与居民家庭、邻里之间经常遇到的问题相关的法律知识他早已烂熟于心。除了对自身严格要求，周国牛还常告诉社区其他调解员："人民调解员，职位轻而责任重，依法公正调解，百姓才能信服"。他的言行，极大地激励、鞭策着同事们从事人民调解工作的干劲和热情。

二、做调解纠纷多面手

周国牛以维护管区稳定为己任，认真研究新形势下矛盾纠纷的特点规律，努力探索有效化解矛盾纠纷的新途径、新手段。他善于针对不同类型矛盾纠纷采取有针对性的调解方法，调处化解疑难复杂矛盾纠纷方法得当、行之有效，是调解的多面行家里手。

"勇敢的排头兵"。周国牛认为，调解员从事调解工作，必须具备过硬的素质，特别要有不怕困难的决心、责任心和奉献精神，他作为调委会主任，更要发挥党员为民服务精神，不能违背为群众服务的初心。坚持一颗初心，要仔细倾听群众诉求，准确把握矛盾所在，拿出愚公移山、破釜沉舟的精气神，要"平时工作看得出，关键时候站得出，危急关头豁得出"。前几年，青岛海底隧道和快速路三期等重点工程以及旧城改造所遗留下来的问题矛盾日益突出，部分居民因拆迁未安置或对拆迁过程中涉及自己的利益不满意，时常聚集，在"两会"、国庆节等重大活动期间进京、到省反映自己的诉求。周国牛带领调解员，勇挑重担，认真履行使命，既同这些人交流想法，防止事态矛盾纠纷激化，又积极反映他们的诉求，提供妥善解决的办法，既有情与礼的交融，又有法与理的碰撞。近几年来，周国牛带领调委会协助化解了一批遗留下来疑难复杂纠纷，彰显了人民调解在矛盾纠纷调处化解综合机制中的重要作用，维护管区社会和谐稳定，他的工作得到了上级的充分肯定。

"细心的守护员"。周国牛定期组织召开会议，及时做好各阶段的矛盾纠纷排查调处工作，对管区各种不稳定因素进行拉网式排查。为了当好维护管区社会稳定第一道防线的守护员，他时刻牢记"民间纠纷无小事"的原则，以诚取信。社区 50 岁的单身居民王某一直无业，对父母的遗产分割有异议，多次找寻其亲属理论，打扰其他家庭的正常生活，在社区造成了一定的影响。周国牛得知情况后，第一时间主动赶到王某的家中进行调解。他先让当事人讲述各自的想法，引导他们打开心结，了解具体情况后，周国牛又采用单独聊天的方式逐一仔细分析了遗产的法定分割方法。在充分说理的前提下，他再从亲情的角度出发去逐一化解大家的心结，最后王某与其家人终于达成了一致满意的处理意见。事后，王某及其亲属给社区送来了"调解送温暖，平安守护者"的锦旗。锦旗上简短的两句话真实地表达了王某一家的感谢之情，也表现了周国牛事无巨细、倾力调解的工作热情与责任心。

"耐心的救火员"。东平路 21 号张女士的儿子刘某与儿媳辛某在孙子年幼时离异。她独自抚养孙子直到其成年工作，辛某一直居住外地常年无来往，而孙子成年后与辛某走动频繁有意要随母姓。张女士认为此事"子随母姓，天理不容"，就此问题与其儿媳辛某发生激烈纠纷，闹到了社区。初次登门，调解员被张女士拒之不理且恶语相加。本着调解自愿的原则，调解难以继续进行，可是考虑到当事人张女士含辛茹苦的艰辛以及整个事件的特殊性，周国牛坚持主动调解，带领调解员不厌其烦地反复登门。多次努力换来了张女士的认可，周国牛抓住机会就公民姓名权的法律问题向其做了详细讲述，最终双方和解，化解了家庭纷争。

三、做有温度的解忧人

秉承服务居民实际生活需求、启迪生活智慧的理念、传播的是实用的法律知识，告诉居民遇到事情该怎么办、解决的途径有哪些，这些都需要做"爱"的付出。居民来到调委会总是要寻求满意的答复,居民每询问一个法律点,就包含着利益之所在、纠纷之所在、矛盾之所在,能否在法律的框架下,因势利导、化解矛盾、驱除利害关系,关键要有"爱"的倾听、"爱"的答复。作为人民调解员的他,积极践行党的群众路线,传递社会正能量,以人民群众满意度为标准,解决纠纷,化解矛盾,增强人民调解在群众中的公信力和社会影响力。

在周国牛的正确指导下,寿张路社区人民调解委员会充分发挥了维护社会稳定的作用,维护了群众的合法权益,同时也为创建和谐社区做出了重要贡献。而他自己用心调解、无私奉献、言传身教,无愧于自己基层调解工作人员的称谓。经过多年基层工作的艰苦磨炼,他不仅提高了自身调解业务素质,还影响了一批一批社区人民调解员,获得了同事的尊重敬佩和居民的真诚爱戴。

诚心诚意化矛盾　稳扎稳打做调解

湛山街道秀湛路社区人民调解委员会主任　唐万平

唐万平，女，大专学历，中共党员，现任湛山街道秀湛路社区党委副书记、社区居委会主任。自2014年从事社区工作以来，她时刻牢记自己是一名共产党员，始终都以党员的标准来严格要求自己，对社区事务兢兢业业，

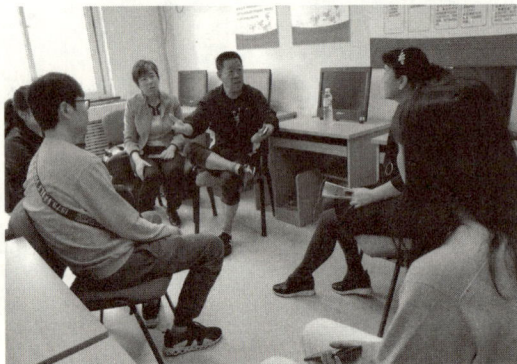
唐万平（右二）向当事人询问案情

勤勤恳恳。她善于运用自己的耐心、细心和恒心，来为群众做调解工作，让产生矛盾的双方化干戈为玉帛。工作期间，曾被评为"青岛市市南区优秀共产党员"、市南区"三八红旗手"等荣誉称号，得到社区居民群众的一致好评。几年来，她直接参与调解的家庭、邻里、房屋修缮、消防安全等各类民事纠纷达近百起，调解成功率达到90%以上。

一、找准思路破难题

提起唐万平，湛山街道秀湛路社区的很多居民都耳熟能详。她被称作社区的好主任、邻里的好帮手，居民对她的评价总是热心、真诚、善良。工作中的她是一位优秀调解员，哪里有需要，她就去哪里，从不叫苦叫累。正是因为她的不懈努力，秀湛路社区调解工作取得了显著成绩。

近年来，唐万平同志从辖区的实际情况和人员特点出发，秉承"凡事都要有章可循""因人调解"的原则，采取了一系列措施和办法。比如在进行调解工作的时候，对不同层次、不同需求的居民采取不同的调解沟通

286

方式，进一步规范了社区调解工作流程，提升了社区化解矛盾纠纷的能力和水平。在唐万平同志的带领下，社区人民调解工作的质量和效率得到了提高。

家住秀湛路的张某某发现卫生间的吸顶灯位置阴湿，怀疑是楼上卫生间渗漏造成。楼上的杨某某却提出，自家近期刚做过卫生间防水，怀疑是对方自己破坏了防水层故意找茬，双方为此找到了秀湛路社区。唐万平到两家进行了实地查看，认为症结在于杨某某。经过唐万平的反复劝说，讲道理、讲法律，态度强硬的杨某某终于同意再做一次防水测试。最终确定是杨某某家的防水层出现问题。至此杨某某心服口服，联系施工人员对卫生间进行了维修，纠纷得以圆满解决。唐万平通过细致入微的观察，确定调解思路，以事实胜于雄辩的实地测试，准确找到了责任主体，使本来各执己见、责任不清的局面豁然开朗，从而为成功调解打下了基础，双方当事人最终握手言和。

二、倾力调解暖人心

社区的调解工作是一项复杂而又细致的工作，做好了，能控制当事双方的情绪，起到防微杜渐的作用，把矛盾化解在初始阶段。做不好，就会出力不讨好，造成矛盾激化，甚至还会出现违法犯罪，成为社会的不稳定因素。唐万平做调解工作立足本职、积极主动、尽职尽责。只要居民群众需要，她都会努力化解一个又一个矛盾，平息一场又一场纠纷，还社区居民一片安宁。家住新湛三路的辛某某到社区反映，隔壁家庭旅馆新装的招牌位置紧邻其家北门，标识不明确，自家门铃已多次被人误按，已经影响到了正常生活。其邻居李某却认为，自己是按政府要求把招牌安在单元门旁，辛某某完全是庸人自扰。唐万平第一时间介入，向双方仔细询问了事情经过，并到现场进行了查看，让双方当事人充分表达自己的诉求和理由。唐万平一边安抚双方的情绪，一边现场与施工单位和设计单位进行协商，经过施工方的精确测量，并征得辛某某的同意，最终将招牌移至李某窗户上方且不影响楼上生活安全的位置。辛某某高兴地说："本来以为这种小事，社区就象征性地调解一下算了，没想到社区出面，一步到位解决得这么漂亮，他们是真的把我们的事放在心上。"唐万平认为，取得一个大家都满意的调解结果是她工作的最终目标。辛苦一点没有关系，只要大家能心平气和，顺利把问题解决掉就是她做调解工作的最大心愿。

三、化解纠纷促和谐

在社区进行调解工作多年，有问题找到她，唐万平总是冲在矛盾纠纷的第一线。她认为，所谓"得知此事要躬行"，只有不断地实践，才能在调解工作中做出精准的判断。唐万平在调解工作中始终不忘初心，保持高度的责任感，树立大局意识。心怀责任感，才能及时"灭火"，做好纠纷预防和矛盾调解；牢记大局观，在调解过程中通过正向的引导和提示，能够避免此类纠纷的再次发生。唐万平同志从社区的实际出发，对可能存在的问题做到早发现、早解决。由于防范到位，措施得力，一些可能诱发居民矛盾的倾向性、苗头性问题，全部化解在萌芽状态，充分发挥了人民调解工作的"第一道防线"作用。从而形成了百姓邻里和睦，群众安居乐业，社区治安稳定的良好态势。

唐万平同志常说："居民有了纠纷找我，说明群众是信任我的，为了这份信任也必须把居民的事放在心上。"面对繁杂的调解工作，她总是充满热情、任劳任怨，积极向社区法律顾问进行咨询学习，她以满腔热忱为居民排忧解难，做了许多实实在在的事情，赢得了群众的拥护和赞誉，为和谐社区的建设做出了积极的贡献。

以情感人　调解架起连心桥

中山路街道泰安路社区人民调解委员会主任　刘琛琛

刘琛琛，女，29 岁，中共党员，市南区中山路街道泰安路社区党委副书记、居委会主任。在泰安路社区从事基层调解工作五年来，这位年轻的主任始终坚信没有劝不了的争执，没有调不好的纠纷，没有解不开的心结。她充

泰安路社区调解员刘琛琛（中）在与当事人耐心交流

分发挥党员先锋精神，用细心、耐心、真心、苦心、精心调解了大量的矛盾纠纷。近年来，刘琛琛先后调解家庭矛盾纠纷、邻里矛盾纠纷、物业纠纷、突发性矛盾纠纷案件达百余件。曾获得"青岛市文明家庭""市南区最美青年""三八红旗手""优秀老年人工作者"等荣誉称号。

一、学习调解知识，提高自身素质

要想成为一名合格的人民调解员，就必须用法律知识武装自己的头脑。刘琛琛勤奋好学，坚持学习调解知识和法律知识，在工作中边学边干，几年内系统学习了《人民调解法》《合同法》《婚姻法》等法律专业知识，向社区法律顾问请教遇到棘手的纠纷，她由一名纠纷调解的门外汉慢慢成为这方面的专家，善于运用人民调解知识和法律知识熟练化解各种矛盾。有了专业的调解知识，刘琛琛服务群众做社区调解工作如鱼得水。今年三月，居民刘某某家里因楼体主管道受损，导致刚装修的房子被污水淹没。事后刘某某多次找到相关物业和开发商反映，修缮与赔偿问题始终无法达

成一致。由于迟迟未解决受损房屋赔偿问题，刘某某携家人进京上访被北京信访局值班同志劝回。刘琛琛及时与返青后的刘某某夫妇取得联系，对房屋受损的详细情况进行了解，同时对刘某某夫妇进行了思想化解工作，通过三个多小时的沟通，刘某某夫妇情绪逐渐稳定，也被刘琛琛这样为居民着想的精神打动，随即表示不会再去北京上访，配合社区进行调解。刘琛琛通过与刘某某夫妇的沟通掌握了问题根源，多次会同刘某某居住的小区物业和开发商协调相关问题。由于双方始终对赔偿钱的数目未达成协议，刘琛琛分别对接开发商和物业，通过耐心细致的劝说，合理运用法律知识，站在开发商和物业的角度使其心悦诚服的认可本次调解工作。在做好开发商和物业工作的同时多次劝说刘某某夫妇，倾听他们的心声、感受他们的难处。在一次次的劝说工作中，夫妻俩为刘琛琛这种全心全意为人民服务，与人民群众共同呼吸的真情所感动，认可了相关单位的赔偿数目。劝说工作完成后，刘琛琛及时将三方邀请到社区，在社区的见证下签订房屋赔偿合同，从而化解了重大信访安全隐患。

二、严格工作程序，健全调解制度

刘琛琛坚持合理运用"四化"开展人民调解工作。一是调解工作制度化，制定各项调解工作制度，开展工作时确保有章可循；二是法律法规通俗化，为确保调解工作常用法律法规通俗易懂，制作张贴"学习示意图"，促使普法宣传能够深入人心。三是调解程序规范化，制定调解流程，引导当事人参照调解程序主张权利。四是回访制度经常化，为确保调解工作能够充分落实执行，须对成功调解的纠纷于15日内回访，做到调解工作有始有终。刘琛琛的调解如春风化雨，将干戈化玉帛，她经手的调解案例上百起，成功率98%以上，这些成果的背后是她不懈的努力和辛勤的付出。

三、重视预防工作，坚持调防结合

随着经济社会快速发展，不稳定因素随之增多，人民群众对美好生活的需求越来越大，要求越来越高。在生活节奏快、生活压力大的情况下，基层工作面临着前所未有的严峻挑战。作为基层窗口，调解工作不只是为了讲明法规和规定，更多是为了让群众体验到政府窗口的服务态度与服务意识。如何做好调解工作，如何让群众感到温暖，只有不忘初心，牢记共产党人的初心和使命，坚持为人民谋幸福，才能做好当前形势下复杂的基层工作。刘琛琛坚持带领社区调委会成员牢记全心全意为人民群众服务的宗旨，与人民群众同呼吸，共命运，心连心，俯下身子倾听群众的心声和真话。坚持党的群众路线，从群众中来到群众中去，掌握群众的需求，掌握交流沟通的技巧，定时梳理并深入掌握可能引发群众纠纷新情况、新动向，敏捷把握群众的心理想法，才可能找到打开心扉的钥匙。遇事不堵不推，学会倾听、交流和沟通，真正了解群众的所想、所盼、所需。凡是群众反映的问题都要严肃认真对待，凡是损害群众利益的行为都要坚决纠正，实行"四个优先"，即办理优先、呈批优先、核查优先、回复优先。注重发挥调解工作中坚作用和尖兵作用，发挥最了解群众诉求的优势，紧盯重点领域、预防重点问题。

人民调解工作是维护和保障社会稳定的基石，也是平安社区建设的一项重要内容。刘琛琛用行动诠释着一名共产党员的高尚情怀，为打造幸福社区贡献着自己的力量。

军人作风锤炼　热心为民奉献

珠海路街道海口路社区人民调解委员会副主任　孙　岚

　　孙岚，男，汉族，
1955年2月出生，中共党
员，原总参谋部某师政委、
党委书记，现军队退休干
部、海口路社区人民调解
委员会副主任。2011年，
孙岚被授予了"青岛市优
秀志愿者"称号。2014年，
被评为社区优秀人民调解

孙岚（右）与调解员共同探讨一起纠纷案件

员。2016年被授予市南区"十大金牌调解员"称号。2006年以来，他调
解各类纠纷280余起，进行心理疏导、法律咨询两千余人次，为社区的稳
定、居民的幸福贡献了自己的力量。

一、牢记宗旨，真情调解

　　作为一名老党员，多年的党性熏陶和军队锤炼让孙岚心中始终有着
"人民的需要就是我的志愿"的坚持。2006年起，他开始积极参加社会
公益活动，向社会奉献出自己的光和热。2010年退休后，他更是不遗余
力地奉献自己，回报社会，义务为社区居民群众提供调解服务和法律服务，
受到了社区居民群众的广泛好评。2012年，"孙岚调解室"在珠海路街
道原善化路社区（现海口路社区）成立了，调解室的成立更好地维护了社
区居民群众的合法权益，为创建和谐社区贡献了极大的力量。

　　孙岚在调解过程中一直把"人民调解为人民"当作自己的座右铭，努力践行着他"为党旗增添光彩,为和谐社会做奉献"的诺言。凭着一腔热忱和浓重的使命感,他认真对待每一次的调解工作,从不懈怠,有时为了让当事人双方满意,达成调解协议,他牺牲休息时间,做了大量调解工作。他把每次矛盾纠纷的调解都当作一次法律法规的宣传,当作一次党的路线方针政策的讲解,当作一次中华民族优秀道德的传播。尽管在调解工作中,他遭受过谩骂和嘲笑,但是始终没有动摇过他做好调解工作的信心和决心。

二、提升自我,智慧调解

在孙岚心中,调解工作看似是在对各种矛盾纠纷进行调解,实质上就是提高当事人的思想觉悟和法治观念,是在做人的工作。为了说服当事人,孙岚不仅需要用道德规范、亲情、友情、邻里之情劝说当事人,还需要向当事人详细解说涉及的各项法律法规及可能需要承担的法律责任,真正做到动之以情,晓之以理。想要更好地解决社区居民群众的问题,做好调解工作,提升自身法律素养尤为必要。孙岚主动学习了法学基本理论,尤其是将调解工作中经常涉及的《民法通则》相邻关系条款,《婚姻法》、《继承法》、《物业管理条例》等法律法规进行了重点学习研究,不仅做到了掌握这些法律、法规的精髓,更能做到在具体调解工作的使用。为了更好地掌握当事人的心理,他还学习了心理学和社会学的相关课程,为调解工作做好知识储备。除此之外,孙岚同志还充分利用各种机会学习典型案例,学习他人的经验方法为已所用。通过不断学习,孙岚在调解工作中表现愈发灵活智慧。2011年,社区有个家庭闹起了"内战",丈夫瞒着妻子寄给母亲5000元治病,妻子发现后,认为这笔钱花在了别处,任丈夫怎么解释都不肯相信。孙岚了解情况后,认为夫妻之间的小误会只要说明真相,就有可能解决。他带领一位志愿者亲自登门调解,表明了调解员身份,当事人同意后,孙岚拨通老太太的电话与之交谈,让妻子旁听通话内容。孙岚通过电话询问儿子寄去的钱收到没有,老太太回答"收到了,幸亏这笔钱,连交押金带治疗,真是救急了"。妻子听到了婆婆的回答,终于明白了真相，原谅了丈夫。孙岚通过自己的调解智慧，轻松将一个家庭的硝烟消弭于无形。

三、总结经验，理论调解

孙岚十分注重总结调解工作经验，他经常会将自己的调解体会和方法向调解小组的其他调解员分享，与其他调解员在互相交流中共同提升自己的调解水平。通过在理论与实践的相互印证，他总结了在进行调解时调解员应当注重的几个问题：一是不能先入为主，在情况不明时不能轻易下结论；二是充分发挥团队作用形成合力，集体分析研究，制定切实可行有效调解方案；三是不激化矛盾，不轻易刺激当事人；四是不暴露个人隐私，为当事人保密；五是不能留下后遗症，写好调解协议书；六是不收礼吃请，方显真诚调解本色。2018年9月，海口路社区居民王某来社区反映，近期楼上301户刘某家装修卫生间，破坏了防水层，使她们家卫生间漏了一大片，严重滴水。301户刘某不配合维修卫生间防水层，楼上楼下发生了矛盾，希望能通过调解解决。孙岚对301户致使201户漏水进行调查，了解事情经过后，向刘某讲述远亲不如近邻的道理。在他耐心劝说下，刘某答应维修卫生间的防水层，并主动赔偿王某两千元现金。通过孙岚的努力，两家人握手言和，重新变成了好邻居。

孙岚同志的调解工作赢得了广大居民的认可和赞扬，也引起了媒体的广泛关注。2013年11月，青岛早报《城事》专栏以《邻里矛盾，快跟老孙说说》为主题对他的事迹进行了报道。2013年12月，青岛电视台《大城小事》栏目也报道了他的先进事迹。一位老兵调解员用智慧和真诚守护了千家万户的安宁，以担当和责任维护了社区的和谐与稳定，用付出和奉献赢得了社区居民的称赞。

金融调解筑和谐　悉心专业化纠纷

青岛市金融消费纠纷人民调解委员会副主任　肖珍凤

肖珍凤同志现任青岛市金融消费权益保护协会副秘书长、金融消费纠纷人民调解委员会(以下简称为"金调委")副主任，是金调委聘任的首批专业调解员。从事调解工作以来，肖珍凤同志不忘初心，牢记共产党员全

当事人给肖珍凤（右）送来锦旗表示感谢

心全意为人民服务的宗旨，辛勤工作，无私奉献，以一己之力撑起了金调委的半边天。

一、勇于探索，建立健全制度

金调委成立时间不长，内部规章制度有待完善，金融消费纠纷调解工作在我市也处于起步阶段，调解工作机制、程序和方法都有待探索和完善。肖珍凤同志带领金调委，在市司法局、市南司法局的支持和帮助下，不断思考和探索，相继制定了各项工作制度，规范了调解工作。一是调解工作制度化。制定各项工作制度，如《调解中心工作规则》《调解员工作职责》《调解员聘任及考核管理办法》《调解流程图》《调解当事人享有的权力和义务》等，使调解工作有章可循。二是调解程序规范化，调解有双方陈述、单独沟通、签订调解协议书的规范流程等。三是回访制度经常化。对调解成功的纠纷，在结束后 15 日内进行回访，做到了调解工作有始有终，受到金融消费者的称赞和好评。四是文档管理标准化。建立健全了工作档

案、调解登记台账、调解记录和调解协议书等人民调解档案。人民调解案卷统一采用司法部制发的人民调解文书格式，按要求一案一档，装订成册，妥善保管。

二、倾力调解，化解双方矛盾

结合二十多年大型银行工作的丰富管理与实践经验，肖珍凤同志对常见的投诉案例进行了深入研究，尤其是针对最为常见的银行卡盗刷案件，逐渐摸索出了一套实用的调查方法。一是调取银行卡近半年的交易流水，分析消费者的消费习惯及可能被犯罪分子窃取个人信息的节点；二是与消费者充分沟通，在言语交谈中寻找消费者可能遗漏的关键信息；三是与银行交流分析可能存在的舆论或法律风险等。今年，某银行一个季度内发生了4起银行卡盗刷案件，消费者多次投诉未果，银行也面临较大的舆情压力。肖珍凤同志了解情况后，主动建议可以到金调委进行调解。调解前，肖珍凤同志对4起案件材料进行了细致研究，并分别与银行和4名消费者进行了座谈，约定了4起案件的调解时间。调解中，肖珍凤同志从资金保管责任和服务提升空间与银行进行深入分析探讨，从密码保管责任及安全用卡常识等金融知识与消费者进行沟通，最终，4起案件在一天内全部调解成功，并分别进行了司法确认，由市南区人民法院出具了民事裁定书。4名消费者表示，充分感受到调解员为消费者排忧解难的热情和银行为客户服务的心意，表示将继续在该银行办理存款，甚至2个消费者表示将追加大额存款和理财业务。银行专门为金调委送来锦旗"公平调解促和谐、高效服务暖人心"表示感谢。还有一名消费者，在遭遇银行卡盗刷后，情绪激动，在银行大楼前拉横幅，后将银行诉至法院，又向市政府提交了政府信息公开申请。肖珍凤同志接到银行的调解申请后，初次见到消费者时，消费者情绪依然很激动，扬言如果对调解不满，要挂横幅闹事。肖珍凤同志根据前期所掌握的证据材料，详细分析了该案中消费者和银行的责任，双方分歧越来越小，最终顺利签署了调解协议，消费者表示非常满意，并撤回了法院诉状和政府信息公开申请。本案从肖珍凤同志接到调解申请，到签署调解协议，用时3天，快速调解既帮助消费者挽回了损失，避免了投诉升级，也帮助银行圆满处理了负面舆情，维护了银行声誉。

通过肖珍凤同志的调解，真正实现了用规劝疏导情绪，用科学规则消除误解，用法律规范定纷止争，切实达到金融机构、受损金融消费者和法院多方满意的良好效果。

三、全心投入，倾听消费者心声

人民调解工作是法、理、情的统一，个别所谓的缠诉的消费者，有时只要换位思考，让其得到充分的尊重与理解，并感受到调解员真心实意为其排忧解难，很多案件就可以迎刃而解。一名消费者来到消保协会，称其在某银行网点ATM机取款，怀疑取到了假币，在向银行投诉未果后，向协会投诉并申请调解。该名消费者此前多次到协会投诉，情绪一直比较激动，甚至企图动手打人。肖珍凤同志了解情况后，主动在调解室约见了该名消费者，并准备了茶水，以大姐的身份，详细听取了消费者的案件描述，承诺将合法合规进行案件调查，给予消费者一个公平公正的答复。会谈结束后，肖珍凤同志亲自将消费者送到金调委大门外。消费者感到自己受到了尊重，本身已经认可了人民币为真币。随后，消费者主动撤销了投诉。

肖珍凤同志在调解工作中，一直遵循着融情于法的理念，站在消费者的角度去考虑问题，平复了消费者最初的怨气，使得纠纷不升级，及时化解在基层，从根本上解决了矛盾。

四、加强交流，致力厚积薄发

肖珍凤同志虽然已经具备了丰富的调解经验，但考虑到金融创新的不断发展，仍然坚持学习，提升调解工作水平。上海市金融消费纠纷调解中心在我国金融消费纠纷调解领域做得较为出色，肖珍凤同志多次赴上海学习交流，带回了先进的工作经验。此外，还参加市司法局举办的"人民调解大讲堂"视频培训，学习全国模范人民调解员在长期的调解实践中摸索出的独特的调解技巧。

　　常年的工作让肖珍凤同志深深感到，金融机构忽视消费者权益保护和消费者金融知识缺乏是造成矛盾纠纷的根源。一是引导金融机构主动调解。肖珍凤同志用时 4 个月，利用下班时间，对 13 家金融机构开展了 11 场培训，金融机构 800 余个营业网点的 1500 余名员工接受培训。培训后，主动申请调解的金融机构越来越多。二是带领金调委广泛开展金融知识宣传。肖珍凤同志作为青岛市社科联"社科知识大讲堂"授课专家之一，走进李沧区李村街道北山社区对居民开办了专题讲座。组织印刷了 10 万份宣传折页，宣传金调委的职责、调解工作流程等，发放到金融机构网点，消费者可免费取阅。参与组织了"3·15 金融消费者权益日"、6 月"普及金融知识 守住钱袋子"和 9 月"金融知识普及月"金融知识进社区、农村、老年大学、地铁工地等宣传活动。

　　五、潜心调研，提升专业素质

　　肖珍凤同志带领调委会人员编写了典型案例，2016、2017 连续两年获评全国金融消费权益保护十佳典型案例，人民银行总行参事、中欧陆家嘴国际金融研究院常务副院长盛松成，人民银行总行消保局马绍刚副局长亲自颁发奖杯和证书。组织完成了《金融消费纠纷非诉解决机制的构建》《理财消费者权益保护分析报告——以青岛地区为例》《我国小额金融消费纠纷解决的实践及相关建议》等调研报告。

　　肖珍凤同志坚持发展"枫桥经验"，实现矛盾不上交的工作部署，做好了新时代人民调解宣传工作，为青岛市金融业的稳定、和谐、健康发展贡献了一份力量。

◎第二届"十大品牌调解室"

设施规范硬件强　飒爽英姿调解场

八大湖街道泰州路社区"英姿调解室"

近年来，随着经济社会发展不断深入，社区矛盾日趋增多。为维护社区和谐稳定，实现矛盾不上交，泰州路社区在人民调解工作中大胆创新，完善制度，规范设置，履职尽责，全力打造以泰州路社区调委会主任王英姿命名的"英姿调解室"，丰富发展了人民调解工作。

一、统一规范设置标准

泰州路社区高度重视人民调解工作室建设，严格按照《山东省人民调解委员会规范化建设标准》，全力打造以社区调委会主任王英姿命名的"英姿调解室"，多方协调、积极争取上级经费保障支持，为调解室统一标识，在室内悬挂了"人民调解委员会职责""人民调解工作制度""人民调解当事人权利与义务""英姿人民调解室简介""法律顾问工作指引"等内容，配置了电脑、桌椅、档案资料橱等必备的办公用品。调解室在不断完善规范化建设的同时，还与"一社区一法律顾问"、社区司法行政调解室有机结合，为社区居民提供人民调解、法律咨询、法律援助等法律服务，使基层法律服务更加方便快捷，化解矛盾更加及时有效。调解室聘请专业法律顾问，签订《社区法律顾问服务合同》，每周二下午到调解室坐班，时间不少于4小时，为社区居民宣传《人民调解法》，开展矛盾纠纷化解、法律咨询等工作，引导当事人通过合法途径解决纠纷；法律顾问每周参加居委会例会，对疑难复杂纠纷案件或重大问题参与讨论，研究解决方案；定期组织人民调解员学习培训，通过经典案例分析探讨、经验交流、互相学习等方式，丰富调解员业务知识，提升调解员工作技能。调解室还定期邀请调解专家、优秀调解员举办讲座，使社区调解员学有方向、赶有目标，激发和调动调解员工作积极性和主动性。

二、建立健全工作制度

一是公示公开制度。将调解室人员的姓名、职务、联系方式等对外公示，将工作职责和服务内容向社区居民公开。二是纠纷排查制度。利用社区召开例会之机，定期组织学习《人民调解法》及相关业务知识，每周安排一次矛盾纠纷排查，随时掌握纠纷动态、不安定因素和居民法律需求等特点，发现矛盾及时化解。调解中对当事人的基本情况、纠纷事实、具体诉求、调解过程及结果等进行登记，建帐造册。三是统计报告制度。调解室对开展情况每月进行统计分析，形成统计报表，做到数据真实可靠。对排查出的重大纠纷隐患和群体性纠纷苗头，第一时间向司法所报告。四是档案管理制度。坚持纠纷调解一案一档，专人管理，按期归档，并做好安全保密工作。五是回访和信息反馈制度。对已达成协议的当事人在7个工作日内进行回访，对突发事件、群体纠纷等调解结果及时进行回访，并将纠纷动向、稳控对象等情况向司法所反馈。

三、突出彰显职能作用

"英姿调解室"坚持从调解文化入手，依法调解，以理服人。针对双方当事人总结出"五条"建议，即微笑多一点；凡事忍一点；心胸宽一点；理由少一点；说话轻一点。对调解员提出了沟通思想情感的"五点"要求，即微笑表达；心灵沟通；真诚相待；耐心倾听；目光交流。只要当事人走进了调解室，就能感到家庭般的温馨。调解室对重大疑难案件采取三方组合的集体调解方式，即充分发挥社区民警、法律顾问、社区调解员"三力合一"的团队作用解决纠纷。针对重大疑难案件，社区民警、法律顾问、社区调解员在调解前召开案情分析会，对案件展开分析研判，集思广益，发挥集体智慧，提出调解方式。这种方式既熟悉了案情，确定了原则，又明确了责任，制定了方案，起到了化解矛盾、减少诉累的效果。对容易形成激化的特别重大疑难案件，首先由社区民警参与控制事态发展，防止矛盾升级，其次由法律顾问向当事人提供相关法律知识，明确各自承担的法律责任，最后由调解员依法及时介入调解。调解室还充分发挥社区调解组织网格化优势，坚持集中排查，及时分析把握矛盾隐患，对不稳定因素做到早发现、早报告、早控制、早解决，将纠纷消灭在萌芽状态。王英姿得知泰兴路上的两位老居民，因楼上的租户使用下水不当，致使下水管道堵塞，家中被污水和排泄物污染，老人被此事困扰又束手无策，王英姿利用休息时间多次调解，终于解决了问题，修好了管道。事后老人家还特意送去了亲手写的感谢信。

像这样的矛盾纠纷，2014 年以来"英姿调解室"共成功化解 100 余起，有力地维护了辖区安全稳定，为建设美好幸福和谐社区做出了贡献。

人民调解战线上的"老兵"们

八大关街道"军地调解室"

为发扬"双拥"传统，解决军地矛盾，共建平安八大关，2006年，青岛市第一家军地纠纷调解调解室——八大关街道军地纠纷人民调解工作室(以下简称"军地调解室")，在八大关街道人民调解委员会指导下成立。"军地调解室"坐落于八大关街道红岛路社区，专门进行军地纠纷及其他类型纠纷的人民调解工作。现有专职人民调解员1人，兼职人民调解员4人。12年来，为群众解决矛盾纠纷800余起，参与调处重大矛盾纠纷8起。"军地调解室"的调解员们就像驻守在人民调解战线上的老兵，为群众解决困难、调处矛盾，用自身的光和热温暖群众。

一、坚持学习，不断提高素质

"军地调解室"工作人员大多拥有一定的部队经历或基层经历，其中专职调解员乔帅民更是有着十余年部队工作生活经历，有着丰富的与部队官兵及家属打交道的经验。但调解员们深知仅凭这些不足以做好调解工作，只有进一步学习专业法律知识，不断提高自身素质，才能驾驭人民调解工作。他们本着对工作的认真，对群众的负责，先后共同学习了《人民调解工作程序》《合同法》《婚姻法》等其他相关11部法律法规。调解员们定期讨论，整理、总结各类人民调解的策略方法，使得这支调解队伍对调解工作更加得心应手。

二、军民交流，鱼水情谊更浓

青岛市地处军事战略要地，八大关街道驻军众多，在军地调解室日常工作中，军地纠纷约占全部纠纷的30%。调解室为更好落实"双拥"，做好军地调解工作，注重与部队开展友好的交流。调解员经常走进军营，为广大官兵们带来一堂堂生动的普法课，为部队官兵带来一本本普法小册子，为战士们提供优质法律服务，真正起到增进军地了解、化解军地纠纷的桥梁作用。每逢"八一"等重要节日，调解员们都会与社区老党员、老军人一起来到部队慰问官兵，跟他们一起包饺子，开军民联谊会，及时了解军人生活方面的困扰，以求将矛盾化解在萌芽状态。在军地调解室的协调下，部队和群众共建军民友谊林，体现了军民鱼水情深，开创了军地互助互惠、共建共荣的局面，使部队更好地轻装上阵，全身心投入国防建设。

三、善调情绪，善用调解技巧

基层纠纷矛盾种类繁多，除了涉军纠纷外，家庭纠纷、养狗问题、房客和房东矛盾、老人赡养等矛盾也较为常见，在处理这些矛盾纠纷时，调解人员作为中间人，吃闭门羹挨骂都是常有的事，一味笑脸相迎有时候解决不了问题。面对不同的情况，调解室的调解员们擅长利用调解技巧，调动自己和当事人的情绪，面对或悲、或烦、或忧、或怒不同的人，采用"变脸大法"，或柔色相劝，或耐心倾听，或厉声震慑。调解员们通过控制自己的情绪，调动当事人的情绪，从而应对不同的人和事，从而达到更好的调解效果。2015年，正值年关，一对军人夫妻闹矛盾，来到军地调解室寻求帮助。在调解的过程中，调解员了解到，夫妻二人的争执只因平日细碎矛盾累积所致，并非有很深的隔阂。调解员认为该纠纷比较简单，但夫妻两人情绪激动，尤其是丈夫，火气极大，听不进调解员的话。于是调解员大吼一声："大过年的难道想离婚吗？！"顿时震慑住了两人。之后调解员柔声诉说，用温情疏导心结，最终做通了夫妻二人的思想工作，使得小两口重归于好，度过了一个幸福的新年。

四、注重效率，急群众之所急

社区的许多矛盾纠纷往往是由一些鸡毛蒜皮的小事引发的，但这些小事如果调处不及时，就会矛盾激化，酿成更大的纠纷。因此群众的事无慢事，无论多小都必须快速处理。为提高工作效率，调解室开通热线，使群众的问题打个电话就能解决。电话里解决不了的，调解员总能在最短的时间内上门进行调处。这些年来，调解员已经记不清他们曾多少次上门为群众调解纠纷。对他们而言，这些早已是日常工作的一部分，哪怕是节假日接到调解电话，他们也会放下手头的事情，在最短的时间内赶到事发现场，为群众解决困难。2015年，社区居民常某、张某反映邻居尹某把家具放在平台上，影响公共楼道墙壁粉刷，要求其搬走，被尹某拒绝。双方言辞激烈，矛盾愈发扩大。后来常某、张某二人打电话寻求调解员帮助，希望调解员予以解决。此时正是周末，但调解员仍是找到三位当事人，了解情况，进行调解。调解员肯定了常某、张某的诉求，但希望二人理解尹某年龄较大，搬运家具不方便的困难，并作出承诺一定解决问题。在安抚常某、张某情绪的同时，又做尹某的思想工作。调解员向尹某说明平台施工是一件政府为民的好事，不要让小事耽误大事，不要让家事影响大家的事，并表示愿意帮助尹某搬运家具。经过协调，尹某表示在这次修房子的过程中，会积极配合社区工作，不影响施工工作。调解员们帮助尹某将旧家具搬走。面对这个调解结果，常某和张某表示非常满意，最终皆大欢喜，问题得到了解决。类似的案例不胜枚举，对军地调解室的调解员们来说，只要能够帮助群众消除烦恼，就是度过了一个开心的周末。

把和睦带给大家，把幸福送给大家，这是"军地调解室"所有调解员十几年来追求的目标。他们是一群调解"老兵"，在调解工作中，他们不抛弃，不放弃，用真情，解矛盾，为大家带来和谐，为社区带来稳定。这群坚守在调解战线上的"老兵"，像那些守护着和平的真正军人一样，都是群众心目中"最可爱的人"。

化解纠纷促和谐　为民解忧赢口碑

八大峡街道西镇社区"王学琴调解室"

西镇社区位于市南区西南部，是八大峡街道最东部的一个社区，辖区面积 0.236 平方公里，居民 4210 户，人口 2.2 万。"王学琴调解室"是以西镇社区调解委员会主任王学琴同志命名的品牌调解室。调解室负责人王学琴同志，自 2011 年到社区工作后，充分发挥人熟、地熟、社情熟的优势，秉着"邻里纠纷无小事，及时化解是大事"的工作理念，讲究方式方法，成功调解邻里矛盾纠纷 300 余起。

社区是服务群众工作的最后一环，把矛盾纠纷化解在基层，是社会和谐稳定的基础。"王学琴调解室"本着"红色引领、文化铸魂、务实为民、和谐稳定"的工作思路，为社区居民提供纠纷调解、心理疏导、法治教育、法律咨询、法律援助等公共服务的"一站式"平台，打造矛盾调解新平台。调解室人员主要由调委会王学琴主任、社区工作者、社区片警、社区法律顾问和志愿者等人员组成，定期在社区调解室驻点提供服务。居民的心声有人倾听、怨气有人化解、纠纷有人调解，对新的苗头及时主动出击，及时做好居民矛盾纠纷的化解，确保了社区和谐稳定。

一、解决邻里纠纷，建设和谐社区

芳邻有兰香，友邻送温馨。中国人的邻里关系向来以和为贵，和谐的邻里关系能给我们的生活带来乐趣和帮助，但是住在同一个小区，邻里间难免有些磕磕碰碰。家住费县路的王女士（化姓），曾与楼上居民袁先生（化姓）因洗衣排水引发纠纷，双方争执不下，甚至拨打了 110。调解室的调解员得知后，马上赶到现场。经了解得知事情的起因是袁先生在厕所洗衣排水时，废水由厕所渗漏到王女士家厕所一侧的卧室，致使卧室屋顶墙皮脱落、衣橱顶部被水浸泡、床单被罩被滴湿。这样的事情之前发生过一次，王女士当时只是提醒袁先生家要注意，然后自己将家内处理了一下。没想到同样的事情再次发生，王女士愤怒地敲了楼上的门，当时袁先生的妻子害怕没敢开门，王女士看到没反应，顿时火冒三丈随即回家拿来锤子敲袁先生家的防盗门，并说要进去将其洗衣机砸了。袁先生家吓得躲在屋里不敢开门，由此双方引发纠纷。王女士要求袁先生赔偿一千元损失，而袁先生则要求王女士先给他家更换防盗门。调解员不断做工作，双方在赔偿数额和方式上仍僵持不下。看到这种情况，调解员利用多年调解工作总结来的"四步工作法"：一听、二问、三走访、四调解。双方情绪激动时，就冷冷、放一放；该热时，就趁热打铁，兵分两路做工作，说道理、谈法律、讲情谊，找切入点，想方设法化解矛盾。经单独约谈，双方的态度都有了极大地转变，社区调解员果断提出解决方案，并进一步斡旋，王女士与袁先生最终达成协议：袁先生不再要求王女士给他更换防盗门，一次性赔偿给王女士三百元，并保证今后不再发生类似事情。王女士同意并就此前的过激行为向袁先生道歉，至此双方矛盾化解，并非常感谢社区帮助调解化解矛盾。

二、解决涉访隐患，建设稳定社区

"王学琴调解室"坚持"三三四"群众工作机制，定期约谈或接待涉访矛盾纠纷人员，积极化解难题，确保稳定平安。2016年底，家住汶水路的肖女士（化姓），因所住房屋为其前夫郭先生（化姓）申请的单位产权房，双方离婚后肖女士、郭先生在原住处各自住一间屋，后肖女士趁郭先生不在，将自己父母接来共同居住。郭先生因在单位申请新房，需上交汶水路的房子，数次联系肖女士协商解决房子事宜，均被肖女士拒绝。随后，郭先生及其现任妻子带人到汶水路将肖女士的家具强行搬出，完成收房。事情发生后，肖女士母女暂住在汶水宾馆，多次在汶水路院门口和郭先生单位门前搭建旅行帐篷打横幅闹访。调解员王学琴在第一时间赶到现场处理，耐心劝导制止，并送去慰问金，安抚其情绪，积极协调宾馆住宿费用问题，解决其暂时居住问题，并耐心听取其诉求。肖女士提出两个主要诉求，一是解决其母女俩的住房问题；二是其原住所汶水路内有油画、贝雕，在原住房内交过水、电、有线电视费用，增添过铝合金门窗等，希望新房主返还屋内物品，前夫单位给予初装费。面对这一涉访矛盾隐患，调解室的王学琴同志牵头，积极邀请律师为其提供法律咨询，协调各种救助帮扶为其发放慰问金安抚其情绪，多次对接街道、区民政局等部门，与相关人员约谈或电话联系。经过一年多的努力，积极为其申办上了公共租赁房，且协调郭先生单位将初装费付给了肖女士，初步满足了肖女士的主要诉求。肖女士和其前夫郭先生都特别感激社区做的调解工作，表示如果没有社区调解，问题不会这么快得到这么好的解决。

三、依托网格管理，建设平安社区

"王学琴调解室"在社区工作站、居委会的支持帮助下，依托社区网格，建立了"包网格领导—网格长—网格员—志愿者"的管理服务模式。包网格领导由工作站站长、副书记、副站长和居委会主任、副主任担任，每人包1-2个网格，负责网格内重大隐患及矛盾纠纷化解等问题的协调处理，在网格长缺位时履行网格长职责；网格长由社区专职工作人员担任，具体负责网格内日常全面工作；网格员由社区16位安全自防队员担任，每个网格配备2名；此外，社区充分发动对应网格内的党支部书记、楼组长和党员同志担任网格志愿者，充分发挥他们的积极作用，与专职网格员优势互补、力量互动、形成合力，做好矛盾纠纷的定期排查、专项排查及调处工作，做到全方位防控。

"王学琴调解室"对于化解辖区内居民矛盾纠纷，维护社会和谐稳定方面发挥着重要的作用。调解室工作人员在调解工作中不断学习、勇于创新、乐于探索，利用网格化精细管理模式，深入了解居民需求，高度重视人民调解工作，充分发挥调解工作的"润滑剂"作用，引导群众遇事找法，将矛盾消解在萌芽状态，避免激化，确保社区和谐安全稳定。

建立品牌调解室　　探索调解新模式

金门路街道大尧社区"于林娜调解室"

金门路街道大尧社区针对新形势下社区矛盾纠纷凸显的新特点，建立以社区工作者于林娜命名的"于林娜调解室"，探索实施社区人民调解专业化模式，使人民调解工作实现制度化、程序化、标准化，使基层人民调解室成为维护社会稳定和引导居民诉求的重要阵地。今年"于林娜调解室"成立以来，共调处各类矛盾纠纷50余起，防止群体性上访2件，解答法律咨询及心理疏导近百人次，收到了良好的社会效果。

一、创新机制，破解难题，实现调解工作专业化

当前，随着改革开放的不断深化，各种利益格局的不断调整，矛盾纠纷日趋复杂化、多元化，而社区原有的工作机制和方法已不能完全适应新形势的要求。为积极应对挑战，提高调解组织化解矛盾纠纷的能力，大尧社区在街道司法所指导下勇于实践、创新模式，于2018年3月在大尧社区建立了以调解员命名的专业化人民调解机构——"于林娜调解室"，确保社区层面的矛盾纠纷调处工作有专门组织专人落实，提高了人民调解工作效能，创新了传统工作方法，构建了新形势下人民调解向专业化发展的新机制。

（一）精选人员，实现工作制度化、专业化。充分挖掘管区内的人力资源。具有基层调解工作经验、精通法律知识的社区居委会副主任于林娜作为调解室的负责人，专门负责人民调解工作。同时与青岛市汉通律师所签订了法律服务协议，聘请2名专业律师作为社区法律顾问，从法律层面解答调解过程中遇到的各种疑难问题，确保矛盾纠纷处理的有效性、公正性。

（二）落实责任，实现工作标准化、程序化。于林娜调解调解室作为社区专业化的调解组织机构，按照"工作制度化、调解程序化、效果标准化"进行运作，着眼于管理的规范性，建立调解调解室工作制度、落实调解员工作职责，促进了工作有序运转；着眼于工作的科学性，建立了工作例会、情况报告、信息上报、工作评估、档案管理等多项制度，做到了有制可遵，有章可循；着眼于工作的实效性，实施了固定接访和流动调处机制，做到每周不少于两次深入到楼院排查了解矛盾隐患，调处疑难纠纷，增强了纠纷排查的时效性和纠纷调处的针对性。

（三）加强领导，实现工作统一化、有序化。一是依托社区司法行政调解室，成立了以社区主任为组长、网格长、民警、法律顾问等为成员的人们调解工作经验小组，加强社区调解工作的组织领导。二是以楼院为基础，将大尧社区划分为 10 个网格，每个网格配备 2-3 名调解信息员，负责楼院内纠纷排查、信息反馈及简单的纠纷化解工作，目前社区网格信息员已达到 25 人。三是在硬件建设上加大投入，提供专门的办公场所，配备必要的办公设施，确保调解调解室顺利开展工作。

二、突出重点，立排即调，彰显人民调解新功效

调解室工作主要定位在解决辖区内重大或较大疑难复杂纠纷及群众关注的热难点问题，以其建设专业化、管理科学化、调解高效化的独特优势，成功化解了一批矛盾纠纷，切实筑牢了基层社区维护稳定的第一道防线。

（一）为群众解忧，化解潜在纠纷隐患。对于调解工作来说，百姓的事无小事，一旦家庭、邻里之间的纠纷处理不当，将会演变成影响社会和谐的大事。为此，调解室牢固树立"群众利益无小事"的工作理念，把工作的出发点和落脚点放在预防纠纷的发生上，健全纠纷预警预测机制，立足"抓早、抓小、抓苗头"，最大限度地把问题解决在基层，确保矛盾不上交，小事不出社区，大事不出街道。社区某个家庭因遗产分割问题引发了家庭矛盾，兄妹嫌其母对遗产分配不公，导致兄妹几家争抢房产。调解员了解情况后，主动介入，与当事人进行了谈心交流，经过动"情"晓"理"，使之主动摒弃错误的想法，愿意通过调解渠道解决遗产问题，一场潜在的纠纷案件得以化解，兄妹眼含泪水握手言和。

（二）为百姓解难，及时调处疑难纠纷。调解室调解员具有一定法律知识和调解经验，专门从事矛盾纠纷调解工作，加之有社区法律顾问提供法律支撑调处重大疑难复杂矛盾纠纷，形成专业化和团队化的调解优势，保证了各类矛盾纠纷都能在法律框架内依法调处，确保矛盾纠纷调处的合法性和合理性，从而提高调处矛盾纠纷的效力。青岛重大活动前夕，辖区建筑工地上因欠薪问题出现了群体性闹事现象，人员多，影响大，情况急，一触即发，若不及时处置将会造成恶劣影响。调解室人员与社区法律顾问，及时赶赴现场，查明情况，做了大量耐心说服工作，数次与有关部门沟通协调，最终促成双方达成共识，建筑单位将拖欠的10余万元工资如数发放，一场即将发生的恶性事件得以平息。

三、打造品牌，丰富载体，架起排忧解难连心桥

今年以来，调解室以调解员的人格魅力，赢得了社区居民群众的信赖，在辖区居民心目中占据了一席之地，成为党和政府为民排忧解难的桥梁和纽带。

（一）人民调解室成为群众心目中的"社区法庭"。工作中，调解员坚持公开、公正，将依法、依理、依情调解有机结合。一方面，用热心、爱心、耐心、公心化解矛盾，平息争端；另一方面，秉承人性化和理性化，把群众的事当作大事来办，想群众之所想，急群众之所急，千方百计帮助协调解决，使当事人携着怨气来，带着和气走，从而赢得了群众的信任，被群众誉为"社区法庭"。

（二）人民调解室成为群众信赖的"法治讲堂"。调解室不仅担负着调解疑难纠纷的职能，还承担着普法宣传的任务。在调解纠纷中，通过以案说法，以事明理，使当事人受到教育，达到了标本兼治促和谐目的。有些纠纷当事人，为琐事闹得不可开交，准备大打出手，通过法治宣传教育，加之调解员的趁热打铁及时跟进，化解了心中的怨气，理顺了不良情绪，消除了双方的隔阂，调解室成为社区群众的"法治讲堂"。

（三）人民调解室成为服务社区的"法律阵地"。调解员坚持工作重心下移，关口前移，实行流动调解，在 10 个网格分别建立调解阵地，健全阵地组织，培养调解骨干，了解社情民意，排摸不安定因素，协助社区做好调处工作，对疑难复杂纠纷，实行集中会诊、定期复诊，提高调处水平；同时，有针对性地开展法治宣传和法律服务，将触角延伸到居民楼院，使一些纠纷在互相交流中得以化解。反目的夫妻破镜重圆，有怨的邻里握手言和，调解室成了名副其实的"法律阵地"。

"于林娜调解室"将以这次"十大品牌调解室"评选活动为契机，按照"有纠纷，先调解，发挥作用，创出特色"的目标，大力培育和发展品牌调解室，把调解室打造成服务民生、化解矛盾的平台，不断推动人民调解工作创新发展，为实现"平安市南"战略目标做出了应有贡献。

真情化解矛盾　调解温暖民心

云南路街道寿张路社区"和谐寿张调解室"

寿张路社区"和谐寿张"人民调解工作室，于 2015 年在云南路街道人民调解委员会指导下成立，专门进行人民调解工作。"和谐寿张"人民调解工作室依托寿张路社区居民委员会人民调解委员会设立，现有兼职人民调解员 5 人。4 年来，调解室年均成功调解案件百余件，在维护基层稳定，创建和谐、法治、文明社区中发挥了重要作用。

一、坚持服务为民，发挥先锋作用

一是发挥党员先锋作用。择优选择责任心强、业务素质高的党员作为调解室成员，发挥党员为民服务精神。一名好的调解员，要有耐心、热心、恒心，更离不开为群众服务的初心，这样才能够最大程度帮助群众解决困难，帮助群众。调解室建立了工作制度，要求调解员要勇于担当，无私奉献，面对复杂的困难问题，要仔细倾听群众诉求，准确把握矛盾所在，拿出愚公移山、破釜沉舟的精气神，做人民调解工作就要"平时工作看得出，关键时候站得出，危急关头豁得出"，要站到矛盾纠纷的第一线去尽责，把握公平与正义，坚持原则、不办人情案、以事实为依据、以法律为准绳。调解室发挥人民调解员党员的示范作用，既用党员标准严格自我要求，又用实际行动践行党员义务，在矛盾纠纷的化解过程中增加调解工作的公信力。为了方便群众，调解员养成了随身携带笔和本的习惯，走到哪里，就把调解工作做到哪里。二是为特需群众提供上门调解。充分利用调解员身在群众中的优势，及时掌握纠纷隐患，及时就地化解、上门化解。辖区某朱姓老人老伴去世后，原房屋没有变更手续，要征收时，几个子女都来家吵闹要钱，朱老太整天以泪洗面，一筹莫展，调解员上门反复做老人子女的工作，对生活的确困难的子女，建议老人给予适当的帮助，确保了老人剩余款能买到房屋居住，使得老人老有所居。

二、抓好制度建设，增强业务素质

一是加强调解制度建设。没有规矩，不成方圆。只有建立健全和不断完善调解工作的各项规章制度，才能保证人民调解这项工作的顺利开展。为此，调解室整理了各项调解法律法规和流程，人民调解工作有了详细矛盾纠纷排查台账和电子档案，做到了受理纠纷有登记，调解纠纷有协议，回访当事人有记录、有台帐。调解室还建立健全了纠纷信息报送、排查、调处、联动联调、重大矛盾纠纷应急处置等工作机制，及时排查调处各类矛盾纠纷，运用法律手段调处各类问题、化解各种纠纷。二是加强业务培训。为提高调解员队伍的整体素质，定期进行调解员培训，主要是对国家新颁布的法律法规、地方规范性文件、调解方法与技巧等进行培训，要求调解员熟练掌握人民调解法和相关法律法规内容，以便于在开展调解过程中能够准确灵活运用各项法律和政策。调解室调解员熟练掌握人民调解法和相关法律法规内容，自学法律知识，自学《人民调解法》《物权法》《国有土地上房屋征收与补偿条例》《民法》《合同法》《婚姻法》等相关法律知识。

三、总结工作方法，提高调解效率

调解室在人民调解工作中本着"以法为尺，以情释理"的工作理念，既能细致调查，又能以情动人，积累了丰富的调解经验。一是学习推广了寿张路社区调委会在多年人民调解工作过程中总结出的"四心"人民调解工作方法：学习业务要"专心"，调解纠纷要"耐心"，攻坚克难要有"恒心"，答疑解惑要有"爱心"。二是根据日常工作实际，总结出矛盾纠纷易发领域集中在家庭财产、拆迁改造房屋、赡养老人等方面，注意总结调解经验和典型案例，对可能存在的类似问题做到早发现，早解决。三是在重要节会期间，加强矛盾纠纷线索排查。调解室发动和依靠群众，鼓励和支持人民群众全天候、多形式反映、提供纠纷线索，采取普遍排查与重点排查、专项排查与集中排查、日常排查与定期排查相结合的方式，深入楼院开展矛盾纠纷排查和社情民意了解工作，针对可能发生纠纷的重点人群研究制定了工作预案。辖区发生一起涉及多名当事人的继承纠纷，调解室迅速出动，上门了解情况，与社区法律顾问一道及时化解了纠纷。由于防范到位，措施得力，还有一些可能诱发群体性事件的倾向性、苗头性问题，全部化解在萌芽状态，充分发挥了人民调解工作的"第一道防线"作用。社区居民邻里和睦，安居乐业，社区治安形势良好，寿张路社区被评为"青岛市文明社区"。

为民解忧虑　巧手化纠纷

湛山街道秀湛路社区"唐万平调解室"

"唐万平调解室"位于湛山街道秀湛路社区,自 2015 年成立以来,调解室调解的家庭、邻里、房屋修缮、消防安全等各类纠纷近百起。调解室调解队伍由五位社区工作人员组成,他们积极化解辖区内矛盾纠纷,及时将矛盾纠纷化解在基层,消除在萌芽状态,做到"小事不出楼,大事不出社区,矛盾不上交"。通过为辖区居民提供包括矛盾纠纷调解、法律咨询、法律宣传等一系列服务,增强居民知法用法守法的意识,有效减少矛盾,促进和谐,为构建幸福社区作出了积极的贡献。

一、以制度助规范,提升服务能力

为进一步密切联系群众,切实为群众办实事、办好事,将各类矛盾纠纷化解在基层,最大化地发挥"调解调解室"的作用,根据街道办事处出台的《"1+1+N"矛盾纠纷排查工作职责》,"唐万平调解室"积极制定调解室调解制度,规范个人调解室的组织架构、调解原则、工作任务、工作纪律等,加强对个人调解调解室的指导监督。

为给百姓提供更加优质的服务,"唐万平调解调解室"率先提出线上线下协同化解社区矛盾纠纷的双重模式,以创新的制度加强调解室规范化建设。线上化解是指通过秀湛路社区微信公众号,居民手指一动即可把矛盾纠纷提交到社区管理后台;线下化解则是居民到社区申请调解,由调解室工作人员按照接访记录、填写登记表、提交办理、办理结果反馈的流程进行逐步操作。同时,"唐万平调解室"在开展调解工作时,除必需的调解技巧和工作经验外,还需要运用一些法律知识,特别是在社区家庭纠纷、邻里矛盾纠纷等场合里常用的法律知识。为此,调解室的调解员积极向社区法律顾问进行咨询学习。唐万平觉得，调解工作，尤其是社区调解工作，并没有什么非常制式的东西，墨守成规故步自封只会让工作陷入僵局。只有不断地学习、不断总结经验和教训，通过提升自我，以谦虚谨慎的工作态度才能带动调解调解室的整体发展。

二、以实践出真知，保障调解成效

自"唐万平调解室"成立以来，调解室以本社区的人员构成和实际情况出发，坚持"实事求是、因人而异"这一条主线，在调解工作中取得了较好的成效。调解室调解员会在调解前期，认真研究双方当事人的文化程度，工作情况、调解诉求等背景资料，以不同的话术进行更加精准的沟通，最大程度上提高调解效率和调解效果。而调解室成员均常年在社区工作生活，深入社区一线，对本社区的事务堪称了如指掌。他们坐镇调解调解室，让调解工作迎刃而解。同时，调解调解室会定期举行调解经验交流活动，通过对实践案例的分析研讨，不断总结优秀经验和做法，互相学习协助提升，丰富了调解员的业务知识储备，保障了调解的效果。

家住秀湛路的张某某发现卫生间的吸顶灯位置阴湿，怀疑是楼上卫生间渗漏造成。楼上的杨某某却提出，自家近期刚做过卫生间防水，怀疑是对方自己破坏了防水层故意找茬，双方为此找到了秀湛路社区。唐万平到两家进行了实地查看，认为症结在于杨某某。经过唐万平的反复劝说，讲道理、讲法律，态度强硬的杨某某最终同意再做一次防水测试。最终确定是杨某某家的防水层出现问题导致张某某家的渗漏。至此杨某某心服口服，联系施工人员对卫生间进行了维修，最终纠纷得以圆满解决。唐万平通过细致入微的观察，确定调解思路，以事实胜于雄辩的实地测试，准确找到了责任主体，使本来各执己见、责任不清的局面豁然开朗，从而为成功调解打下了基础，双方当事人最终握手言和。

三、以真心促和谐，彰显调解职责

社区调解工作千头万绪，如何在纷繁的调解工作中坚定职责、不忘初心，唐万平认为，责任心与全局观缺一不可。胸怀责任心，才能在调解工作中坚持不懈永不放弃，不在繁琐的调解工作中败下阵来；常记大局观，才能以小见大统揽全局，将纠纷解决在社区，防止矛盾发酵产生重大影响。她认为，干调解工作，做到了人性调解、依法说理，就没有化解不了的纠纷、解决不好的难题。付出真心才能换来真情。

调解室在调解矛盾纠纷的同时，更深知进行普法活动的重要性——群众提高了法律素养，就能在源头上最大程度消解矛盾纠纷产生的可能性。他们意识到调解室的职责绝不应止步于调解工作，而身为居民身边贴心人的调解工作者，对居民进行普法有着先天优势。唐万平调解调解室联合法律顾问，定期举办普法大讲堂活动，选取居民日常生活中常见、常用的法律问题和案例，让群众在潜移默化、耳濡目染中接受了法律教育，为社区树立懂法、守法新风尚做出了不懈努力。

"唐万平调解室"为居民排忧解难，做了许多实实在在的事情，赢得了群众的肯定和赞誉。秀湛路社区将继续充分发挥"唐万平调解调解室"这一自治平台的有效作用，充实调解室成员队伍，努力打造好特色品牌，为和谐社区的建设添砖加瓦。

和谐邻里　点亮幸福

中山路街道泰安路社区"幸福泰安调解室"

泰安路社区的居民有纠纷，首先想到的是"幸福泰安调解室"。"幸福泰安调解室"成了泰安路社区人民调解工作的一张响亮名牌。刘琛琛是现任泰安路社区党委副书记、居委会主任，由于热心公益事业，经常帮助社区群众排忧解难，社区群众不管大事小事都愿找她帮助解决。为了更有成效地发挥基层调解的作用，更好地维护社区稳定，刘琛琛牵头成立了"幸福泰安调解室"。调解室运行一年来，刘琛琛带领团队调解各类矛盾纠纷 100 余件，调解成功率达 96%。

一、因势利导，建章立制促规范

泰安路社区常住人口 10220 人，辖区内有多处旅游景点，人员流动量大，居住着汉族、维吾尔族、回族等多个民族。针对辖区流动人口多、弱势群体多、上访人员多、矛盾纠纷多的特点，2017 年泰安路社区调委会成立了"幸福泰安调解室"，工作人员由社区退休干部、热心大妈、退休教师、居委会社会工作者等组成，调解室秉承"凡事都要有章可循"的原则，采取针对性措施，提升了社区化解矛盾纠纷的能力和水平。在泰安路社区，无论是夫妻不合，还是邻里矛盾，居民第一时间就想到"幸福泰安调解室"。为进一步推进调解工作规范化运作，"幸福泰安调解室"制定了三条措施：一是调解制度化。制定各项调解工作制度，做到有章可循，有法可依。二是程序规范化。"幸福泰安调解室"按照调解程序制作了调解程序流程图，使当事人按照调解程序主张权利，调解程序规范化。三是回访常态化。"幸福泰安调解室"实行了调解回访制度，对调解成功的纠纷进行回访，做到了调解工作有始有终。

二、春风化雨，倾心聚力解矛盾

"心底无私天地宽"，这是居民对"幸福泰安调解室"信任的心声。"公生明、廉生威，严格遵循人民调解法，讲政策、讲事实，以理服人、以情感人"，这是居民对"幸福泰安调解室"的企盼。面对居民如此信任，刘琛琛主任和调解员们既感到了身上的责任重大，又感到了来自居民给予的鼓励，在调解的过程中，立足本职，尽责尽力。只要居民有需要，她都会按照公平、公正的原则，既合情合理，又合法合规，化解一个又一个矛盾，平息一场又一场纠纷。辖区内一居民王某与刘某于 2015 年 4 月经法院调解离婚，双方达成合意，孩子由父亲王某抚养。次年，王某在回家途中发生车祸不幸身亡。当时刘某已经再婚，王某的父母不知道陈某身在何处，所以孩子由王某的母亲即孩子的奶奶抚养，承担监护职责。三年过去了，刘某偶然得知前夫家的情况，想要回孩子自己抚养。这一想法遭到了老人的拒绝，万般无奈之下找到了"幸福泰安调解室"，希望帮助调解一下。为了尽快结束纷争，刘琛琛团队认真研究了调解计划，做好相关的准备工作。首先，调解员来到了孩子奶奶家了解情况。告诉她根据《民法通则》刘某对孩子有法定的监护权，并且刘某也有这个经济实力抚养孩子。随后调解员又从亲情的角度跟孩子的奶奶讲，王某已经不在了，现在孙子又要被孩子的妈妈带走，从心理上接受不了是可以理解的，但是孩子也需要妈妈。跟妈妈生活在一起对他将来的学习和成长都有好处。作为孩子的奶奶自然是疼孙子的，也想孙子健康成长。听到这里，孩子的奶奶态度缓和了许多。这为调解打下了良好的基础。其次，调解员又和孩子的妈妈刘某进行沟通，如果强行带走孩子会遭到孩子奶奶的强烈抵触，容易对孩子心理造成伤害，不利于孩子成长。换位思考，孩子与奶奶生活了这么多年，感情很深，她一下子要把孩子带走，孩子的奶奶肯定无法接受。建议采取缓和的方法，尽量不伤害老人和孩子。刘某随即表示，只要能抚养孩子，她会在双休日或寒暑假带孩子来看望老人，让孩子好好陪伴他的奶奶。经调解，孩子的奶奶同意将孩子交给刘某抚养，刘某也同意带孩子双休日或寒暑假来看望老人。一场因孩子的抚养问题引发的矛盾纠纷圆满化解。

每一次调解，收获的不仅仅只是成功的喜悦，更多的是看到了人与人之间最善良的一面。通过调解，调解员们都有了切身体会，要做好调解工作，如果没有高度的责任感，没有扎实的业务功底，是难以成功的。同时要有爱心和同情心，要对居民群众有深厚的感情，要有民族团结之心，乐于做群众的知心朋友，心甘情愿地做好调解工作。

三、解忧安民，促进和谐树标杆

调解室的调解员以其认真负责的工作态度和耐心细致的调解方法化解了矛盾纠纷，实现了党委政府、基层干部、纠纷当事人三方满意的目的。一是党委政府满意。自"幸福泰安调解室"成立以来，紧紧围绕中山路街道办事处中心工作，切实服务人民群众，成功化解了矛盾纠纷，切实筑牢了维护稳定的"第一道防线"。二是基层干部满意。"幸福泰安调解室"的调解员们，能充分发挥对本地情况熟悉、业务熟练的优势，进百姓门，问百家事，及时把各种矛盾和纠纷解决在基层，实现"小事不出门，大事不出社区，矛盾不上交"。三是纠纷当事人满意。"幸福泰安调解室"实行的一对一法律"专家门诊"，针对矛盾纠纷采取一对一的、专业的法律服务，深受纠纷当事人好评。"幸福泰安调解室"成了泰安路社区的"减压阀""灭火器""和事佬"，得到了人民群众的认可，有事找"幸福泰安调解室"已成为该社区居民最好也是最有效的选择。

多措并举创新工作　劳动调解铸就和谐

市南区劳动人事争议人民调解室

市南区劳动人事争议人民调解室于 2012 年 4 月成立，是全区劳动人事争议调解工作的指导核心和辐射中心，也是市南区人力资源和社会保障局与市南区司法局不断深化劳动人事争议调解仲裁与人民调解衔接联动工作机制的产物。调解员由区司法局人民调解员、仲裁院专兼职调解员和社区基层调解员组成。经过数年的运行和发展，劳动人事争议调解室在仲裁与人民调解的联动工作方面已彰显出诸多特色，并取得了一定的成绩。

一、设备齐全，制度规范

市南区劳动人事争议调解室具有固定的办公场所和与调解工作相适应的办公设施。在区劳动人事争议仲裁院设立人民调解工作室，配有一间 20 平方米的办公室，并配备监控设备、录音录像设备、电话、照相机等专门办案设施供驻区仲裁院劳动人事争议多名人民调解员使用。

调解室各项制度和流程设立完善。人民调解工作开展有区人社局与区司法局签订联动文件作为总的规范，悬挂人民调解徽标，明确调解组织名称，制定工作职责、调解工作程序、调解员行为规范，人民调解员除原有证书外一并持有劳动人事争议调解员证上岗。

二、人员专业，素质过硬

面对日益复杂的工作形势，要想做好劳动争议调解工作，达到市南区劳动关系和谐稳定的目标，必须培养一批优秀的基层调解员。调解室作为全区劳动争议调解辐射中心，对调解员工作更加要加以重视，要求基层调解员必须针对新形势、学习新技能、解决新问题，积极探索解决劳动人事争议的有效途径，熟练掌握仲裁理论和技能，把握仲裁工作规律和特点。

要以当前工作重点为核心，不断学习新知识、总结新经验，提高办案能力的途径。因此，为培养越来越多优秀的基层调解员，提高其职业素养，维护劳动者及用工单位的合法权益。基层调解员均持证上岗，但是业务技能和知识同样具有"保鲜期""保质期"，对调解员的培训，仍然是调解室在日常工作中进行不断融入的重要任务。每个调解无论达成与否，均做到一案一总结、一案一思考、一案一经验，形成的经验材料存放于调解室档案中，并开放电子档案供调解员查阅学习，形成良好的学习循环。

有专职、兼职的多名人民调解员在调解室工作办案。2012 年 4 月至今，每年对新选任劳动人事争议人民调解员进行了业务培训，培训邀请专业仲裁员、知名律师等具有丰富调解经验的从业人员，从调解技巧和劳动人事法律法规等方面进行相关知识讲授。参培人员在培训后参加调解员考试，青岛市人力资源和社会保障局对合格人员发放劳动人事争议调解员资格证书，同时由司法局向参培人员发放人民调解员聘书，实现劳动人事争议人民调解员一人双证、持证上岗。

三、思想解放，业务创新

调解室除了调解仲裁争议案件外，还担负起全区基层的劳动争议调解的指导工作，重视与全区企业和街居基层的协作。自 2012 年以来，仲裁院和司法局协同，通过调解室对和谐市南区的建设作出了多项创新：一是指导企业建立调解组织，对大型企业指导建立调解委员会，对占大多数的中小型、微型企业，邀其加入市南区企业调解联盟。市南区仲裁院以定期培训和灵活沟通的方式，保持全区企业调解组织稳步发展。二是大力发展街居调解组织，依托全区十个街道保障中心，建立了十个调解中心。该机构除了负责起辖区内的劳动争议案件预防预警工作外，更承担起了直接对劳动争议仲裁案件进行案前调解的工作。根据历年数据统计，市南区十个街道调解中心的案件调解率平均已超过 50%，这对难度颇大的案前调解工作而言已经是一个难得的成绩。2013 年，各街道根据经验的积累，创造出了各自特有的品牌和工作法，如八大关"绿色港湾"品牌、中山路"和谐中山"品牌、江苏路"361°"工作法等，指导下一步工作，并在全区择优推广。调解室总结了街道调解经验材料，向人民调解员和仲裁调解员进行反向推广学习，在日常工作中包括调解室日常调解和仲裁庭日常开庭，邀请街道基层调解员加入，相互学习借鉴，针对不同情况的调解安排各有专长的调解人员承担调解工作。

市南区劳动人事争议调解室充分发挥了在调处社会矛盾、保障维护权益、实现公平正义、促进社会和谐等方面的重要作用，更重要的是起到核心作用和带动作用，成为市南区劳动人事争议调解工作的星星之火，将继续发挥出更重要的作用和更广泛的影响。

春风化雨助和谐　案结事了暖民心

市南区诉前人民调解工作室

近年来，市南区法院紧紧围绕司法为民、公正司法工作主线，全面加强审判执行工作，探索建立了以诉前人民调解机制为核心的多元化纠纷解决机制，成立了诉前人民调解工作室，不断加强了包括社区调解、律协调解、交通事故调解、医疗纠纷调解、劳动争议调解等多方面内容的纠纷解决机制建设，取得了良好工作成效。

一、完善制度，规范化调解

市南区法院联合市南区司法局制定了《关于深化预立案制度　加强诉前人民调解工作的实施意见》，设置了规范的运行机制，建立了诉前调解调解室调解员名册，确保各项工作有序开展。诉前调解室还不断总结各自在纠纷解决机制改革中的成功经验，将改革实践成果制度化，形成长效机制；同时寻求地方政府支持，积极争取本辖区因地制宜出台相关地方性法规、地方政府规章，从而推动国家层面相关法律的立法进程，促进人民调解纠纷解决机制改革在法治轨道上健康发展。2018 年，市南区法院在立案一庭设立了速裁中心，特别编制了《青岛市市南区人民法院速裁中心团队人民调解工作操作规程（草案）》，进一步规范了人民调解工作的工作流程，确保诉前调解室规范运转。

今年 52 岁的李秀荣是一位已经退休的社区工作者，17 年的社区工作经历让她与群众打起交道来驾轻就熟。前不久，李秀荣成功调解了一起物业公司诉业主不缴纳物业费的纠纷。某业主因物业公司提供的服务不到位等诸多原因拒不缴纳物业费，物业公司因此将其起诉到法院。由于案情简单，调和的可能性大，征得当事人同意后，该案转至了诉前调解室，由李秀荣负责。李秀荣反复多次与该业主进行沟通，从情感、信誉、时间、经济、风险等多个角度帮他计算诉讼的五笔账，反复说明该案走上法庭后将会对他造成的不良影响。然而，无论李秀荣怎样努力，该业主都坚持己见。前前后后忙活了接近半个月，面对这样的结果，她难免会心有失落，但还是在心里想着再试一次。于是她又将该业主请到了调解室，为他倒了一杯水，与他聊起了"六尺巷"的故事，可业主仍不松口，她只好作罢，起身将业主送到门口，没有丝毫的抱怨，依旧反复劝他冷静一下，再想一想。正是这一送，触动了这位业主。第二天一早便打来电话，表示将会尽快把拖欠的物业费交上。后来，作为被告方的这位业主，为李秀荣老师送来了锦旗，这是诉前调解工作成效显著的全面写照。

二、多方联动，多元化调解

在党委领导、政府支持和司法机关直接推动下，主动挖掘社会资源，充分调动法院、检察院、司法、公安、市场监管、税务、人民调解组织、消协等行业协会、律师、法律服务志愿者等群体的积极性，构建多元联动司法调解体系，妥善解决和处理好当前的纠纷和矛盾。同时，拓宽调解渠道、丰富调解方式，增强调解的及时性、便捷性、互动性、高效性。一方面，充分利用"互联网+"的技术优势，开展线上、线下双向互动的纠纷调解。比如，当事人通过相关的微信平台、手机平台、网络平台等渠道申请调解后，只需要轻轻点击就可以阅读各调解组织的简介，方便快捷地在线自选调解组织，确定线上或线下的调解方式并预约时间后就可以开展调解。另一方面，强化纠纷解决机制的衔接，提高人民调解纠纷解决机制的实际效果。高度重视和加强对非诉讼纠纷解决机制的支持和衔接，不断探索与诉讼途径相补充、相衔接、相配合的纠纷解决渠道，实现对纠纷的法律调控与非法律调控、诉讼调解与诉外调解的联动与协调。

三、分工合作，专业化调解

调解室防患胜于未然，开展精细化、专业化调解工作。建议由财政拨款支持律所包靠社区，根据律所规模和辖区地域范围等因素划分网格，律所定点包靠相应社区，以更好地开展普法咨询活动，将矛盾纠纷化解在萌芽状态，密切律师与基层之间的联系，优化调解效果。在开展具体案例调解时，前期，人民调解员首先对案件摸底筛查，做出预判，再将预判情况与审判团队进行沟通，根据调解方案各自分头展开调解。人民调解员负责组织原被告双方参与调解，征集双方调解意向条件；办案法官负责在了解案情、归纳争议焦点和调解分歧点后，根据法律法规提出专业指导意见，总体把关调解工作，确保调解工作合法、合理、合情。原告某公司代理人徐某到市南区法院立案，因被告某公司拖欠其十万元货款两年多，双方交涉过多次，被告均以各种理由拖欠货款，不予偿还，徐某无奈只好诉至法院。立案法官了解到案件具体情况后，认为该货款纠纷数额不大，权利义务关系明确，且双方当事人系合作伙伴，若与双方加强沟通，通过诉前调解解决问题具有一定的可能性，遂将该案依程序转至诉前调解室。调解室的调解员张伟杰与被告公司代理人赵某多次沟通，赵某表示借款属实，但因资金未回笼暂时无力还款。张伟杰遂找到徐某做其思想工作，引导徐某换位思考。最终徐某表示同为生意人，能够理解对方的困难，同意将还款期限进行宽限。后张伟杰多次找到双方当事人了解还款进展，直至被告公司按期如数归还货款，该案实现案结事了。事后，徐某来到诉前调解调解室，为人民调解员送上了一面写有"树老绿叶在，余热正当时，诉讼不费劲，伙伴握手欢"的锦旗。

诉前人民调解实现了诉讼与非诉讼纠纷解决机制的有机衔接，不仅能够帮助当事人快速地解决纠纷，防止矛盾激化，也节约了他们的诉讼成本，减轻了当事人的诉累，而且能够有效缓解法院案多人少的工作压力，节约司法资源。下一步，市南区法院将不断完善该机制，以诉前调解调解室为桥梁，加强与司法、交警、保监局、妇联、工会、律协、企业联合会等机关单位、社会团体、行业组织的工作对接，力争最大限度地将纠纷化解在诉前，积极构建并不断完善具有自己特色的多元化纠纷解决机制。

创新调解品牌　推进金融调解工作

青岛市金融消费纠纷人民调解工作室

当前，受国内外复杂多变的经济环境的影响，我国金融领域存在一些风险，侵害金融消费者合法权益的行为多发易发，给消费者带来了难以挽回的财产损失。为切实贯彻落实"守住不发生系统性金融风险的底线"要求，在市司法局、市南司法局、人民银行青岛市中心支行的推动和支持下，青岛市金融消费纠纷人民调解委员会（简称"金调委"）挂牌成立，主要职责是受理处理人民银行职责范围的金融消费纠纷并组织调解，同时开展金融消费者教育及普惠金融等相关工作，并依托金调委成立金融消费纠纷人民调解工作室。调解室成立以来，始终坚守维护金融消费者合法权益的宗旨，学习"枫桥经验"，攻坚克难，主动作为，取得了丰硕的工作业绩。

一、坚持以人民为中心，推进金融消费纠纷调解

金融消费纠纷调解工作事关老百姓最直接、最现实的利益，是贯彻"以人民为中心"的发展思想的前沿窗口。调解室始终坚持履职为民，扎实做好调解工作。截至10月末，成功调解纠纷31起，累计为消费者挽回损失209万元。从全国看，作为地市金调委调解室，调解量仅次于上海市和广东省；从全省看，今年1–10月的调解量占到全省的三分之一，遥遥领先于省内其他地市。为更好地解人民之忧，调解室接到调解案件后，都会迅速投入到工作中，从接到案件到调解完成，平均用时4天，其中1起银行卡盗刷案件从盗刷到消费者与金融机构签订调解协议书仅用了44小时，还有4起案件全部在1天内完成调解。依托人民银行与青岛市中级人民法院建立的金额消费纠纷诉调对接工作机制，20起案件由人民法院进行了

司法确认，保障了调解的公信力和协议的强制执行力。调解全部免费，减轻了当事人的经济负担。高效、经济、专业的优势，使调解室受到纠纷双方的一致认可，截至目前，调解室共收到锦旗 6 面，感谢信 17 封。调解室的工作也得到了人民银行总行和人民银行济南分行的高度认可，人民银行总行领导多次对金调委和调解室的工作进行指示，调解室负责人还受邀在全省金融消保协会工作座谈会上做经验交流。

二、坚持调解创新，便利金融消费者维权

在调解方式上，除现场调解外，本着便利当事人的原则，金调委积极创新多种调解方式，并着力推广。创新采用微信视频和电话调解，已成功调解 3 笔。金调委还在全国率先实现了网上调解。网上调解系统是由人民银行总行建设，金融调委会是全国首批运用该系统的 8 家机构之一。消费者可以使用电脑或手机，打破时空限制，随时随地登录网上调解系统申请调解，在线完成申请、举证、调解、协议生成的全过程，极大提升了调解效率。调解室使用网上调解方式，已成功调解了 1 起潍坊消费者与青岛金融机构的纠纷。

三、坚持专业支撑，建设高素质 调解队伍

目前，调解室拥有专业调解员 30 名，主要来自人民银行、法院金融庭、律师事务所、大学、消保协会和金融机构，具备丰富的金融、法律、心理学知识和良好的沟通技巧。为不断提升调解员综合素质，确保胜任调解工作，调解室每年两次举办调解培训，邀请全国金融消费纠纷做得最好的上海市金融消费纠纷调解中心主任、上海市浦东新区法院金融庭副庭长、建设银行山东省分行专门负责纠纷调解的资深工作人员、心理咨询师等各类专家进行授课。调解室还多次参加市司法局举办的"人民调解大讲堂"视频培训，学习全国模范人民调解员在长期的调解实践中摸索出的独特的调解技巧，有力提升了调解员的综合素质。

四、坚持规范建设，依法依规开展调解

为规范金融消费纠纷调解工作，调解室相继制定了《调解工作规则》《调解员聘任及考核管理办法》等制度，同时，做到调解文档管理的规范化，程序标准化，调解专业化。规范建设调解室，根据市南区司法局《关于加强人民调解委员会规范化建设的意见》，制作了标牌、印章，公示了人民调解员以及调解员职责、调解流程图、当事人权利和义务等内容，接受群众监督和评议。

五、坚持预防为主，引导金融机构依法保护金融消费者权益

指导金融机构深刻认识金融消费权益保护工作的重要性，将金融消费者权益保护与本机构的长远发展结合起来，规范经营行为，倾听客户声音，尽量减少客户投诉，一旦发生投诉，要妥善做好安抚工作，将矛盾纠纷化解在源头。为提升金融机构对保护金融消费者合法权益的重视程度，以消保协会年度工作要点的形式，对金融机构本年度工作提出明确要求。日常工作中，遇有消费者提出的重大纠纷，及时召集相关金融机构进行座谈，协商解决矛盾，避免矛盾升级。

六、坚持教育为先，提升金融消费者综合素养

消费者的金融知识水平提高了，受侵害的可能性就会大大降低。在这一方面，调解室也做了大量工作。每年配合人民银行开展"3·15金融消费者权益日"、6月"普及金融知识 守住钱袋子"和9月"金融知识普及月"活动，联合市银监局、证监局、保监局、网络办、团市委、市教育工委、市反电信网络诈骗中心、市消保委等部门合作开展金融知识进社区、农村、老年大学、地铁工地等宣传活动19次，受众1.5万人。承办全市大学生金融知识竞赛，15所大学2000余名学生参加，并在市广播电视台播出。组织指导金融机构112个营业网点与112家社区结对子一对一普及金融知识，日常开展金融知识进校园、农村、军营、企业等活动上万次。通过多种形式的金融知识教育普及，有力提高了金融消费者的金融知识水平，强化了风险责任意识。

七、坚持宣传动员，扩大社会影响力

为帮助社会公众正确认识金融消费纠纷调解工作，提升调解的社会影响力，调解室充分利用媒体力量，先后在青岛日报、青岛晚报、青岛新闻网等媒体刊登《诉调裁有效衔接 解金融消费纠纷》《青岛市金融消费纠纷调解中心简介》等稿件 16 篇。与市广播电视台建立良好的协作机制，组织拍摄短剧、微视频 6 期，宣讲金融知识，在电视台和网络播放，浏览量达到 45.6 万次。

成绩已成过去，金融消费纠纷调解工作任重道远。调解室将不忘初心，坚持"枫桥经验"，将矛盾解决在基层，为推动我市人民调解工作、维护和谐稳定的金融消费环境贡献力量。

◎ **英模风采**

扎根基层　爱岗敬业
努力做好司法行政工作

全国模范司法所所长、全国模范人民调解员　臧慧琳

臧慧琳，女，1965 年出生，原青岛市市南区司法局金门路司法所所长，现市南区司法局副调研员，被管区居民亲切地誉为"金牌和事佬"。

自 2009 年担任金门路街道司法所所长以来，扎根基层、

臧慧琳（中）与当事人见面了解纠纷案情

爱岗奉献，参与调解的案件高达 300 余件，调处成功率在 98% 以上；接待群众法律咨询 500 余件；组织举办法律讲座近 200 场；多次代表市南区迎接上级部门的司法行政工作检查验收。金门路街道司法所先后被评为"省级规范化司法所""六五普法中期先进单位"，连续五年被青岛市司法局评为先进司法所。管区内北山公园、仙游路社区先后被评为全省首批法治文化建设示范基地和全省民主法治示范社区。个人也因出色的成绩先后获得"全国模范人民调解员""区市司法工作先进个人"市南区"三八红旗手"、"全国模范司法所长"等多项荣誉称号。

一、耐心细致、热情服务，做矛盾纠纷工作的调解人

作为全国模范人民调解员，臧慧琳同志深知调解工作对于维护管区稳定的重要性。在调解岗位上，她以熟练的调解技巧和为人民群众高度负责的责任心，积极为居民化解纠纷，得到了各级领导和群众的好评。在调解

过程中，她牢固树立"群众利益无小事"的工作理念，想当事人之所想，急当事人之所急。一年夏天的一个晚上，正在家休息的时候，接到了社区的电话，管区内某小区因经常断电致使近50余人在楼院前聚集，由于变压器老化严重经常跳闸，住户希望更换一户一表，但是，因为种种原因没有及时更换，致使居民家中经常因为断电使冰箱里的食品坏掉。她得知这一情况后，立即到现场了解情况，并同社区的同志一起入户调查、安抚群众、介入调解，先后10余次入户了解情况。经过她东奔西走的多方了解、耐心细致的调解，双方终于达成一致，由物业公司负责小区内一户一表的更换问题，整个调解过程历时两个多月。

二、严格管理、真诚帮扶，做社区矫正工作的执行人

臧慧琳同志非常重视对矫正人员入矫前的教育工作，对每一位新入矫人员都会进行严肃的入矫教育。同时，通过严格落实每月报到制度、思想汇报制度、谈话制度、指纹打卡制度、学习教育制度等，对社区服刑人员进行全方位的管理，了解其思想和人身动态，防止脱管漏管。2009年至今，金门路司法所已经累计接收社区服刑人员95人，累计解除73人，从未发生脱管漏管及重新犯罪现象，管区治安和谐稳定。同时，臧慧琳同志更加注重帮教和帮扶工作，对于生活特别困难或是有其他重大变故的家庭，总会不辞辛劳，定期入户走访了解情况、核实信息。去年夏天，一名患有多种重病的保外就医人员王某纳入社区矫正，由于保外就医人员无法外出，臧慧琳同志每月入户走访一次，及时将王某的病情记录下来并反馈上级部门。经过认真细致的工作，司法所和区市司法所一直对王某的综合情况了如指掌。

三、积极探索、创新实践，做普法宣传工作的传播人

作为一名普法宣传员，臧慧琳同志真正做到了送法进机关、进企业、进校园、进社区。六年来，她经手组织的法律讲座就达近200场。在她的带领下，金门路街道设立了多处普法宣传站点，包括北山公园的法治文化建设示范基地和北山公园外侧的普法宣传一条街、仙游路社区旁的普法宣传一条街、各社区门前的普法宣传栏等。同时，臧慧琳同志还积极开拓普法宣传新途径，除了静态的宣传栏形式，她还发动管区内的普法志愿者组织群众喜闻乐见的文艺汇演，并把法治思维和法律知识贯穿在节目表演中，深受居民欢迎。她定期联系执业律师、基层法律服务者、普法志愿者在管区内为居民提供法律咨询服务。六年来，她接待来访群众的法律咨询多达 500 余件，在为居民解决法律疑难的同时也将更多的法律知识和法治思维扩展到居民当中。

四、落实责任、攻坚克难，做无私奉献的示范者

臧慧琳同志注重发挥示范带动作用，带头加强学习提升素质，带头攻坚克难完成任务，在信访稳定、司法宣传、矛盾化解、法律维权、咨询服务等任务面前，迎难而上，冲锋在前，以无私的奉献精神影响和带动了街道司法工作的整体提升，也得到辖区居民群众一致好评。六年来，臧慧琳同志认真完成了上级布置的每一项试点工作。2012 年，她积极承办全区人民调解卷宗现场会，会上，她介绍了工作经验和工作方法，将人民调解卷宗制作的经验做法面向全区进行了宣传推广。2012 年底，她在完善司法档案的基础上，进行了档案规范化建设，将档案全部录入电脑，形成司法档案电子化管理。金门路司法所也作为档案规范化管理的试点司法所，同时，被评为青岛市社会管理档案工作示范点。2014 年，金门路司法所又作为全青岛市社区司法服务工作室的试点，在全市率先成立了社区司法服务工作室，积极探索基层工作模式，将司法行政工作下沉到基层，更加做实、做细，为居民提供全方位的法律服务，均取得良好效果。

任职金门路司法所以来，臧慧琳同志不仅展现出了较高的业务能力和职业素养，更可贵的地方在于，臧慧琳同志有着高尚的品德和较高的政治素养，她始终与党中央保持高度一致，始终认真学习党和国家新的党政国策和理论知识，善于运用法治思维和法治方式开展工作。在她的带动下，会有更多的司法行政工作者、基层法律服务者、法律志愿者等群体努力工作、开拓创新，营造管区良好的法治氛围，让基层司法行政工作更上一个台阶。

调解为民记心间　守护社区筑和谐

全国人民调解工作先进个人　王淑伟

王淑伟同志在担任湛山街道仰口路社区居委会主任的二十年工作中，政治视觉敏锐、业务能力突出，取得了显著成绩。她长期在人民调解工作岗位上发挥着榜样力量，化解了社区大量矛盾纠纷，营

王淑伟（右二）在调解一起矛盾纠纷

造了社区和谐平安氛围。2017 年 9 月，王淑伟同志获得了"全省优秀人民调解员"称号，2018 年 5 月又被司法部评为"全国人民调解工作先进个人"。

一、预防先行，化解矛盾"随叫随到"

王淑伟同志一直秉持着"调解是基础，预防是重点，大事不出社区、小事不出片区，小纠纷不过夜，大纠纷及时处理"的原则主持调解工作。曾经在大年初一黎明顶着严寒为居民调解漏水纠纷；也曾经在深夜到居民家中调解排水管堵塞纠纷；还曾经连续几天召开居民会议解决地面硬化纠纷，这一桩桩一件件小事，是对社区和谐、邻里和睦的坚固守护，更是对热心奉献、尽职尽责的最好诠释。

2016 年 1 月，仰口路 X 号楼因下水道堵塞产生了邻里纠纷。要疏通水道，住户收费难，一楼住户不堪污水在家漫流就将下水道堵了，致使全楼无法使用，严重影响了正常生活。邻里的关系一度剑拔弩张，如不及时

调解，局面很可能失控。王淑伟同志得知情况后，第一时间赶到现场，年近六旬的她不顾自己身体不适，在寒夜里逐家逐户了解情况，特别是对那些推卸责任不愿出钱的住户做了细致地劝导工作，又对一楼住户做了很长时间的劝慰说明，一直到深夜11点多终于圆满调解成功。

2017年大年初一早上，华严一路的X楼住户漏水严重，给楼下造成了很大的财产损失。楼上的住户系租客，这时已经回农村老家过年，一时无法联系。王淑伟同志得到消息后，顾不得在家中过年，便立即赶到了现场查看情况，跑上跑下地集结了本楼楼长、社区人员、派出所的警务人员和有关居民组成见证组，找来了开锁师傅将门打开，及时处理了漏水事故，一楼居民终于可以过个安稳年。而后，由于存在损失赔偿问题，楼上楼下两家又产生了纠纷。王淑伟同志事先就预想到了这一情况的发生，提前做了预案，当双方意见无法达成一致的时候，王淑伟同志立刻将财产损失评估机构的人员及律师请到现场，给当事人解惑答疑，经过王淑伟同志的多方调解，双方最终就赔偿事宜达成一致。

二、心怀居民，实现纠纷"自产自销"

王淑伟同志的调解，使大家明白了这样一个朴素的道理：远亲不如近邻，抬头不见低头见，你敬我一尺，我让你一丈，只要心里揣着邻里，齐心协力，没有解决不了的困难，只要大家心胸宽广，天大的困难都会化解。纠纷解决了，居民们心里都乐开了花，都夸王淑伟同志的调解使他们深刻意识到了邻里和谐的重要性，也给整个社区调解工作起到了表率作用。

2017年8月15日，晓望路XX号203户居民邢大姐来社区反映，说103户孙女士安装的防护网向墙外探出一块，小偷顺着就能爬到二楼，影响到了本楼其他住户的安全。了解此事后，王淑伟同志第一时间到103户孙女士家了解情况，孙女士说安装防盗网是为了自家安全，并且防盗网安装在我家与其他住户无关。王淑伟同志看孙女士情绪有些激动，便安抚孙女士社区一定会尽全力解决纠纷。王淑伟同志晚上再次去了她家又对他们夫妻二人进行劝解，希望 103 户将防护网贴在离窗户近一点的位置不探出墙面。随后王淑伟同志又找到 203 户，细心做着沟通工作。最后社区调委会将两家约到了社区议事厅，大家面对面讲讲心里话，王淑伟同志晓之以理、动之以情，让两家各退一步，事情最终得到了圆满解决。

三、法德同治，调解工作"有声有色"

王淑伟同志常说：社区里居民无小事，如果不重视邻里纠纷，小纠纷就容易酿成大祸患。调解员要有清醒的头脑，凡事想得周全，依法办事，才能大事化小，小事化了，维护社区的和谐稳定。

2017 年 3 月，晓望支路 X 号 202 户因安装防盗门与 201 户起了矛盾。起因是由于房屋建筑构造，202 户的原建门是往里开的，不影响 201 户的出行，一旦要安装往外开的防盗门，就会影响 201 户的出行，两家闹得很不愉快，甚至产生了肢体冲突。王淑伟同志得知后迅速来到现场，首先安抚当事人情绪，避免事态的进一步扩大，然后与 202 户一对年轻夫妻促膝谈心，请年轻夫妻多体谅尊重 201 户老年人，为老人的出行提供便利；接着王淑伟同志又去 201 户做老年夫妇的工作，也请两位老人理解年轻邻居，把他们当作自己的孩子看待。就这样在王淑伟苦口婆心的劝解下，201 户与 202 户握手言和。通过这起纠纷调解，王淑伟同志在全社区发起了邻里间敬老爱幼活动，开展了邻居节、健步行、联欢会等一系列增进邻里沟通的活动，倡导了中华民族的传统美德，获得了居民群众的一致赞誉。

2018 年 6 月，晓望路 XX 号某饭店租住的 501 户水管破裂漏水，与楼下 401 户产生了财产赔付纠纷，大有闹到法庭对簿公堂之势。王淑伟同志咨询了社区法律顾问，认为 401 户要求赔付金额过高，就针对性地做401 户的工作，向其阐明对方虽是企业，但赔付的责任由职工自己承担，来青打工的饭店职工生活也不容易，希望 401 户能退一步，按照实际损失客观地要求赔偿。同时王淑伟认为该饭店有疏于管理的责任，理应担当起赔付的义务，不应该全由职工赔付。经过劝解，饭店的负责人也答应进行应有的赔付。这样一来，401户没意见了，职工高兴了，企业坦然了，终于达成皆大欢喜的结果。通过这次调解让大家明白，社区的和谐与安定是多方面的，哪方面都要认真思索和正确对待，要营造和谐社区氛围就是要用心用心再用心，王淑伟同志将这一理念内化于心、外化于行。

王淑伟同志在人民调解工作方面经验丰富，她将社区工作人员、片长、楼长以及德高望重的热心人纷纷纳进调解委员会，群策群力，定期走访排查，调解研讨会和法律咨询会等多种方式将调解工作做得有声有色。2014年王淑伟成立了青岛市市南区湛山"仰光真情调解中心"，地点设在仰口路社区二楼民主议事厅，调解的宗旨是"遵守宪法、法律、法规和国家政策，遵守社会道德风尚、爱党爱国，为社区居民做好调解工作，确保社区一方祥和安康"。2015年3月，在此基础上青岛市市南区湛山"仰光真情调解中心"正式注册为民办非企业组织，王淑伟同志担任法人，人民调解工作不断向着标准化、专业化、多样化、人性化方向迈进。

王淑伟同志本着对人民调解事业发自内心的热爱和对广大人民群众的赤诚之心，不畏艰难，无私奉献，始终坚信"没有拉不了的架、没有调不好的事、没有解不开的结"，筑牢矛盾纠纷"第一道防线"，平均每年调解纠纷100余起，做到了矛盾纠纷"零上访"。王淑伟同志始终牢记作为一名共产党员的崇高职责，以一个女性特有的细心和耐心来化解矛盾纠纷，为维护社区的稳定、创建平安社区做出了不懈的努力。

耐心调解化民忧 真心帮助促和谐

全省优秀人民调解员 陈 琳

陈琳，女，1968 年 11 月出生，2006 年部队转业，现任中山路街道司法所所长兼街道人民调解委员会主任。

自 2010 年从事人民调解工作以来，陈琳以强烈的工作责任感和社会使命感，尽心尽力化解各种矛盾纠纷，尽职尽

陈琳（中）成功调解一起兄弟俩家庭财产纠纷案。

责维护群众合法权益，把矛盾纠纷化解在基层，把问题消灭在萌芽状态，没有一起矛盾纠纷转化为信访或刑事案件，为中山路街道的社会和谐稳定作出了积极贡献。截至目前，共成功调解各类矛盾纠纷 200 余起。2008 年被评为"平安市南建设突出贡献个人"，2010 年和 2014 年被评为"青岛市司法行政系统先进个人"，2013 年被山东省司法厅评为全省"优秀人民调解员"，2018 年被市南区评为"优秀共产党员"。

一、善于学习强自身，真情付出见实效

在八年的人民调解工作中，陈琳深知人民调解工作的重要性，要做一名合格的调解员，更好的为人民群众服务，没有过硬的素质就无法驾驭人民调解工作，甚至会适得其反。掌握过硬的调解技术不仅是调解工作的前提，也是对老百姓负责的需要。她经常借助空闲时间，认真学习《人民调解法》《民法》《物权法》等系列法律法规知识，经常与管区律师沟通，遇到棘手难办的纠纷就请教律师，通过不断学习积累，自己业务水平有了

较大提升。工作中，她努力做到勤于思考、善于梳理、深入总结，用知识理论指导实践，用工作实践积累经验，真正将学习成果向工作能力、工作成效转化，实现知与行的统一。

中山路街道属西部老城区，老旧楼院较多，因此线路管道等设施经常损坏。2017年12月，陈琳同志了解到王某楼上居民暖气水管破裂水漏到她家，不仅暖气不通、屋内还被水浸湿了，正值寒冬居民取暖的时候，因为过去两家人有些个人恩怨，又正赶上这事，王某特别愤怒，要带上几个人去和楼上邻居吵闹。陈琳同志了解到这个情况之后，冒着严寒找两户居民分别给他们做工作，分析利害关系，同时帮助联系供暖公司，对漏水暖气进行维修，先保证居民能够供上暖。最终通过耐心的劝解，王某放弃了采取极端手段解决问题的念头，楼上邻居也同意赔偿一定数额的经济损失，事情得到圆满的解决。陈琳同志依法、依情、依理化解了矛盾，使居民的合法权益得到了维护，避免了一场刑事案件的发生。

二、强化队伍建网格，事无大小化矛盾

在人民调解工作中建立矛盾纠纷排查队伍，及时发现矛盾化解纠纷，是调解工作的重点。该同志组织各社区人民调解委员会主任选出调解经验丰富、办事公正的社区干部，走访居民小区了解情况，定期同楼组长联系沟通，深入了解居民工作生活情况，通过层层调解网格，确保社区大事小情及时掌握，各类矛盾纠纷能在第一时间发现并及时采取处理措施。

在她眼中"群众利益无小事"。2017年8月，陈琳同志在例行走访中发现北京路21号院内，卫生脏乱差，又是夏天，蚊虫苍蝇满天飞，居民生活质量明显下降。她立即带领社区主任上门沟通，得知是流动人口临时租房，不注意卫生习惯，在和房主沟通，征得房主同意下，她先是联合社区志愿者给院子打药消毒，随后又对院内的租户进行谈话，苦口婆心地劝解他们要注意居住周围的环境卫生，这不仅是为其他居民着想，更是为他们自己的身体健康着想。在陈琳同志的耐心劝说下，院内的租户一致表示今后一定注意卫生。

三、立足实情建制度，把脉问诊破难题

中山路街道地处青岛旅游和文化核心区域，做好综治维稳和矛盾调解工作意义重大。陈琳同志通过深入思考矛盾症结、认真总结工作经验、不断健全完善人民调解工作体制机制等一系列行之有效的办法，真正做到了人民调解底数清、问题清、对策清，将管理经验上升为规章制度，使人民调解工作有章可循。为使调解工作能顺利开展，调解协议执行到位，该同志在调解前就下足功夫，深入了解产生矛盾的原因，调解过程中同当事人积极沟通，力求双方满意，调解结束后1周内及时回访，做到有始有终。

2018年8月，济宁路某号某户王某因在自家院子里种菜施肥导致产生异味与楼上李某发生了矛盾。正值酷热的夏天，楼上李某只要开窗户就能闻到难闻的气味。为此，李某已多次找到王某理论但毫无成效，最终拿起铁锨砸坏了王某家的门，直冲王某而去，幸好邻居及时劝阻才避免了一场大祸。陈琳同志得知这一事情后，并没有直接与两位当事人见面调解，而是先找到所在社区了解这两户居民的具体情况，看情况"对症下药"。经过与社区了解到济宁路某号的两户居民多年前就有过节，虽然当时经过社区调解表面上已经化解，但两家的心结一直没有解开。陈琳同志了解到具体情况后先是与王某促膝谈心，让他知道他的这种行为确实是方便了自己但也给邻居带来了不便。从法律层面上来说违反了《物权法》中关于相邻权的规定；随后，她又来到李某家中，先是站在李某的角度分析王某这样做确实给邻居带来很多不便，随后又语重心长的劝解起他们，任何事情用暴力解决都是不对的。同时，希望他们能够把以往的恩怨都放下，邻里之间抬头不见低头见，和睦相处才能更好地生活。就这样在陈琳苦口婆心的劝解下，王某与李某握手言和。事情圆满解决之后，陈琳同志积极回访，主动到两户家中了解近况，看到他们邻里和睦，总算放心下来。

陈琳同志在日常工作中，常常处于矛盾纠纷旋涡，深感人民群众的诸

多不易。法施于人，虽小必慎。多年来，她在调解过程中始终扣着一个"情"字，注重用真心去化解、用诚心去沟通、用耐心去说服、用热心去协调、用爱心去感化，从源头上遏制矛盾，成功化解了矛盾，让我们不得不为她点赞。在她身上，体现了广大人民调解员共同拥有的亲民、爱民、为民的情怀，正是他们用人间的正义和真情诠释了为人民服务的真正内涵。

做维护和谐劳动关系的使者

全省优秀人民调解员　李燕滨

李燕滨，女，1971 年 6 月出生，中共党员，现任市南区劳动人事争议仲裁院院长兼劳动人事争议人民调解委员会主任。该同志自参加调解工作以来，兢兢业业，克己奉公，以提高调裁效率、减少当事人诉累为己任，创

李燕滨（右三）与法院法官和调解员研究劳动人事争议案件。

新调解方法，不断提高调解水平，市南劳动争议调解工作走在了全国前列。2017 年 12 月，该同志被山东省司法厅评为全省"优秀人民调解员"；2018 年 9 月，被市南区列入"人民调解员专家库"。

李燕滨同志带领市南区仲裁院创新推出区、街、居、企四级调解网络机制，实现调解工作标准化、窗口服务优质化、调解组织网络化、调解人员专业化的目标，将劳动人事争议化解在基层。在区一级设立专门调解窗口，庭审前先进行调解，缩短裁审时间，提高调解效率。与全区 10 个街道联合启动调解组织创建活动，通过完善平台建设、健全工作制度、创新工作方法和创建服务特色等措施，构建起一套独具特色的调解体系：在 10 个街道人社服务中心挂牌成立"街道劳动人事争议调解中心"；每年举办调解员培训班，为每个调解中心和 50 个社区配齐配强人民调解员；街道调解案件可到仲裁部门置换有效法律文书。八大关街道劳动人事争议调解中心在品牌建设、案情调解、调解员培训和企业联调等方面成效显著，

荣获"全国示范街道调解中心"称号。目前，由李燕滨负责在该中心建立的企事业单位调解联盟已初见规模，辖区内1.2万户企事业单位建立了调解委员会或调解联盟，培养调解员2万余人。

李燕滨同志针对案件数量多、案情复杂等特点，积极协调，多方联动，在维权大厅与区司法局联合设立人民调解室，由专职调解员坐班调解；与市南法院联动设立巡回庭；与区工会联动设立职工服务中心仲裁派出庭，多方联调联动已成为市南仲裁院调解工作的金字招牌。为提高案件处理效率和调解率，规范法律援助律师的言行，将窗口律师的日常用语、服务态度、工作流程纳入仲裁院管理考核，定期反馈至区法律援助中心。在维权大厅设立的法律援助窗口，律师向劳动者年均提供咨询3000余次，代理援助案件300余件。

2011年开始，李燕滨同志与区人民法院劳动争议庭创造性地启动裁审衔接联动，经过几年实践，裁审衔接联动制度不断完善，委托查证、重大案件会商通报等裁审衔接机制，在全国已成为最早的裁审衔接工作机制。2017年5月，人社部调解仲裁管理司与最高人民法院民一庭在青岛市联合召开劳动人事争议裁审衔接工作研讨会，观摩了区劳动人事争议调解仲裁院和香港中路街道劳动人事争议调解中心，对市南区裁审衔接工作做出的成绩给予了充分肯定。在全国专业劳动人事争议调解员师资培训授课中，人社部调解仲裁管理司王振麒副司长对市南区人社局和法院裁审衔接中委托查证工作再次给予表扬，将市南区人社局印制的《市南区劳动人事争议裁审衔接工作机制介绍》工作手册带回进行调研和讨论。2014年1月，李燕滨同志对孙某同青岛某物业公司纠纷进行案前调解，面对用人单位拒不承认劳动关系，又不提供相应证据的情形，她充分利用委托查证，确定由仲裁委托法院进行查证银行账户，使用人单位重新认识到自己的证据优势不复存在，在李燕滨耐心说服下，用人单位承认存在劳动关系，双方作出了让步，最终调解成功。

　　李燕滨同志严于律己，率先垂范，不断加强党性锻炼和党性修养，全力打造"仲正为公、裁正为民"工作品牌，树立起调裁公平、公正、廉洁、高效、便民形象。凭着她对事业的执着奋斗和敬业精神，以实际行动践行着"不忘初心、牢记使命"的信念，为打造市南区和谐劳动关系做出了贡献。

铁肩担正义　丹心著华章

山东省司法行政系统重点工作完成先进个人　张元德

张元德，男，1965 年 3 月出生，1982 年 10 月入伍，1984 年 5 月入党，山东省平邑县人。2006 年从部队转业到市南区人社局工作，先后担任区人社局政工科副科长，区司法局基层科副科长、主任科员兼区物业纠纷人民调

2014 年 4 月，张元德（左二）陪同区司法局领导在金门路街道仙游路社区调研人民调解工作

解委员会主任、科长，八大湖司法所所长、四级调研员。该同志以强烈的事业心和责任感，积极探索建立行业性人民调解新机制，一心扑在工作上，为群众排忧解难，多次参与重大疑难矛盾调处工作，成功率 98% 以上，经他调解的纠纷无一例反悔。他真情奉献、创新求变、恒心敬业、一心为民的工作态度，赢得了领导和群众的交口称赞。2013 年被评为"青岛市劳动人事争议人民调解先进个人"；2013 年、2014 年、2015 年连续被市南区评为"优秀公务员"，荣立三等功一次；2014 年被青岛市司法行政系统记三等功一次；2015 年被山东省司法行政系统授予"重点工作完成先进个人"，荣立三等功一次；2016 年被市南区推荐为全国"模范人民调解员"；2018 年被青岛市评为"上合组织青岛峰会安保工作先进个人"。

一、用真情奉献爱心，全力化解疑难复杂矛盾纠纷

在区司法局基层科工作期间，任务重、人员少，他作为基层科长兼人

民调解员，在加班加点做好基层工作的同时，用真情架起了与群众心灵相通的连心桥，筑起了维护稳定的第一道防线，将大量疑难复杂矛盾化解在萌芽。

从 2010 年 3 月开始，王某（女，85 岁）多次向法院、司法行政部门反映：李某在代理民事案件中未经她同意就为其撤诉存在问题，双方发生矛盾纠纷，由于缺少相应的证据，此案一拖再拖，始终没有得到解决。2013 年 12 月，张元德同志负责人民调解工作后，多次找当事人了解情况，深有感触地对科室人员说："王老太太都 80 多岁了，还拖着有病的身体到处投诉，很容易发生事故，这事必须在今年春节前解决好。"而此时李某已陪父亲到外国看病一时回不来，为此张元德同志多次找李某所在单位的领导，反复讲明利害关系，苦口婆心做工作。2014 年 1 月，终于达成一致意见，单位领导同意垫付 16000 元，待李某回国后由单位负责追偿。事后王老太太拉着张元德同志的手流下了激动的泪水。至此，历时近 4 年的纠纷积案，他用 1 个多月时间就圆满解决。

五年来像这样的疑难复杂纠纷他化解了 50 余起，在调解工作中秉承人性化、理性化工作宗旨，想群众所想，急群众所急，坚持用"四心"（公心、热心、诚心、耐心）化解矛盾，平息争端，赢得了群众信任和赞誉。

二、用创新谋求突破，积极构建行业性调解新机制

张元德同志作为区物业纠纷人民调委会主任在基层调研时发现：2013 年全区共发生物业纠纷 500 多起，平均每个小区发生 2 起，物业纠纷带有一定普遍性。对此，他积极探索构建以人民调解为基础的物业纠纷预防化解新路径，选取纠纷相对集中的香港中路街道作为试点，建立健全规范的工作机制，率先成立了由张元德同志任主任、16 名律师和物业管理专家等为成员的区级物业纠纷调委会，负责指导协调、监督检查全区物业纠纷调解工作，参与疑难纠纷调解和重大纠纷案件研究论证。联合区城市管理局出台了《关于加强物业纠纷人民调解工作的意见》，明确了目标任务、职责要求和工作流程，规范了逐级调解、联席会议、信息报送等多项制度。在青岛市率先建立区、街、居三级物业纠纷调解组织体系，当年全区就调处物业纠纷 136 起，调解成功 129 起，防止因物业纠纷引起的群体上访 8 起 300 余人次，有力地维护了社会稳定。2013 年 11 月，青岛市在该区专门召开物业纠纷调解现场观摩会，向全市推广了这一经验做法。

2015 年 5 月，为有效应对法院立案登记制度改革带来的新挑战，他适时提出要在区法院完善人民调解组织体系，联合法院出台了《关于深化预立案制度加强诉前人民调解工作的实施意见》，在青岛市率先成立了诉前人民调委会，精心选聘 14 名专职调解员，为调解工作开展提供了坚实的人才保障。工作中他始终要求调解员对身体残疾、行动不便的弱势群体，要主动上门调解，使一些诉讼困难的纠纷得以圆满解决。如：香港中路街道的陈甲与丈夫陈乙 2013 年 5 月登记结婚，育有一女，后因琐事经常发生争吵，直至感情破裂。2015 年 11 月，陈甲提起离婚诉讼。诉前调委会受法院委托，对这一起离婚案件进行调解。接案后调解员得知陈乙突发脑出血刚做完开颅手术，已丧失行动能力。2015 年 12 月，调解员上门调解，当看到陈家生活十分困难，这次重病更使这个家庭雪上加霜，调解员选准突破口，反复做陈甲的思想工作，最终双方同意"离婚不离家"，孩子由陈甲抚养，陈乙可随时探视孩子，陈甲还同意在陈乙养病期间照顾他饮食起居。这起纠纷能在短时间内顺利化解，主要得益于人民调解与司法调解高效衔接机制的建立。他撰写的《打造诉前人民调解工作新平台》经验被司法部主办的《人民调解》杂志采用，其做法被评为"区级项目创新工作案例"，被山东省司法行政系统授予"重点工作完成先进个人"，荣立三等功。

2014 年 5 月，林某（青岛某鞋业有限公司职工）在上班途中发生交通事故，后认定为工伤并经鉴定构成十级伤残。为维护自身合法权益，林某提起劳动仲裁。由于就赔偿金问题达不成一致意见，后经双方同意转入并委托人民调解。经过耐心细致的调解，最终达成赔偿协议，由公司向林某支付费用 44986 元。据统计，自 2013 年 1 月驻区劳动争议仲裁院人民调解室成立以来，共调解案件 203 起，涉案标的 233 万元，为劳动者追回损失 113292 元，有力地维护了和谐劳动关系的建立。他撰写的《市南区构建"四三"工作模式，实现裁调高效衔接联动》一文也被《人民调解》杂志推广。此外他还协调市南检察院、环保分局、交警大队等部门设立专业性调解组织，推动了人民调解衔接联动机制向纵深发展。

三、用恒心诠释敬业，一心扑在司法行政事业上

25 年的军旅生涯，锻造了张元德同志雷厉风行、顽强拼搏的优良作风，更加坚定了他"顾大局、听命令、守规矩"的理想信念。无论领导交给什么任务，都能欣然接受，坚决完成。2014 年 2 月，参加市司法局"矛盾纠纷大排查"联合督查组时，由于科室人员少、工作量大，他白天在督查组工作，晚上拟制本局实施方案，编发通报，精心组织，狠抓落实，成效显著；在全区组织的清理浒苔、打扫积雪、捐献灾区等急难险重任务中，他总是主动请缨，冲锋在前，出色地完成任务。

张元德同志不但要参与重大疑难矛盾调处工作，而且还要在每年的敏感时期、重大节日组织全区开展矛盾纠纷大排查活动，确保将不稳定因素消灭在萌芽状态。他先后制定了《关于加强人民调委会规范化建设的意见》《关于做好社区人民调委会换届推选意见》《人民调解案件补贴发放办法》等系列规范性文件。精心培育出市南区"十大品牌调解室"和"十大金牌调解员"。定期与区人社局联合举办劳动争议人民调解员专题培训，不断提高调解人员的业务技能。他撰写的《推进司法行政工作向社区延伸，切实打通服务群众最后一公里》的经验做法被《法制日报》报道。他编辑制作《人民调解典型案例选编》《市南区司法行政工作服务指南》《省级人民调解能手宣传片》，供全区人民调解员学习借鉴。他创建了市南区"和解万家"工作品牌，"以人为本、以和为贵"工作理念和"三和"（家庭和美、邻里和睦、社会和谐）工作目标，形成持续推动工作发展的文化力量。近几年，在他的努力和带动下，全区有2人被评为"全省人民调解能手"，2人被评为"全国模范人民调解员"，1人被评为"全国模范司法所长"；他撰写的新闻稿件，先后被《法制日报》《司法所工作》《人民调解》杂志《青岛日报》《半岛都市报》等新闻媒体采用30余篇。

参加工作37年来，他没有回老家过一次春节，15年科级工作实践，9年司法行政事业，全身心忘我地投入到工作中，岳父病故时正逢劳动争议人民调解室初建，为了不耽误工作，他仅请了半天假参加完葬礼又重新回到工作岗位上，至今妻子还在埋怨他。张元德同志笃信好学、精益求精、矢志不渝，始终坚持人民调解为人民工作理念，用人民调解铸就法治和谐市南，用一腔热血、一身正气唱响献身司法行政工作时代主旋律。

和解万家

第四部分

第四部分

典型案例

◎ 婚姻家庭纠纷篇

陈某与儿子儿媳家庭纠纷调解案

一、案例基本信息采集

案例类型：其他人民调解案例

矛盾纠纷受理时间：2018 年 1 月

矛盾纠纷类型：婚姻家庭纠纷

调解组织名称：青岛市市南区八大关街道太平角社区人民调解委员会

供稿：青岛市市南区司法局八大关司法所　王彬彬　高俊飞

审稿：青岛市市南区司法局八大关司法所　刘　宇

检索主题词：人民调解　婚姻家庭纠纷　青岛市市南区　八大关街道太平角社区人民调解委员会　赡养老人

二、案例正文采集

【案情简介】

2018 年 1 月 16 日，社区居民陈某来到社区调委会，向工作人员反映情况。据陈某介绍丈夫去世后，自己便与儿子于某、儿媳郭某共同居住在一套丈夫生前单位分配的房子里，但儿子儿媳将最大的房间占有居住，将自己挤到小阳台居住。儿媳常年在家不外出工作，夫妻俩不照顾老人，也不做家务，家务全由陈某在做，夫妻俩还不交赡养费。双方就此多次发生口角，争吵不断。陈某强烈要求于某、郭某夫妇尽快搬离自己的住所，并履行赡养老人义务。

【调解过程】

社区调解员首先来到陈某家中，对陈某反映的问题进行实地调查了解。经过调查发现，当事人陈某与郭某、于某夫妇及其子于某某都住在同一套房中。该房面积较小，约六十平方米，两室一厅，其中于某夫妇居住在主卧，于某儿子于某某居住在次卧，年逾七旬的陈某居住在阳台。

调解员找到于某、郭某，再次进行事实确认。据于某夫妇讲，郭某因患有疾病，干不了重活，所以常年在家中操持，并未外出工作。至于陈某所提到的不做家务，于某夫妇予以否认，称郭某因身体原因不干重活，但其他的家务活都在做，陈某只是做部分家务。夫妻俩一直在照顾老人，因为同吃同住，所以没有交赡养费。郭某认为陈某这是出于个人偏见，对自己"看不顺眼"，故意找茬。于某则认为这属于婆媳矛盾，都是鸡毛蒜皮的小事，只是自己母亲进行夸大了。

经过实地调查以及双方的陈述，调解员对事情有了较为全面的了解：房屋分配情况属实，郭某因病无法外出工作属实，其他事情各执己见，难以明确。

了解事实后，参照有关法律法规，调解员做出判断：于某、郭某将陈某挤到小阳台居住的行为属于未能很好履行赡养老人义务，在本次纠纷中应当承担主要责任。

调解员依据自己的判断，对双方进行劝解。调解员首先以理服人，指出《婚姻法》规定"子女对父母有赡养扶助的义务"，《老年人权益保障法》第十四条规定"赡养人应当履行对老年人经济上供养、生活上照料和精神上慰藉的义务，照顾老年人的特殊需要。赡养人是指老年人的子女以及其他依法负有赡养义务的人。赡养人的配偶应当协助赡养人履行赡养义务。"因此于某、郭某应当赡养老人陈某。

就本案来说，《老年人权益保障法》第十六条规定"赡养人应当妥善安排老年人的住房，不得强迫老年人迁居条件低劣的房屋。老年人自有的或者承租的住房，子女或者其他亲属不得侵占，不得擅自改变产权或者租赁关系。"调解员向于某夫妇指出，他们住主卧，逼老人住阳台的行为已经涉嫌违反了该法律规定。

《老年人权益保障法》第十九条规定"赡养人不得要求老年人承担力不能及的劳动。"虽然郭某身体欠佳，干不来重活，但陈某年逾七旬，难以承担繁重的家务，因此于某、郭某应当积极主动帮助老人分担家务。

接着，调解员动之以情，指出"百善孝为先""家和万事兴"，两代人生活在一起，怎么可能一点矛盾误会也没有呢？无非是要各作退让、互相包容，才能家庭和谐。更何况为人子女，无论于情于法，照顾父母、关心老人都是理所应当，有了矛盾，只要不是原则性问题，子女还是应让着父母的。有家务活，难道要让父母拖着老迈之躯辛苦流汗？若如此，为人子女于心何忍？此事传出去，脸上可会有光？更何况身教甚于言传，于某郭某也有儿子于某某，若二人不孝，以后于某某有样学样，也不孝顺二人，难道不可悲？

调解员引导于某想想当初母亲陈某是如何把自己养育成人的，想想母子从前的幸福时光，再比较如今的"三五一吵、满地鸡毛"，难道不难受吗？又劝导于某同时作为一个儿子和一个丈夫，应当发挥枢纽作用，在家庭中积极协调沟通，消解母亲和妻子之间的婆媳矛盾。至于住房问题，调解员考虑到陈某的诉求和房子面积有限的事实，劝导夫妻二人，两代人生活在一起，一则住房紧张，一家人生活地都不舒服；二则毕竟两代人之间存在各方面的代沟，住一起容易加剧误会和矛盾。建议二人可以搬出去租房居住，定期回来探望照顾母亲。

最后调解员希望陈某理解儿媳妇的身体状况，能体谅子女的辛苦，能对他们宽容一些，不能太过苛责。若儿子儿媳愿意搬出去居住，积极赡养照顾，希望陈某可以既往不咎，双方握手言和，让家庭战火停歇，重新恢复和谐温暖。

【调解结果】

经过劝解，于某、郭某认识到自己的行为确实未能尽好为人子女的赡养之责、孝顺之义，伤了老母亲的心，破坏了家庭和谐。在调解员的协助下，双方自愿达成协议：于某夫妇另外租房居住，定期探望陈某；陈某表示对儿子儿媳谅解，因陈某有稳定的退休金，暂无经济困难，因此陈某自愿放弃赡养费，待有生活需要，再让于某夫妇量力支付。双方对该调解结果都表示满意，家庭重归和谐。

【案例点评】

俗话说，清官难断家务事，婚姻家庭纠纷作为一种常见纠纷，往往事态较小，但调解难度大，需调解员善用经验、智慧、方法技巧，灵活处理，才能避免矛盾激化升级，还家庭一个美满和谐。

婚姻家庭纠纷，难点在于事实不清。家庭纠纷，往往由无数小矛盾纠缠而起，纷繁冗杂，拨弄不清，公说公有理婆说婆有理，让调解充满难度。但其实也有技巧，调解此类纠纷需要抓住主要矛盾，将主要矛盾解决了，次要矛盾往往迎刃而解。以此案为例，主要矛盾在住房，一旦住房解决，其他就好解决了。

婚姻家庭纠纷，重点在于以情动人。该类纠纷的当事人以家庭成员为主，双方往往有着深厚的感情，但也掺杂着许多新旧矛盾，可谓"爱恨交织"。如果说解决主要矛盾是"除恨"，那么以情动人就是"扬爱"。在调解过程中，应当引导纠纷双方的同理心，把双方之间被矛盾暂时覆盖的感情激发出来。人与人之间真挚的感情是矛盾最好的磨合剂，也是裂痕最好的修补剂。调解人员只要发挥智慧，以心动心，即便是家务事，也未必"难断"了。

李某与儿媳家庭纠纷调解案

一、案例基本信息采集

案例类型：其他人民调解案例

矛盾纠纷受理时间： 2018 年 1 月

矛盾纠纷类型：婚姻家庭纠纷

调解组织名称：青岛市市南区八大湖街道亢家庄社区人民调解委员会

供稿：青岛市市南区八大湖街道亢家庄社区人民调解委员会　荆彩虹

审稿：青岛市市南区司法局八大湖司法所　张元德　冯兴华

检索主题词：人民调解　婚姻家庭纠纷　青岛市市南区八大湖街道亢家庄社区调委会

二、案例正文采集

【案情简介】

2018 年 1 月，家住青岛市市南区八大湖街道某社区的李某来到社区调委会反映：2002 年老伴因病去世后，自己为了相互间有个照应，便搬到儿子家和儿子、儿媳一起生活，现在因为年纪大了，身体经常有些小毛病，儿媳赵某觉得自己是个拖累，非让自己搬出去住。自己不愿意搬，儿媳便在琐事上处处为难，有时恶语相加，闹得不可开交。自己已经七十多岁了，身体还有病，独自生活很不方便，希望能和儿子住在一起，相互有个照应。俗话说"家丑不可外扬"，自己不想闹得满城风雨，因此请求调解人员予以协调。

【调解过程】

调解人员耐心安抚稳定了老人的情绪，然后告诉她：调解人员一定为你排忧解难。接着仔细询问了事情经过，并与老人的儿子、儿媳取得了联系。

调解人员首先让双方陈述自己的想法。李某说："人家都说养儿防老，我现在这么大岁数了，你们怎么能把我赶出去，我自己一个人怎么生活？"李某的儿子表示，并不是不管老人了，只是说住在一起不方便，老人搬出去之后我们还是会去看望的。李某的儿媳表示，让老人搬走并不是因为老人身患疾病，而是因为老人和自己的生活理念、生活习惯都不同，勉强在一起生活大家都不高兴，不如尽早分开住。李某坚决不同意，双方为此争论不休。

在双方激烈争吵的混乱中，调解人员迅速梳理案情，理清了调解思路。问题的核心在于，李某想要共同居住的请求是否应该得到支持？答案是肯定的。为了缓解双方之间的紧张气氛，调解人员把老人的儿子、儿媳单独叫到一边，对两人进行耐心开导。针对赡养老人的问题，调解人员对老人的儿子、儿媳动之以情，晓之以理。首先从情理上进行劝说："老人年纪那么大了，如果独自生活，万一有个磕磕碰碰，都无人知晓、无人照料，你作为儿子难道忍心？"同时向他们详细讲解了相关法律知识，如：《婚姻法》第二十一条规定："子女不履行赡养义务时，无劳动能力的或生活困难的父母，有要求子女付给赡养费的权利。"《老年人权益保障法》第十条规定："老年人养老主要依靠家庭，家庭成员应当关心和照料老年人。"第十一条规定："赡养人应当履行对老年人经济上供养、生活上照料和精神上慰藉的义务，照顾老年人的特殊需要。"第十三条规定："赡养人应当妥善安排老年人的住房，不得强迫老年人迁居条件低劣的房屋。"并严肃指出虐待老人是违法犯罪行为，要受到法律的严惩。调解人员见老人的儿子、儿媳态度有所缓和，便转换语气与他们交谈，劝说他们不但要让老人丰衣足食，更要在精神上真正关心老人，人皆要走向衰老，想要自己将来能够得到细心的照料，现在就要给孩子做出敬老爱老的榜样。

【调解结果】

经过调解人员一番耐心沟通与协调，双方当事人都说像听了一堂生动的法治教育课，没想到一起看似简单的纠纷竟然涉及这么多法律法规。在调解人员法理并用的说服劝解下，老人的儿子、儿媳表示心悦诚服地接受调解员的处理建议，接纳老人共同生活。至此，这起因赡养老人问题引起的纠纷得到圆满解决，当事人均表示对调解结果非常满意。

【案例点评】

赡养老人是中华民族的传统美德。老年人年龄大了，身体往往不好，生活有诸多不便，需要子女更多的照顾，但做子女的可能因为工作忙、生活压力大等种种原因，对老人照顾不周。本案能够成功化解纠纷，一是坚持依法调解，给当事人讲解《婚姻法》《老年人权益保障法》等法律规定，从心理上给当事人以震慑，让儿子、儿媳明白不善待老人是要受到法律惩处的。然后依法依规开展调解，解开了当事人心结，为双方重归于好创造条件。二是坚持道德感化，道德与法律是调整社会关系的两大规范，道德是最高的法律，法律是最低的道德。在调解家庭纠纷时，道德感化有时能起到比说理说法更大的作用。道德感化与依法调解双管齐下，能够更好地维护和谐美满的家庭关系，营造积极向上的社会氛围。

谭某与冯某某婚姻家庭纠纷调解案

一、案例基本信息采集

案例类型：其他人民调解案例

矛盾纠纷受理时间：2018 年 8 月

矛盾纠纷类型：婚姻家庭纠纷

调解组织名称：青岛市市南区八大峡街道八大峡社区人民调解委员会

供稿：青岛市市南区八大峡街道八大峡社区人民调解委员会　赵婷婷

审稿：青岛市市南区八大峡街道八大峡社区　宋佳庚

检索主题词：人民调解　婚姻家庭纠纷　青岛市市南区八大峡街道八大峡社区人民调解委员会　家庭生活

二、案例正文采集

【案情简介】

2013 年，谭某与丈夫冯某某结婚，由于男方经济条件较好，谭某婚后与丈夫冯某某住在男方婚前购置的房产中。男方冯某某共有三套房产，其中一套城阳的房产写了谭某的名字，婚后添置的车产也写了谭某的名字。

婚后双方由于性格原因，谭某与冯某某及其父母多次发生冲突，其中还涉及谭某与邻里间的冲突。2017 年，谭某及其母亲在冯某某家庭的支持下，前往美国保胎并于 2018 年在美国产下一子。谭某及其母亲在回国后再次与冯某某家庭发生冲突，并要求将城阳的房产全部归到自己名下，冲突进一步加剧。谭某分娩不满一年，冯某某不得提出离婚，鉴于其现居住地在青铜峡路，因此申请社区人民调解委员会进行调解。

【调解过程】

在调查了解过程中，调解员与夫妻双方分别进行了多次沟通，鉴于双方在面对时都无法保持情绪稳定，沟通难度较大，只能由调解员进行居中调解。

　　调解员在与谭某沟通中了解到，在最后一次大的冲突后，谭某被婆婆赶出了现在居住的房子，现在带着孩子住在娘家，孩子尚没满百岁，需要冯某某尽到抚养义务，支付抚养费用；另外谭某因为出来的急，行李和孩子的用品都留在冯某某家没有带走，需要冯某某邮寄至其居住处。随后调解员约见了冯某某及其父母。在面对面的沟通中，冯某某表示，谭某婚后性格相较于婚前变化较大，且脾气冲动、易怒，在搬到青铜峡路的房产居住后，多次与多年的老邻居发生口角，起因都是日常小事，最后都是由冯某某父母出面调停才没有使邻里关系进一步恶化；在生活中，出于谦让，冯某某对于两人的争吵都是先让步，谭某得寸进尺吵得更厉害了，还影响了冯某某在车行的正常工作，多次请假后，不得已办理了离职。

　　冯某某的父母则表示，谭某与冯某某刚结婚时，是真心将其当作女儿对待，但在之后的相处中，观其对待自己儿子的态度，加上后来谭某将其母亲接至青铜峡路的房产居住，谭某及其母亲多次与老邻居产生冲突，恶语相向，最后不得不由自己出面善后，甚至有一次还花费了近5万元为邻居修理房屋才得以了结。2017年年底，在谭某的要求下，花费了30余万元将谭某及其母亲送去美国进行生产，谁知谭某回国后与自家的冲突更加厉害。2018年7月，在一次爆发冲突后，冯某某的母亲拨打了110，把谭某及其母亲请出了家门。

　　调解员听完两方的叙述，觉得各有对错。谭某的脾气有些急躁，说话太直，容易和婆家及邻居间产生口角冲突；冯某某及其父母太过忍气吞声，以致家里的小问题逐渐发酵变大。调解员表示很理解冯某某及其父母的感受，并讲述了自己与亲人间也曾经存在的沟通问题，引导冯某某及其父母认识到最重要的是家人之间的沟通，而不是通过粗暴的行为把谭某赶出家门来解决问题。在调解员的多次开导劝说下，冯某某及父母慢慢松口表示可以接受谭某的提议，并愿意坐下来好好谈谈。此后，又经过多次的调解，谭某及其婆家接受了调解员的调解建议，双方最终握手言和。

【调解结果】

2018 年 8 月 30 日，谭某、冯某某及冯某某的父母再次来到社区调解工作室，并就调解达成了如下协议：

1.谭某暂且居住在其娘家，给双方的情绪一个缓冲期。

2.冯某某方面愿意承担起孩子的抚养费用。

3.冯某某方面本周末（9 月 2 日前）将行李通过邮寄的方式寄送至谭某的居所。

4.谭某表示之后会通过心理医生努力调节自身的情绪和状态。

5.双方均表示会在之后的相处中注意有效的沟通，而不是简单粗暴的相处。

调解完毕后，社区人民调解委员会就此事进行了回访，了解到双方目前已经可以做到心平气和的相处，有问题也学会了有效沟通，并向调解员表示了感谢。

【案例点评】

谭某及其婆家的纠纷主要是由于长期以来双方沟通不通畅造成的，女方过于强势，男方及其父母过于忍气吞声，日积月累造成双方沟通不对等，矛盾由此产生。在处理这个调解案件的过程中，主要从以下三个方面着手：

一是全面了解事实情况。在接到调解案例后，不能单纯听一方的抱怨，而应该多方面了解情况，有条件的联系双方当面进行调解。二是先安抚、后调解。在处理类似案件时，要让求助者感受到调解员是与其处在同一战线。先安抚其情绪，让其更真实、更完整地倾诉整个事件过程。在取得求助者信任后，再指出求助者可能存在的问题，同时引导夫妻间应该互相理解，互相体谅，多想想对方的优点，从而化解矛盾，解决问题。

为求助者提供法律服务是新时期维权工作的重要举措，维护社区居民的合法权益是维护社会稳定大局的内容之一。妇女、儿童、老人是生活中的弱势群体，当他们的权益被侵害时，人民调解委员会义无反顾地为他们维护权益，但是如何让他们维护好自己权益还有很多工作要做。笔者认为：一是加强法律知识普及，使居民有自我维权的本能；二是强化服务意识，做到提前预防，事后介入，帮助协调和处理；三是强化责任意识，维护社会稳定是各级人民调解委员会义不容辞的责任，不能认为权力有限而放弃关心和帮助；四是争取多方支持，动员全社会都来关心关爱妇女、儿童、老人这些弱势群体。

许姓姐弟房产纠纷调解案

一、案例基本信息采集

案例类型：其他人民调解案例

矛盾纠纷受理时间：2014 年 8 月

矛盾纠纷类型：婚姻家庭纠纷

调解组织名称：青岛市市南区八大峡街道西镇社区人民调解委员会

供稿：青岛市市南区八大峡街道西镇社区人民调解委员会　王浩宇

审稿：青岛市市南区司法局八大峡司法所　代学东

检索主题词：人民调解　家庭纠纷　青岛市市南区八大峡街道西镇社区人民调解委员会　房产资金

二、案例正文采集

【案情简介】

许某姐及许某弟住青岛市市南区八大峡街道观城路某号。因其父年老行动不便，许某姐留在身边照顾，其父过世后遗嘱将房产留给许某姐。但因家中有一弟许某弟，家庭条件并不富裕，许某姐便让许某弟住于观城路某号。

2014 年市南区启动观城路房屋征收工作，许某姐与许某弟的矛盾也因此展开。许某姐签订征收协议后需要在规定的时间内交房。因许某弟住在此房内，且声称自己并无其他的住房，并宣称其姐姐曾答应他搬家腾房时给一笔"安家费"才肯搬出去。许某姐坚持房产在自己名下，自己是实际的产权人，可以任意处置自己的财产。这么多年将房子无偿给许某弟居住，已经充分尽到了一个姐姐帮扶弟弟的责任，拒绝许某弟要求，双方僵持不下。许某弟多次威胁许某姐，不给安置费就不腾房。

【调解经过】

社区居委会眼看交房期限临近，电话联系了双方当事人，希望为了全院居民的利益，尽快交房，以防邻居们产生怨言。但双方矛盾较深，达不成一致意见。社区为尽快解决纠纷，完成观城路征收工作，迅速成立了矛盾调解小组，由经验丰富的社区调解委员会主任王学琴同志担任调解组长，王艳同志为调解员参与此次家庭纠纷的调解。调解小组第一次约谈双方当事人到社区调解室进行调解，许某姐不愿与其弟见面，拒绝了此次的调解。鉴于双方当事人不愿会面，社区调解小组便分别约谈双方当事人。约谈期间双方当事人各执一词，情绪激动，案情并没有实质性的进展。调解小组为尽快解决纠纷，便从双方的家人亲属入手做工作。在社区会议室召开座谈会，邀请双方家人一同参与调解，对许某姐与许某弟展开劝说，双方的关系得到了初步缓和。但对于征收资金双方没有作出让步。许某姐认为观城路某号房子属于自己名下，自己出于好意让许某弟暂住，许某弟并没有权利分取征收资金。许某弟认为自己居住多年，对房屋进行过装修，理应要回相关费用。双方因此僵持不下。

为尽快完成征收工作，调解小组邀请观城路某号楼组长、居民议事会代表、街道司法所就此案件召开座谈会。对于此案目前面临的困难和问题进行商讨，找出解决问题的方案。根据公平公正原则，调解小组再次约谈双方当事人，在社区调解室进行调解，双方第一次进行了正式会面。开始双方争论不休，情绪激动。王学琴主任让双方冷静理性就事论事，充分考虑到院内其他住户的权益，同时将前期居民议事会的讨论结果告知双方，提醒不要做激化矛盾的事情。双方应拿出诚意，妥善解决好家庭纠纷。

2015年4月13日，调解小组第四次约谈双方当事人来到社区调解室，进行最后谈判，在费用问题上，双方你来我往，争执不下，最后在调解小组的不断努力下，双方最终同意各让一步，并当场签订了调解协议书。

【调解结果】

2015 年 4 月 15 日，许某姐与许某弟于腾房期内共同在场完成交房手续，从而让院内其他居民得以顺利征收，这样所有被征收人都如愿以偿的按期拿到征收款项。

【案例点评】

调解是法、理、情的统一。调解过程中，方法技巧和调解员的综合能力就显得尤为重要。双方当事人是否愿意接受调解员的法、理、情是调解成败的关键。在调解过程中调解员开诚布公，以法为绳、以理为道、以情为言，慢慢让双方打开心结，降低诉求，最后促成了协议的达成、纠纷的解决。

在调解过程中，调解小组始终本着公开、公平、公正、公信的工作原则，将矛盾纠纷涉及问题一一化解，具体应用了以下几个方面的技巧：一是背靠背调解。调解初期，双方关系达到冰点，态度僵硬，不愿与对方会面，导致调解工作十分棘手，调解小组及时采取措施，分组将双方隔开，分头做工作，并前后召集亲朋好友及热心邻里进行劝说，将关系慢慢升温，等双方关系缓和再坐在一起谈，起到了较好的效果。二是居中裁判法。调解小组在调解过程中，始终坚持中间立场，不偏不倚，让双方觉得调解小组是公平的。三是依法依情调解。当调解进入僵局的时候，调解小组把法律规定和社会责任感向双方讲明，给他们一个思考的时间，双方在冷静一段时间后，果然收到了效果，从而解决了纠纷。

随着社会经济的不断发展，类似本案的案例在广大居民生活过程中时常发生。调处此类案件，应积极采取措施，想办法解决问题，不该采取过激的手段，从而导致矛盾升级。

陈某与三子女遗产继承纠纷案

一、案例基本信息采集

案件类型：其他人民调解案例

矛盾纠纷受理时间：2017 年 3 月

矛盾纠纷类型：婚姻家庭纠纷

调解组织名称：青岛市市南区江苏路街道人民调解委员会

供稿：青岛市市南区司法局江苏路司法所　王安琪

审稿：青岛市市南区司法局江苏路司法所　高　爽

检索主题词：人民调解　遗产继承纠纷　青岛市市南区江苏路街道人民调解委员会　遗产继承

二、案例正文采集

【案情简介】

陈某，女，79 岁，住在青岛市市南区掖县路的一处房屋内。该房系陈某与其丈夫沙某的夫妻共同财产。陈某与沙某共育有三名子女，分别是沙某甲、沙某乙、沙某丙。沙某去世后，其继承人因遗产继承事宜产生纠纷，诉至青岛市市南区人民法院。经法院审理做出判决，陈某分得 3/4 房屋所有权，两女儿各分得 1/8 所有权。由于女儿沙某甲不尽赡养父母的义务，且自己已经近 80 岁高龄，为了使老年人老有所养、老有所居、安享晚年，陈某特向江苏路街道人民调解委员会提出了调解申请，请求人民调解委员会通过调解，将市南区掖县路的房屋进行分割，让女儿沙某甲从该房屋中搬离，陈某愿意按照法院判定的份额给予其货币补偿。

【调解过程】

调解员接受陈某的调解申请后，立即梳理案情，并多次通过电话联系、见面方式与双方当事人进行沟通。调解员认为陈某和女儿沙某甲、儿子沙某丙、女儿沙某乙是血脉相连的一家人，仅仅是因为一套房屋的继承问题闹到对簿公堂，是对亲情的伤害。本着耐心、细心、公平、公正的原则，调解员对陈某及子女动之以情、晓之以理，并就法院判决书的宣判结果向四人做详细陈述和解释。因儿子沙某丙在法庭上就已经表示将自己的继承份额自愿赠与母亲陈某，调解员遂以两个女儿为本案的突破点，主要做女儿沙某甲的工作。但由于陈某对女儿沙某甲意见较大，双方就赔偿数额始终未达成协议。而且因为调解过程中双方情绪均比较激动，调解员为防止矛盾激化，暂时对当事人进行了"背靠背"式调解。对沙某甲，调解员对其进行了批评教育。"百善孝为先"，孝顺是中华民族的传统美德，对于年近80岁的母亲陈某，沙某甲不应对其不管不问，而只顾房产带来的金钱利益；对陈某，调解员认为其对子女也不要过于苛责，如果沙某甲愿意承担起赡养老人的责任，陈某要给予机会，让她弥补之前的过错。经过调解员晓之以理，动之以情的调解，双方重温了亲情，最终达成了协议。

【调解结果】

1. 本次纠纷所涉及的市南区掖县路房屋产权归陈某个人所有，陈某给予女儿沙某甲、沙某乙二人各十六万元作为补偿；2. 调解协议生效十日内，沙某甲从该房屋搬离；3. 沙某甲、沙某乙自收到补偿费十日内协助申请人陈某办理房产过户手续；4. 沙某甲搬出后，如办理政府相关保障房、经济适用房时需要提供房产原件、户口簿证明，陈某须积极配合；5. 沙某甲承担的法院案件受理费3300元从父亲沙某遗留的三万元存款中扣除。

【案例点评】

《继承法》第十三条规定：同一顺序继承人继承遗产的份额，一般应当均等。对生活有特殊困难的缺乏劳动能力的继承人，分配遗产时，应当予以照顾。对被继承人尽了主要扶养义务或者与被继承人共同生活的继承人，分配遗产时，可以多分。有扶养能力和有扶养条件的继承人，不尽扶养义务的，分配遗产时，应当不分或者少分。《继承法》第十五条规定：

继承人应当本着互谅互让、和睦团结的精神，协商处理继承问题。遗产分割的时间、办法和份额，由继承人协商确定。协商不成的，可以由人民调解委员会调解或者向人民法院提起诉讼。

调解的目的就是要平衡各方利益，最终达成调解协议。在房屋继承案件中，有的法定继承人之所以不平衡，主要存在几种情形：一是对被继承人尽了主要赡养义务，其他继承人未尽义务或尽义务少；二是被继承人生前曾经说过房屋给某个继承人，但又没有书写遗嘱进行确定；三是被继承人生前写有遗嘱，但其他继承人认为被继承人偏心，或者是认为遗嘱不是被继承人真实意思表示。但种种情况归根结底要从继承法的框架内，平衡各方利益，拿出大家都妥协的方案，达到解决问题的目的。此案历经两个月，主要矛盾纠纷在于老人和沙某甲身上，补偿费从 12 万元一直协调到 16 万元，协议书也多次商讨修改。在调解员耐心地调解下，最终老人与子女达成一致。俗话说，清官难断家务事，在这场房屋产权分割的调解中，调解员一直周旋在年迈的老母亲和子女中间，调解的不仅是纠纷，还有亲情。

张某某遗产继承纠纷调解案

一、案例基本信息采集

案例类型：其他人民调解案例

矛盾纠纷受理时间：2016 年 2 月

矛盾纠纷类型：婚姻家庭纠纷

调解组织名称：青岛市市南区金门路街道人民调解委员会

供稿：青岛市市南区金门路街道人民调解委员会 张秀珍

审稿：青岛市市南区司法局金门路司法所 郝 杰

检索主题词：人民调解 婚姻家庭纠纷 青岛市市南区金门路街道人民调解委员会 遗产继承 司法确认

二、案例正文采集

【案情简介】

2016 年 2 月 25 日，金门路街道调解室来了一个高瘦憔悴的男青年，进门后他面无表情，只是低声说：想请街道帮助解决继承父母的遗产问题。

看到眼前的情景，调解员热情地让男青年坐下来说说具体情况，据其介绍：该名男青年名叫张某某，其父亲车祸于 2014 年 12 月 26 日去世，母亲也因病于 2015 年 8 月 26 日去世了，家里两套房子和一些存款都在父母名下，想让调解室帮助解决这些遗产过户。调解员询问了他父母是否留有遗嘱，家里现在还有哪些亲人，这些亲人对遗产的处理都是什么意见等情况后，给他讲明了遗产继承的相关法律规定，并告诉他这种情况不属于调解的范畴，应该到公证处或走法律诉讼程序来解决。听到这里，张某某面带为难之情说，正是因为家庭情况特殊，所以走不了以上程序，只想让街道帮助解决。调解员鉴于张某某的特殊情况，本着以人为本、为民解忧的工作态度，所以就答应帮他协调律师，从法律的角度看看怎么样能够帮助其少走弯路来解决遗产继承问题，并约定一周内联系他，案子就这样接了下来。

【调解过程】

张某某走后，调解员马上联系社区主任，详细了解他的情况：原来张某某生长在一个幸福美满的家庭里，由于父亲意外车祸身亡，母亲承受不了这种突发打击，在不到一年的时间里相继去世。原本一个美满的家庭变得支离破碎，张某某作为家里的独生子，在失去双亲的沉痛打击下，精神上遭受重创，一度出现了轻度抑郁症状。

为了挽救这个可怜的孩子，调解员马上联系了法律顾问和社区主任，约好一起到张某某的家里看看能否帮助解决问题。来到他家后，张某某的爷爷和姥爷也都在现场，看到家里凌乱的陈设和消沉的张某某，调解员对张某某进行了一番劝慰，告诉他事情的发生的确让人接受不了，但是你还年轻，今后的生活道路还很长，虽然父母都离世了，但是还有爷爷、姥爷这些长辈在关心你，你必须振作起来，把该做的事情做好，也是对父母在天之灵最好的安慰。

张某某的爷爷和姥爷也为了他将来不出现额外的纠纷，想尽快把张某某父母的遗产进行合法继承。调解员告诉两位老人遗产继承本身是一件很复杂和棘手的事情。张某某姥爷希望可以通过公证或者诉讼程序解决。他认为公证或者诉讼程序是最为保险的方式，法律效力最高，可以避免今后可能出现的纠纷，不让外孙有什么后顾之忧，毕竟自己一把年纪了不可能一辈子陪着孩子。但是爷爷表示走这两个程序很麻烦，耗时耗力，他们都年纪大了，在经历了白发人送黑发人的人生打击后也都病倒在床，不是为了这个可怜的孙子他也可能就跟着儿子去了，这是听说街道找了律师过来帮忙，他被其他儿女送过来的，况且他们从来没有到过法院，孙子现在又是这种精神恍惚的情况，所以恳请街道帮助解决这起遗产继承问题。双方老人在继承方式上产生了争议。

调解员听完两位老人的要求后，详细向他们解释了遗产继承的具体方式，以及每种方式的利弊。经过协商，张某姥爷同意了爷爷的建议，双方老人达成一致。于是，调解员与律师一起着手了解他们家里的详细情况。经询，张某某父母未留有遗嘱，现合法继承人只有张某某及其爷爷、姥爷三个人。而且爷爷、姥爷都自愿放弃继承其子女的两处房产、银行存款及证券等遗产。理清了遗产归属的详细情况，了解了两位继承人及家里的其他成员也都同意两位老人放弃继承的意见，一致同意所有遗产都由张某某一人继承。调解员考虑到虽然他家的关系比较清晰，矛盾并不突出，但是办理房产及银行存款、证券等过户不是那么简单的事情，如果没有具有法律效力的相关资料，相关部门是不会给予办理过户手续的。

调解员与社区负责人和律师组成调解小组，立即着手帮助解决张某某家的遗产继承问题。调解员分别走访了法院、房屋交易中心、银行、证券公司等相关部门，首先说明张某某的特殊情况，并了解到如果不走诉讼和公证程序，怎样才能解决这些遗产过户手续，得到的回答都是不可能！就在疑似无路的情况下，调解员想到了如果我们给当事人做符合法律条件的调解协议书，然后到法院为其进行司法确认是否可以？带着这个问题，调解员又到相关部门走访了数次，最终得到了相关部门特事特办的承诺。

首先让张某某以申请人的身份，到青岛市市南区金门路街道人民调解委员会提出申请，爷爷、姥爷为被申请人，请求就上述两处房屋的产权及银行存款、证券等遗产继承进行调解解决。然后调解员、律师根据法律要求，与当事人一起用了一个多月的时间到相关部门进行材料取证，开具了各种详细的证明材料。接着又进行了调解协议书的制作，为了让这起继承案件不出现任何差错，前面虽然取证材料比较细致，但是调解协议书更是解决此案件的重中之重，所以在起草调解协议书时的每一句话，每一个字都仔细斟酌考虑，与律师一起进行了多次反复的修改，最终完成了调解协议书。

【调解结果】

所有当事人如约来到张某某家里，现场在调解协议书上签字确认，整个签字过程进行全程录像。后张某某拿着司法确认的调解协议书到各个部门解决了问题，合法继承了应该继承的所有遗产，事后当事人在亲人的陪同下到街道调委会表示感谢。

【案例点评】

《最高人民法院关于人民调解协议司法确认程序的若干规定》规范了《人民调解协议》的司法确认程序，进一步建立健全诉讼与非诉讼相衔接的矛盾纠纷解决机制。本案虽是一起普通的遗产继承确认案件，却是对这部规定在现实中的一次成功实践。同时在这起案件的处理上也告知我们：首先要坚持依法调解，在明确法律法规相关规定前提下，在规则制度允许下为当事人解决问题，才是对当事人最好的帮助；其次坚持真情调解，本起案件没有争议，根本谈不上纠纷，但通过公证或诉讼程序办理取证过程复杂，甚至难以完成。鉴于这种特殊性，且为了帮助这些家人能够从痛苦中尽快走出来，调解员以那颗炽热的爱心，以坚持不懈、周到细致的工作热情，帮助解决了这起遗产继承问题，使当事人在悲痛中看到了希望，体现了党和政府对弱势群体的关爱。

刘某与继母遗产纠纷调解案

一、案例基本信息采集

案例类型：其他人民调解案例

矛盾纠纷受理时间：2018 年 5 月

矛盾纠纷类型：婚姻家庭纠纷

调解组织名称：青岛市市南区中山路街道太平路社区人民调解委员会

供稿：青岛市市南区司法局中山路司法所　沙　萌

审稿：青岛市市南区司法局中山路司法所　陈　琳

检索主题词：人民调解　婚姻家庭纠纷　青岛市市南区中山路街道太平路社区人民调解委员会　遗产继承

二、案例正文采集

【案情简介】

青岛市中山路街道的刘某中年丧母，后其父亲又再娶。刘某与父亲再娶的继母王某相处不错。念于继母对其父亲照顾有加，刘某与其丈夫移居新加坡。2018 年 4 月，刘某接到电话，称其父亲身患重病希望她尽快回青。刘某回到青岛后不久其父亲去世。其父亲遗产包括房屋、存款等，关于遗产的归属问题刘某与继母的四个儿女产生了纠纷，相互之间无法达成一致，请求街道人民调解委员会（以下简称"调委会"）介入进行调解。

【调解过程】

调委会首先了解到刘某父亲的遗产包括位于中山路街道价值 120 万元的房屋，以及 10 万元的存款。刘某主张其与继母王某作为第一顺序继承人应当平均分配父亲留下的遗产。而刘某继母王某的子女则认为，刘某自 2010 年移居新加坡以来并未对其父亲尽到赡养义务。刘某的父亲一直都是王某在照料，所以王某应多分。王某的子女主张王某应得价值 130 万元遗产中的 100 万元，即刘某继承父亲的存款，王某拿出 20 万元给刘某，王某继承刘某的房屋。

调委会调解员找到刘某所居住的社区，会同社区工作者一起分别与刘某及继母王某的四个子女沟通，了解各自的诉求。通过与刘某沟通了解到，刘某跟继母王某四个子女之间的纠纷不只集中在遗产问题上。刘某最为不满的是王某的子女将自己的父亲送往养老院居住，而自己的父亲却没有得到照料致使病重过世。这证明自己移居新加坡的这八年期间继母王某及其子女并没有尽到扶养义务。除此之外，刘某的父亲过世之后有一笔丧葬费，根据法律规定应由刘某与其继母共同领取。刘某表示愿意打入王某的账户，并愿意把自己应得的部分赠予王某以表示对王某一直以来照顾其父亲的感谢。而王某的子女则认为作为刘某父亲的配偶，此笔丧葬费本来就应该由王某获得。这种想法让刘某心里很不舒服。

调解之初，双方就遗产分配问题僵持不下，眼看矛盾将要升级，调解员及时介入，对双方语重心长地说："虽然你们是重组家庭，并不是亲生兄弟姐妹，但既然组成了家庭也算是一种缘分。老人生前与老伴相处一直很和睦，双方相互扶持。作为子女，在老人走后你们更要和睦相处。"这时，刘某表示非常感谢王某在自己无法照顾父亲时一直悉心照料父亲。王某的子女也表示将刘某的父亲送往养老院而又未及时关注其病情的做法确实欠妥。发现气氛有所缓和，紧接着调解员以理服人，将《继承法》相关规定清清楚楚告诉了刘某，根据《继承法》的规定，对被继承人尽了主要扶养义务或者与被继承人共同生活的继承人，分配遗产时，可以多分。而有扶养能力和有抚养条件的继承人，不尽扶养义务的，分配遗产时，应当不分或者少分。就目前的情况，上了法庭，刘某确实可能拿不到一半的遗产，劝刘某就别再坚持了。经过调解员的努力，刘某最终同意王某多分遗产，而王某的子女也同意做出让步。

【调解结果】

调解员对刘某及其继母王某的四个子女：首先，讲法律，依法讲解了《继承法》里的相关规定。然后，讲亲情，依情打动双方就遗产进行了合情合理的分配，最终达成协议如下：

1. 遗产折合人民币共计 130 万元，包括价值 120 万元房屋一间，以及 10 万元存款。王某分得价值 120 万元房屋。

2. 刘某分得 10 万元存款以及王某根据房屋折价 40 万元给予刘某。

3. 请律师出具证明文件，由调委会主任、委员见证。

【案例点评】

解决本案关键在于情理结合，既要跟双方讲解《继承法》的相关规定，又要跟双方讲亲情。调解员充分考虑了双方的实际情况，以法服人，以情感人，促使双方当事人在互谅互让的基础上，都自愿让一步，较为公平合理地进行遗产分配。既解决了问题，也不伤感情，还能告慰刘某父亲的在天之灵。

此外，重组家庭遗产纠纷一直是遗产纠纷中比较复杂也是比较常见的纠纷。重组家庭兄弟姐妹之间没有血缘关系、感情不深，在父母去世之后很容易发生遗产纠纷。调解员在调解这类问题时无法简单地从亲情方面寻找突破口，因此只能通过讲法律、讲道理、讲人情三管齐下解决此类案件，通过此次调解也为解决此类案件积累了经验。

陈某与子女婚姻家庭纠纷调解案

一、案例基本信息采集

案例类型：其他人民调解案例

矛盾纠纷受理时间：2018 年 2 月

矛盾纠纷类型：婚姻家庭纠纷

调解组织名称：青岛市市南区云南路街道寿张路社区人民调解委员会

供稿：青岛市市南区云南路街道寿张路社区人民调解委员会

审稿：青岛市市南区司法局云南路司法所 尤 乐

检索主题词：人民调解 婚姻家庭纠纷 青岛市市南区云南路街道寿张路社区人民调解委员会

二、案例正文采集

【案情简介】

青岛市市南区某小区某楼 1205 户房屋为拆迁回迁分配房，产权人陈某与次子陈某乙一家三口共同居住。陈某共有三个子女，分别为长女陈某丙、长子陈某丁、次子陈某乙。陈某丙早年婚后在夫家有住房。在某小区拆迁回迁后，陈某丁在本楼分得住房。陈某乙一家则长期与陈某共同居住在 1205 户。起初父子之间相处比较融洽，后发生一件事令父子之间心生芥蒂。原因是陈某乙的母亲崔某于 2017 年去世，陈某欲将现居住房屋 1205 户卖掉。但儿子陈某乙对此表示强烈反对，认为丧母不足一年即卖掉房子是对已故母亲的不尊重，同时认为此房产自己也有份额。双方经过多次协商未能达成一致意见。在 2018 年春节期间，陈某与陈某乙发生较大争执。陈某一怒之下花费八万元从北京请来律师，欲将陈某乙一纸诉状告上法庭。经过长时间的考虑，陈某乙来到某社区人民调解委员会，称想尽快解决与陈某之间的纠纷，申请调解。征得双方同意后，社区调委会受理了此起纠纷，并指派经验丰富的调解员进行调解。

【调解过程】

在调查了解过程中，调解员与双方进行了多次沟通，了解到双方矛盾集中在房屋产权归属以及遗产分割问题。陈某准备将房屋出售，将所得房款全部给女儿陈某丙，但次子陈某乙多年来一直与陈某共同居住，且无单独房产。陈某乙称陈某丁已有住房，陈某丙出嫁后也有住所，自己也是陈某的子女，手心手背都是肉，他认为陈某过于偏护陈某丙。而陈某则认为房子是自己的财产，该如何分配应由自己决定，不想被别人道德绑架干涉自己对财产的处分权。双方各持己见，互不相让，一度陷入僵局。调解员考虑到家庭矛盾调解如果建立在互谅互让的前提下，一家人就可以相安无事，但有时也会因为一个矛盾触发而导致关系紧张。因此，虽然双方争吵时出现的争执点很多，但关键问题往往只有一两个。调解工作要重在抓住主要问题，将双方最大的对立面尽可能消除，其余问题就可以迎刃而解。调解员根据讨论的意见，采取"抓住主要矛盾"的调解方法，首先与陈某进行了沟通，力求寻机化冰。在陈某丙家，调解员采用"面对面"的调解方式共叙父辈的艰辛和无奈，夸女儿是小棉袄、儿子是走路的拐杖，儿女都在身边是老人的福气，引导其认识到最重要的应该是让老人享受天伦之乐，而不是让老人长期陷入纠纷中。之后让陈某、陈某乙、陈某丙、陈某丁等人阐述各自的想法。情绪不太稳定的陈某乙先把心中的不快说了出来。随后其他家人也打开了心结，说出了积压在各自心头多年的不满。之后调解员采用"背对背"的调解方式逐一分析了遗产的法定分割方法，从亲情的角度出发去化解大家的心结，最后陈某与其家人意见终于达成了一致。

【调解结果】

2018年4月，陈某一家共同到某街道某社区人员调解委员会签订调解协议书，内容如下：

1. 陈某等人共同将 1205 户房子出售，同时根据我国《继承法》第十条规定，由房主陈某分得房屋出售所得房款的二分之一，其余二分之一为陈某已故之妻崔某的遗产。该遗产分为四等份，由陈某、陈某乙、陈某丙、陈某丁四人各占四分之一份额。陈某将自己所继承的四分之一遗产份额赠予次子陈某乙，陈某丙与陈某丁各从本人份额中获得 7.5 万元等额房款，剩余部分由陈某分配。

2. 陈某因起诉聘用律师所产生的 8 万元费用，由陈某与陈某乙各分担四万元。于本协议生效之日起，陈某、陈某乙、陈某丙、陈某丁四人恪守调解协议内容。

【案例点评】

在人民调解工作中应本着"以法为尺，以情释理"的工作理念，既要细致调查，又要以情动人。为民解难"尽心"、调处纠纷"耐心"、办起事来"细心"，"一碗水端平"，以诚取信，执法为民，就没有化解不了的矛盾，解决不了的纠纷。回顾本案，调解员对多方当事人，不仅采用了法律法规的宣传和讲解，还巧妙运用了道德层面与情感层面的说服与教育；在语言使用方面，自始至终极少使用批评语言，更多使用了协商语气和尊重的态度。使调解各方当事人从内心认可并相信调解员，愿意敞开心扉把积压在心里多年的心结解开。调解员运用专业的法律知识，细致周到的责任心，促使多方当事人最终自愿接受调解，握手言和。在与当事人接触，遇到当事人不配合调解的情况下，调解员并未感情用事，使调解工作得以顺利开展下去，直到成功化解。对于调解员来讲，每一场调解都是一次征途，调解员的专业知识及调解态度的优劣将直接影响到调解结果的成败，甚至关系到一个家庭的完整与否。所以，本着"民间纠纷无小事"的原则，在人民调解的这条路上，唯有勤思、勤勉，才能行得更远。

◎邻里纠纷篇

何某与王某邻里纠纷调解案

一、案例基本信息采集

案例类型：其他人民调解案例

矛盾纠纷受理时间：2018 年 4 月

矛盾纠纷类型：邻里纠纷

调解组织名称：青岛市市南区金门路街道人民调解委员会

供稿：青岛市市南区金门路街人民调解委员会　张秀珍

审稿：青岛市市南区司法局金门路司法所　郝　杰

检索主题词：人民调解　邻里纠纷　青岛市市南区金门路街道人民调解委员会　热水器漏水

二、案例正文采集

【案情简介】

家住金门路街道屏东支路某号某户的何某于 2018 年 4 月 2 日到金门路街道人民调解室反映：自从楼上邻居王某家安装了太阳能热水器以后，家中卫生间的墙面就开始出现渗水现象，怀疑是楼上热水器渗水导致。为此他去找过王某多次，想让他下来看看，到底是怎么回事，同时沟通一下如何把问题解决。但是王某态度蛮横，不理不睬还说何某是无事找事，无奈之下，何某来到调解室希望给予帮助解决。

【调解过程】

调解员听完当事人何某的陈述后，马上联系社区居委会主任，并找到了懂管道技术的工作人员一起来到何某家里查看情况。技术工人通过实地检测，最终确定是因王某安装太阳能热水器时处理不当，水管慢慢漏水导致卫生间墙面渗水。正在调解员准备到王某家进行沟通协调时，王某听到有人来查看漏水原因，马上锁门出去躲了起来。

面对这种情况，调解员没有急于找到王某，而是与社区主任约好晚上再来找王某进行交谈。晚上到了王某家敲开门后说明了来意，王某完全不予配合，一口咬定不是他们家的事，反而说是何某找他们家的麻烦，调解员也是闲着没事干了来与他瞎叨叨。说完后"嘭"的一声就把门关上了，把调解员拒之门外。看到王某这种态度，调解员没有灰心，而是想办法另找切入点。第二天调解员来到王某爱人工作的地方，打算以他爱人作为切入点进行耐心劝说。调解员先是将漏水原因如实告诉王某爱人，通过技术人员的实地检测，证实楼下卫生间漏水确因安装热水器导致。其次告知她不解决此事的危害性。如果问题不解决，渗透影响的范围越来越广，造成他人的损失也会越来越严重，所要担负的赔偿也会越来越多，同时不利于邻里之间的相处。调解员向王某爱人普及了物权法的相关规定：根据《物权法》第九十二条不动产权利人因用水、排水、通行、铺设管线等利用相邻不动产的，应当尽量避免对相邻的不动产权利人造成损害；造成损害的，应当给予赔偿。假设不同意调解，何某也完全可以通过诉讼途径来寻求救济。调解员通过讲事实摆道理，希望她能回家做她丈夫的工作彻底解决何某卫生间渗漏的事情。最后调解员还告诉王某爱人，邻居之间以融洽相处为好，为了一点小事诉诸法庭不合适也不值得。听了调解员的解释，王某爱人同意回去做她丈夫的工作，想办法解决此问题。

经过大家反复劝说和开导，王某终于承认了漏水问题是自家安装热水器导致的。在这之前，王某曾多次联系太阳能的售后服务人员，但给予的答复不是安装问题，所以为此事很上火。后来何某找到自己时，也不愿意直面问题，选择了逃避。但是在听了调解员和自己爱人的劝说后，认识到了问题的严重性，一味逃避最终也无法解决事情。最后调解员让王某约好安装太阳能的工人过来，与此前联系的技术人员一起查找问题根源，对渗水问题进行了彻底的解决。

漏水问题解决后，何某又要求王某赔偿他家卫生间渗漏造成的损失。经过调解人员多次对双方调解斡旋，最终达成一致，王某支付 500 元赔偿何某的相应损失，同时向何某道歉。王某说："当时在气头上，经过老婆跟社区的劝导调解后就冷静下来了。这种事谁都不愿意遇到，既然发生了就好好商量解决，对这件事表示歉意。"至此，一场因房屋漏水引起的邻里纠纷问题得到了圆满解决，双方都表示满意。

【调解结果】

调解协议约定：王某对由于渗水造成的何某家卫生间损失给予 500 元的赔偿，双方不再为此事产生矛盾。双方当事人在调解协议书上签字，并保证以后邻里间和睦相处。

【案例点评】

相邻关系是指两个或两个以上相互毗邻不动产的所有人或使用人，在行使占有、使用、收益、处分权利时发生的权利义务关系。在平时生活中邻里难免会出现一些矛盾和纠纷，如果处理不当或多或少会影响着社区安定。其实邻里纠纷大部分都是些小事，但就因为双方互不相让导致矛盾激化。在调解类似矛盾纠纷时，调解员应在邻里加强沟通，责任承担等方面着手，使双方按照"方便生活、团结友善、公平合理"的原则正确处理相互间的通行、通风、采光、卫生、噪音和互不干扰等相邻关系。如给对方造成妨碍或损失的，应当停止侵害赔礼道歉赔偿损失。必要时劝导双方通过法律途径加以解决。此案例说明现在的邻里之间彼此缺乏了解和沟通，有了问题只站在自家的角度去考虑，不能相互理解，使问题一拖再拖不能及时解决，导致了矛盾的加剧。

齐某与李某损害赔偿纠纷调解案

一、案例基本信息采集

案例类型：其他人民调解案例

矛盾纠纷受理时间：2017 年 11 月

矛盾纠纷类型：邻里纠纷

调解组织名称：青岛市云南路街道广州路社区人民调解委员会

供稿：青岛市云南路街道广州路社区人民调解委员会　李爱君

审稿：青岛市市南区司法局云南路司法所　尤　乐

检索主题词：人民调解　损害赔偿纠纷　青岛市市南区云南路街道广州路社区人民调解委员会　墙体裂缝

二、案例正文采集

【案情简介】

青岛市市南区某小区某号楼 101 户房主肖某将房子出租给房客齐某，自己住在同楼 502 户。2017 年 11 月，齐某在征得肖某的同意后对其门头房进行装修改造。在装修过程中发生意外将楼上 201 户李某家中的阳台墙体造成大面积裂缝，室外晒衣架脱落。给 201 户造成了诸多安全隐患及不便。李某要求齐某赔偿 5000 元墙体修补费，3000 元精神损失费。事发时李某 4 岁的儿子李某甲正在睡觉，因为响声太大吓到了孩子，导致李某甲哭闹不止。齐某称当初是征得肖某同意后才动工装修且肖某是房子的主人，自己不承担这块损害赔偿金。肖某说同意齐某装修房子是在合法合规的前提下，并非是刻意毁坏房屋。因此肖某与齐某均不支付李某房屋墙体裂缝的赔偿金。李某与肖某曾是多年的老邻居，现因为此事搞得剑拔弩张，恶语相向，甚至为此大打出手。这种状态持续了一周多，李某无法忍受，向社区人民调解委员会提起调解申请。调解委员会的工作人员受理此案后，成立了调解小组，迅速联系了肖某与齐某，了解事件的缘由。

【调解过程】

该起案件是由于邻里之间装修不当引起的纠纷。调解员认真聆听了事情的经过，耐心地向肖某、齐某进行了有关法律法规方面的解释，发现双方的争议焦点为责任承担和赔偿金额等问题。三方情绪都很激动，特别是肖某和李某。大家都各执己见，互不相让。调解员结合相关法律规定对三方进行了解释，促使他们认识到自己的错误，告知齐某此件事是由于他的不当装修引起的，他应该承担相应的损害赔偿。如果调解不成，就得走诉讼程序，虽然肖某是房主，假如判决由肖某赔偿李某的房屋损害赔偿金，肖某依然可以对齐某进行损害追偿。与其对簿公堂，不如大家都冷静下来平和解决。齐某在听取了调解员的建议后表示，自己之前的态度有问题，现愿意承担部分房屋赔偿金，但是因为自己收入不多且李某要价太高，让其心里很不舒服。调解员得知了齐某的想法后，单独与李某进行了沟通。李某说自己家就这么一套房子，现在因为齐某的原因给房子造成了很大的安全隐患，而且自己的孩子因为这件事之后胆量变得非常小，认为对孩子伤害很大，李某越说情绪越激动。此时调解员表示非常理解他的处境并对他进行了情绪疏导和心理安慰。随后调解员通过与李某的交谈得出一个结论，李某并非是得理不饶人的人，是个识大体、善良的人。李某说之所以如此生气就是因为咽不下这口气，并非是为了要多少钱，也理解齐某租房子住经济不宽裕。调解员给李某的建议是房屋损害赔偿款肯定要有，但是能否在金额上有所调整。在调解员的努力下，齐某与李某最终达成调解协议。

在此案件中调解员采用的调解方法：1."面对面"调解法和"背靠背"调解法交叉运用。在调解开始时，调解员采用"面对面"调解法，这样既可以迅速全面了解纠纷的来龙去脉；又能了解纠纷双方当事人的基本态度。而当双方情绪激动，"面对面"调解难以继续时，及时转换为"背靠背"

调解，使双方缓和情绪、冷静思考，并通过分别做工作调整各自心态，掌握各自的真实诉求。2. "换位思考" 调解法与 "人性化" 调解法的综合运用。在调解时，需要让双方当事人站在对方的角度上进行思考，最终达成谅解。了解纠纷发生的根本原因，对症下药，坚持 "以人为本" 的思想，设身处地进行人性化调解。要对各方力量进行统筹兼顾，寻找情、理、法的平衡点，在坚持原则的前提下，灵活运用各种调解方法，从而找到双方都能接受的调解方案。首先，此类赔偿纠纷中的受害方往往情绪较为激动，经常会提出一些不合理的要求，乃至出现一些过激的举动。对此，应充分体谅、理解和宽容受害方的这些言行。同时，尽快缓和受害方的情绪，促使当事人理性维权是调处成功的先决条件。其次，此类纠纷若调处不当，极易激化矛盾，甚至发生民转刑案件。所以在调处时应先分开劝导，在双方有了一定的调解基础后再共同协商。同时，与纠纷无关的亲属或朋友共同参与调解容易诱发双方当事人的对立情绪，不利于双方达成一致意见。所以，在调解时应尽量避免与纠纷无关的人员参加。

【调解结果】

经调解达成协议，齐某赔偿李某房屋墙体裂缝修缮费用 3000 元人民币。双方对此结果都十分满意，对调解员表示感谢，并称今后一定按协议办，做好邻居。

【案例点评】

这起案件是由于邻里之间不当装修引起的纠纷，这种纠纷如果不及时调解，日久年深就会形成积怨，小摩擦变成大矛盾。本起纠纷中，调解员了解案情后，及时介入，对当事人双方进行情绪疏导和心理安慰，耐心地对他们进行有关法律法规方面的解释，使当事人双方受到了法律教育，懂得了法律法规的相关规定，明白了各自的权利义务，为依法调解打下了坚实的基础。调解工作是以人为本的工作，而人的性格又各有不同。因此，在调解工作中，既要严格遵循工作程序和原则，又要根据当事人的性格、特点和类型具体分析对待，把握各个环节中的方法与技巧，科学地进行说服教育，不断创新工作方法，才能取得令人满意的调解效果。调解作为一种方便高效、经济实用的纠纷处理方式，在处理邻里纠纷中发挥着重要作用。在调解过程中，保护双方当事人的利益是我们的原则。但与此同时，我们要考虑双方各自不同的承受能力和接受范围。这就要求我们要在此之间寻求平衡，找到双方的利益平衡点，尽量达成"双赢"局面。

范某、李某与林某邻里纠纷调解案

一、案例基本信息采集

案例类型：其他人民调解案例

矛盾纠纷受理时间：2018 年 5 月

矛盾纠纷类型：邻里纠纷

调解组织名称：青岛市市南区八大关街道金口路社区人民调解委员会

供稿：青岛市市南区司法局八大关司法所　郑桂芸、高俊飞

审稿：青岛市市南区司法局八大关司法所　刘　宇

检索主题词：人民调解　邻里纠纷　青岛市市南区　八大关街道金口路社区人民调解委员会　噪音、油烟扰民

二、案例正文采集

【案情简介】

2018 年 5 月，居民范某、李某到社区反映情况。据两人介绍，楼下网点的便民快餐店噪音和油烟问题严重影响了自己家的正常生活。该快餐店老板为林某。快餐店原本是个比较简单的面点小铺子，今年年初，林某将小店增加了炒菜酒水的经营项目，招揽了更多顾客前来吃饭喝酒，问题也随之而来。小店顾客经常喝酒到很晚，噪音挺大，每天都要到夜里 10 点左右才结束，这严重影响了范某、李某家里刚满 1 岁小孙子的夜间睡眠。另外，快餐店的油烟管道伸向窗外，管道质量不好，在上一年冬天被低温冻破，之后一直处于裸露状态，油烟外飘，经常飘进范某、李某窗户里，影响了其正常生活。后范、李二人多次与快餐店老板林某交涉，双方意见不一，交涉失败，乃至发生口角冲突，相互破口大骂，引起更大的矛盾纠纷。双方强烈要求社区调委会介入解决噪音、油烟扰民的纠纷问题。

【调解过程】

社区人民调解员首先进行实地调查，了解范某、李某反映的快餐店噪音、油烟问题。通过调查发现便民快餐店在生产经营中确实存在噪音、油烟扰民现象：噪音比较大，而且时间比较长，从晚上6点左右一直持续到晚上10点多，对附近的居民造成了很大干扰；油烟管道位于室外，确有破损，小吃店运营时产生的油烟会通过破损处外泄，油烟向上可以飘进李某、范某家中。

调解员找到快餐店负责人林某，再次进行事实确认，经过实际调查以及李某、范某及林某的陈述，调解员对事情有了较为全面的了解。根据事实，依据法律，调解员最终作出判断：林某的经营活动导致的噪音和油烟污染，影响了李某、范某的正常生活，侵害了对方的合法权益，在本次纠纷中应当承担主要责任。

调解员依据自己的判断，对林某导之以法、晓之以理、动之以情，进行说服劝解。

导之以法：调解员指出《民法通则》第八十三条规定："不动产的相邻各方，应当按照有利生产、方便生活、团结互助、公平合理的精神，正确处理截水、排水、通行、通风、采光等方面的相邻关系。给相邻方造成妨碍或者损失的，应当停止侵害，排除妨碍，赔偿损失。"调解员告诉林某其行为已经侵害了相邻关系，违反了民法规定，如果矛盾升级，李某、范某起诉林某，林某将很有可能败诉。而根据相关噪音污染、油烟排放的相关规定，一旦由社区联系到环保部门，相关人员到场测量，如果测量结果不达标，将会责令饭店进行处罚整改，此举无疑会影响林某经营的正常开展。

晓之以理：调解员告诉林某，无论是环保部门测量还是李某、范某提起民事诉讼，都必然使林某耗时耗力，影响快餐店的正常经营。无论哪种情况，对林某的经营活动都是不利的。调解员劝说林某，做生意要讲究和气生财，只有跟周围的邻居处理好关系，才能更好地经营发展，尤其是像他这种快餐小店，来吃饭的都是周围的居民，一旦矛盾升级，影响了快餐店声誉，将对经营造成损失。

动之以情：调解员劝解林某在生产经营活动时，要多考虑附近居民的正常生活。大家都是邻居，抬头不见低头见，应当里仁为美，相处融洽。搞好邻里关系，既能保证大家心情愉快，也有利于今后大家在生活中相互帮助。常言道远亲不如近邻，不外如是。另外，希望林某可以将心比心，如果自己家的小孩子被噪音每晚吵得睡不着觉，自己心情如何，如果自己每天被油烟熏着，心情又如何，己所不欲勿施于人。

此外，调解员也劝导李某、范某二人，希望两人可以理解林某，毕竟小本生意养家糊口不容易。如果林某可以改善经营，减少噪音和油烟污染，希望二人可以谅解林某之前的行为，双方握手言和，重新搞好邻里关系。

【调解结果】

经过劝解，林某认识到他们的经营确实给附近居民带来了干扰，影响了部分居民的休息，便在调解员的协助下进行了调整：首先更改了营业时间，将结束营业时间由以往的晚上 10 点提前至晚上 9 点，并提醒到店顾客降低音量；其次更换了油烟排放管道，减少了油烟污染，尽量减少对附近居民的影响。李某、范某二人愿意接受林某的调整方案，同时表示与林某达成谅解。双方对该调解结果都表示较为满意，握手言和。

【案例点评】

为方便小区居民生活，住宅楼附近往往有餐饮小店。这类小店在方便居民的同时，容易产生噪音、油烟污染问题，由此产生的矛盾纠纷并不少见。此类纠纷虽情况较为简单，但要妥善处理，还需调解员认真、谨慎对待。

一是以法为准绳、以理为标尺。在这起纠纷中，调解员以专业的法律素养，准确找到了责任主体，并正确划分责任，继而通过该责任判断，为快餐店主厘清利害关系，使之意识到自己的行为存在问题，一旦继续下去，将影响经营，为成功调解打下了基础。

二是将心比心、互相换位。在这起纠纷中，调解员引导林某理解小孩被噪音吵扰的感受，从而激发其对自己错误的认识；引导李某、范某理解林某小本生意养家糊口的状态，激发二人对林某的同情理解。双方互相理解之后，纠纷的调解就变得容易了。事实上，当我们将心比心，努力去理解生活中的每个人时，矛盾将会减少，生活将会幸福温暖。

徐某与高某邻里纠纷调解案

一、案例基本信息采集

案例类型：其他人民调解案例

矛盾纠纷受理时间：2017 年 12 月

矛盾纠纷类型：邻里纠纷

调解组织名称：青岛市市南区八大关街道太平角社区人民调解委员会

供稿：青岛市市南区司法局八大关司法所　王彬彬　高俊飞

审稿：青岛市市南区司法局八大关司法所　刘　宇

检索主题词：人民调解　邻里纠纷　青岛市市南区　八大关街道太平角社区人民调解委员会　侵占公共空间

二、案例正文采集

【案情简介】

2017 年 12 月，八大关街道某社区居民徐某向社区反映，与自己同住一楼的高某私自将阳台外面的公共绿地圈起来，搭了花架建私人花园，侵占了公共空间，并且花架遮挡了徐某家的采光，影响了其正常生活。后徐某多次与邻居高某进行交涉，但双方始终意见不合，难以达成一致，甚至发生口角冲突，相互破口大骂，产生了更深的矛盾，双方强烈要求社区介入解决因私将公共绿地圈建私人花园引发的矛盾纠纷。

【调解过程】

社区人民调解员首先对徐某反映的高某侵占公共空间、搭建花架圈建私人花园问题进行实地调查了解。经过调查发现徐某与高某都住在一楼，两家阳台中间有一片空地，空地上搭建了一个花架。

调解员找到高某，再次进行事实确认，据高某讲，因为看到该空地闲置了很多年，空着很浪费，所以搭了个花架，建了个小花园，此举也是为了美化环境。不料引起邻居徐某不满，多次上门理论。高某认为徐某这是出于个人妒忌和偏见，故意找茬。

经过实地调查以及徐某、高某的陈述，调解员对事情有了较为全面的了解。了解清楚事实，参照有关法律法规，调查员作出判断：高某私建花园的行为属于违章行为，侵占了公共空间，影响了徐某家的正常采光，侵害了对方的合法权益，在本次纠纷中应当承担主要责任。调解员依据自己的判断，对高某晓之以法、动之以情，进行说服劝解。调解员指出《物权法》第七十三条规定："建筑区划内的绿地，属于业主共有，但属于城镇公共绿地或者明示属于个人的除外。"《物权法》第七十六条第六款规定"改建、重建建筑物及其附属设施"由业主共同决定。调解员告诉高某该空地属于公共空间，由业主共有，并非他一人所有，更不能由其任意处分。若是想要改建成花园，搭上花架，应当由业主共同决定。现在他擅自改建，其行为不仅侵占了全体业主的共有空间，而且影响了相邻业主的采光，侵害了邻居的合法权利，违反了法律规定。依据《物权法》第八十三条的规定，"业主对侵害自己合法权益的行为，可以依法向人民法院提起诉讼"，徐某完全可以向人民法院对其进行起诉。

调解员劝解高某在日常生活中，要多考虑其他邻居的利益和感受。小区空地属于公共空间，是小区业主共同共有的，不是高某一个人的。建花园搞绿化初衷是好的，但要注意与邻里的沟通交流，取得邻里同意，更不能侵害他人合法权益。大家都是邻居，抬头不见低头见，应当里仁为美，和睦相处。常言道远亲不如近邻，多换位思考，既有利于搞好邻里关系，也能让自己生活愉快。邻居徐某也并非嫉妒找茬，反而十分大度，他明明可以一纸诉状将高某告上法庭，却选择了更温和的解决方式——调解。希望高某可以理解徐某的善意，将心比心，也能做出一点让步。己所不欲勿施于人，如果自己每天不见阳光，心情如何？

在高某被调解员的话语打动后，调解员又积极劝导徐某，希望他可以理解高某，毕竟也是出于美化环境的目的，是一片好心，只是方式欠妥，应尽量宽容理解，不应过于苛责。如果高某愿意拆除花架，希望双方可以握手言和，重新搞好邻里关系。

【调解结果】

经过劝解，高某认识到自己的行为确实给徐某造成了干扰，影响了徐某正常生活。在调解员的协助下，高某立即拆除了花架。徐某表示对高某谅解。双方对该调解结果都表示较为满意，握手言和。

【案例点评】

许多住在城市的居民都喜爱在小区里种花种菜，这些行为往往有可能引发邻里之间的矛盾，虽然情况较为简单，仍需妥善处理，以防矛盾激化升级，因此调解员在调解时更要注重调解的方式方法，善用调解技巧。

一是依法以理服人。调解员做调解工作，本质上是为了一个"和"字，但"和"必须建立在"对"的基础上，这个"对"的判断依据就是法律法规。依据法律法规判断是非对错、判断责任归属之后，才能在此基础上言明利害、分析利弊。在这起纠纷中，调解员以专业的法律素养，准确找到了责任主体，并正确划分责任，继而通过该责任判断为高某点清利害关系，使之意识到自己的行为存在问题，为成功调解打下了基础。

二是用心以情动人。每个人都有同理心，都能在一定程度上理解他人，当纠纷发生时，这种矛盾冲突遮蔽了同理心。调解员要善于平息当事人情绪，引导纠纷双方的同理心，当双方可以从内心互相理解时，调解工作就接近成功了。在这起纠纷中，调解员引导高某理解不见阳光的感觉，从而激发其对自己错误的认识；引导徐某理解高某美化环境的初衷，激发徐某对高某的理解。双方互相理解之后，纠纷的调解就变得容易了。事实上，当我们能够将心比心，换位思考，努力去理解身边人，看到身边事时，矛盾纠纷便会大大减少，社会也将会更加和谐。

唐某与周某邻里纠纷调解案

一、案例基本信息采集

案例类型：其他人民调解案例

矛盾纠纷受理时间：2017 年 7 月

矛盾纠纷类型：邻里纠纷

调解组织类型：青岛市市南区八大湖街道天台路社区人民调解委员会

供稿：青岛市市南区八大湖街道天台路社区人民调解委员会　臧慧玲

审稿：青岛市市南区司法局八大湖司法所　张元德　冯兴华

检索主题词：人民调解　邻里纠纷　青岛市市南区八大湖街道天台路社区调委会

二、案例正文采集

【案情简介】

2017 年 7 月，某社区居民唐某和周某因排水管道损坏，污水渗漏问题发生了矛盾纠纷。周某家住 5 楼，在疏通厕所管道时损坏了下水管道，致使污水渗漏到楼下的唐某家。味道难闻不说，墙面瓷砖都鼓起来了，部分家具也被泡坏，给唐某造成了不小的经济损失。唐某向周某表示，周某应当负责维修好管道，并赔偿自己 5000 元的经济损失。周某很气愤，直说唐某是狮子大开口，维修问题应该找负责维护的某维修室，自己不会支付维修费用。另外房屋年代已久，损坏也是情理之中，不仅仅是自己一方的责任，所以最多只赔偿唐某 1000 元。双方僵持不下，谁也不肯让步，唐某无奈只得来到社区调委会申请调解。

【调解过程】

初步了解事件经过后，调解员首先来到唐某家，查看了漏水情况。调解员发现漏水情况确实比较严重，给唐某生活造成了极大的不便。且水已经滴到了旁边的插线板上，存在严重的安全隐患。意识到问题的严重性，调解员上楼找到周某，就相关情况向周某说明。周某表示厕所的下排管道是五楼的两家人共同使用，而且管道是某维修室负责，维修费不能全由自己出。为了更全面地了解情况，调解员通过电话联系上了某维修室负责人王某。王某表示，厕所漏水相关维修问题的主管道由单位维修，厕所里管道则由住户自行负责维修，且遵循上管下的原则，具体的费用则需要维修人员上门查清状况再做决定。维修人员上门检查后告知唐某和周某，损坏的是住户内厕所的管道，因此按照上管下的原则应由楼上住户出钱维修。周某听到后表示自己可以承担维修费，但是唐某索要的赔偿数额过高，这完全是狮子大开口，根本没有和解的诚意，自己不能接受。唐某表示自己索要的赔偿数额一点也不高，墙面泡坏了全部都要翻新，周某就应该赔自己这么多。调解员看到调解再次陷入僵局，便对周某进行劝说："既然你们双方在支付维修费上达成一致，那我们就先把维修下水管道的事情解决，再来说赔偿损失的事情。不然拖延过久，如果造成电线浸水短路，发生火灾，后果更不堪设想。"调解员又对唐某进行劝说："你家墙面、家具泡水已经遭受很大损失了，现在应该首先考虑止损，先解决下水管道维修事宜。"双方表示同意。下水管道维修好后，调解员又找到周某劝说他，从邻里和睦的角度来说，冤家宜解不宜结，解决了矛盾纠纷大家生活的都舒心，何乐而不为呢。再则，从法律法规层面，根据《中华人民共和国物权法》第八十四条规定，"不动产的相邻权利人应当按照有利生产、方便生活、团结互助、公平合理的原则，正确处理邻里关系"。因此无论从法律法规还是道德情感，周某都应该对唐某进行赔偿。在听取了调解员一番劝解之后，周某表示愿意做出让步，如果对方可以将赔偿数额降至2000元，自己就同意和解。于是调解员又单独对唐某进行劝说，表示周某已同意支付赔偿金，但唐某索要的赔偿确实超过了市场价格，能否将赔偿数额降低，唐某表示同意。

【调解结果】

经过调委会工作人员的耐心劝导，双方最终握手言和。2017 年 8 月，周某和唐某签订了调解协议书，双方对以下内容达成一致：

1. 由周某支付排污管道的维修费用，并支付唐某 2000 元损失赔偿金，双方纠纷一次性处理终结。

2. 协议签署后，双方应当互相尊重，维护对方声誉。唐某不得就此事再提出其他赔偿要求。

签订调解协议书后，调解员联系了维修人员，周某当场给付了维修费用。双方都表示对调解结果十分满意。

【案例点评】

本案能够成功调解得益于以下两方面的工作：一是调委会通过前期走访，全面了解了周某和唐某的纠纷经过，使得调解员对案情有清晰的把握，劝说内容有理有据。二是调委会在调解工作中以情动人、以理服人，引导当事人知法、明理、重情，切实做到法理结合，案情相依，利用法律去化解矛盾，依靠真情去调解纠纷。

在实际生活中，邻里之间难免会出现一些小矛盾、小摩擦。矛盾虽小，但往往对居民的生活有很大影响，涉及群众的根本利益。若不能及时得到调解，任由事态恶化，民事纠纷可能转化为刑事案件，造成严重后果，影响社会稳定。因此务必引起高度重视，将其纳入人民调解工作的重点。

钱某某与林某某、纪某某邻里纠纷调解案

一、案例基本信息采集

案例类型：其他人民调解案例

矛盾纠纷受理时间：2018 年 08 月

矛盾纠纷类型：邻里纠纷

调解组织名称：青岛市市南区江苏路街道大学路社区人民调解委员会

供稿：青岛市市南区江苏路街道大学路社区人民调解委员会　于　宇

审稿：青岛市市南区司法局江苏路司法所　高　爽

检索主题词：人民调解　邻里纠纷　青岛市市南区江苏路街道大学路社区人民调解委员会　房屋漏水

二、案例正文采集

【案情简介】

钱某某的女儿钱女士致电社区反映，其楼上住户往其父母家中多次漏水、半夜经常有声响、洗衣服未经甩干就晾出来等。钱女士之前已和楼上的住户进行过沟通，得知楼上住户林某某系租房居住，该房屋将于 2018 年 8 月 9 日到期后不再续租。钱女士无奈与该户房东纪某某取得联系，双方约定 2018 年 8 月 6 日，与房客林某某一起到 401 户钱某某家中实地商讨解决方案。2018 年 8 月 6 日，三方在查看具体房屋情况后，就漏水赔偿产生分歧。林某某坚持将漏水点进行粉刷，而钱某某则希望林某某能够给付一定数额的赔偿金，他们想将房子整体粉刷。各方当事人因赔偿的数额、赔偿的方式、赔偿的时间等损害赔偿问题产生纠纷。因此当事人申请江苏路街道某社区人民调解委员会进行调解。

本案争议焦点在于：赔偿的数额应是多少？采取什么样的赔偿方式？赔偿大约在什么时间？赔偿按什么标准？

【调解过程】

收到调解申请后，社区调委会调解员马上前往现场了解情况。调解员一方面查看 401 户漏水情况，详细了解漏水时间、漏水位置与面积；另一方面，对 501 租户林某某进行询问，询问具体居住房屋的细节，如有没有大量使用自来水，有没有出门时水龙头没有关闭的情况，空调水管的接地情况等。

本案系损害赔偿纠纷，当事人钱某某及其女儿钱女士认为楼上 501 户在租住的四年时间里，先后四次出现不同程度的漏水问题，导致自家卧室、走廊、卫生间、厨房、吊铺等多处渗水，多处部位都有发霉的现象；林某某认为有部分漏水原因是因为房屋结构造成的，比如卫生间的水管存在漏水点，空调水管接的位置不对等，401 户所说的渗水问题不完全是由己方过错导致，不应承担全部赔偿责任。房东纪某某表示，因房屋出租，目前什么状况自己不清楚，可以在租客交房后彻底查看一下房屋情况。各方分歧较大，调解未成。

调解无果后，社区人民调解委员马上开会，认真研讨分析。根据各方当事人的争议焦点，经分析，调解员认为责任认定及责任比例是本案调解的关键所在。赔偿数额、方式、赔偿的时间、具体的参照标准等方面分歧较大，调解存在一定难度。考虑到 401 户钱某某是老年人，身体状况不好，而且当时正值夏季，天气炎热，应尽快将本案圆满化解。为此社区人民调解委员会将 401 户居民钱某某及其女儿钱女士、501 租户林某某、501 户房东纪某某召集一起共同协商调处。调解员先就本案的法律适用进行深刻剖析：根据《中华人民共和国民法通则》第八十三条："不动产的相邻各方，应当按照有利生产、方便生活、团结互助、公平合理的精神，正确处理截水、排水、通行、通风、采光等方面的相邻关系。给相邻方造成妨碍或者损失的，应当停止侵害，排除妨碍，赔偿损失。"501 租户林某某在居住过程中确实给楼下 401 户造成漏水；501 户房东纪某某在房屋出租后也有责任对房屋进行查看和监管。之后，调解员以案说法、以情说案，晓之以情、动之以理，积极引导各方当事人，耐心细致地做各方工作，最终促使各方达成一致意见。

【调解结果】

1. 401户钱某某和501租户林某某分别找装修公司对漏水点的修复进行维修报价，报价作为本案具体赔偿的参照标准。2018年8月8日，双方参照标准将赔偿的数额商定为1000元。

2. 赔偿的方式，由501户房东纪某某从林某某的押金中支付。

3. 赔偿时间三方自行约定。

【案例点评】

当日常生活中遇到邻里间漏水问题时，首先，作为受损方应当保护现场，并进行证据收集。如能进行现场公证最好，次之可拍摄照片等。其次，对于损失的范围，建议请有评估资质的企业，到现场进行评估。上述手续完备后，再进行维权或者向法院起诉。当然，事情发生后，邻里间能相互体谅，妥善解决问题是最好的处理方式。作为受损方的心情，大家都可以理解，但我们也应同时反对不顾事实、漫天要价的行为，这样往往不利于问题的解决，并且不符合法律的规定。

综上，调解人员主动寻找"突破口"，因案制宜，转变调解思路，从情理入手、融情于法、定息止纷，这才是上上之举，才是最正确的调处方式。

韩某与李某因宠物便溺纠纷调解案

一、案例基本信息采集

案例类型：其他人民调解案例

矛盾纠纷受理时间：2018 年 8 月

矛盾纠纷类型：邻里纠纷

调解组织名称：青岛市市南区珠海路街道海口路社区人民调解委员会

供稿：青岛市市南区珠海路街道海口路社区人民调解委员会　赵　凯

审稿：青岛市市南区司法局珠海路司法所　孙兆泉

检索主题词：人民调解　邻里纠纷　市南区珠海路街道人民调解委员会　宠物便溺

二、案例正文采集

【案情简介】

2018 年 8 月 27 日，家住珠海路街道某小区的业主韩女士到珠海路街道调委会反映：同小区业主李某对自己喂养的宠物狗管理不当尤其是遛狗的过程中不顾及公共利益，放任其随地大小便，事后不及时清理。此举不但破坏了小区的景致，还为居民出行带来了不便。小区居民对此心存不满，言行中时常对李某指指点点，但李某毫不在意。导致狗粪问题成为小区的"老大难"问题。日前，韩女士的女儿由于上学时间紧张，走得急，匆忙之中不慎踩到狗粪摔倒，导致鞋、裤子沾满了狗粪，脚踝也崴了。去医院治疗花费 200 元不说，还让孩子短期内无法去学校，耽误了功课。韩女士家人去李某家讨说法，却遭到了李某"谁叫你们走路不长眼呢！不一定就是我们家小狗的粪啊"的无礼回应。双方情绪都很激动，两家人因此发生了激烈的冲突。

【调解过程】

珠海路街道调委会接到韩女士的情况反映后，立刻联系了小区所属的社区调委会，一同前往事发小区进行调查，了解事情经过。经过细致全面的调查，调解员初步掌握了事情的来龙去脉。李某确实每天遛狗，狗随地大小便的情况属实。狗排泄后李某没有对狗粪进行清理的情况也属实。

结合调查情况与韩女士的陈述，调委会锁定此次矛盾纠纷的焦点：李某是否应该就韩女士女儿受伤一事进行赔偿和日后狗粪的清理问题。调委会成员经过讨论研究，制定了有针对性的调解方案：先解决根源问题再处理当事人之间的纠纷。调解员凭借多年的调解工作经验认为只要为李某提供一些工具，并告知他处理狗粪的方法和及时清理的重要性，就能够较好地解决此事。由此，调委会联系了办事处城管科，为李某准备了 100 个狗粪袋子，并把李某请到了社区司法行政工作室，为他讲解狗粪袋子的用法。调解员告知李某的不作为给小区居民的生活和物业管理造成的严重影响，同时强调了良好邻里关系的重要性。通过调解员耐心细致的思想工作开导，李某逐渐认识到自己行为的错误性，并表示今后改正不良行为。

随后调解员将调解的重心转移到损害赔偿方面。韩女士的女儿因踩到狗粪受伤花费了 200 元，且耽误了功课，李某理应承担责任。调委会建议李某主动去探望韩女士女儿，并赔偿韩女士 500 元总费用，希望双方能够重归和睦。开始，李某听到 500 元的赔偿金额后并不接受，一直摇头不答应。调解员从民法里面侵权责任入手，向李某详细讲解了相关法律法条，使得赔偿行为有理有据。如果李某不及时对韩女士进行赔偿，韩女士完全可以向法院起诉，李某败诉的可能性很大。赔偿不用说，多年来培养的邻里感情也会化为乌有。然后调解员又动之以情，阐明了邻里关系对李某今后工作生活的重要性。最终在调解员的努力下，李某同意了调委会的赔偿建议。

【调解结果】

当晚李某与家人一起带着水果探望了韩女士的女儿，并当面赔偿韩女士500元人民币，韩女士对此结果表示满意。事后，珠海路街道调委会工作人员进行巡察回访，发现李某在遛狗时确实能够自觉用袋子清理狗粪，居民们对此非常满意，小区环境卫生得到了改善。

【案例点评】

近年来，随着喂养宠物风潮的兴起，由宠物引发的矛盾纠纷屡见不鲜。外出遛狗随处便溺，饲养人不作为，不仅污染环境，有碍市容，也给他人行走带来不便。《青岛市养犬管理条例》中规定了文明养犬，对饲养人要加强道德教育。民法要求在行使自身合法权利时不得侵犯他人的合法权利。文明遛狗不仅是道德的自我约束，也是法律之要求。解决遛狗恶习问题，提升养犬人的自律尤为重要。

珠海路街道调委会在调解此次纠纷时充分了解当事人的诉求，并结合具体情况选择合适的调解方式：在两家人有着激烈争吵的前提下，避免面对面交谈，分别进行沟通，既能了解双方的需求和困难，也能避免再度争吵，更容易达成协议。同时，珠海路街道调委会能够着眼于长远，不仅解决韩女士女儿受伤的赔偿问题，还能够主动发现问题，引导居民主动清理狗粪，从而避免矛盾的再次发生，有利于营造文明环境，维护邻里和谐。

俗话说"远亲不如近邻"，和谐的邻里关系需要大家的共同努力。由于每个人的生活习惯、性格爱好、文化素质各有不同，相处时出现不和谐的杂音在所难免，调解员的及时介入往往能够帮助社区居民群众迅速化解矛盾。在日常生活中，往往一个微笑就能化陌生为友邻，一声道歉就能融坚冰于暖阳。调解员要发挥好"纽带"作用，加强矛盾纠纷的主动排查，引导当事人双方学会宽容和理解、学会换位思考。只有人人参与，人人奉献，才能让左邻右舍成为"快乐的一家人"。

陆某与徐某邻里纠纷调解案

一、案例基本信息采集

案例类型：其他人民调解案例

矛盾纠纷受理时间：2018 年 6 月

矛盾纠纷类型：邻里纠纷

调解组织名称：青岛市市南区香港中路街道江西路社区人民调解委员会

供稿：青岛市市南区香港中路街道江西路社区人民调解委员会 于庆娟

审稿：青岛市市南区司法局香港中路司法所 王 强

检索主题词：人民调解 邻里纠纷 青岛市市南区香港中路街道江西路社区人民调解委员会 公共设施维修

二、案例正文采集

【案例简介】

2018 年 6 月 27 日，家住香港中路街道某社区的陆先生情绪激动地向社区人民调解委员会反映，其居住的居民楼因年久失修，存在污水管道狭窄、易堵塞等结构问题。同单元 102 户户主把房子租给了徐某，徐某擅自改造房屋用作旅馆经营使用。除此之外，楼上还有多户群租房，租户多数在使用过程中不注意。以上多种原因造成单元主管道极易发生堵塞，导致邻里之间产生摩擦，既带来了生活不便，也影响了邻里关系。近日，再次发生堵塞，居民之间发生了冲突。陆先生希望社区人民调解委员会协调各户居民共同出资维修主管道，以解决居民之间的邻里矛盾。

【调解过程】

接到陆先生申请后，社区人民调解委员会及时介入，第一时间对矛盾纠纷事由进行调查。社区人民调解委员会主任于庆娟在听取陆先生陈述后，立刻联系支部书记与楼长详细了解情况。随后，调解员不顾炎热酷暑的天气，多次来到事发的楼院，实地走访相关当事人。调解员鉴于矛盾当事人之间剑拔弩张的紧张关系，决定采取"背对背"的调解策略，分别找当事人做工作。此案中的租户徐某，是重要当事人之一。徐某的态度直接影响着矛盾调解的成功与否。因此，调解员决定以租户徐某为切入点，展开此次调解工作。然而，在与徐某交流的过程中，徐某表现出一种极不配合的态度。徐某表示"当前生意不好做，旅店住客不多，没有钱维修，陆某爱怎样就怎样"。口气强硬不讲理，让调解一度陷入尴尬境地。为此，调解员从法律入手，动之以情，晓之以理，以法律的权威和相关规定让徐某自觉认识到自己的错误。

徐某作为102户的承租方，在享受使用共有部分权利的同时必须承担管理、维修等义务。《中华人民共和国侵权责任法》规定，行为人因过错侵害他人民事权益，应当承担侵权责任。二人以上分别实施侵权行为造成同一损害，每个人的侵权行为都足以造成全部损害的，行为人承担连带责任。单元主管道堵塞的原因之一是由于租户徐某在经营旅馆的过程中管理不当，造成下水管道堵塞影响到居民的正常生活，构成侵权，徐某应承担侵权责任，应当积极履行排除妨碍、恢复原状的义务。在意识到自身行为的错误性后，徐某的态度有所改观。调解员继而趁热打铁，转变语气。以一种理解同情的态度，做徐某的思想工作。举国上下都在建设和谐社会，邻里间互敬互爱是一种美德的体现。租户徐某独自带女儿着实不易，而且经营旅馆收入微薄，生活比较困难，更应该说明情况争取大家的理解。经过调解员耐心劝说，徐某态度彻底转变，表示积极配合社区调委会，与陆先生进行调解。做通徐某工作，此次矛盾纠纷也就化解了一半。

【调解结果】

在随后的时间里，于主任和支部书记、楼长多次到现场与楼上居民、租房户和徐某进行了多次协商，就主管道更换一事达成一致；在费用分摊问题上，部分居民提出异议，例如因为堵塞，101户地板受损，应给与一定补偿；徐某旅馆租住人多使用频繁，承担堵塞责任应该大一些，应提高分摊比例；楼顶的居民因其住的高应该少拿一些。

于主任本着"为民务实，化解纠纷"的原则，针对以上分歧，耐下心向楼上居民说明了徐某家中的实际困难，希望本着邻里团结互助的精神，平均分摊费用。一方面能够尽快解决管道堵塞问题，另一方面减轻徐某负担，让其感受到邻里间的关爱。通过两天的协商开导工作，楼上居民接受各户平均分摊的建议。每户400元，共计4000元进行污水管道更换，从而彻底解决了多年来污水管道堵塞带来的生活不便，邻里关系更加和睦。

【案例点评】

在老百姓的日常生活中，因理念、习惯以及处事态度的差异，往往会产生这样那样的摩擦。摩擦在特定事由的催化下激化成为矛盾纠纷。以此案为例，表面看是由于管道堵塞导致的矛盾，殊不知它只是一个引子，也就是我们上面所说的特定事由。导致纠纷的根本原因，还是由于邻里间意识领域的差异，进而形成冲突。徐某强硬不讲理的处事态度，导致矛盾激化，引发了邻里间对徐某的不满。因而，转变徐某的态度成为此次矛盾化解的关键所在。

调解员在接手此案件后，并没有着急组织大家进行调解。而是细致地深入调查。调查内容不仅仅局限在矛盾本身，还包括矛盾当事人各自不同的家庭情况。调解过程中，讲究平衡，平衡当事人的心态，平衡彼此之间的关系，平衡各方的利益。调解工作，不仅仅是化解矛盾调处纠纷的过程，还是重塑邻里和睦关系，营造社区和谐氛围的"融合剂"。"授法明大义，说理辨是非，讲情转态度，务实解难题"，在社区人民调解委员会的不懈努力下，层层推进，最终实现了矛盾纠纷的成功化解。

◎合同纠纷篇

某汽车服务公司与某文化传播公司合同纠纷调解案

一、案例基本信息采集

案例类型：其他人民调解案例

矛盾纠纷受理时间：2015 年 6 月

矛盾纠纷类型：合同纠纷

调解组织名称：青岛市道路运输纠纷调解委员会

供稿：青岛市道路运输纠纷调解委员会　　张翠英

审稿：青岛市市南区司法局基层科　　臧慧琳　　任丽平

检索主题词：人民调解　合同纠纷　青岛市　道路运输纠纷调解委员会　机动车维修

二、案例正文采集

【案情简介】

青岛某某文化传播公司所有的鲁 BXXXX 车辆因交通事故受损，2014 年 11 月 7 日，某文化传播公司所有的鲁 BXXXX 号车辆在青岛某汽车服务公司处维修，更换两组前灯及多块面积烤漆，累计维修费用共计 19790 元。2014 年 11 月 7 日，某文化传播公司签署维修工单，委托某汽车服务公司对该车辆进行修理。在此之前，某文化传播公司车辆所投保的中国太平洋财产保险股份有限公司，对该车辆的受损情况进行了评估，并在 2014 年 9 月 29 日出具了立案号为 C370200VEH14XXXXXX 的机动车辆估损单一份，确定修理费总金额 19790 元。某汽车服务公司接收该车辆维修委托后，根据维修工单的约定和保险公司估损单所列维修项目，更换两组前灯及多块面积烤漆，内修费用 12190 元，外修费用 7600 元，维修费用共计 19790 元。后某文化传播公司向某汽车服务公司出具票面金额为19790 元的支票一张，但该支票因存款不足被退票。实际上，某文化传播公司未支付维修费。某文化传播公司迟迟不支付给某汽车服务公司维修费，某汽车服务公司多次催促，某文化传播有限公司一直推脱。

纠纷双方对上述事实无异议，调解员严格按照调解程序依法进行调解。

【调解过程】

为追索维修费，尽快解决纠纷，2015 年 6 月，某汽车服务公司向青岛市道路运输纠纷调解委员会提起申请，道路运输纠纷调解委员会征求某文化传播有限公司同意后，受理此案，并派经验丰富的调解员进行调解。在调查了解过程中，调解员与纠纷双方进行了多次沟通，充分了解当事人双方的诉求。调查得知，双方问题的焦点是在维修过程中，某汽车服务公司委托青岛某科技有限公司于 2014 年 11 月 8 日修复鲁BXXXX 车的两个大灯，维修费定价 7600 元，太平洋保险公司定损。此车其余部分在青岛某 4S 店维修，某科技有限公司维修大灯的费用应由某科技有限公司委托某汽车服务公司代收是不是合理。为此，调解员在耐心细致劝说的基础上提供了依据：根据《合同法》第二百五十四条"承揽人可以将其承揽的辅助工作交由第三人完成。承揽人将其承揽的辅助工作交由第三人完成的，应当就该第三人完成的工作成果向定做人负责。"第二百六十三条"定做人应当按照约定的期限支付报酬。对支付报酬的期限没有约定或者约定不明确，依照本法第六十一条的规定仍不能确定的，定作人应当在承揽人交付工作成果时支付；工作成果部分交付的，定作人应当相当支付。"因此说，某文化传播有限公司不得以某汽车服务公司将维修工作部分转包为由拒绝支付维修款。

调解员了解案情后，首先劝说某文化传播有限公司修车缴费是天经地义的事情，不管什么理由都不应该拖着不缴，有诉求可以由我们大家坐下来解决，如果拒绝支付，被诉诸法院就不是19790元的问题。同时，又劝说某汽车服务公司只要对方支付费用就放弃额外诉求。经调解员从中调解，双方达成一致意见。

【调解结果】

经青岛市道路运输纠纷调解委员会主持调解，双方自愿达成如下协议：

1. 确认截止至2015年9月6日，青岛某文化传播有限公司尚欠青岛某汽车服务公司车辆维修款19790元；

2. 青岛某文化传播有限公司于2015年9月6日偿还青岛某汽车服务公司车辆维修款人民币12190元，余款人民币7600元于2015年11月12日之前支付给青岛某汽车服务公司；

3. 当事人双方对本案纠纷再无异议；

4. 协议签署后，青岛某汽车服务公司不再就该事件向司法、行政、新闻、消协等部门进行举报或提出任何要求。

调解协议签订完毕后，青岛市道路运输纠纷调解委员会协助双方当事人向人民法院申请了司法确认，以赋予人民调解协议强制执行的法律效力。

【案例点评】

承揽合同是日常生活中除买卖合同外常见和普遍的合同，我国《合同法》第251条规定："承揽人按照定作人的要求完成工作，交付工作成果，定作人给付报酬的合同"。《合同法》允许将非主体部分转包，所以本案中某某汽车维修公司可以将非主体部分业务转包并有权就转包部分向委托人要求支付维修费，支付方不得以此为由拒绝支付维修费。

青岛市道路运输纠纷调解委员会作为调解第三方，注意维护双方的合法权益，合同纠纷是日常生活中常见的纠纷类型，情况复杂多样，调解时针对不同的情况制定调解方案，晓之以理，动之以情，达到双方都满意的调解结果。

曹某与某公司民间借贷纠纷调解案

一、案例基本信息采集

案例类型：其他人民调解案件

矛盾纠纷受理时间：2014 年 4 月

矛盾纠纷类型：合同纠纷

调解组织名称：青岛市市南区湛山街道盐城路社区人民调解委员会

供稿：青岛市市南区湛山街道盐城路社区人民调解委员会　潘月华

审稿：青岛市市南区司法局湛山司法所　韩竹青

检索主题词：人民调解　合同纠纷　青岛市市南区湛山街道盐城路社区人民调解委员会　民间借贷

二、案例正文采集

【案情简介】

在城市中，很多意料之外的事都有可能导致争吵，造成矛盾，甚至引发更严重的后果。有一部分当事人会选择到法院起诉，走开庭审判等途径，缺点是时间较长，还要交纳一定的诉讼费用，耗费精力和物力。有些纠纷经社区调解成功，一经达成协议，可到法院办理司法确认——省时省力，协议的法律效力等同于法院判决书。

市民曹某向住所地社区人民调解委员会反映，说青岛某公司分两次于 2013 年 10 月 20 日、2013 年 11 月 19 日向申请人青岛某某科技有限公司借款 100 万元、200 万元，约定月利息 1.5%，自 2014 年 2 月 20 日起。自己作为法定代表人，多次向被申请人催要上述借款，但被申请人均未偿还，特申请社区人民调解委员会予以调解。当事人申请，2014 年 5 月 31 日被申请人偿还给申请人本金 300 万元及利息，利息计算按照月息 1.5%，从 2014 年 2 月 20 日至 2014 年 5 月 31 日止。被申请人逾期未还款，未还款金额的利息按照银行贷款利率的4倍计算。时任社区调委会主任明纪美会同调委会成员潘月华、社区结对律师张律师，对双方当事人进行了调查取证。调查了解得知曹某与青岛某公司借贷关系属实。自2014年2月20日起，曹某多次向被申请人催要上述借款，但被申请人均以各种理由推脱至今未偿还。调委会在调查中还确认曹某是青岛某某科技有限公司法人，该公司注册资金500万元，94%的股份属于曹某，6%的股份属于苗某某。王某某系青岛某公司法人，职务为董事长。

【调解过程】

社区人民调解委员会对申请人曹某、申请人青岛某某科技有限公司与被申请人青岛某公司民间借贷纠纷一案，由调委会主任明纪美、潘月华进行调解，潘月华同时担任记录员。2014年4月25日调委会召集双方当事人曹某和王某某到社区座谈协商，根据双方提出的申请查看证据，协调有关问题，申请人曹某提出了王某某公司两次借款未还的事实。被申请人王某某对申请人的举证无异议，并表示不还款并非恶意欠款，是因为最近资金周转困难，难以一次性还款本息。但王某某的说法立刻引起了曹某的不满，他向调委会表示，自己身为公司的法定代表人，理解做生意很不容易，也理解对方所说的资金困难，但这不是不还款的理由，并且王某某在自己公司先后借款两次，为表示诚意也应该及时偿还部分借款，而不是拖延至今一分不还。曹某还表示，王某某名下还有部分不动产，完全可以通过抵押或出售的方式折现还款，令他气愤的是，他与王某某几次交涉后，王某某方以各种理由搪塞，一拖再拖，完全没有还款意向。说到此处曹某开始情绪激动，说到社区调解也是看在双方公司曾经有过合作的份上，不愿把事情弄得太过复杂，能解决问题最好，但王某某如果不能在本次调解中拿出令人满意的做法，自己会直接到法院起诉。

调委会主任见状，立刻开始分开当事人双方，安抚曹某的情绪。她认为，今天王某某能够到社区，在调委会的见证下与曹某面对面交谈，说明王某某是带着解决问题的态度来的。既然双方都信任调委会，调委会也将竭尽全力帮助当事人解决矛盾。待曹某冷静下来后，调解继续。王某某说，目前自己名下的不动产几乎都在银行抵押，唯一没有抵押的是自己父母一直在住的一套小住宅，目前父母年事已高且父亲最近正在养病，母亲心思忧虑，最近一直担心公司运作，自己实在无法将这套房产抵押出售。

经过调委会耐心说服、多方调查了解情况以及根据有关法律规定等调解，也根据当事人自愿的情况双方达成协议，被申请人青岛某公司于2014年5月3日前支付申请人曹某借款300万元，并按照月利息1.5%支付利息，自2014年2月20日起支付至被申请人还款之日。但申请人曹某在调解后仍然心存疑虑，担心对方在调解现场答应了还款，但转头就无视调解结果，自己白白耽误这么久时间，问题还没有彻底解决，但去法院起诉，一方面都是有些交情的生意伙伴，不愿意打官司两方撕破脸弄得太难看；另一方面走法律流程时间耽误太久，自己也没有精力再去聘请律师到法院起诉。调委会见状，建议曹某和王某某共同到法院申请，进行司法确认。双方在进行充分沟通后一拍即合。

【调解结果】

经调委会的不懈努力，双方到法院进行了司法确认，法院依据社区人民调解委员会出具的人民调解协议书，对其进行合法性和自愿性审查后，做出了确认裁定书。曹某与王某某双方自愿达成如下协议：

1 被申请人青岛某公司于2014年5月31日前支付申请人曹某借款300万元，并按照月利息1.5%支付利息，自2014年2月20日起支付至被申请人还款之日。

2 此纠纷一次性了结，今后双方互不追究。

【案例点评】

在社区日常生活中，邻里之间难免会出现一些矛盾和纠纷，如果处理不当会影响着社区安定。有大一些的纠纷可以先在社区调解达成协议再到法院做司法确认，司法确认提高人民调解协议的执行效果，调解成功后司法确认作为一种方便高效、经济实用的纠纷处理方式，同样具有法院判决书效力，在处理各类纠纷中发挥着重要的作用。

司法确认作为一项在司法实践中不断总结经验的成果，一定程度上改善了调解协议效力的"软弱性"，有条件地赋予其强制性。但目前仍然处于"只知调解不知确认"的境地，在调解过程中宣传力度小，导致此项制度仍需要继续发展。本次调解的司法确认对基层人民调解工作具有很好的参考意义，是此项制度一次优秀的实践。

杭州李某与青岛张某借贷纠纷调解案

一、案例基本信息采集

案例类型：其他人民调解案例

矛盾纠纷受理时间：2018 年 8 月

矛盾纠纷类型：合同纠纷

调解组织名称：青岛市市南区中山路街道人民调解委员会

供稿：青岛市市南区司法局中山路司法所　沙　萌

审稿：青岛市市南区司法局中山路司法所　陈　琳

检索主题词：人民调解　合同纠纷　青岛市市南区中山路街道人民调解委员会　民间借贷

二、案例正文采集

【案情简介】

青岛市居民张某与家住杭州的李某是关系很好的朋友，2014 年，张某想做生意，于是向李某借款十万元。张某以自己的轿车抵押给李某，作为借款十万元的担保，但双方并没有签订抵押合同，仅做口头约定。但张某四年间一直没有归还李某的十万元。期间，李某向张某催要过借款，张某则直接把车交给李某让他先开着，但李某表示经过四年轿车被张某开过并且市值也已下降很多，抵不了自己借给他的十万元。所以，李某多次向张某催还剩下的借款，张某嘴上答应但一直拖着不还。李某因家住外地向张某催还借款并不方便，所以请街道调委会协同社区帮忙调解。

【调解过程】

2018 年 8 月 16 日，双方来到调解室进行调解。调解员觉得双方当事人关系不错，所以决定采取"面对面"的形式进行调解。调解刚开始李某表示自己与张某是多年好友，并不想与张某有过大的矛盾，他可以不要利息，只是希望张某能够将本金还清，不要每次催要借款，张某都要顾左右而言他。调解员询问张某，张某表示自己当年向李某借款十万元，以自己14年购买的价值十二万元的现代汽车作为抵押。两年后李某催债自己已将自己的汽车交予李某，应该算是已经还清借款。此时李某表示轿车已被张某开了两年而且轿车是容易贬值的商品，经过两年新车都不值十万元，更不用说旧车了。自己曾经到二手车行问过，这辆车当时也只能卖5万元。这样算下来张某不算利息还欠自己5万元。双方在还款数额方面产生了很大的分歧，争执起来，第一次调解不欢而散。

调解员眼看面对面调解不仅无果反而还有矛盾激化的趋势，当即决定改变策略，改"面对面"为"背靠背"，即分别与双方当事人进行协商、调解。调解员建议双方彼此间保持冷静克制，平心静气地处理这次纠纷。8月18日双方再次来到调解室进行二次调解。因为首次调解中出现的法律问题较为复杂，故此次调解员特别邀请了担任社区法律顾问的律师参与其中。律师了解了基本情况后，询问张某和李某借款凭据。张某和李某表示，当时借款写了借条，但抵押并未订立书面合同，只是口头约定。律师向张某和李某表示在借款中设立抵押物，必须签订书面合同才有效，若没有书面合同仅做口头约定抵押合同是无效的，所以张某把自己的车作为抵押物担保借款合同是不成立的。根据法律规定若张某的汽车成为抵押物，那么应该在合同签订时将抵押物估价，而作为债权人，李某有义务保持抵押物的价值，比方说为抵押物购买保险。但是，因未签订抵押合同，抵押不成立，张某的汽车也并不是抵押物，那李某就没有这种义务。

两年后，张某将车交予李某的行为应当算作是还款还是质押。李某催还，张某将自己的车交给李某，实际的意思表示是让李某先开着这辆车。存在一种质押的意思表示，根据物权法的规定，质押并不需要书面合同，只要交付标的物即可，而李某则更多的是把汽车当成是还款，李某的意思表示存在瑕疵，所以质押合同效力待定。

律师向双方解释了相关法律问题，双方表示能够理解其中的法律道理。既然双方已经明白了其中的法律道理，调解员开始给双方进行调解。既然张某的车在两年后交给李某，张某对于车有质押的意思表示，从法律上讲若质押合同成立李某对车有保价的义务，但李某是以为张某是拿车还他的借款，随即去问了价格，虽未将车卖掉但意思表示并不是质押的意思。

【调解结果】

为了尊重双方的意思表示自由，调解员与律师商定车的价值按照两年后的价值来计算，价值 5 万元，张某还清李某借款剩余 5 万元，李某放弃利息。双方接受调解建议，并签订了调解协议书。

【案例点评】

借款纠纷是居民之间经常出现的纠纷，近几年由于普法宣传的大力推进，使居民法律意识不断提高。借款纠纷中经常发生的因欠条导致的纠纷已很少出现。法律意识的提升同样使居民开始在借款中要求提供保障，但由于对法律条文的详细规定一知半解，所以，在此方面仍然会产生纠纷。

调解员一开始将此案视为一般的借贷纠纷调解，当发现此案当中存在一些复杂的法律问题时，及时邀请律师进行调解，律师耐心向双方当事人讲解法律道理。此次调解以《物权法》为依据，对双方进行法律知识的讲解，既调解了此起矛盾纠纷，也对在场的当事人及调解员普及了法律知识。调解员主动寻找"突破口"，因案制宜，转变调解思路，从情理入手，融情于法，解燃眉之急，及时、快速地解决了矛盾随时可能升级的民事纠纷。这起矛盾纠纷的顺利化解，充分说明人民调解在及时化解基层矛盾发挥着举足轻重的作用，是维护社会稳定不可或缺的重要力量。

某商贸公司与某建材公司、某房地产公司
买卖合同纠纷调解案

一、案例基本信息采集

案例类型：其他人民调解案例

矛盾纠纷受理时间：2018 年 7 月

矛盾纠纷类型：合同纠纷

调解组织名称：青岛市浙江商会人民调解委员会

供稿：青岛市浙江商会人民调解委员会　　王　雪

审稿：青岛市市南区司法局基层科　　臧慧琳

检索主题词：人民调解　买卖合同纠纷　青岛市浙江商会人民调解委员会　债务转移

二、案例正文采集

【案情简介】

2013 年 3 月，青岛某商贸公司与青岛某建材公司签订《钢材购销合同》，约定青岛某商贸公司向青岛某建材公司的工厂建设工程供应钢材。2015 年 6 月供货结束，青岛某商贸公司向青岛某建材公司供货总货值 3300 万元，青岛某建材公司仅支付 1775 万元，欠 1525 万元未付。青岛某商贸公司多次要求青岛某建材公司付款，但青岛某建材公司一直以各种理由予以推诿。青岛某商贸公司考虑双方均是浙江人在青岛开办的企业，希望维系老乡感情不想起诉，于是向青岛市浙江商会人民调解委员会申请调解。

【调解过程】

2018 年 7 月 20 日青岛某商贸公司委托青岛市浙江商会人民调解委员会进行调解，要求青岛某建材公司向其支付货款 1525 万元及迟延支付的

违约金，调解委员会经审查后决定受理。

调解员首先对案件进行调查，调查案件过程中，青岛某商贸有限公司向调解委员会提交了《钢材购销合同》一份、青岛某建材公司工作人员签字的订货单44份、有双方工作人员签字的送货明细44份，以及青岛某建材公司向青岛某商贸公司支付1775万元的银行转账记录。

调解员与青岛某建材公司沟通，青岛某建材公司称其认可欠付青岛某商贸公司货款的事实，又称青岛某商贸公司所供的钢材中有一部分不符合质量要求，青岛某商贸公司应当承担相应的违约责任。青岛某建材公司提交了其工作人员与青岛某商贸公司的工作人员关于钢材质量问题的往来邮件以及不符合要求的钢材汇总表，问题钢材的总货值35万元。青岛某建材公司还称因青岛某商贸公司未及时解决，其通过其他途径补救，共花费50万元，但未能提交相关证据。青岛某商贸公司称确实有部分钢材存在质量问题，但他们已经解决，却未能提交相关证据。

青岛某建材公司还称青岛某房地产开发公司欠付其款项，青岛某房地产开发公司愿意直接向青岛某商贸公司付款，青岛某建材公司也已经以电子邮件形式告知青岛某商贸公司让其直接向青岛某房地产公司主张债权，青岛某建材公司不应该再向青岛某商贸公司付款。经调查青岛某房地产公司欠付青岛某建材公司货款2000万元，其愿意直接向青岛某商贸公司付款，但需分期付款。青岛某商贸公司称青岛某建材公司确实表达过由青岛某房地产公司付款的意思，但是其并未同意。

调解员根据双方请求，决定从三个方面进行调解：1.钢材质量的违约责任如何承担；2.能否让青岛某建材公司的债务人青岛某房地产开发公司代其向青岛某商贸公司付款；3.货款和违约金如何支付。

调解员将钢材存在质量问题的法律后果告知青岛某商贸公司，建议其将问题钢材的货款予以扣除；同时向其释明法律规定，第三人代为偿还欠款需经债权人同意，建议其了解核实青岛某房地产开发公司的情况，若青岛某房地产开发公司有履行能力，可以考虑让青岛某房地产开发公司承担部分或全部债务，而且可以约定若青岛某房地产开发公司不按期付款，青岛某建材公司仍需承担责任。青岛某商贸公司经研究决定扣除问题钢材的货款，同意由青岛房地产开发公司承担违约金，货款仍由青岛某建材公司支付。

调解员告知青岛某建材公司因其不能提供为补救钢材质量问题而受到损失的证据，在法律上无法认定，建议其接受扣除问题钢材货款的方案；同时阐明债务转移的相关法律规定，青岛某商贸公司同意青岛某房地产开发公司承担违约金部分，而违约金计算出来已达到 700 万左右，也是一笔不小的数目，建议其接受该方案。青岛某建材公司经研究后同意接受该方案，但因公司资金紧张，希望分期付款，也希望青岛某商贸公司能在货款和违约金的金额上做出让步。

调解员与青岛某商贸公司沟通，表示毕竟钢材中有一部分是有质量问题的，而且 2000 多万元对企业的资金链有很大影响，若能做出适当让步，可以尽快收到款项投入企业经营，尽早为企业创造价值。青岛某商贸公司同意分期付款以及在金额上做出让步。青岛某商贸公司、青岛某建材公司以及青岛某房地产公司经调解员多次调解，最终达成一致意见。

【调解结果】

2018 年 8 月 29 日，三方到青岛市浙江商会人民调解委员会签订调解协议，内容如下：

1.青岛某商贸公司、青岛某建材公司确认截至协议签订之日青岛某建材公司欠付青岛某商贸公司货款 1490 万元，若青岛某建材公司能按本协议约定付款，青岛某商贸公司同意青岛某建材公司仅需向其支付货款 1450 万元。双方同意青岛某建材公司于本协议签订之日起一个月内支付货款 300 万元，三个月内再支付 600 万元，六个月内付清余款 550 万元。

2.三方对原《钢材购销合同》约定违约金的计算方式均知晓，现三方均同意违约金按 500 万元计算，由青岛某房地产公司向青岛某商贸公司支付。青岛某房地产公司于本协议签订之日起一个月内支付 200 万元，于本协议签订之日起三个月内付清余款 300 万元。若青岛某房地产公司未按约定付款，青岛某建材公司仍应履行付款义务。

3. 若青岛某建材公司、青岛某房地产公司有任意一笔款项逾期付款的，青岛某商贸公司有权要求违约方按照原《钢材购销合同》约定支付全部货款和违约金。

2018 年 10 月 8 日，调解员联系青岛某商贸公司得知，青岛某建材公司、青岛某房地产公司均已按时履行了第一笔付款义务。

【案例点评】

一是本案双方签订的合同中并无钢材出现质量问题的违约责任的约定，根据《中华人民共和国合同法》相关规定，在合同没有约定违约责任时，当事人一方不履行合同义务或者履行合同义务不符合约定的，应当承担继续履行、采取补救措施或者赔偿损失等违约责任。因此青岛某建材公司的损失为问题钢材的货款 35 万元，该款项应当由青岛某商贸公司承担。

二是青岛某建材公司将其对青岛某商贸公司的付款义务转移给青岛某房地产开发公司是债务转移，根据《中华人民共和国合同法》相关规定，债务人将合同的义务全部或部分转移给第三方，应当经债权人同意。

三是通过适当降低付款金额和让青岛某建材公司的债务人青岛某房地产公司承担一部分债务，减轻了青岛某建材公司的负担，促成了其尽快付款，对作为卖方的青岛某商贸公司来说也是增加了保障，达到了各方都满意的结果。

赵某与某酒店租赁合同纠纷调解案

一、案例基本信息采集

案例类型：其他人民调解案例

矛盾纠纷受理时间：2018 年 8 月

矛盾纠纷类型：合同纠纷

调解组织名称：青岛市浙江商会人民调解委员会

供稿：青岛市浙江商会人民调解委员会　林银建

审稿：青岛市市南区司法局基层科　任丽平

检索主题词：人民调解　租赁合同纠纷　青岛市　浙江商会人民调解委员会　诉讼时效

二、案例正文采集

【案情简介】

2006 年 1 月，李某某与青岛某酒店签订《租赁合同》，约定由李某某承租青岛某酒店的地下一层场地经营 KTV，租赁期限五年，总租赁费 150 万元。2008 年 5 月，因青岛某酒店经营策略改变，要收回出租场地，与李某某签订了《终止＜租赁合同＞的协议》，约定双方于 2008 年 5 月 30 日解除《租赁合同》，青岛某酒店向李某某支付补偿费用 100 万元，于每年 6 月 30 日前支付 25 万元，场地内的全部装修、设备归青岛某酒店所有。协议签订后双方办理了房屋交接。2008 年 7 月，青岛某酒店向李某某支付了第一笔补偿款 25 万元。2009 年 1 月，李某某及其妻赵某因涉嫌刑事犯罪被刑事拘留，2009 年 2 月李某某在看守所内突发疾病死亡，后赵某被判处有期徒刑十年。2016 年 5 月赵某刑满释放，2017 年 10 月赵某以李某某唯一继承人的身份起诉至青岛某法院，要求青岛某酒店支付剩余补偿款 75 万元。青岛某酒店抗辩称赵某的起诉已经超过诉讼时效。法庭经调查认为在李某某死亡时，赵某被刑事拘留直至 2016 年 5 月被释放，存在权利人不能行使请求权的法定情形，诉讼时效在进入最后 6 个月时中止，自赵某被释放时恢复，所以赵某应在其被释放后 6 个月内向青岛某酒店主张权利，赵某称其在 2016 年 7 月就到青岛某酒店主张权利，但并无证据证明，而青岛某酒店对此也不予认可，因此法院以赵某的起诉超过诉讼时效为由驳回赵某的诉讼请求。赵某对判决结果不满意，但未以提起上诉的方式维护自己的权利，而是到法院扰乱法院秩序，到青岛某酒店吵闹影响其经营。青岛某酒店的负责人考虑到其与赵某均系浙江人，因此向青岛市浙江商会人民调解委员会申请调解。

【调解过程】

2018 年 8 月 19 日青岛某酒店委托青岛市浙江商会人民调解委员会进行调解，要求赵某不要再以此案为由到法院及酒店吵闹，调解委员会经审查后决定受理。

调解员首先对案件进行调查，从法院调取了案卷卷宗，经查阅卷宗分析，法院的判决并无不当。调解员与青岛某酒店沟通核实两份协议及第一笔补偿款已经支付是否属实，青岛某酒店称因为年代久远，酒店负责人也更换了，确实没有查到这两份协议和付款记录。

调解员又与赵某联系沟通，赵某向调解员提交了两份协议及青岛某酒店支付第一笔补偿款的支票复印件，并向调解员表示，其确实在 2016 年 7 月就到酒店去主张权利，通过联系签订解除协议时的酒店负责人陈某。陈某让会计查账后告诉赵某确实只查到第一笔付款，其余补偿款在酒店理清楚账之后会向其支付，只是当时都没有取证。赵某表示，这是丈夫李某某生前留下的钱，并不在于多少，哪怕能拿到一部分对赵某来说也是一种精神慰藉。后赵某带了两名证人到调解委员会，证人据称在李某某经营 KTV 期间担任 KTV 经理，2009 年青岛某酒店收回了场地，2016 年 6 月份，赵某联系二人让二人帮忙联系青岛某酒店要补偿款，于是二人帮赵某联系青岛某酒店的陈某，约定时间到酒店了解情况，并于 2016 年 7 月陪同赵某一起到青岛某酒店，陈某说酒店理清账目后会向赵某支付剩余补偿款。

调解员将赵某提交的证据副本交给青岛某酒店，要求其进行核实，酒店经核实后确认两份协议是其与李某某签订，也支付了第一笔补偿款，剩余补偿款未支付。了解案情后，调解员与赵某分析：赵某未在上诉期内提起上诉，如果再通过诉讼方式维护其权利就只能申请再审，但再审程序比起一、二审程序来说较为复杂，当事人所需要花费的时间和精力可能更多，而且赵某仅有两名证人证明其起诉未超过诉讼时效，且该两名证人是李某某经营 KTV 的经理，与本案有利害关系，其证明力非常小，再审法院很可能不会仅依据该两名证人的证言就认定赵某的起诉未超过诉讼时效。建议其做出适当让步，降低主张金额。同时，与青岛某酒店沟通：虽然赵某目前的证据可能不足以证明其起诉未超过诉讼时效，青岛某酒店可提出不履行义务的抗辩，但青岛某酒店确实欠付 75 万元的补偿款，而且这笔补偿款是赵某丈夫在世时经营 KTV 该得的补偿款，对于赵某来说也是一种感情寄托，建议青岛某酒店从事实和情感的角度考虑，向赵某支付一部分补偿款。

【调解结果】

2018 年 9 月 30 日，双方到青岛市浙江商会人民调解委员会签订调解协议，内容如下：

1. 青岛某酒店同意于本协议签订之日起一个月内向赵某支付 38 万元。

2. 若青岛某酒店未在上述约定期限内足额支付款项，每逾期一日，按逾期支付部分的千分之一支付违约金。

3. 青岛某酒店与赵某之间再无其他任何争议。

2018 年 11 月 5 日，调解员联系青岛某酒店及赵某得知，青岛某酒店已按时履行了付款义务。

【案例点评】

本案在诉讼时的焦点问题是诉讼时效问题，依据《民法总则》规定，向人民法院请求保护民事权利的诉讼时效期间为三年，在诉讼时效期间的最后六个月内，因法定事由而使当事人不能行使请求权的，诉讼时效中止，自中止时效的原因消除之日起满六个月，诉讼时效期间届满。赵某起诉时，距离其刑满释放已一年多时间，赵某不能证明其在被释放后 6 个月内向青岛某酒店主张过权利，其起诉即超过诉讼时效。

本案因为赵某法律意识不强，未充分取证和保留证据，导致其在诉讼中败诉，但青岛某酒店欠付补偿款的事实又客观存在，对于赵某来说这笔补偿款首先是自己对丈夫的一种精神寄托，然后才是钱，所以适当降低金额赵某是能接受的。而对于青岛某酒店来说，因为距离两份协议发生的时间太久，酒店的负责人又更换了好几任，现在的负责人不清楚当时的具体情况，也不愿意为之前负责人的行为承担责任。后来青岛某酒店核实清楚确实欠赵某补偿款，加上李某某去世、赵某刚刑满释放不久的情况，也对赵某产生同情，若不支付款项，赵某可能会一直去法院和酒店吵闹。调解员抓住双方的心理，积极做双方的调解工作，最终达到双方满意的结果。

◎生产经营纠纷篇

某楼居民与餐饮经营者纠纷调解案

一、案例基本信息采集

案例类型：其他人民调解案例

矛盾纠纷受理时间：2016 年 4 月

矛盾纠纷类型：生产经营纠纷

调解组织名称：青岛市市南区湛山街道秀湛路人民调解委员会

供稿：青岛市市南区湛山街道秀湛路社区原社区主任　闫　政

审稿：青岛市市南区司法局湛山司法所　韩竹青

检索主题词：人民调解　生产经营纠纷　青岛市市南区湛山街道秀湛路社区人民调解委员会　安全经营

二、案例正文采集

【案情简介】

2016 年 3 月 17 日，新湛三路某号某单元有一家餐饮店不慎起火，在大家的努力下迅速扑灭，但这件在居民区营业场所引发的小型火灾仍造成了周边居民恐慌。经排查后得知，其主要原因是煤气灶上的软管下垂放置不当着火。火灾后，湛山派出所工作人员前去餐饮店令其停业整顿，但该店的经营业主见状，留下一堆隐患，不打招呼直接离开了。居民因为此事到社区进行了反映，同时也到相关部门进行了投诉，希望能清理居民区的餐饮场所，保障居民居住安全。社区收到投诉后立刻向街道进行了汇报。因为此楼座内还有 4 户商户正在经营，皆存在不同程度的安全隐患。与此同时，新湛三路某号的经营业户收到了工商、食药和消防联合执法的通知，如果不能在整改中解决经营过程中存在的问题，就要全部停业。

眼见问题无法解决，生意又受到影响，新湛三路某号的诸家经营业户非常着急。随后来到社区进行反映，认为存在的安全隐患仅是个别经营业户的问题，他们都是很注意安全问题的，每时每刻紧绷着这根弦不敢有一点马虎。并且他们的营业和投资规模不断扩大，且营业者大多数都是下岗失业人员，家里上有老下有小，做生意很不容易，希望可以继续在本辖区进行经营。

【调解过程】

社区面对居民和经营者双方各执一词的局面感到左右为难，在充分了解双方诉求后，社区调委会主任决定为双方提供一个平台进行交流，寻找解决之道。随后，调委会主任组织召开了新湛三路某号餐饮行业经营业主与楼院居民的调解会议。希望大家在社区提供的交流平台里，能够坐下来，心平气和地进行交流，更好地解决问题、化解矛盾，以期达到经营者及时止损和确保社区居民居住安全的目的。

在调解会上，众居民把自己对餐饮经营行为给社区带来的隐患和盘托出，纷纷发表了自己的意见和建议，同时也表示了对经营者困难的理解。经营业主把自己的生存需求以及今后的打算和保证一一说出来，希望居民们能够在今后的生产生活中对其进行监督，如果违反了相关规定经营者将主动撤出社区不在此继续营业。最终，在社区调委会主任的主持下，矛盾双方达成了一致意见，即经营者在规定期限内整改安全隐患，并拆除影响居民正常居住的设施，整个调解会圆满结束。

孰料一波未平一波又起，调解会刚结束后，居民得知发生火灾的某单元一楼房东杨某又将此房屋出租给计划开餐饮店的租户。楼上的居民听闻后都非常反感，纷纷表示不同意。社区发现此情况后，及时入户对新租户进行了情况说明，告知新租户本号居民不能接受楼下再开餐饮店的事实。

社区又给房东杨某电话联系，告知其居民的想法，但杨某只口头答应到社区面谈却迟迟不来处理。此时，随着事件的胶着，楼上众居民开始强烈抗议，开始制止新租户施工。

面对居民的担忧和激动情绪，调委会主任再次安排新湛三路某号餐饮经营业主与楼院居民的调解会议。在会上，房东杨某表示自己家里生活困难，为获得较高房租才将房屋租给做餐饮的租户。居民认为房东杨某不能把大家的生命当儿戏，在前租户出现过安全事故后仍将房屋租给餐饮业租客是很不负责的行为，表示坚决反对本楼院再增加餐饮店铺。最后，调委会主任在听取双方诉求后进行了调解：杨某出租房屋是其个人民事行为他人无权干涉，但《物权法》第七十七条规定，业主将住宅改变为经营性用房的，除遵守法律、法规以及管理规约外，应当经有利害关系的业主同意。在本楼居民强烈反对的前提下，本着对居民安全负责的态度，希望杨某出租的房屋不作为餐饮业用途。

【调解结果】

在调委会主任的调解下，房东杨某表示不再将房屋租给从事餐饮经营等具有生产安全隐患行业的租客，并在社区的牵线搭桥下成功联系到了新租客。同时居民与新湛三路某号原餐饮经营业主也达成了一致意见：经营业主同意拆除灯箱、广告牌等安全隐患设施，不在楼前空地占地经营。并且尽快寻找其他合适场所，撤离出本居民小区。同时居民们也表示给经营业户一年的撤离准备期限。居民和业主对此结果均表示满意，社区及时解决了商户与居民的纠纷，很好地缓解了商户与居民之间的矛盾。

【案例点评】

调解需解民之困，急民所需，让居民们在社区大家庭中住得安全舒心。调解员遇到问题必定随叫随到，加班加点，不顾休息。他们善于准确把握城市社区居民矛盾纠纷的特点，调解居民纠纷或做居民工作时，讲话得体，注意分寸，舒缓居民情绪的同时，使矛盾纠纷化解于无形。

　　调委会主任积极工作，率先垂范，使每条居民反映的建议需求都能有效的处理解决，换来了辖区人心的稳定，从根本上维护了社区社会稳定。她对人民调解工作的理解是：用亲情去调和、用事实来搅拌、用法律和道德做脸面，始终坚守着这样的理念。在具体矛盾纠纷化解中把群众满意作为人民调解工作的根本出发点和落脚点，用自己的实际行动践行亲情服务，纠纷调解真正做到了桩桩有结果、条条有落实、件件有回音。把群众当亲人、为群众化怨言、帮邻里添和谐，用人民调解为群众搭建了连心桥，构筑了和谐社区。

甲、乙合唱团场地纠纷调解案

一、案例基本信息采集

案件类型：其他人民调解案例

矛盾纠纷受理时间：2013 年 11 月

矛盾纠纷类型：生产经营纠纷

调解组织类型：青岛市市南区湛山街道人民调解委员会

供稿：青岛市市南区司法局湛山司法所　韩　序

审稿：青岛市市南区司法局湛山司法所　韩竹青

检索主题词：人民调解　生产经营纠纷　青岛市市南区湛山街道人民调解委员会　争抢场地

二、案例正文采集

【案情简介】

音乐广场某合唱团成立于 2001 年，起初对活跃市民文化生活、提升城市文明形象起到了积极的推动作用，经过多年的发展，成员达 400 余人。其间，由于经济问题、骨干之间理念不和、逐渐矛盾凸显，某合唱团一分为二，形成了现在的"甲合唱团"与"乙合唱团"。甲合唱团由刘某某注册，老中青结合成员达 300 余人；乙合唱团由张某某负责，团员以中老年妇女为主达 70 余人，"乙合唱团"负责人张某某（双开、劳教人员）以打着唱革命歌曲的名义裹挟老年歌手，坚持对音乐之帆场地长达 8 年的绝对占有，无视公共道德、政府规劝，利用合唱团大多数老年女性团员的善良以及对歌唱红歌的热爱、激情，在个人博客上发表不负责任的言论，制造矛盾，加剧双方团队冲突。引发对场地占有的攀比，激起了"甲合唱团"多数成员的愤怒，产生不可调和的矛盾。多年来双方团队骨干针锋相对进行人身攻击，逐渐演变为众多成员参与的场地争夺、飙歌扰民。周六周日双方成员因争抢活动场地多次发生肢体冲突、打架造成6人轻微伤，累计报警70余次，因事发突然，公安干警无法进行有效的制止。高分贝腰麦、电子琴和大功率麦克疯狂飙歌，两个合唱团扰民事件发生以来，周边居民、市民、中外游客多次通过市长公开电话、区长公开电话、诉诸媒体等方式进行投诉，电视、报纸、网络等媒体也给予多次报道，对音乐广场周边环境造成恶劣影响，成为影响区、街和谐稳定的重大不安定因素，遭到了周边居民、媒体等社会各界的强烈谴责。

【调解过程】

一是准确定位，明之以责。街道司法所担负着调处管区民间纠纷的职责，湛山司法所长原所长陈献东同志不等不靠、不推不挡，明之以责，始终坚持"三个依靠"，即依靠街道党工委、依靠法律政策、依靠人民群众。协调公安、城管、文化、民政等多个部门配合工作，成立调处领导小组，专门针对合唱团问题启动音乐广场值班制度和紧急突发情况处置机制，全面收集掌握现场第一手资料，为领导统一调度，准确决策当好参谋。首先在治理公共场所法律法规上找依据遇到执行难；联系上级主管部门找政策遇到管理空缺；协商双方团队错时演出遭到强烈拒绝；协调文艺团体周末义演避免双方发生正面冲突遇到围攻谩骂演员拒演；为其中一方转移活动场地成员又不配合……在双方矛盾衍化升级之后，发扬"盯上、靠上、拼上"攻坚精神，盯紧事态发展、盯牢双方骨干、盯住重大节庆和活动日，陈献东所长和她的同事曾连续9个月牺牲节假日和公休日到音乐广场值班，节假日靠上、政策法律宣讲靠上、说服教育化解矛盾靠上。

二是真诚沟通，晓之以理。有效地沟通是调解处置群众矛盾纠纷的重要环节。甲乙合唱团问题产生以来，坚持不懈地积极与双方骨干进行沟通，沟通工作分三步走：首先与愿意接受调解、愿意坐下来谈的一方合唱团进行沟通，全面了解情况，深入分析问题，认真听取意见，尽力做好说服工作，平息情绪，争取协商；进而，找到态度强硬一方合唱团中的较配合者谈，反复讲道理，做工作，团结和争取他们，说服他们向其他成员传达、渗透政策意见，以维护街道安定、文明祥和的环境为重，以维护市南和谐稳定发展的大局为重，放下前嫌，平等对话；最后，努力联系态度强硬一方的核心骨干成员进行说服教育，逐一上门，软化瓦解，阐明政府态度，提出解决建议，理说尽、话讲透，以理服人。10个月，街道调委会与甲乙两家合唱团成员或电话沟通、或当面交流共约400余人次，上门了解情况30余次。

三是悉心感化，动之以情。"感人心者，莫先乎情"。矛盾纠纷调解工作既要讲政策，又要讲感情，以情感人，融化冰雪。在甲乙合唱团问题的调处过程中，街道调委会始终要求要"动真情、用真心、使真劲"，不就事论事，从感情贴近上寻找突破口。首先是态度上贴近，尊重双方当事人。热情与当事人对话，不厌其烦，两个合唱团成员大都是中老年群众，调解员注意到了在称呼上谦卑，尊敬他们，一声"大哥""大姐""老师"拉近了调解员同当事人的感情距离，融洽了调解员同当事人沟通的氛围；在情绪上忍让，迁就他们，有些当事人脾气暴躁，情绪激动，始终坚持态度诚恳，和气礼让。其次是工作上扎实，服务好双方当事人。为给两个合唱团联系场地，街道调委会跑遍了市南区所有有条件的厅、馆、广场，从中山公园、老干部活动中心到汇泉广场，都有工作人员的足迹。街道调委会建立了音乐广场节假日和双休日值班制度，不论天气状况多么恶劣，个人问题多么复杂，只要两个合唱团有活动，值班干部就坚持按时到音乐广场现场值班，从上午7点到下午2点，9个月来从未间断。另外就是生活上照顾。在走访了解过程中发现，有些当事人年事已高，失去配偶，调委会及时联系社区志愿者对其进行帮扶。有的当事人家庭经济情况较差，街道调委会及时为其申请了城市低保。在发生斗殴事件后，及时到受伤当事人家中进行探望。正是这样"零距离"贴近群众、"面对面"倾听呼声、真情回应诉求、有效疏通积怨，才能使真情打动双方，争取工作主动。

四是恩威并重，喻之以法。在坚持以理服人、以情感人的同时，街道调委会始终坚持依法调处群众矛盾纠纷。首先是向两个合唱团分别进行法律法规的宣讲，普及民间社团、社会治安和城市管理等方面的法律知识，要求他们在法律法规约束范围内活动，明确责任，加强自律，否则将承担相应的法律后果。在两个合唱团摩擦产生之初，要求他们彼此保持克制。在双方斗唱，发生噪音扰民情况后，调解员向双方宣讲了城市管理相关法律法规，并联合城管中队对其进行干预。在双方个别成员多次发生肢体接触甚至演化为斗殴事件后，迅速对当事人进行了批评教育，主动协调公安机关介入调查取证，对双方团队闹事闹访者给予及时训诫，这一方面对两个合唱团是一种威慑，另一方面，更为重要的是及时严格约束了双方的冲突行为，有效避免了事态进一步恶化。在这一过程中，坚持情、理、法的有机结合，政策引导和法律宣示在先，批评教育和处置处罚在后，有理有利有节地妥善预防了恶性事故的发生，也为双方达成协议奠定了基础。

【调解结果】

经过 9 个月的不懈努力，最终促成双方达成广场活动协议。至此，困扰管区三年之久的"甲乙合唱团"矛盾纠纷调处终于取得重大成果，音乐广场再现安定团结祥和环境。

【案例点评】

一是要完善职能，加强对民间社团组织的规范和引导。甲乙两个合唱团都是群众自发组织成立的民间社团，起初的活动不但丰富了中老年群众的文化生活，而且活跃了音乐广场周边环境，被称为是前海一道风景。但是为什么后来会分立门户、分庭抗礼，影响恶劣，甚至被称为影响前海环境的一株"烂草""野草"？这暴露出管理过程中对民间社团组织规范和引导的力度不够。进一步完善对民间社团组织的规范和引导，使民间社团组织真正成为群众自我服务、休闲娱乐的欢乐园地；自我教育，拓展技能的学习园地；自我管理，丰富社区生活的特色园地。

二是要健全制度，协调有关部门尽快出台广场管理规定。两个合唱团的矛盾纠纷长期僵持不下，核心问题就是争夺对音乐广场的使用权，因为缺少一部正式的广场管理规定，在管理协调过程中的一些行政行为无章可循，造成了管理工作的被动，下面的工作中，街道调委会还将继续争取与相关管理部门的沟通，制定广场管理规定，以便开展工作。

三是要举一反三，建立健全矛盾纠纷调处的长效机制。此次矛盾纠纷的成功调处只是一个典型案例，要从这个案例中吸取经验教训，进一步改进工作方法，健全矛盾纠纷调处的各项制度，做到组织建设走在防范前，防范工作走在调解前，调解工作走在激化前。必须整合资源，创新机制，建立健全党政统一领导、综治部门牵头协调、司法行政具体负责、职能单位各负其责，齐抓共管的社区调解、行政调解、司法调解和信访调解"四位一体"整体联动解决矛盾纠纷的调解新机制，努力实现从单一调处向联动调处转变，从被动调处向主动调处，从无序调处向规范调处转变，从随意调解向依法调处转变，切实做到"小事不出社区，大事不出街道"，真正把矛盾消除在萌芽状态，解决问题在基层。

◎物业纠纷篇

某物业公司与某幼儿园物业纠纷调解案

一、案例基本信息采集

案例类型：行业性专业性人民调解案例

矛盾纠纷受理时间：2018 年 1 月

矛盾纠纷类型：物业纠纷

调解组织名称：青岛市市南区诉前人民调解委员会

供稿：青岛市市南区诉前调委会　徐晓艳　王　静　李　阳

审稿：青岛市市南区司法局基层科　臧慧琳　任丽平

检索主题词：人民调解　物业纠纷　青岛市市南区诉前人民调解委员会　物业管理费

二、案例正文采集

【案情简介】

某幼儿园自 2010 年起租赁金色海岸小区 8 号楼下二层网点房（租赁面积为 1600 ㎡）开办幼儿园，由某物业公司为其提供物业管理服务。自 2015 年 1 月至 2017 年 12 月该幼儿园一直未交物业管理费。期间经该物业公司多次催要，某幼儿园仍拒不交纳。为此，2018 年 1 月 10 日，该物业公司就某幼儿园拖欠 2015 年 1 月至 2017 年 12 月物业管理费 69120 元一事将某幼儿园诉至法院。后法院将案件委托至市南区诉前调委会进行调解。

【调解过程】

在调查了解过程中，人民调解员与原被告双方进行了多次沟通，了解到双方矛盾由来已久，调解难度较大。后人民调解员与法官助理进行沟通，经过调查发现，2015年1月，原告曾起诉要求被告支付其欠缴的2011年5月至2014年12月期间物业服务费（以下简称案件一），法院作出支持原告诉讼请求的判决后，被告上诉至上级法院，上级法院维持原判。案件一目前在执行阶段，被告也未实际履行，且被告称其正在就案件一申请再审。本案中，双方矛盾的焦点为被告主体适格问题以及物业费的支付金额问题。

原告认为既然签订了物业服务合同，且原告提供了物业服务，被告就应该按照合同约定按期缴纳物业服务费。但是被告认为，被告不具有法人资格，不属于民事诉讼规定的其他组织，并非本案适格的主体，同时原告物业服务不到位，被告所在区域的保安、保洁、公共部位的维修都是被告自行承担的。另，原物业费为每平方米0.8元，但现在原告按照每平方米1.2元收取物业费。由于支付金额差距较大，原被告双方各持己见，互不相让，且原被告之间的矛盾由来已久，在案件一中也并未实际解决，调解难度很大。

针对原被告双方矛盾的焦点问题，市南区人民法院诉前人民调解委员会积极与该院承办物业服务合同纠纷的法官、法官助理、物业管理委员会以及相关小区业委会进行案例讨论分析，认为原被告双方自愿签订物业服务合同，且原告提供了物业服务，被告理应按照合同约定支付物业服务费，但鉴于原告提供的物业服务存在质量瑕疵，应予以部分减免。

人民调解员根据集体讨论的意见，首先与原告进行了电话沟通，明确指出原告提供的物业服务存在瑕疵，应予以部分减免，原告也表示只要金额合理，同时履行案件一期间的物业服务费，也愿意配合这次调解工作。在与原告达成了初步调解意向后，又与被告进行了沟通，首先强调了二审判决的公平公正，被告在本案中的主体适格，不存在任何问题，且被告也接受了原告提供的物业服务，物业服务法律关系已实际发生，鉴于目前被告所在区域仍将由原告继续提供物业服务，建议被告对服务质量不满意时积极与原告沟通，互谅互解，从而为幼儿园师生提供更满意的物业服务。最后，承诺愿意将案件一与本案一并解决，减免部分物业服务费，确定具体金额，一次性了结多年的纠纷。在人民调解员的多次开导劝说下，原被告双方最终握手言和，双方就此案签订调解协议书。同时，被告主动履行之前案件一的生效判决，将往年积欠的物业服务费一并缴纳，真正做到了案结事了，实现了法律效果和社会效果的统一。

【调解结果】

2018 年 2 月 5 日，原、被告双方最终达成如下调解协议：

1. 被告幼儿园于 2018 年 2 月 5 日向原告物业管理公司支付金色海岸小区网点自 2015 年 1 月起至 2017 年 12 月止的物业管理费 65000 元（已支付）；

2. 被告幼儿园于 2018 年 2 月 5 日向原告物业管理公司支付减半收取的案件受理费 764 元（已支付）；

3. 双方就本案再无其他争议。

【案例点评】

人民调解是具有中国特色的法律制度，被国际社会誉为东方之花，人民调解作为一种重要的非诉讼解决方式，在我国矛盾纠纷多元化解机制中发挥了重要的基础性作用，是维护社会稳定的"第一道防线"。

首先，调解工作需要的是耐心，矛盾纠纷的调解过程，是一个劝导说服和积极引导的过程，在具体调解过程中，双方当事人一开始并不一定会接受调解员的意见和建议，需要有一个反复沟通协商的过程，如果缺乏耐心，纠纷调解可能就进行不下去。其次，人民调解工作是法、理、情的统一，调解过程中，沟通的技巧和能力就显得尤为重要。矛盾纠纷当事人是否愿意接受调解员所讲的法、理、情是调解成败的关键。在调解过程中调解员坦诚中肯，情理交融，慢慢让当事人双方打开心结，降低诉求，促成了调解协议。最后，要进一步加强行业性、专业性人民调解工作，大力发展专业化、职业化人民调解员队伍，满足人民群众多样化、专业性的调解服务需求。

西藏一路某楼院物业纠纷调解案

一、案例基本信息采集

案例类型：其他人民调解案例

矛盾纠纷受理时间：2018 年 1 月

矛盾纠纷类型：物业纠纷

调解组织名称：青岛市市南区八大峡街道西藏路社区人民调解委员会

供稿：青岛市市南区司法局八大峡司法所　代学东

审稿：青岛市市南区司法局八大峡司法所　王　兵

检索主题词：人民调解　物业纠纷　青岛市市南区八大峡街道西藏路社区人民调解委员会　电梯费用

二、案例正文采集

【案情简介】

西藏一路某号院位于青岛市市南区八大峡街道，是一处老旧建筑，建成于 1989 年。该处建筑原为某公司家属院。几经政策调整、产权变更，现有居民 56 户，其中大约 2/3 为本地常住居民，也就是传统意义上的"老住户"。另外 1/3 则为外来人口，大部分为租住在此处的流动人口。此处建筑建设初期没有规划安装电梯，后鉴于出行方便经大多数居民协商同意，于 2008 年由某公司统一安装了电梯。此处建筑为开放式楼院，无物业公司管理，为居民自管房。牵扯到的水电费等相关费用，为各户自行交纳。2011 年起，张某某担任此处楼长，除了常规的服务管理职能外，还负责向各户收取电梯费以及协调处理电梯的维护维修事宜。

看似简单的事情，却引发一场涉及面广、当事人数量多的矛盾纠纷。自 2018 年 1 月 10 日起，以孙某某为代表的部分居民先后多次来到西藏一路某号所属的社区人民调解委员会反映该楼楼长张某某在电梯费用方面存在收取不合理、账目混乱的问题，希望社区人民调解委员会组织力量协调解决此事。

【调解过程】

由于此事牵扯的问题关系到该处居民的正常生活，且当事人数量较多，如果处理不及时、不恰当的话，极有可能引发群体性上访或者其他恶性事件的发生。而青岛市今年将承办一项重大的国际性活动，市南区作为核心区域，必须要为活动的顺利开展提供一个和谐稳定的社会环境。因而此事一经发生，便受到了街道办事处、社区工作站、居委会以及人民调解委员会的高度重视。

化解此类矛盾纠纷的第一步就是弄清事情的来龙去脉，摸清事情的真相。古语有云：兼听则明，偏听则暗。社区人民调解委员会岳主任和社区调解员先后三次来到矛盾纠纷的发生地西藏一路某号，实地走访调查了解情况。与该处居民、楼长张某某、居民代表孙某某分别进行了沟通交流，并详细记录了各自的谈话内容，为下一步调解收集第一手资料。经了解，居民代表孙某某为外来人口，租住在西藏一路某号，且租住期限将于六月份到期。此前一直因电梯费用不合理，以不乘坐电梯为由拒绝交纳电梯费。随后，社区人民调解委员会开始尝试性地组织双方当事人见面，搭建沟通交流的桥梁。但由于矛盾双方当时彼此间心存芥蒂，没有成功。在几次调解没有收到良好效果后，岳主任再次对整个事件进行了系统地分析，仔细查看了此前的谈话记录和调解记录，发现此次矛盾纠纷牵扯的方面比以往经历的案子都要多，单纯依靠调委会的力量远远不够。就在岳主任一筹莫展的时候，一个好消息传到了社区——青岛市实施"一社区一法律顾问"，每个社区拥有了自己的专职律师。社区的法律顾问正是拥有丰富处理民事案件经验的王律师。于是，岳主任在与王律师初次见面的时候，便迫不及待地把困扰她近两个月的案子拿了出来，向王律师请教，寻求解决之道。

王律师分析到这个案子牵扯的方面很多，从法律上讲矛盾点涉及《物权法》《价格法》《物业管理条例》等法律法规，从管理部门上说，又有可能多个部门负责，因此建议邀请相关单位和部门共同协商解决。

2018年3月13日，在社区工作站的协调帮助下，社区人民调解委员会牵头组织举行了西藏一路某号电梯问题协调会，处理此次矛盾纠纷。社区工作站、街道办事处城区发展办公室、派出所、市南区人民法院、司法所、社区法律顾问、西藏一路某号楼长张某某以及13户居民代表参加。协调会上，楼长张某某针对电梯费的收取标准以及账目收支情况进行了详细说明。西藏一路某号片长刘某某作为第三人，针对自己收取电梯费的标准及其他事宜进行了发言，以供参会人员对比参考。居民代表就矛盾纠纷的争议点向楼长张某某提出疑问，张某某现场进行答复。随后法律顾问王律师就矛盾纠纷所牵扯的法律法规进行了解读。各参会单位部门依据自身职能提出了处理建议。

【调解结果】

在与会单位部门的配合协调下，西藏一路某号居民代表与楼长张某某达成一致。此前电梯费按照原标准收取，未交纳电梯费的住户现场交纳；2018年电梯费按照双方协商的新标准进行交纳和收取；楼长每半年向全楼住户公示账目明细一次。最终，该矛盾纠纷在"1+1+N"的多元化矛盾纠纷化解机制作用下，通过多方的努力最终实现了大事化小、小事化无，成功地将矛盾纠纷化解在社区，避免了一次群体性上访事件的发生，收到了良好的社会效果。

【案例点评】

以上案例之所以能够将复杂的矛盾纠纷成功化解，不外乎以下原因。一是社区调委会高度的责任感，审时度势以管区和谐稳定为己任，以为民服务、排忧解难为工作出发点，高度重视群众诉求，兢兢业业履行岗位职责；二是社区法律顾问专业的建议和敬业的态度，为疑难矛盾纠纷的化解提供合理化建议，让整个调解过程有理有据，使双方当事人对调解工作更加信服；三是多元化矛盾纠纷化解机制提供保障，多单位多部门参与人民调解，让调解过程更加精细化，解决策略更具有针对性。

目前社区人民调解委员会基本在青岛市实现了全覆盖，行业性调解委员会也形成了一定的规模。笔者认为，组织建设的同时，队伍建设也应朝着专业性、行业性发展。在吸收社区法律顾问、专职律师加入调解队伍的同时，还应建立包括政府部门在内的各行各业业务精英组成的人民调解员专家库。在遇到棘手复杂的矛盾纠纷时，可以根据矛盾的领域、涉及内容选派特定的人员组建具有针对性的调解队伍指导社区人民调解委员会开展调解工作或者直接参与调解工作。

某社区居民与某物业公司纠纷调解案

一、案例基本信息采集

案例类型：其他人民调解案例

矛盾纠纷受理时间：2017 年 1 月

矛盾纠纷类型：物业纠纷

调解组织名称：青岛市市南区珠海路街道辛家庄社区人民调解委员会

供稿：青岛市市南区珠海路街道辛家庄社区人民调解委员会　宋　玮

审稿：青岛市市南区司法局珠海路司法所　孙兆泉

检索主题词：人民调解　物业纠纷　辛家庄社区人民调解委员会 社区电梯故障

二、案例正文采集

【案情简介】

2017 年初，市南区珠海路街道某社区高层 AB 座共计 20 层，共有居民 432 户，社区内配有三菱电梯共计 6 部，其中 2 部早期无法正常运行，剩余 4 部电梯在运行过程中时有发生停梯、落梯等现象，对楼内居民的人身、财产安全构成了严重威胁。加上 AB 座高层楼宇内单位比较多，外来人口多，人员比较复杂，人流量较大，此处的安全隐患较为严重。

AB 座高层小区的物业为某物业公司，自 AB 座高层小区建成以来，便开始为 AB 座高层的 432 户居民服务。由于之前物业公司和业主之间各种矛盾频发，加上物业公司疏于管理，电梯自安装起未曾进行大型的维修保养，电梯超负荷运行十几年，对电梯进行小型修缮已经无法改善现在的状况。

电梯故障频发始于 2016 年，居民多次与物业公司就电梯维修、更换的问题进行沟通协商，均未得到满意的答复。2017 年初，居民代表到社区人民调解委员会寻求帮助。

【调解过程】

社区调委会立刻联系了物业经理，在充分了解情况后，调委会认为此次矛盾纠纷的焦点是物业公司对电梯维修一直没有表态。

经过咨询相关业务部门，调委会得知市南区政府为回迁的高层楼宇电梯更换费用报销 70%（《青岛市市南区老旧电梯更新改造管理办法（试行）》第八条：经济适用房、房改房、回迁房等老旧电梯的更新改造费用每台给予 70% 的资金补贴，最高不超过 30 万）。调委会在研究了市南区政府的文件后，决定召集 AB 座高层居民、物业公司、街道法律顾问等一同商讨电梯更换事宜。居民代表针对物业公司种种服务不到位的问题提出自己的意见，物业公司予以反驳，现场氛围比较紧张。经过劝说、调解，待现场人员情绪平复后，调委会将市南区电梯更新维修补贴的政策向居民代表、物业公司进行了说明：《青岛市市南区老旧电梯更新改造管理办法》规定，老旧电梯更新改造采取业主承担为主，政府补贴支持为辅的方式。回迁房的老旧电梯改造，每台给予 70% 的补贴。大家听说这么好的政策，纷纷称赞。居民代表表示愿意更换电梯，回去调查协调业主意见。物业也表示会全力支持，帮助协调进行更换电梯工作。

2017 年 5 月，由社区居委会牵头、业主委员会协助，召集街道综治办、派出所、律师、社区工作人员和居民代表等成立了 AB 座高层电梯更新推进小组，并开始加班入户 AB 座高层小区，调查居民对电梯更换的态度和意见。调委会用法律法规等内容解答居民的疑惑，从安全的角度进行动员。通过努力，同意更换电梯的居民达到 98% 以上。联系电梯厂家报价及竞标后，电梯更新推进小组选出 5 种备选品牌，通过入户说明等方式，公选出居民期望更换的电梯品牌，并公示结果及费用。

【调解结果】

2017 年 8 月,调委会通过发动片长、楼组长、社区志愿者、热心居民广泛宣传电梯更换政策,使居民理解支持政策,积极到银行缴费。每向前推进一步,项目小组都开会研究,经过不懈努力,2017 年 10 月,缴费户数达到 96.5%,电梯公司正式启动拆除旧电梯、安装新电梯工作。2017 年底,所有电梯均已投入使用。

【案例点评】

对调解员来说,在调解工作中经常会遇到一些纠结在一起的棘手案件。此案件为调解员日后在调解此类纠纷时提供了思路。本起纠纷是由电梯老旧出故障、物业不作为引起的纠纷。在本次纠纷中,调解员的及时介入,调解前做了大量的走访调查工作以及提供切实的帮助,提供解决方案,并帮助实施是本次调解成功的关键所在。

当遇到此类矛盾纠纷时,社区调解员首先要仔细调查,充分了解情况,准确找出当事人之间的利益冲突,切实做好"医病"之前的"望闻问切",找准病症,对症下药。深入了解当事人的真实需求,换位思考,充分发挥出人民调解员的纽带作用,引领当事人双方互相理解,让当事人双方充分认识到冲突点所在,明确责任承担,寻求合情合理的解决方案。

电梯的正常运行,离不开物业公司的维护和保障,也离不开相关管理部门的监督管理,更离不开小区居民的正确使用。物业公司是电梯安全的第一责任人,小区业主在发现物业公司未履行应尽义务时,应及时行使自己的权利,请求物业公司进行维修。当出现物业不作为的情形时,小区业主既可以要求房产主管部门受理住宅区物业服务方面的投诉,也可以向法院提起诉讼。本案中电梯故障频发归根结底是物业在平日维修方面有所懈怠,为了防止此类现象再次出现,调解员可以化被动为主动,主动开展矛盾纠纷排查,当发现存在一些侵犯居民权益的现象时,要主动联系居民,帮助居民一起运用法律武器维护自身权益。

　　此次纠纷的顺利解决，还要归功于市南区政府制定的便民利民政策和人民调解员对于政策有较强的了解和掌握。充分了解相关政策、法律法规，不仅能够让调解员的调解工作更加有理有据、信服于民，也更有利于纠纷的顺利解决和保护居民的合法权益。在今后的工作中调解员应充分利用各种机会，加强对政策、法律法规的学习和宣传，让居民了解相关政策，"防患于未然"，以更好地维护自身权益。

◎道路交通事故纠纷篇

武某某与张某某、甄某某道路交通事故纠纷调解案

一、案例基本信息采集

案例类型：行业性、专业性人民调解案例

矛盾纠纷受理时间：2016 年 6 月

矛盾纠纷类型：道路交通事故纠纷

调解组织名称：青岛市市南区人民调解中心

供稿：青岛市市南区人民调解中心　邢玉航

审稿：青岛市市南区司法局基层科　任丽平

检索主题词：人民调解　道路交通事故纠纷　青岛市市南区人民调解中心　损害赔偿

二、案例正文采集

【案情简介】

2015 年 8 月 16 日 20 时 30 分，青岛某某投资有限公司的武某驾驶轿车外出办事，沿青岛市市南区新会路南向北行驶至东海路口左转弯时，适遇某超市职工张某某、甄某某由路口西侧人行横道至此，武某驾驶的车辆左前部与张某某、甄某某身体相撞，致使二人倒地受伤。报案后交警及时赶到现场，经交警认定，驾驶员武某负事故全部责任。事故发生后，武某及时将张某某、甄某某送到医院进行了检查和住院治疗。张某某和甄某某住院花费人民币共计 2 万余元。其中，住院费、诊疗费 6300 余元；误工费 5800 余元；交通费、后续诊疗费 7900 余元。双方为经济赔偿问题经多

次协商没有达成一致意见。

【调解过程】

2016年6月2日上午，肇事方当事人武某和受害方张某某、甄某某为赔偿金额数量意见分歧较大，甚至多次发生口角，使赔偿问题的矛盾进一步激化，交警多次调解未果。交警青岛市市南大队推荐双方通过市南区人民调解中心进行调解。人民调解员邢玉航及时介入，听取了双方的陈述，查阅了证据材料。明确双方争议的焦点：超出保险公司的赔偿金额，肇事方要不要自掏腰包。武某坚持"我已经买了保险，保险公司报多少钱，我就赔多少钱，保险公司报不了的钱，我个人不承担"。受害方则坚持认为，被车撞伤后身体上、精神上受到了很大伤害，除了保险公司应赔偿外，必须给予一定数额的精神赔偿。一方坚持自己不出一分钱，另一方坚持必须满足赔偿要求，否则就免谈。还未等调解员进行调解，双方又为赔偿金额数量问题争吵不休。鉴于双方都在"火头"上，调解员的话他们又听不进去，当日的调解以失败告终。

双方达不成一致的焦点就是肇事方武某坚持除了保险公司赔偿外自己不想额外出钱。针对问题的症结，调解员邢玉航不断通过电话做肇事方武某的思想工作：受害方是无辜的，除了报销已经产生的费用外，从情理上给予受害方一定的精神赔偿也是人之常情。之后调解员又分别给两个受害方通电话做工作，虽然受害方是无辜的，但法律有明文规定的赔付标准，不能狮子大开口。经反反复复做工作，当双方当事人都有意向时，调解员及时约定再次调解的时间。

2016年7月28日上午，双方当事人又坐到了一起。调解员要求双方首先要换位思考，尽量多考虑对方的诉求；其次要依法依规提出赔偿的数额。通过摆事实讲道理，双方的心态有了明显的变化，在调解员的主持下，双方各自陈述理由和要求，受害方张某某和甄某某也不再坚持原来过高的赔偿要求，经调解双方当事人自愿达成了赔偿协议。

【调解结果】

负事故全部责任的肇事方武某赔偿张某某和甄某某住院诊疗费6376.97元，误工费5840.0元，交通费150.0元，护理费、后续诊疗费1560元，合计总金额13926.97元整。保险公司只赔付武某9405.37元，超出保险赔付的4521.6元，由武某个人主动承担。

【案例点评】

此纠纷虽然涉及赔偿金额不大，如果不能及时化解双方的矛盾，引发矛盾激化升级，同样会给社会造成不稳定的因素。通过诉讼解决，双方当事人的矛盾有可能进一步加深，还会增加解决纠纷的成本。所以，此类纠纷通过调解解决是最理想的选择。

一是宣讲法律法规，突出一个"真"字。在接待当事人过程中，要认真为当事人讲解有关道路交通的法律、法规，使当事人尤其是肇事方明白自己违反了哪些法律法规，赔偿受害方时心服口服。在宣讲过程中，作为调解员必须让当事人感到是为双方解决问题，使当事人感到调解员的真心真意。受害方张某某和甄某某不懂有关赔偿的规定，刚开始时狮子大张口，要求肇事方赔偿的金额明显超出了法律规定的最高限额，所以双方始终不能达成一致。张某某和甄某某听了调解员的真情讲解，终于明白了哪些应该赔偿，哪些不应该赔偿，态度就发生了变化，为达成赔偿协议奠定了基础。

二是认真进行调解，突出一个"情"字。在双方当事人对有关赔偿的法律法规有了初步了解后，对立情绪明显减弱。在此基础上，调解员抓住时机，趁热打铁，用热情和真情打动双方当事人。武某某作为肇事方，刚开始时态度生硬，给受害方的感觉就是"死猪不怕开水烫，有错不认错"，使受害方无法接受。通过对武某情真意切的做工作，建议肇事方要站在受害方的立场上看问题，毕竟因为自己的过错，才给受害方身体和精神上造成了很大的伤害。金钱没有了可以再挣，但是身体的损害是无法补偿的，经耐心做工作，武某终于同意调解方案，使赔偿问题得到圆满解决。

三是公平合理赔偿，突出一个"公"字。通过调解工作，受害方和肇事方达成了一致意见，受害方主张的金额得到了公正的赔偿。由于各种原因，肇事方所投保的保险公司只能给予武某报销受害方赔偿费用的60%，差额部分武某自愿垫付。由于公平公正的调解，事后双方当事人不但没有成见，反而还成了好朋友。

迟某某与傅某某道路交通事故纠纷调解案

一、案例基本信息采集

案例类型：行业性、专业性人民调解案例

矛盾纠纷受理时间：2017 年 12 月

矛盾纠纷类型：道路交通事故纠纷

调解组织名称：青岛市市南区人民调解中心

供稿：青岛市市南区人民调解中心　潘　蕾

审稿：青岛市市南区司法局基层科　任丽平

检索主题词：人民调解　道路交通事故纠纷　青岛市市南区人民调解中心　损害赔偿

二、案例正文采集

【案情简介】

2017 年 4 月 28 日，迟某某驾驶小型轿车沿百福路由南向北行驶至某路段处，为躲避车辆驶入路左与对向行驶的傅某某所驾驶的二轮摩托车相撞，致使两车受损，傅某某受伤。经交警部门认定，迟某某驾驶车辆遇情况采取措施不当，逆向行驶，应负事故的全部责任，傅某某不承担事故责任。事后傅某某找迟某某索要医疗费、误工费、护理费、伤残赔偿金，但迟某某对该赔偿金额不予认可，双方矛盾几度激化。

【调解过程】

2017 年 12 月，傅某某来到青岛市市南区公共法律服务中心寻求法律帮助，经中心工作人员的接待，遂转交市南区人民调解中心专职调解员进行调解。调解员主动联系迟某某了解相关情况，并就此纠纷是否同意进行人民调解征求迟某某意见。迟某某起初不同意来中心调解，调解员向他分析不通过调解解决问题的不利后果，对方如走诉讼程序，会给双方当事人带来许多不必要的麻烦，不仅增加时间成本，还可能影响个人声誉。在调解员耐心劝说下，迟某某终于同意与傅某某进行调解。

2017年12月4日，迟某某携带相关证据材料前往市南区公共法律服务中心与傅某某进行调解。中心安排了两名经验丰富的人民调解员进行调解，调解员认真倾听了双方的诉求，审核了双方提交的证据材料，调解员首先明确此案应由迟某某承担全部赔偿责任，然后根据《侵权责任法》《最高人民法院关于审理人身损害赔偿案件适用法律若干问题的解释》等法律法规，逐一列出迟某某依法所应支付的赔偿项目以及具体赔偿金额，包括医疗费115299.8元，残疾赔偿金115970.68元，误工费10800元，陪护费8820元，后续治疗费13500元，总计263380.48元。其中，迟某某已给付医药费等113380.4元，保险公司已给付110000元，余额41010.08元。此时，当事人双方对赔偿金问题又产生了分歧，迟某某认为自己和保险公司已经支付傅某某22.33万元，足够傅某某治疗费用。傅某某认为迟某某还有4万余元未付，事故造成自己身体残疾，对今后生活工作造成很大影响，迟某某理应赔付。调解员耐心劝解安抚当事人，目前首要任务是解决问题，事故已经发生，只有赔偿纠纷化解了，双方才能真正摆脱事故带来的阴影，傅某某才能安心养病。在人民调解员积极劝导说和下，双方当事人最终各退一步，终于达成了调解协议。

【调解结果】

经调解迟某某与傅某某交通事故纠纷案最终达成以下调解协议：迟某某承担傅某某的医疗费、残疾赔偿金、误工费、护理费、后续治疗费等各项赔偿，剩余41010.08元未支付的部分，最终按40000元计，由迟某某个人承担。双方达成调解后，在人民调解员的督促和见证下，迟某某将该款项当场一次性交付给傅某某，调解完成。

【案例点评】

在本案中，双方当事人在市南区人民调解中心调解员的调解下，就赔偿的数额很快达成了协议，并顺利地履行了赔偿义务。调解员在调解此类赔偿纠纷时，不能只同情作为弱势群体的伤者，要依法依规，客观公正，力求做到一碗水端平，这样的调解才有说服力和公信力。

一是熟悉法律法规。本案中，调解员熟练运用《中华人民共和国道路交通安全法》《侵权责任法》《机动车交通事故责任强制保险条例》《最高人民法院关于审理人身损害赔偿案件适用法律若干问题的解释》等法律法规，迅速计算出各项赔偿项目。人身损害赔偿项目包括：医疗费、护理费、交通费、住宿费、住院伙食补助费、营养费、误工费、残疾赔偿金、残疾辅助器具费、丧葬费、死亡赔偿金等 11 种。在司法实践中，还有伤残鉴定费、二次手术费或后续治疗费、二次手术期间的护理费、住院伙食补助费、误工费等其他费用，要具体案情具体分析。

二是法理情要统一。尽管人民调解需双方自愿，但调解员也有责任对通过调解能化解的矛盾积极联系双方，依据法律法规和事实情况答疑解惑，排除矛盾双方的不解和顾虑，使得矛盾双方能够客观了解各自的权利义务，从而接受以人民调解的形式解决双方矛盾。在此次调解过程中，调解员很好的运用沟通技巧和法理知识，使得双方当事人打开心结，化解矛盾，降低诉求，最后促成协议的达成、纠纷的解决。

三是督促履行调解协议。人民调解工作的意义离不开当事人双方对所达成人民调解协议书的遵守和履行，因此，负责任的调解员都会力所能及地督促双方及时履行调解协议或建议双方前往法院予以司法确认，保证调解协议不沦为难以兑现的一纸空文。此案中，调解员及时督促迟某某将赔偿款当场一次性付清，达到了案结事了的效果。

◎损害赔偿纠纷篇

徐某某与付某某及其单位赔偿纠纷调解案

一、案例基本信息采集

案例类型：其他人民调解案例

矛盾纠纷受理：2017 年 8 月

矛盾纠纷类型：损害赔偿纠纷

调解组织名称：青岛市市南区人民调解中心

供稿：青岛市市南区人民调解中心　　陈彦耀

审稿：青岛市市南区司法局基层科　　任丽平

检索主题词：人民调解　损害赔偿纠纷　青岛市市南区人民调解中心

经济赔偿

二、案例正文采集

【案情简介】

2017 年 8 月 3 日，某单位干部付某某与两位同事出差途经青岛，其在青岛工作的好友徐某某主动帮助安排付某某等住宿，并于当天晚上邀请付某某及其同事到青岛市市南区某酒店聚餐，餐后一行四人到海边小憩观海，付某某因酒后胃部不适剧烈呕吐不慎落入海中，徐某某及付某某的两位同事跳入海中实施救援，救援中徐某某溺水身亡，付某某经酒店服务人员救援脱险。徐某某父亲徐某因痛失儿子，要求付某某和其所在单位给予经济赔偿。因徐某和付某某及所在单位都远在黑龙江省，都希望尽快解决纠纷，为此申请青岛市市南区人民调解中心进行调解。市南区人民调解中心经充分征求了徐某、付某某及其所在单位代理人的意见，并明确告知他们调解的权利义务，在取得三方同意后受理了此纠纷，并安排经验丰富的调解员进行调解。

【调解过程】

为及时有效地解决纠纷，调解员与徐某、付某某及其所在单位代理人分别进行了沟通，了解到纠纷的矛盾集中在付某某赔偿的数额和付某某所在单位对赔偿责任的认定上。徐某认为，其儿子徐某某在付某某不慎落入海中后，及时跳入海中实施救援，救援中徐某某不幸溺水身亡，是一种见义勇为的行为，付某某应该给予徐某经济赔偿，付某某所在单位应该认可这种见义勇为的行为，并给予徐某经济赔偿和精神抚慰。付某某认为赔偿数额应该通过协商解决；付某某所在单位代理人认为，一是付某某私自外出喝酒系个人行为，其意外落水是自己不慎造成，并非履行职务。徐某某系聚餐组织者，付某某落水徐某某在法律上具有救助义务，由此造成的损失、后果和付某某所在单位无关，付某某所在单位没有任何赔偿或补偿责任。二是徐某某因请客吃饭喝酒，导致自身溺亡属于个人行为，且徐某某酒后实施救助，没有施救成功反致溺水身亡，后果与付某某所在单位无关，徐某某无权要求赔偿，付某某所在单位也不应承担任何法律责任。

针对徐某与付某某及与付某某单位代理人之间存在的分歧，市南区人民调解中心组织相关的律师和法律援助人员对案例进行了分析，认为徐某某出于好友感情，主动安排付某某及其同事住宿和聚餐，付某某酒后不慎落入海中属于意外，不是徐某某所能预料和掌控的，并且在付某某酒后不慎落入海时，徐某某在自己也喝了酒的情况下跳入海中实施救援，虽然未能救助付某某，但其勇敢救人的行为应该予以肯定。根据《民法总则》第183条之规定，付某某与付某某所在单位，应该考虑徐某某溺水身亡后给其父亲徐某带来的精神打击，以及徐某的经济条件和后续养老等问题，给予徐某经济赔偿和一定的精神抚慰费。经过多次沟通和反复劝导，付某某及所在单位代理人表示理解和同情，愿意给予徐某经济赔偿和一定的精神抚慰费，徐某也降低预期，同意付某某及所在单位代理人的赔付方案。

【调解结果】

在各方达成一致意见后，徐某与付某某于 2017 年 8 月 11 日签订了人民调解协议书：

1. 付某某向徐某忠一次性支付经济赔偿金 30 万元人民币，双方当场具结。

2. 该事件一次性调解终结，再无其他争议，双方互不追究其他法律责任。

徐某与付某某所在单位代理人也于同一天签订了人民调解协议书，该单位代理人对徐某某勇敢救人的精神予以肯定。双方约定：付某某所在单位一次性给予徐某 66000 千元人民币作为丧葬费及慰问金，当场具结，并明确再无其他争议，双方均不得反悔。

【案例点评】

人民调解工作是法、理、情的综合运用。从本案调解成功看：一是找准法律依据。根据《民法总则》第 183 条之规定："因保护他人民事权益使自己受到损害的，由侵权人承担民事责任，受益人可以给予适当补偿。"本案中徐某某为救助落水的付某某而采取下海营救的行为即应理解为"见义勇为"，受益人付某某及所在单位应当给付徐某某亲属徐某相应的补偿。二是充分说情说理。在不违反法律的情况下，对双方充分说理说情，把理说透彻，把情说到位，以情释理，以理传情，情理交融，打开心结，获得理解。三是站稳中间立场。人民调解员作为第三方，要维护调解双方的利益，不偏向任何一方。既要为受害方争取更多的利益，又要公平公正，考虑另外一方的实际承受能力，双方均可接受，纠纷方能化解。

张某某与某热电公司赔偿纠纷调解案

一、案例基本信息采集

案例类型：其他人民调解案例

矛盾纠纷受理时间：2017 年 12 月

矛盾纠纷类型：损害赔偿纠纷

调解组织名称：青岛市市南区诉前人民调解委员会

供稿：青岛市市南区诉前调委会　徐晓艳　乔　青　李　阳

审稿：青岛市市南区司法局基层科　臧慧琳　任丽平

检索主题词：人民调解　损害赔偿纠纷　青岛市市南区　诉前人民调解委员会　漏水

二、案例正文采集

【案情简介】

2017 年 10 月 20 日，张某某房屋内的财产因在暖气充水试压时管件漏水造成损失，张某某遂将负责安装管件的青岛某热电公司告上法庭，要求被告赔偿由此造成的财产损失 30000 元。后法院将案件委托至诉前调委会进行调解。

【调解过程】

在调查了解过程中，调解员与原被告双方进行了多次的沟通，了解到双方矛盾的焦点为赔偿金额问题。并且发现由于张某某房屋漏水致使其楼下住户傅某某房屋受到侵害，傅某某将青岛某热电公司连同张某某一起诉至法院，要求赔偿因漏水造成的财产损失。与此同时，与上述两案类似的情况同样发生在另外两个住户身上：綦某某诉被告青岛某热电公司财产损害责任纠纷以及綦某某楼下住户翟某某诉青岛某热电公司、綦某某财产损害责任纠纷。由于案情相似，原被告双方矛盾的焦点问题相同，遂将上述四案合并处理。

涉案住户均认为，青岛某热电公司应将供暖开阀试压的情况提前告知住户，避免出现住户家中无人、管道漏水得不到及时有效处置的情况。由于青岛某热电公司未履行通知义务，造成的损失，应由青岛某热电公司承担。青岛某热电公司认为，其对财产损害的事实无异议，但具体金额有待进一步鉴定。

诉前调委会积极与该院承办财产损害责任纠纷的法官以及相关小区业委会、律师进行案例讨论分析，认为原被告双方对财产损害的事实无异议，具体数额应结合造成财产损害的责任比例、涉案房产房龄、装修以及建筑情况等综合考虑确定赔偿金额。调解员根据集体讨论的意见，分别与当事人进行沟通，建议当事人互谅互解，商议合适的赔偿数额并尽早履行。在调解员的多次劝说下，涉案当事人最终握手言和。

【调解结果】

原被告双方最终达成调解协议，青岛市市南区人民法院出具民事调解书，内容如下：

张某某诉青岛某热电公司财产损害赔偿纠纷一案：

1. 被告青岛某热电有限公司于 2018 年 4 月 20 日之前一次性给付原告张某某损失 18000 元；

2. 此事一次性了结，双方再无其他纠纷。

傅某某诉青岛某热电公司、张某某财产损害赔偿纠纷一案：

1. 被告青岛某热电公司 2018 年 4 月 20 日前一次性支付原告傅某某财产损失 20000 元。

2. 被告张某某支付原告傅某某财产损失 26000 元（已给付）。

綦某某诉青岛某热电公司财产损害责任纠纷一案：

1. 被告青岛某热电公司 2018 年 4 月 20 日前一次性支付原告綦某某

财产损失 3000 元；

2.上述义务履行完毕，原、被告双方就本案无其他争议。

翟某某诉青岛某热电公司、綦某某财产损害责任纠纷一案：

1.被告綦某某于 2018 年 4 月 4 日前一次性支付原告翟某某财产损失 2000 元；

2.被告青岛某热电公司于 2018 年 4 月 20 日前一次性支付原告翟某某财产损失 20000 元。

【案例点评】

一是当调解员面对当事人利益诉求差距较大时，通过理清案件分类、紧扣调解流程、活用要点方法、分析研判典型案例四个方面，进一步规范调解方法，优化调解流程，确保调解效果。

二是调解前期，人民调解员首先对案件摸底，进行初步筛选预判，再将预判情况及时与审判团队进行沟通，根据调解方案各自分工开展调解。人民调解员负责组织原被告双方参与调解工作，征集双方调解意向条件；员额法官负责在了解案情、归纳争议焦点和调解分歧点后，根据法律法规提出专业指导意见，总体把关调解工作，确保调解工作合法、合理、合情。

三是在调解过程中，除了符合法律和道德要求外，不能无原则地迁就任何一方，否则表面上虽然达成了调解协议，但是以一方利益损害为代价，将会为矛盾的再次爆发埋下后患，甚至可能造成矛盾激化。当然可能出现当事人对自己合法利益的自主处分，即不排除有一方当事人主动放弃部分利益，以达到与对方维护良好的关系，或尽快解决矛盾的目的。本案中，表面上看，受到侵害的仅是楼下住户，但实际因试压漏水的楼上住户，也受到了相应财产损害，若单纯考虑单个主体或个案，不利于纠纷有效地化解和彻底解决。人民调解员和审判团队在研判调解方案时，针对个案具体情况具体分析，注重原则性和灵活性相结合，将有关案件并案调解，尽量消除当事人自身利益可能会受到损害的顾虑，寻求当事人之间利益的均衡点，充分保证各方当事人维护自身利益的最大化，合法、合理、合情地促成当事人达成了调解协议。

四是人民调解工作是法、理、情的统一，调解过程中，沟通的技巧和能力就显得尤为重要。矛盾纠纷当事人是否愿意接受调解员所讲的法、理、情是调解成败的关键。在调解过程中调解员坦诚中肯，情理交融，慢慢让双方当事人打开心结，降低诉求，才能最终促成协议的达成、纠纷的解决。

◎消费纠纷篇

季某与某银行消费纠纷调解案

一、案例基本信息采集

案例类型：行业性、专业性人民调解案例

矛盾纠纷受理时间：2018 年 1 月

矛盾纠纷类型：消费纠纷

调解组织名称：青岛市金融消费纠纷人民调解委员会

供稿：青岛市金融消费纠纷人民调解委员会　范晋腾

审稿：青岛市市南区司法局基层科　臧慧琳　任丽平

检索主题词：人民调解　消费纠纷　青岛市　金融消费纠纷人民调解委员会　借记卡盗刷

二、案例正文采集

【案情简介】

2017 年 10 月 10 日，季某持本人工资卡某银行借记卡到该行 ATM 机取现，在输入金额后显示余额不足，查询后发现余额仅为 18 元。季某即刻拨打该银行客服电话 95XXX 进行查询，得知其账户于当日 8∶17 和 8∶18 发生两笔交易，分别在北京跨行取走 10000 元及手续费 50 元、9700 元及手续费 50 元，共计人民币 19800 元。随后，季某在工作人员的协助下，前往该行某支行打印借记卡的流水明细，并拨打 110 进行报警。季某认为自己是某银行的客户，该银行有义务保证其借记卡资金安全；但因为银行安全保障上的漏洞，致使自己的借记卡被不法分子克隆复制，造成自己较大的财产损失，某银行应当承担责任。因多次与某银行沟通未果，季某曾在某重大会议期间冲击该行青岛分行，严重影响该银行的正常工作。随后又将某银行诉至青岛市某法院，又向市政府提交了政府信息公开申请。后法院将案件委托至青岛市金融消费纠纷人民调解委员会进行调解，市金调委在征询双方意见后，受理了此纠纷，并指派经验丰富的调解员进行调解。

【处理过程】

接到投诉后，调解员首先就案情向季某做进一步了解，季某表示，该卡是一张磁条卡，从 2002 年参加工作开立使用，已经用了十多年，没有开通手机短信通知和手机银行等功能。某银行通过查询季某的流水明细和账户信息后，表示季某所述属实。调解员首先询问该卡被盗刷前的使用情况，季某表示最近一次使用该卡，是 8 月 20 日左右在该银行某网点 ATM 机进行取款，此外，曾将该卡绑定自己的苹果手机官方 App Store，给孩子下载过一款手机游戏，并进行过 2-3 次充值，共计 300 余元。季某表示该游戏是从官网下载的正版游戏，应当不存在安全问题，首次进行过短信验证，之后就不再需要，并且通常季某在支付后没有查询银行卡消费账单的习惯。银行方对游戏充值过程操作的安全性表示质疑。

调解员向双方了解基本案情后，宣布进入单独沟通环节。调解员首先与季某进行沟通，发生盗刷出现财产损失，这是谁都不愿接受的，银行与消费者双方都是受害者。在发生盗刷案件时，消费者进行挂失、报警、打印明细，证明本人持银行卡在青岛，未在交易地，可确认伪卡交易，但也不排除消费者未妥善保护好自身银行卡密码的可能。本案中，季某未开通短信交易提醒功能，本身会存在用卡安全隐患，幸亏季某在盗刷发生的当天进行查询取款，发现了账户异常。从银行的角度来说，某银行与季某的储蓄存款合同系双方真实意思表示，内容未违反法律、行政法规的强制性规定，应属合法有效。《中华人民共和国商业银行法》第六条规定："商业银行应当保障存款人的合法权益不受任何单位和个人的侵犯。"《中华人民共和国合同法》第六十条第二款规定："当事人应当遵循诚实信用原则，根据合同的性质、目的和交易习惯履行通知、依据上述法律规定，银行应当保障储户的存款安全，其中包括对储户信息的安全、保密等义务。"依该规定，银行应当保障消费者的存款安全，对其所发的银行卡本身的安全性予以保障，防止储户账户等信息被盗用；同时，银行也应保证其服务场所、系统设备安全使用。本案中，某银行作为发卡方及相关技术、设备和操作平台的提供者，在合同关系中占据优势地位，其应承担对银行卡真伪的实质审查义务。犯罪分子持伪卡即可进行交易，说明银行卡及交易系统存在提升空间，银行在消费者账户安全保障方面存在瑕疵，应当承担相应的赔偿责任。

调解员立足于案情和法律依据，动之以情、晓之以理，最终当事双方达成和解：对于季某盗刷的损失金额，某银行承担主要责任，季某因自身用卡安全存在一定过失，承担次要责任，调解成功。

【调解结果】

双方于2018年1月15日达成协议，主要内容如下：

1. 某银行垫付季某人民币XX元。除本条款约定的金额外，季某不再向某银行以任何理由提出其他要求。

2. 如未来季某资金被盗案件有任何进展，季某全力协助公安追讨上述资金，追回资金后，银行垫付的资金应归还银行。

调解协议签订完毕后，市金调委协助双方当事人向人民法院申请了司法确认，以赋予人民调解协议强制执行的法律效力。

【案例点评】

本案是金融消费者借记卡被盗刷而引起纠纷的典型案例。案件的顺利解决，对处理同类案件有很好的指导和借鉴意义。本案给予我们以下启示：

一是不法分子盗刷银行卡，较为常见是通过特殊装置侧录客户信息制作伪卡，并通过微型录音录像设备，在消费者输入密码时予以记录并识别，最终盗刷消费者卡内余额。因此，不仅银行应当加强 ATM 机的风险防控和系统保障，消费者也需要妥善保护好自身银行卡密码。此外，在操作手机小游戏的过程中，经常会遇到游戏画面弹出的广告等链接，实践中用户若误点不明链接，存在个人信息泄露而造成财产损失的风险。

二是银行需不断加强对金融消费者账户安全的保障义务的履行。由于磁条卡容易被克隆的特点，银行卡盗刷多发生在磁条卡的使用上，因此银行应当采取积极措施，对金融消费者尽到告知义务，加快磁条卡向芯片卡的转换；同时要加强对其自助设备的巡视管理工作，为金融消费者创造安全环境，通过不断提高银行卡防伪技术水平，从根源上杜绝银行卡被克隆伪造行为的发生。

三是金融消费者也应当注重个人账户信息安全。首先，银行卡密码设置不能过于简单，更不要随意透露给他人，输入密码最好遮住密码键盘，切实保证密码安全；其次，资金较大且交易频繁的持卡人，应当养成定期不定期更换密码的习惯。同时应开通短信提醒业务，在卡被盗刷的情况下能够及时发现并通知银行或者报警，避免损失扩大，并注重对报警记录、交易记录等相关证据的保存。

李某与某银行消费纠纷调解案

一、案例基本信息采集

案例类型：行业性、专业性人民调解案例

矛盾纠纷受理时间：2018 年 5 月

矛盾纠纷类型：消费纠纷

调解组织名称：青岛市金融消费纠纷人民调解委员会

供稿：青岛市金融消费纠纷人民调解委员会　范晋腾

审稿：青岛市市南区司法局基层科　臧慧琳　任丽平

检索主题词：人民调解　消费纠纷　青岛市　金融消费纠纷人民调解委员会　信用卡盗刷

二、案例正文采集

【案情简介】

李某于 2015 年 9 月 7 日收到两条英文短信，内容显示其持有的青岛某银行信用卡合计消费 29998 元。李某因当时并未持该卡，也未有任何消费行为，意识到该笔消费可能是盗刷，当即拨打某银行客服电话进行询问，称该交易非本人操作并要求银行停止付款。某银行客服人员经查询后告知，因银行卡号、交易密码完全匹配，交易已成功，该笔交易已支付完成。李某于案发当天向公安机关报案，并多次与某银行沟通，李某认为自己并未开通网银，该笔通过网上支付形成的资金损失并非本人所为，坚持不还款，故搁浅。后因孩子上学需贷款购房，李某得知因 2015 年的信用卡盗刷未还款，致其信用卡存在"呆账信息"而不能贷款。又经多次与某银行沟通未果后，李某投诉至青岛市金融消费权益保护协会，要求某银行修改不良征信记录，并取消债务。经了解情况后，青岛市金消协调解中心建议其通过调解解决此事；后李某向青岛市金融消费纠纷人民调解委员会申请调解。市金调委征询某银行同意后，受理了此纠纷，并指派经验丰富的调解员进行调解。

【处理过程】

调解员向李某了解案情经过，其陈述内容同上。调解员询问是否有过网上购物、微信支付等经历，李某回答没有；却又在无意中透露案发前曾在淘宝进行过网上购物，但具体细节却不愿透露，只是一再强调，案发卡未绑定任何三方支付协议，未签约网银，称问题出在银行，要求青岛市金调委会同人民银行彻查某银行的违规操作行为，还其公道。调解员又向银行了解情况，通过了解案发后李某致电该总行的相关情况，调阅催收记录，调取案发沟通录音等方式，调解员了解到，案发前李某曾在网上购物，购物两天后，收到一名自称淘宝客服的电话，告知其购买的商品因没货需将购货款退回，并告知不能退回原银行卡，需换成其他银行的信用卡（即案发信用卡），要求李某按照链接填写银行卡等相关信息进行退款；李某未做多想，按照对方要求进行操作，操作完毕后，一分多钟就收到短信，通知两笔消费共 29998 元，李某方知受骗，于是拨打银行客服电话要求止付，并向公安报案，称本人受骗。调解员认为，李某因本人行为致使个人信息泄露，造成该笔资金的损失，故本案为李某因受骗造成银行卡遭网上盗刷。调解员认为双方矛盾焦点是银行卡网银盗刷的责任认定，以及责任承担问题，不存在某银行的违规操作。

调解时李某坚持自己无过错，责任在银行，要求彻查银行的违规操作行为。李某情绪激动，甚至扬言得不到公平解决就去北京上访。调解员对李某进行劝说，网上购物误信假客服，以至个人信息泄露，导致卡被盗刷，责任并不在银行一方，而是在误信骗子的李某自己。根据我国《银行卡业务管理办法》第三十九条的规定，银行凭"密码等电子信息"即可办理取款和转账业务。最高人民法院在《关于适用中华人民共和国合同法若干问题的解释（二）》第七条中将"在交易行为当地或者某一领域、某一行业通常采用并为交易对方订立合同时所知道或者应当知道的做法"以及"当事人双方经常使用的习惯做法"规定为合同法上的"交易习惯",在不违反法律、行政法规强制性规定的情况下是被法律所认可的,故"银行卡信息与密码相符,就应当付款"的履行方式符合法律法规规定。因此该银行是在李某的"银行卡号、交易密码完全匹配"的情况下进行的支付操作,属合规的业务行为,不需对李某的该笔损失承担责任;同时,《银行卡业务管理办法》第五十四条第二款规定"持卡人应当遵守发卡银行的章程及《领用合约》的有关条款。"在本案中,双方所签订的《信用卡领用合约》第五条第三款约定"消费者未妥善保管信用卡和重要文件,或丢失、泄露敏感信息的,由此产生的所有交易和损失由消费者自行承担。"依据上述法律规定及双方合同约定,李某因网购过程中上当受骗而将个人信息泄漏,由此产生的财产损失应由李某承担。调解员进一步做李某思想工作,劝李某面对现实,事情已经出了,回避、转嫁都无法真正解决问题,希望李某可以承担起自己的责任。与此同时,调解员积极协调银行,希望以人为本,考虑李某的实际困难,适当做出让步。

最终,经过调解,李某化解了心中疙瘩,正确认识到自己的过失与责任;考虑到李某本身就是受害者,现又关系到女儿入学,银行在服务方面也有待提升,调解员建议银行适度让步,免除李某部分利息,最终当事双方互谅互让,达成和解。

【调解结果】

本案通过电话调解的方式进行,双方于 2018 年 5 月 30 日达成协议,主要内容如下:

1. 李某补交某银行信用卡全部消费本金,某银行从维系客户的角度出发,免除该笔消费所产生利息金额的 50%,双方纠纷一次性处理终结;

2. 双方达成调解协议,李某不再就此事追究某银行的任何责任。

调解协议签订完毕后,市金调委协助双方当事人向人民法院申请了司法确认，以赋予人民调解协议强制执行的法律效力。

【案例点评】

本案是金融消费者因上当受骗泄漏个人信息，使银行卡被盗刷，进而影响到个人征信的典型案例。案件的顺利解决，对处理同类案件有很好的指导和借鉴意义。

一是监管部门和金融机构要进一步加大对金融消费者的风险教育。随着互联网技术的发展，网络支付等新型支付手段给消费者带来极大便利，但也容易被不法分子所利用，存在一定的风险。监管部门和金融机构要通过持续的宣传教育，帮助金融消费者提高安全防范意识，避免上当受骗。

二是消费者在日常生活中应提高自我保护意识，加强对自身私密信息的保护。尤其在网络购物过程中要提高警惕，切勿轻易点击任何不明网络链接，拒绝向任何人泄漏身份证、银行账号、密码等重要信息。一旦发现个人银行账户发生非本人交易，及时采取适当方式维权。

◎劳动争议纠纷篇

王某与某公司劳动争议纠纷调解案

一、案例基本信息采集

案例类型：行业性、专业性人民调解案例

矛盾纠纷受理时间：2017 年 7 月

矛盾纠纷类型：劳动争议纠纷

调解组织名称：青岛市市南区劳动人事争议人民调解室

供稿：青岛市市南区劳动人事争议人民调解室　耿维祥

审稿：青岛市市南区司法局基层科　臧慧琳　任丽平

检索主题词：人民调解　劳动争议纠纷　青岛市市南区　劳动人事争议人民调解室　女职工哺乳假

二、案例正文采集

【案情简介】

2017 年 3 月，王某怀孕期间，其供职的某公司因经营困难，需要在职员工全力以赴。因公司担心王某怀孕生产以及抚育孩子期间会影响工作，遂拟与王某协商解除劳动合同。但因王某怀孕月份较短，公司一直没有下定决心解除其劳动合同，但在日常工作中，人事部门经常要求王某离开现有岗位，并提出降薪，还向王某表示如果其不离职，在其分娩后将和其他员工一样进行业绩考核，到时候可能不给予其足够的产假和哺乳假待遇，又进一步要求王某签订一份意愿书，写明王某自愿放弃每天的哺乳假，产假期间自愿根据公司安排回岗工作。王某认为，公司已经表明态度不想留她继续工作，自己也不愿意继续目前在公司的"二等公民"待遇，但如果其离职将会导致社会保险断缴，不能享受生育津贴。

王某向市南仲裁反映情况，希望通过仲裁维权，不想和公司撕破脸皮，毕竟在这个公司已经工作三年了，有一定的感情，如果能在这儿继续工作最好不过，但是担心自己签订了意愿书，无法正常休产假和给孩子哺乳。

市南区劳动人事争议调解委员会根据王某的情况，没有直接要求其进行仲裁立案，而是对其情况进行登记，由市南劳动人事争议调解室的人民调解员协同仲裁专职调解员，一同对双方进行调解。

【调解过程】

在前期的沟通过程中，调解员与公司进行了多次沟通，了解到公司现在处于经营困难阶段，账户上流动资金很少，并负有将到期的外债，需要全体员工齐心协力渡过难关。这种情况下，公司不能让员工中出现享受特殊待遇的个体，否则会造成工作时间上的不公平，影响员工工作的积极性，对公司发展极为不利，况且公司资金不足，也无力支付王某的解除劳动合同补偿，更不愿意为一名不能全力工作的孕妇发放原本就较高的工资。公司最后表示，如果王某愿意离职，可以支付其两个月工资作为补偿，如果王某不接受这个条件，公司宁愿直接解除其劳动合同并与其打官司，即使败诉也将不断进行起诉、上诉，通过用足法律程序时间，来避免在近期支付王某解除劳动合同的赔偿金，一直拖延到公司渡过难关后，再考虑支付赔偿金的问题，况且王某已经签订意愿书，公司不需要给她足够的产假和其他产妇待遇，这种情况下她也不可能正常工作，主动离职是最好的选择。

王某认为自己尽心尽力多年为公司工作，即使是补偿金也不止两个月工资，况且公司解除劳动合同应支付补偿金两倍的赔偿金，自己不会接受公司的条件。同时王某对公司准备在法律程序上尽量拖延的情况表示担忧，因为两者之间的纠纷会影响其生育津贴的领取，王某希望调解员能够说服公司继续留用她，并不要降低待遇。

调解员经过分析，认为本案调解难度相当大，原因是公司和个人对法律都有一定了解，不但对实体法了解，对程序法也有涉及，公司如果直接解除劳动合同，进入仲裁程序后，用尽法律程序，会导致王某社会保险断缴，无法享受生育津贴，即使王某通过该法律手段得到相应补偿，但公司支付能力有限，王某又生活困难，双方纠纷过程中会造成王某生活和心理上的极大困扰，不利于劳动关系和谐稳定。

本案调解的另一难点在于王某本人不愿作出任何让步，坚持要求公司不降低原待遇的情况下对其留用，对正常调解工作来讲，双方各自作出让步乃是达成调解的前提，否则一方享受了法律上的全部权利，一方承担了法律上的全部义务，那调解和法律程序比较起来，就失去了可用性，因为承担义务一方完全可以通过法律程序将义务履行期限大大后延，而不必通过调解，在牺牲了时间利益的前提下承担相同的义务。

调解员认为，公司经营再困难也要遵守法律，王某作为孕妇且家庭困难，不作让步同样可以理解。经过讨论，仲裁调解室确定了说服方向，由调解员再次和公司面谈，告知公司经营困难是客观情况，但并不能预知解决困难的具体时间，公司不可能保证在法律程序结束前能够解决资金问题，可能会导致被法院列为失信被执行人，到时候公司背负信誉危机，更加无法重振旗鼓，这不是大家愿意看到的结果；公司让王某所写的意愿书，不但违反法律法规的强制性规定，还显然违反了公序良俗，从仲裁院到法院，意愿书的效力都不会得到认定；公司如果给王某直接解除劳动合同，王某可以进行仲裁要求继续履行，这个法律程序期间的工资需要按照原工资支付，社会保险也要补缴，但补缴的社会保险不能够让受益人享受生育津贴，这个损失仍然需要公司承担，数额较大，会让公司财务雪上加霜。公司不能百分之百确定自己渡过难关的具体时间，十分担心被列为失信被执行人，在得知意愿书无效后，公司最终接受了调解员给出的意见。

在公司愿意承担义务的前提下，调解员给了王某调解意见，王某亦作出一定让步。

【调解结果】

2018 年 7 月 25 日，王某和某公司在市南区劳动人事争议仲裁调解室签署了协议书，达成调解意见如下：

1. 某公司依照劳动合同约定期限，留用王某至哺乳期结束。

2. 某公司在王某分娩前，支付王某正常工资，正常缴纳社会保险。

3. 双方在劳动合同到期（留用期结束）后，可以继续商讨是否续签，但如公司不再续签劳动合同，王某不再追索合同到期不再续签的补偿金。

调解协议签订完毕后，由双方签收，人民调解员签字，向市南区劳动人事争议仲裁委员会置换了调解书。

【案例点评】

调解工作以法律为基础，但对人性和心理的了解也十分重要，本案中的公司知道自身的行为违法，但其宁愿违法也不愿付出，着眼点完全放在经济利益上。对这种心理，调解员如果仅仅告知其违法，不能使其作出让步。而调解员一旦从经济利益入手，通过失信处罚的威慑，给公司所预期的经济利益造成打击，动摇其拖延承担违法成本的信心，足以让其接受调解意见。可见在调解中，法律经常不宜用来直接宣讲，而是要结合人性和心理的分析，在有效之处发挥最大的作用。

人民调解员之歌

1=G 2/4

中速、充满激情

白成太 词　李菘 曲

```
(3366 | 5  33 | 66  56 | 3 — | 55  56 | 7  5 | 6 — | 6 —) |

5 . 3 | 5  21 | 5.3  56 | 2 — | 2   .3 | 6  66 | 5.3  23 | 6 — | 1  23 | 5. 3 | 6. 5 | 52  3 | 3… |
 歌  声 迎 来  金 色 太  阳，  我 们 行 进 在 大 街 小  巷，  我 们 是 人  民  调   解 员，
 歌  声 洒 满  大 街 小  巷，  真 情 塞 满 民 宅 民  房，  我 们 是 人  民  调   解 员，

35  76 | 5 — | 5.3  5 | 6 — | 66  33 | 5. 6 | 52  3 | 3.3  66 | 5. 6 | 35  6 | (375  66) | 6.7  i |
 一 身 正  气，  无 尚 荣 光！ 解 决 纠 纷 化 解 矛 盾，  突 发 事 件 知  难 而  上，         啦 啦 啦
 忠 于 人  民，  忠  于 党！ 面 对 冷 酷 送 去 春  风， 情 感 断 裂 架 起 桥  梁，         啦 啦 啦

i  7.5 | 6 — | 5. 3 | 7  65 | 6  3 | 5 — | 2. 3 | 5  33 | 6.1 | 2 — | 1  23 | 5  33 | 66  56 |
 啦 啦 啦  换 来 舒 心 的 欢  笑， 医 好 心 灵 的 创  伤， 用 我 们 丰 富 的 知 识 和 汗
 啦 啦 啦  春 风 吹 得  人 心 醉， 桥 梁 一 架  情 更 长， 我 们 用 法 律 和 爱 的 纽

3 — | 2  23 | 55  0 | 55  56 | 7  5 | 6 — | 6 — : ||
 水，  保 一 方  安 宁， 获 得  一 方 安  康。
 带，  扯 起  社 区  片 片 和 谐 春  光。
```

后 记

　　市南区人民调解工作取得的长足进步，得益于青岛市司法局的有力指导，得益于市南区委区政府的正确领导，得益于机关部门和街道的大力支持。

　　本书汇聚了市南区坚持发展"枫桥经验"的实践成果，集聚了市南区司法局全体人员的法治思维，凝聚了市南区广大人民调解员的才智创造。

　　在编写过程中，司法局基层工作科、各司法所和人民调解组织，提供了大量丰富的素材资料。由于编者水平有限，错误在所难免，敬请批评指正。

　　在此，衷心感谢大家对人民调解工作的关心和支持！

编 者

2018 年 11 月 26 日

图书在版编目（CIP）数据

和解万家：枫桥经验市南版／姜岱勇，韩亮主编．—青岛：
中国海洋大学出版社，2019.4
ISBN 978-7-5670-2233-1

Ⅰ．①和… Ⅱ．①姜… ②韩… Ⅲ．①民事纠纷—调解
（诉讼法）—研究—青岛 Ⅳ．① D927.524.511.44

中国版本图书馆 CIP 数据核字（2019）第 091185 号

出版发行	中国海洋大学出版社
社　　址	青岛市香港东路 23 号　邮政编码　266071
出 版 人	杨立敏
网　　址	http://pub.ouc.edu.cn
订购电话	0532-82032573（传真）
责任编辑	郭　利　　　　　　电　　话　0532-85902533
印　　制	威海恒鑫印务有限公司
版　　次	2019 年 6 月第 1 版
印　　次	2019 年 6 月第 1 次印刷
成品尺寸	170mm×230mm
印　　张	30
字　　数	428 千
印　　数	1-1000
定　　价	68.00 元

发现印装质量问题，请致电 0631—5663333，由印刷厂负责调换。